Das große Buch

Business-Networking mit XING

Neue Medien Werkstatt

DATA BECKER

Copyright	© by DATA BECKER GmbH & Co. KG Merowingerstr. 30 40223 Düsseldorf
Produktmanagement und Lektorat	Hans-Peter Kusserow
Umschlaggestaltung	Inhouse-Agentur DATA BECKER
Textverarbeitung und Gestaltung	Andreas Quednau (www.aquednau.de)
Produktionsleitung	Claudia Lötschert
Druck	Media-Print, Paderborn
E-Mail	buch@databecker.de

ISBN 978-3-8158-2913-4

Wichtiger Hinweis

Liebe Networker,

... wenn auch Sie der Meinung sind, dass man mit Kaltakquise und ohne Kontakte heutzutage im Berufsleben nicht mehr weiterkommt, wenn Sie Geschäftspartner, Lieferanten und sogar Kunden finden möchten oder wenn Sie einfach in einem seriösen Umfeld ganz unkompliziert nette Menschen kennenlernen und Freunde, Bekannte, ehemalige Studien- und Arbeitskollegen wiederfinden möchten – dann halten Sie das richtige Buch in der Hand.

Ich zeige Ihnen, wie Sie mithilfe des bekannten Internet-Business-Netzwerks XING erfolgreiche Kontakte knüpfen, sich fachlich austauschen, von Experten Informationen und Ratschläge erhalten oder Ihr Know-how weitergeben können. Und vielleicht kann ich Sie sogar dabei unterstützen, neue Aufträge zu erhalten, den Traumjob zu bekommen oder den Mut zu finden, sich selbstständig zu machen.

Dies alles ist bei XING für jeden möglich. Und das Schöne ist: Jeder kann so networken, wie es ihm gefällt und wie es für ihn möglich ist. Ob Sie nun lieber beim Golfspielen Kontakte pflegen, in Internet-Foren ausgiebig diskutieren oder lieber mit einzelnen Menschen persönliche Nachrichten austauschen, Business-Dinner oder große Live-Events besuchen möchten – bei XING findet sich für jeden etwas.

Ich gebe Ihnen das richtige Werkzeug an die Hand, damit es Ihnen leichtfällt, sich in der Welt des Networkens zurechtzufinden. Denn auch wenn es einfach erscheint, sein Profil bei XING einzustellen, werden Sie nur erfolgreich sein, wenn Sie ein paar Regeln beachten. Sie bekommen von mir viele Tipps und Tricks, mit XING umzugehen. Und weil ich Praktikerin bin, ist jeder Fall mit Beispielen und Abbildungen selbsterklärend dokumentiert. Da ich Sie mit diesem Buch auch unterhalten möchte, werden Sie bereits beim Lesen dieses Buchs viele interessante Menschen kennenlernen, die Sie bei XING dann wiederfinden werden.

TIPP

Mein Geschenk für Sie!

Ein Freimonat Premium-Mitgliedschaft bei XING für Neumitglieder:
http://www.xing.com/go/invita/15745

Ich selbst bin bei XING von Anfang an dabei und inzwischen XING-Ambassadorin der Gruppe Düsseldorf – RheinRuhr. Profitieren Sie von meinen Erfahrungen als Networkerin, Gruppenmoderatorin, Marketingexpertin und Betriebswirtin.

Warum auch für mich XING eine persönliche Erfolgsgeschichte ist, lesen Sie in diesem Buch. Dieses Buch konnte nur entstehen, weil XING mir persönlich geholfen hat, erfolgreich zu werden. Ohne XING wäre dies nicht möglich gewesen.

Und nun wünsche ich Ihnen viel Spaß und viel Erfolg beim Networken mit XING.

Ihre Monika Zehmisch
https://www.xing.com/profile/Monika_Zehmisch
www.nmwagentur.de

Inhalt

1

Warum es nicht ohne Kontakte geht

Als ich 2001 mit meiner Multimedia- und Marketingagentur startete, musste ich bei null anfangen. Bedingt durch Kindererziehung, konnte ich einige Jahre lang keine Business-Kontakte pflegen, denn mit kleinen Kindern hat man als Mutter kaum Zeit, nach Feierabend ein Bierchen trinken zu gehen oder den Vormittag auf dem Golfplatz zu verbringen.

So blieb mir nichts anderes übrig, als mit Kaltakquise und den üblichen Werbemethoden, wie beispielsweise Anzeigen oder Mailaktionen, auf Kundensuche zu gehen. Dies war unglaublich mühevoll und frustrierend.

Einmal nahm ich mit meiner Firma an einem Pitch teil (Präsentation eines auf Kosten der Agentur ausgearbeiteten Werbekonzepts, um dem Auftraggeber die Möglichkeit zur Entscheidung für einen neuen Dienstleister zu geben). Der Interessent verlangte eine detaillierte Ausarbeitung unserer Ideen. Wochenlang arbeitete meine Agentur an den Entwürfen – selbstverständlich als kostenlose Investition in einen potenziellen Kunden. Die Ideen waren gut und die Präsentation hervorragend. Unsere Kontaktperson gab uns ein gutes Gefühl, und wir hatten Grund zur Hoffnung, den Auftrag zu bekommen. Als dann die Absage kam, erfuhren wir über Umwege, dass der Pitch nur pro forma veranstaltet worden war. Erhalten hat den Auftrag eine alte Agentur, deren Geschäftsführer mit dem Chef bekannt war. Das wäre aber eigentlich schon vorher klar gewesen, sagte unsere Kontaktperson. Sein Chef hätte die Entscheidung getroffen. Diese Information und Vorgehensweise war ein Schlag ins Gesicht, und ich brauchte lange Zeit, um mich damit auseinanderzusetzen und zu begreifen, dass es genau so meist im Leben abläuft. Keine Kontakte – kein Auftrag. Kein Auftrag – keine Kontakte.

Ein anderes Mal wagten wir uns an eine öffentliche Ausschreibung ran. Es ging um einen dicken Fisch, ein Livestreaming-Projekt für eine EU-Kommission. Mehrere Wochen erarbeiteten wir unser schriftliches Angebot, um jede noch so kleine Forderung in der Ausschreibung erfüllen zu können. Unser Angebot war der Hammer und preisgünstig, und so wurden wir nach Brüssel zum Briefing eingeladen. Auch hier standen unsere Chancen, aufgrund des Preis-Leistungs-Verhältnisses, gut. Doch den Auftrag bekam die holländische Telekom, die durch ihre Größe und ihren Namen mehr Vertrauen vermittelte als ein junges Unternehmen. Verstehen kann man es. Aber auch hier wieder: Wir waren die Besten – den Auftrag bekamen wir trotzdem nicht. Alle Arbeit, Mühe und Geld waren völlig umsonst gewesen.

Übrigens: Ein Jahr später bekamen wir den Auftrag dann doch, weil die EU auf der erneuten Suche nach einem Dienstleister war. Dieses Mal hatten WIR den Vertrauensvorsprung. Ich kann Ihnen gar nicht sagen, was das für ein schönes Gefühl der Genugtuung war.

Ich erlebte in dieser Zeit immer wieder Situationen, bei denen ich mich im Nachteil fühlte, nur weil ich keine Kontakte hatte. Ich war nicht im Schützenverein oder Kirchenchor, gehörte keiner politischen Partei an. Und als junges Unternehmen hat man es natürlich sowieso nicht so leicht.

Was machte ich also: Ich begann, mir Business-Netzwerke aufzubauen. Zu dieser Zeit gab es allerdings noch keine Internet-Netzwerke, wie man sie heute kennt, sodass dies nur in kleinem Rahmen möglich war.

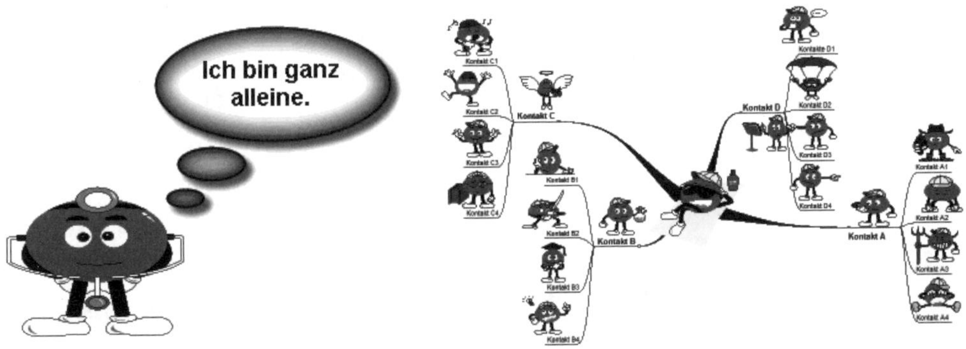

Alles änderte sich Anfang 2004. Ich hatte von einem Freund vom „open Business Club“ (heute XING) erfahren und mich angemeldet, ohne das Medium richtig ernst zu nehmen. Zuerst einmal begann ich, alte Freunde, Schulkameraden und Kollegen zu suchen. Ich richtete mir Suchagenten ein, um mitzukriegen, wer aus meiner Stadt sich beim openBC anmeldete, war in Diskussionsforen aktiv und suchte nach Mitgliedern, die als Kunden oder Lieferanten infrage kämen. Interessanterweise fand ich mehr und mehr bekannte Menschen oder Menschen, die zu meinem Profil passten. Dieser open Business Club begann, meine Aufmerksamkeit zu erregen.

Das Schlüsselerlebnis hatte ich im Juni 2004. Als eBay-Beraterin hatte ich eine Buchidee im Kopf, denn ich habe immer davon geträumt, eines Tages ein Fachbuch zu schreiben. Ich hatte nur zwei Probleme: Ich hatte keine Ahnung, wie ich das anstellen sollte, und ich hatte – mal wieder – keine Kontakte zu einem Verlag.

Ich begann, beim openBC zu recherchieren und guckte mir den DATA BECKER-Verlag in Düsseldorf aus, den ich kannte, weil ich mich dort vor Jahren schon mal als Produktmanagerin beworben hatte. Außerdem kennt ja wohl jeder die DATA BECKER-Bücher, und thematisch passte es auch. Beim openBC fand ich ein paar Mitarbeiter von DATA BECKER. Ich wählte mir Philipp Kraft aus, *https://www.xing.com/profile/Philipp_Kraft*, dessen Profil ich sympathisch fand.

Postwendend bekam ich Antwort:

„Hallo Frau Zehmisch,

selbstverständlich! Rufen Sie doch einfach mal meinen netten Kollegen Herrn K. unter 0211-xxx an. Der kann Ihnen sagen, ob dieses Thema für uns interessant ist und wie weitere Schritte aussehen könnten. Wenn das eBay-Forum steht, würde ich mich über eine Einladung freuen.

Schöne Grüße nach Meerbusch,

Philipp Kraft“

Können Sie sich meine Überraschung vorstellen? Einfach so hatte ich über den openBC einen Türöffner gefunden. Natürlich hing alles Weitere von mir ab. Mein Konzept musste stimmen, Inhalt und Qualität des Buchs mussten überzeugen. Ich nahm also mit dem zuständigen Mitarbeiter Kontakt auf, und es entstand tatsächlich ein Buch, das heute in der dritten Auflage erfolgreich verkauft wird. Und andere Aufträge folgten – so wie dieses XING-Buch hier.

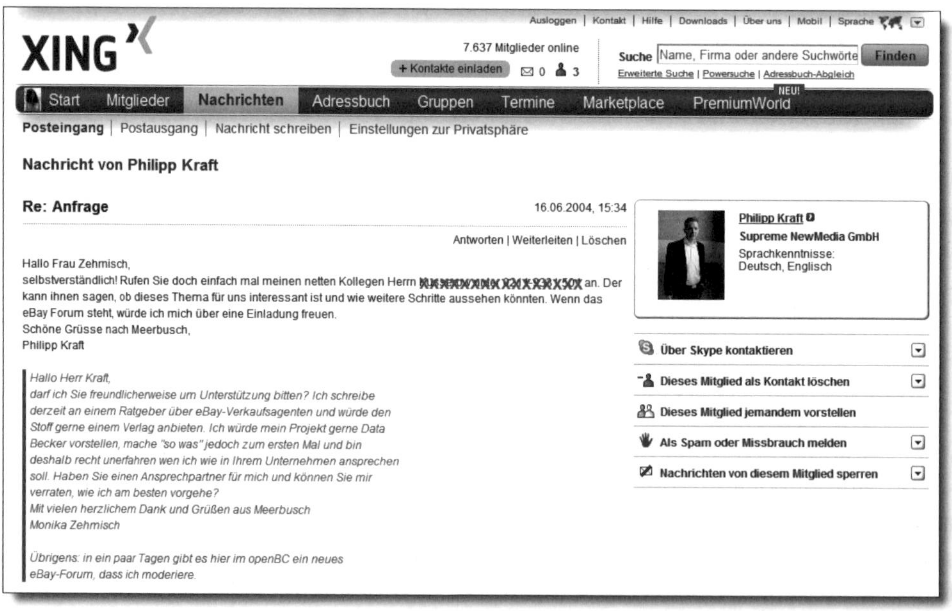

Die E-Mail, mit der alles anfing. Mein Schlüsselerlebnis zum Networking. All dies ist mir wirklich passiert.

Diesem Schlüsselerlebnis folgten noch viele weitere Erlebnisse. Doch seit diesem Zeitpunkt bin ich von Internet-Networking und vom openBC überzeugt. Seit diesem Zeitpunkt ist Networking meine Philosophie. Eine Philosophie, die ich Ihnen gern weitergeben möchte, damit auch Sie Networking erfolgreich nutzen können.

Übrigens: Mit Philipp Kraft, der mir damals den Kontakt verschaffte, verbindet mich noch heute eine freundschaftliche Geschäftsverbindung. Er ist nicht mehr bei DATA BECKER, sondern Geschäftsführer der Firma Supreme NewMedia GmbH (*http://www.supreme-newmedia.com*). Und mit Townkings (*http://www.townkings.de*) hat er interessanterweise selbst eine Community geschaffen und den Networking-Gedanken weitergedacht. Da Townkings jedoch keine Business-Plattform ist, sondern eine Plattform für private Kontakte (wie beispielsweise MySpace), werden wir uns in diesem Buch damit nicht weiter beschäftigen. Wir haben uns aber seitdem gegenseitig viele Kontakte und Aufträge verschafft.

1.1 Das verpönte Vitamin B

Vitamin B (B = Beziehung) ist ein negativ besetzter Begriff für Vorteile, die jemand aufgrund von Kontakten erhalten hat, obwohl er sie nicht verdient hat. Der Begriff wurde früher oft verwendet, wenn der Boss einen guten Geschäftspartner hat, dessen Sohn die begehrte Jung-Manager-Stelle erhalten hat, obwohl er dafür total untalentiert ist.

Andere Begriffe für Vitamin B sind Seilschaften oder Klüngel. Oder man spricht einfach von jemandem, der Beziehungen hat.

Dabei ist es ganz normal, Leute mit Vitamin B zu bevorzugen. Ein Sprichwort besagt, dass Vitamin B nur demjenigen schadet, der keines besitzt. Es ist doch auch ganz menschlich, diejenigen vorzuziehen, die einem von einem Dritten empfohlen wurden. Empfehlungen schaffen Vertrauen und Sicherheit. Ein typisches Beispiel: „Mensch, ich muss unbedingt meine Wohnung streichen, habe aber im Moment überhaupt gar keine Zeit dazu, weil ich beruflich so eingespannt bin. Ich glaube, ich muss das dieses Mal machen lassen. Kennst du einen guten Maler? Du weißt, ich bin sehr anspruchsvoll." Der Maler, der diesem Menschen nun empfohlen wird, hat auf jeden Fall einen Vertrauensvorsprung, denn er hat schon einmal bewiesen, dass er gute Arbeit abliefert, und die Arbeit muss so gut ausgefallen sein, dass er sogar weiterempfohlen wird. Dies wird ihm einen Vorsprung verschaffen gegenüber anderen Malern, die man sich „kalt" aus dem Telefonbuch ausgesucht hat. Letztlich muss der empfohlene Maler sich trotzdem in einem persönlichen Beratungsgespräch als kompetent und sympathisch erweisen, und sein Angebot muss attraktiv sein. Aber bei gleichen Angeboten wird ihm der Vertrauensvorsprung helfen, den Auftrag zu bekommen.

Insofern ist Vitamin B nichts Negatives. Auch der Sohn des Geschäftsfreundes wird sich in der Praxis bewähren müssen. Bleibt er der absolute Looser, wird sich der Chef in der Regel von ihm trennen müssen, obwohl er einen wichtigen Vater hat.

So ähnlich geht es uns auch bei XING. Unser Netzwerk schafft uns einen Vorsprung und einen Vertrauensbonus. Aber wir müssen dennoch mit Leistung überzeugen.

Den Begriff Vitamin B hört man heutzutage nur noch selten. In den Vordergrund ist der Begriff Netzwerk gerückt. Das hat den Vorteil, dass Netzwerk nicht negativ belegt ist, sondern ein positives Image hat. Und mit diesem Begriff ist es für uns verständlicher und selbstverständlicher geworden, dass Menschen mit Kontakten Business-Vorteile für sich rausholen können. Netzwerken ist nicht verpönt, sondern gesellschaftsfähig.

1.2 Die Schwierigkeit, an gute Kontakte heranzukommen

Als goldene Regel im Vertrieb, insbesondere bei der Kaltakquise, gilt, dass man sich erst einmal bei der Sekretärin beliebt machen muss, um an den Chef heranzukommen. Chefsekretärinnen sind extra darin geschult, ihrem Vorgesetzten den Rücken frei zu halten und ihn abzuschotten, damit er sich nicht den ganzen Tag mit nutzlosen Dingen beschäftigen muss. Und Vertriebler sind eigens dazu geschult, den Sekretärinnen Honig um den Bart zu schmieren, damit sie die Wichtigkeit der Person des Anrufers und des Anliegens erkennt, und den Vertriebler zum Chef durchstellt. Wer im Vertrieb arbeitet, weiß, wie schwierig diese erste Hürde zu nehmen ist. Und hat man es geschafft, dann wartet direkt das zweite Problem in der Person des Vorgesetzten. Denn nun müssen Sie den Chef überzeugen, Ihre Unterlagen zu lesen, Ihre Website zu besuchen oder einen Termin mit Ihnen zu vereinbaren.

Was wäre, wenn Sie der Sekretärin sagen könnten: „Ein Geschäftsfreund Ihres Hauses, Herr Müller, hat mir empfohlen mit Ihrem Vorgesetzten, Herrn Schmidt, Kontakt aufzunehmen." Oder noch besser: „Herr Schmidt erwartet meinen Anruf. Ich wurde von Ihrem Geschäftsfreund, Herrn Müller, empfohlen. Herr Müller hat meinen Anruf bereits bei Ihrem Chef avisiert." Sofort würde die Sekretärin Sie durchstellen, und für Herrn Schmidt wären Sie kein lästiger Anrufer, den er versuchen würde, so schnell wie möglich abzuwimmeln. Stattdessen würde er Sie freundlich begrüßen und sich neugierig und interessiert anhören, was Sie ihm zu sagen hätten. Er würde sich außerdem besser Ihren Namen merken und die Unterlagen, die Sie ihm senden, würde er aufmerksam lesen. Zu einem Termin müssten Sie ihn nicht mühevoll überreden, sondern er würde Sie anrufen, weil auch von seiner Seite Interesse an einem Gespräch bestünde.

Sie meinen, das ist eine konstruierte Idealsituation? Da bin ich anderer Meinung. So ähnlich läuft es in der Praxis ab. So einfach kann es für Sie sein, wenn Sie Kontakte haben oder empfohlen werden. Niemand rümpft die Nase, weil Sie Vitamin B ausnutzen, sondern Sie sind angesehen, weil Sie über ein gutes Netzwerk verfügen.

Es gibt noch einen Vorteil, den Ihnen Networking bietet: Die Schwierigkeit besteht oft darin, erst einmal herauszukriegen, wer die richtige Person ist, die Sie kontaktieren wollen. In großen Unternehmen ist es erst einmal gar nicht so einfach, das herauszufinden. Manchmal kennt man ja auch nur die Position, die man ansprechen möchte, beispielsweise den Einkaufsleiter eines Unternehmens. Besitzt man nun nicht gerade komplexe (und teure) Adressdatenbanken, kennt man den Namen des Einkaufsleiters gar nicht und muss erst einmal auf der Website recherchieren oder die Sekretärin danach fragen, was verständlicherweise einen sehr schlechten Eindruck macht. Durch ein Netzwerk bekommen Sie diese Information ganz leicht. Denn Sie können sich im Profil Ihres potenziellen Gesprächspartners oder durch den Kontakt, der Sie vermittelt, darüber vorab informieren. So gehen Sie vorbereitet in ein Gespräch und verschaffen sich wieder einige Pluspunkte.

Wir können deshalb festhalten: Mit einem Netzwerk kommt man besser an Kontakte heran. Man kann besser Menschen in gehobenen Positionen erreichen, die sich normalerweise besonders gut abschotten. Oder Sie erreichen Personen in inneren Abteilungen, deren Namen man nicht so einfach herausfinden kann. So wie ich das damals bei dem vorgenannten DATA BECKER-Beispiel erreicht habe. Was meinen Sie, wie die Sache mit dem Buchauftrag für mich ausgegangen wäre, wenn ich bei der zentralen Telefondame angerufen hätte „Guten Tag, ich möchte gern ein Buch schreiben. Können Sie mich bitte mit wem auch immer verbinden?"

1.3 Für wen Kontakte besonders wichtig sind

Natürlich sind Kontakte für jeden Menschen wichtig, allerdings brauchen verschiedene Menschen auch verschiedene Kontakte. Der Mensch umgibt sich gern mit Gleichgesinnten und sucht Menschen, die sein Netzwerk sinnvoll ergänzen.

Kontakte sind besonders wichtig für:

- die erste und zweite Führungsebene in kleinen und mittelständigen Unternehmen.
- Angestellte mit Jobs, bei denen externe Kommunikation und Kontakte wichtig sind.
- Angestellte, die sich beruflich umorientieren wollen oder konkret auf Jobsuche sind.
- alle „Einzelkämpfer", Selbstständigen und Freiberufler.
- Existenzgründer und solche, die es werden wollen.
- Arbeitslose bei der Jobsuche und Neuorientierung.
- Frauen als Wiedereinsteigerinnen in den Beruf.
- Studenten, die sich in der Arbeitswelt orientieren wollen.
- Generation 50+, die besonders auf Kontakte angewiesen ist, um einen neuen Job zu finden.
- Unternehmer und Fachleute, die neue Perspektiven und Inspiration suchen.
- Wissenschaftler auf der Suche nach Gedankenaustausch und Gleichgesinnte.
- Künstler, die Inspirationen suchen.
- Personalabteilungen und Personaldienstleister auf der Suche nach neuen Mitarbeitern.

Wer in einer großen Firma arbeitet, bekommt dort auf dem Silbertablett schon Kontakte mitgeliefert: Dies sind Kollegen in der eigenen Abteilung, Mitarbeiter, Vorgesetzte, andere Abteilungen, andere Niederlassungen oder Auslandsvertretungen des Unternehmens. Außerdem ist das Unternehmen selbst schon in ein soziales Netzwerk eingebunden mit bestehenden Kunden, Lieferanten und sonstigen Geschäftspartnern.

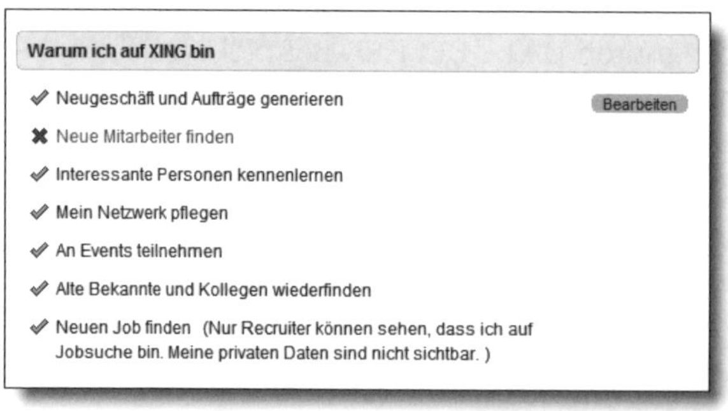

Es gibt viele Gründe, warum jemand bei XING ist. Lassen Sie andere daran teilhaben und geben Sie Ihre Gründe unter Start/Einstellungen/Profileinstellungen an.

Wer in einem solchen großen Unternehmen in einer internen Abteilung als Sachbearbeiter arbeitet, der hat genug mit dem Netzwerk des Unternehmens selbst. Doch alle Mitarbeiter, die eine kommunikative Aufgabe und Kontakt zu Personen außerhalb der Firma haben (also z. B. leitende Angestellte, Vertrieb, Marketing,

Einkauf, PR) sind ebenfalls darauf angewiesen, Netzwerke mit Personen außerhalb ihres Unternehmens zu knüpfen.

TIPP

Möchten Sie wissen, was Ihr Netzwerk wert ist?

Ja, Ihr persönliches Netzwerk hat einen virtuellen Wert, der sich beispielsweise in Gehältern, Karrieresprüngen, Geschäftsbeziehungen oder Verhandlungserfolgen ausdrückt. Auf *www.mynetworkvalue.com* können Sie den Wert Ihres Netzwerks in Euro ermitteln und mit Ergebnissen anderer Personen, Branchen oder Länder vergleichen. Einfach mal ausprobieren: geht schnell, kostet nichts und ist sehr interessant.

Beispiel: Die Netzwerktätigkeit in der Gastronomie ist weniger stark ausgeprägt als im Bereich Unternehmensberatung. Auf den Abbildungen sehen Sie mein persönliches Ergebnis in Relation zu diesen beiden Branchen:

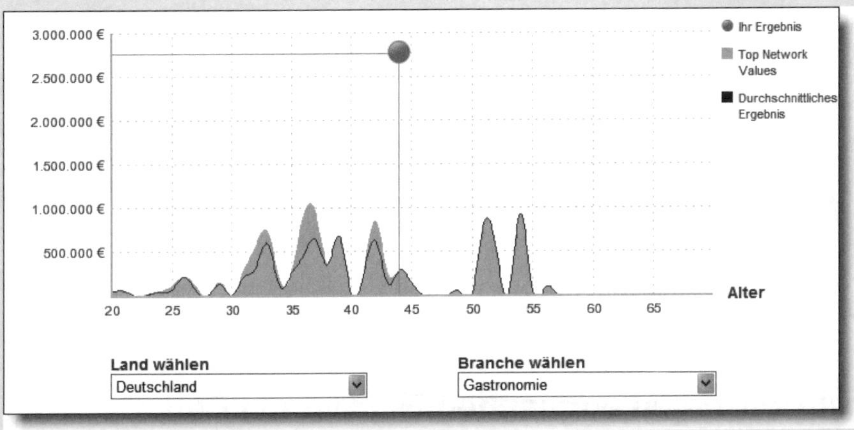

In der deutschen Gastronomiebranche gibt es kaum Netzwerke ...,

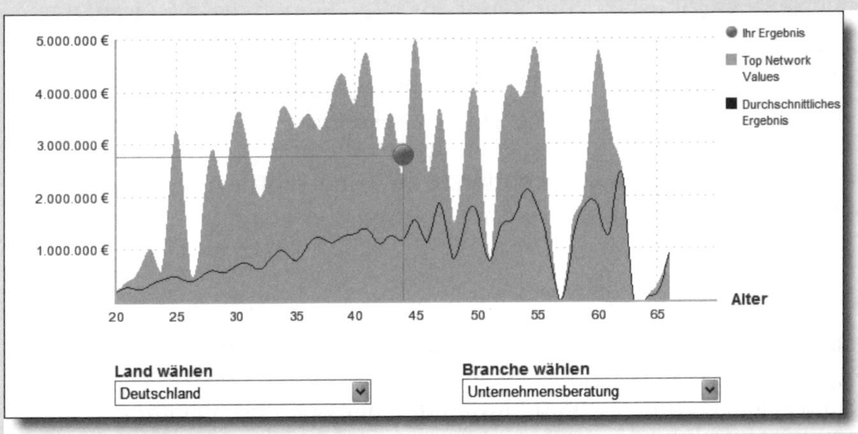

... während die Unternehmensberater intensives Networking betreiben. Diese Analyse wird von XING herausgegeben und ist unter www.mynetworkvalue.com/gallery zu finden.

Leider haben sich die Zeiten geändert. Beständige Sicherheit durch große Firmen und den Staat gibt es in dem Sinne nicht mehr. Jeder muss für seinen Arbeitsplatz kämpfen und mehr Eigenverantwortung übernehmen. Der frühzeitige Aufbau von Netzwerken ist deshalb ratsam – nicht erst dann, wenn es zu spät ist und die Kündigung auf dem Tisch liegt. Sollten Sie mit einem Jobwechsel liebäugeln, sollten Sie die Zeit nutzen und Netzwerke zu anderen Menschen in Ihrer Branche aufbauen.

Da wir hier vom Internet-Netzwerk XING reden, müssen wir die Zielgruppe noch ein bisschen weiter verfeinern. Menschen, die in einem begrenzten lokalen Umfeld tätig sind, beispielsweise mit einem Kiosk, Friseurladen, als Fliesenleger oder Verkäuferin in einem Schuhgeschäft, brauchen selbstverständlich auch gute Netzwerke. Ja, Sie brauchen nämlich sogar ganz unbedingt Mundpropaganda im nahen Umfeld, um Kunden zu bekommen. Dies kann jedoch schlecht vom Internet abgedeckt werden. Deshalb sind solche Personen auch weniger in Internet-Business-Netzwerken zu finden.

1.4 Das Internet und die neue Welt der virtuellen Kontakte

Internet-Netzwerke gibt es erst seit wenigen Jahren. Was war eigentlich davor, und wieso hat sich Networking durch das Internet so sehr verändert?

Die altehrwürdigen englischen Gentlemen Clubs

Bedeutende Geschäftskontakte wurden früher in Business-Clubs, in sogenannten Gentlemen Clubs, geschlossen. Jeder kennt aus alten Filmen diese typischen englischen Clubs, zu denen (natürlich) nur Männer von Rang und Namen Zutritt hatten. Nur wer von einem dem Club angehörenden Mitglied empfohlen wurde, durfte aufgenommen werden. Die Aufnahmemethoden waren damals mehr als merkwürdig. Berüchtigt war das Blackballing: In geheimer Abstimmung wurden weiße und schwarze Kügelchen geworfen. Kam eine schwarze Kugel, war der Kandidat durchgefallen. Einige sehr prominente Männer wurden auf diese Art abgelehnt.

Beispiele für Gentlemen Clubs sind der Travellers Club, gegründet 1819, in dem Jules Verne Mitglied war, oder der Savage Club, gegründet 1857, mit bekannten Mitgliedern wie Sergej Rachmaninow, Alexander Fleming, Mark Twain, Edgar Wallace, Peter Ustinov, Charlie Chaplin und Prinz Philipp.

Die Aufnahmebedingungen sind humaner geworden, aber Business-Clubs erleben wieder eine Art Renaissance. Viele in unserer Zeit gegründete Clubs nahmen sich die alten englischen Clubs zum Vorbild. Deutsche Beispiele sind der Überseeclub in Hamburg, der Kieler Kaufmann in Kiel, der Industrieclub in Düsseldorf und der Herrenclub in München.

In den englischen Herrenclubs wurden nicht nur Geschäfte geschlossen. Vielmehr waren es gesellschaftliche Orte, in denen man seinesgleichen traf, mondän speisen konnte oder Glücksspiele spielen konnte.

Schon damals war es also selbstverständlich, dass Geschäftskontakte nicht nur rein geschäftlicher Natur waren, sondern auch in den privaten Bereich übergingen und eine gesellschaftliche Plattform darstellten.

Zeitgemäße Business-Kontakte ohne Internet

Fernab von den englischen Gentlemen Clubs gab es natürlich auch in Deutschland vor dem Zeitalter des Internets immer wieder mehr oder weniger elitäre Business-Clubs, und es gibt sie selbstverständlich noch immer. Für bekannte Netzwerke wie den Lions Club oder den Rotary Club sind auch heute Empfehlungen oder Bürgschaften eines Dritten notwendig, damit man aufgenommen wird.

Business-Networking findet nicht nur auf geschäftlicher Ebene statt. Sport, Politik und Brauchtum haben schon immer feste Verbindungen der Menschen geschaffen, die untereinander die Aufträge verteilt haben. Denken Sie nur an die Zeiten, in denen man in Tennisclubs horrende Aufnahmegebühren zahlen und Wartezeiten in Kauf nehmen musste, um Mitglied werden zu können. Klar, die Mitglieder wollten unter sich bleiben. Elitär sind auch heute noch Golfclubs, in denen – das weiß jeder – in entspannter Atmosphäre die besten Geschäfte abgeschlossen werden können.

Otto Normalverbraucher wird Mitglied im Schützenverein und klüngelt in seiner Bruderschaft mit Geschäftsfreunden in seiner Nachbarschaft, und der politisch engagierte Mensch findet unter Parteifreunden sein passendes Netzwerk.

Die Ebene ist eine andere, aber es werden die gleiche Ziele erreicht: Es werden Kontakte geknüpft, aus denen Geschäfte entstehen können. Und da es bekanntlich immer mehrere Wege nach Rom gibt, empfiehlt es sich, sich mit Internet-Netzwerken zu beschäftigen, mit denen sich Ihnen noch mal ganz neue Möglichkeiten eröffnen.

Wer nicht zu einem Netzwerk dazugehört, gilt als Außenseiter und wird in seinem lokalen Umfeld oft gemieden. Oftmals wird vorausgesetzt, dass ein Einzelhändler, der etwas auf sich hält, Mitglied im Schützenverein wird. Und wehe, wer sich da ausgrenzt. Der hat schlechte Karten ...

Die neuen Möglichkeiten im Internet mit Web 2.0

Mit dem Internet bekamen die Menschen ganz neue Möglichkeiten, sich miteinander auszutauschen und miteinander zu handeln.

Während der Informationsfluss noch Mitte der 90er Jahre auf einfachem Niveau in Newsgroups oder mit einfachen Content-Management-Systemen erfolgte, haben sich die Möglichkeiten bis heute rasant weiterentwickelt.

Tag für Tag wachsen die Anwendungen im Internet. Für immer mehr Menschen in der ganzen Welt wird das Internet immer selbstverständlicher als Informationsplattform, Kommunikationsraum und Unterhaltungsmedium. Bis 2011 rechnen Wissenschaftler mit zwei Milliarden Nutzern. Das Internet wird immer schneller, immer gewaltiger, immer undurchschaubarer.

Und doch kommen wir Menschen immer besser damit zurecht, weil es Websites gibt, mit denen wir uns wohlfühlen, zu denen wir immer wieder zurückkommen. Durch das Internet haben Menschen mit gleichen Interessentengebieten zusammengefunden, konnten sich organisieren und sogar weltweit handeln.

Web 2.0 ist der allseits bekannte Begriff für ein Internet, in dem die reale Welt abgebildet ist. Texte, Bilder, Musik und Videos fließen ineinander und wirbeln die Medienwelt durcheinander. Die Menschen lassen sich nicht von der Technik beherrschen, sondern nehmen selbst Einfluss auf das Internet, um sich miteinander auszutauschen, sich darzustellen, einfach von sich zu erzählen, anderen zuzuhören, sich kennenzulernen, über Hobbys zu fachsimpeln. Und dies nicht nur in Form von Texten, sondern auch mit Bildern, mit Audio- und Videodateien.

So entstanden fast unbemerkt die ersten Communitys, von denen sich einige explosionsartig ausbreiteten. Beispiele dafür sind Communitys wie YouTube, MySpace, Wikipedia, XING, die durch Millionen von Usern und dem damit einhergehenden Hype eine enorme Dynamik ausgelöst haben.

Was ist eigentlich eine Community?

Communitys sind Onlinegemeinschaften zum Mitmachen und Mitgestalten, die von Menschen genutzt werden, die Interesse an gemeinsamen Themen haben und sich miteinander austauschen oder gemeinsam Wissen aufbauen möchten. Dies geschieht nicht anonym, sondern persönlich (manchmal sogar mit den tatsächlichen Namen), und manchmal entstehen daraus Kontakte, die in das reale Leben übergreifen. So können aus virtuellen Communitys auch reale Communitys entstehen.

Communitys können ein freiwilliger Zusammenschluss von Mitgliedern sein, in Form von Interessen- oder Kommunikationsnetzwerken. Es können aber auch Wissensnetzwerke von Menschen sein, die an einem gemeinsamen Ziel oder an einer gemeinsamen Aufgabe arbeiten.

Communitys gibt es nicht nur für Freizeitthemen. Sie sind auch Treffpunkt für Aus- und Weiterbildung, Wissensvermittlung und Kommunikation. Deshalb finden sich Communitys auch bei Unternehmen, Vereinen, Institutionen.

In diesem Buch wollen wir uns ausschließlich mit den Business-Communitys beschäftigen, in denen Business-Networking betrieben wird.

2

Internet-Networking, der bessere Weg zu Kontakten

Genau wie eBay uns plötzlich ganz neue Möglichkeiten bietet, Dinge zu verkaufen, bieten Ihnen Internet-Netzwerke wie XING plötzlich ganz neue Möglichkeiten, Kontakte zu knüpfen, wiederzufinden und zu pflegen.

Mit Internet-Networking bei XING ...

- finden Sie schnell Menschen und Ansprechpartner interessanter Firmen.
- können Sie mit diesen Menschen unkompliziert und unverbindlich Kontakt aufnehmen.
- können Sie sich ein hilfreiches Netzwerk aufbauen.
- erweitern Sie Ihr Netzwerk durch die Kontakte Ihrer Kontakte.
- können Sie sich professionell präsentieren.
- eröffnen sich ganz neue Vertriebs- und Marketingmöglichkeiten, die über herkömmliche Methoden hinausgehen.
- finden Sie alte Bekannte, Freunde, Nachbarn, Studien- und Arbeitskollegen wieder und können diese alten Kontakte wieder aufbauen und pflegen.
- sind Sie unabhängig von Zeit und Ort.
- kann man Sie besser finden.

TIPP

Elita Wiegand – überzeugte Networkerin – findet bei XING ihre Zielgruppe

Elita Wiegand, Chefredakteurin des Onlinewirtschaftsmagazins Business-on.de, *http://duesseldorf.business-on.de/*, und Geschäftsführerin von innovativ-in, *www.innovativ-in.de*, – einem Business-Club für Querdenker, Innovatoren und Wertschöpfer –, erzählt, welche Möglichkeit ihr XING bietet:

https://www.xing.com/profile/Elita_Wiegand

„Durch XING haben sich für den Business-Club innovativ.in viele neue Kontakte ergeben. Besonders positiv: Es haben sich viele, viele Querdenker gemeldet, die ich sonst nie kennengelernt hätte. Querdenker, die ein neues innovatives Produkt herstellen, oder aber auch Querdenker, die sich durch eine interessante Dienstleistung hervortun. Auf alle Fälle sind viele ungewöhnliche Kontakte dabei, nach denen ich lange gesucht hätte.

Und: Wir haben über XING-Kontakte auch interessante Referenten für Vorträge gefunden. Viele meiner Kontakte besuchen unsere Veranstaltungen, und so trifft man sich auch in der realen Welt.

Etliche XING-Querdenker haben wir bei uns auf der Website oder im Blog in Form von Artikeln vorgestellt. Einige Existenzgründer oder junge Firmengründer habe ich wiederum mit XING-Kontakten vernetzt, und weil wir im Business-Club das Networking-Prinzip „Geben und Nehmen" umsetzen, ist XING die ideale Ergänzung, um auch andere zu unterstützen."

2.1 Was ist überhaupt Networking?

Networking ist „in". Ohne Networking scheint in vielen Bereichen fast gar nichts mehr zu gehen. Doch was versteckt sich hinter diesem ominösen Begriff?

Der Begriff Networking ist noch relativ neu. Sogar bei Wikipedia findet man sowohl unter networking bzw. network als auch unter den deutschen Begriffen Netzwerk und netzwerken keine entsprechenden Definitionen. Merkwürdig. Dabei ist Networking so alt wie der Mensch selbst, denn das älteste Netzwerk des Menschen ist die Familie. In einer Familie gibt es Personen, die in einer Beziehung zueinander stehen und diese aktiv pflegen und weiterentwickeln. Früher stand die Familie im Mittelpunkt. Eine große Familie bedeutete Ansehen und Absicherung im Alter. Mehrere Familien taten sich zusammen, um noch mehr von starken Mitgliedern dieser Gemeinschaft zu profitieren. Schwächere Mitglieder wurden auf diese Weise aufgefangen und konnten innerhalb dieser Gemeinschaft ihre Aufgabe erfüllen. Und gemeinsam war man stärker gegen Feinde oder Naturereignisse abgesichert. Netzwerken ist also eine Art Beziehungsmanagement.

TIPP

Networking aktiv betreiben

Manche Menschen legen nur ihr Profil bei XING an und warten dann passiv darauf, dass etwas passiert. Schnell sind sie enttäuscht, wenn der Erfolg nicht eintrifft. Nutzen Sie Ihr Netzwerk intensiv und aktiv, und Sie werden merken, wie viel Nutzen Sie daraus ziehen.

Daraus kann man folgern, dass uns Menschen das Netzwerken instinktiv angeboren ist. Wir brauchen es, um überleben zu können, denn es bietet uns Schutz, Sicherheit und dadurch die Möglichkeit, uns als Individuum und in der Gruppe weiterzuentwickeln.

Beispiele für Netzwerke gibt es viele. Denken Sie nur an das Familien-Netzwerk Mafia oder an Adelsfamilien, die untereinander eng zusammenhielten und versuchten, das Netzwerk „rein zu halten", indem Heirat mit rangesniedrigeren Personen nicht erlaubt waren.

Aber auch religiöse Netzwerke wie Christen und Muslime sind von enormer Bedeutung und haben viel Macht. Manchmal zu viel Macht, wie fundamentalistische Netzwerke, wie die Al Kaida, zeigen.

Sehen wir mehr in Richtung Business, fallen uns mittelalterliche Netzwerke wie die Hanse oder Handwerkerzünfte ein.

Wir brauchen die Gemeinschaft und den Kontakt zu anderen Menschen, um unser Business auf eine solide Basis stellen zu können. Wir brauchen Menschen, die wir fragen können, wenn wir selbst nicht weiterwissen. Wir benötigen Partner, die Spezialaufgaben für uns übernehmen oder Bereiche abdecken, die wir selbst nicht abdecken können oder möchten. Wir brauchen Menschen, um als Gemeinschaft stark sein zu können und um uns gegen andere abgrenzen zu können.

In einem größeren Unternehmen sind das Kollegen oder andere Abteilungen oder Niederlassungen. Aber viele Menschen arbeiten heute in Klein- und Kleinstunternehmen, sind allein selbstständig oder freiberuflich tätig. Die haben solch ein Netzwerk erst einmal nicht und müssen es sich aufbauen.

Der Spruch „Gemeinsam sind wir stark" ist heutzutage auch auf Business-Netzwerke anzuwenden. Die Gruppe kann mehr ausrichten als ein Einzelner, und das gilt für eine Gruppe Kollegen innerhalb einer Abteilung genauso wie für Interessentenverbände oder Business-Netzwerke. Bei XING herrscht zudem noch ein Gemeinschaftsgeist à la „Wir sind XING".

Networking ist also mehr als die reine Gewinnung von neuen Aufträgen. Ihre Business-Kontakte, die Sie in einem Netzwerk dazugewinnen, werden Ihnen oftmals im Leben hilfreich sein:

- Der Existenzgründer bekommt durch einen guten Kontakt zu einem Banker leichter die gewünschte Finanzierung.
- Der Produzent, der dringend eine neue Maschine benötigt, bekommt in seinem Netzwerk besonders gute Konditionen angeboten oder eine Konzession schneller bewilligt.
- Ein Angestellter, der eine Information benötigt, findet in seinem Netzwerk eine freundliche Person, die ihm diese Information zur Verfügung stellt oder ihm durch einen Kontakt, den er selbst hat, weiterhilft (Kontakte meiner Kontakte – ein wichtiges Thema, zu dem wir noch kommen).

Vertrauen, Hilfsbereitschaft und Loyalität sind wichtige Bausteine von Networking.

So weit klingt alles ganz einfach. Das Problem ist nur, dass wir Menschen verlernt haben, mit Business-Netzwerken umzugehen. Wir sind so sehr darauf getrimmt, uns allein durch die raue Welt zu kämpfen, uns gegen unsere Kollegen zu behaupten, dem Chef zu imponieren und auf der Karriereleiter emporzuklimmen. Wir stehen so sehr unter Leistungs- und Erfolgsdruck, dass wir nur noch uns selbst der Nächste sind und jeglichen Blick für unsere Mitmenschen verloren haben.

Doch der Begriff „soziale Kompetenz" rückt wieder stärker in den Vordergrund. Er bezeichnet Menschen, die ihre persönlichen Fähigkeiten und Werte nicht nur für sich nutzen, sondern positiv in einer Gemeinschaft einbringen. Damit dies möglich ist, müssen wir Menschen wieder mehr lernen, zu kommunizieren, kooperativ, hilfsbereit, großzügig und rücksichtsvoll zu sein, Kompromisse zu schließen, mitmenschliche Sensibilität und Einfühlungsvermögen zu zeigen und uns selbst nicht mehr so wichtig zu nehmen.

Eigentlich sind dies Werte, die uns unsere Eltern mit in unsere gute Kinderstube gelegt haben sollten, die aber in unserer heutigen Ellenbogengesellschaft lange Zeit verschüttet waren. Insofern ist also Business-Networking eine Wiedergewinnung alter Werte und von hoher sozialer Bedeutung.

Nicht umsonst gehört die Teamfähigkeit der Mitarbeiter zu den wesentlichen Entscheidungskriterien bei Stellenbesetzungen in Unternehmen.

Im Übrigen gebe ich Ihnen den Tipp, mit dem Netzwerken nicht erst zu beginnen, wenn es Ihnen beruflich schlecht geht und Sie dringend Unterstützung oder einen neuen Job benötigen. Bauen Sie Ihr Netzwerk bereits in „guten" Zeiten auf und pflegen Sie es regelmäßig, dann haben Sie in schlechten Zeiten einen Nothalt. Wenn Sie dann überraschend Ihren Job verlieren sollten und verzweifelt sind, finden Sie in Ihrem Netzwerk vielleicht nicht nur Menschen, die Sie moralisch mit netten Worten unterstützen (obwohl dies allein ja auch schon sehr hilfreich ist). Vielleicht ist dann auch einer dabei, der jemanden kennt, der gerade so einen neuen Mitarbeiter wie Sie benötigt.

Ist Networking gleichbedeutend mit Akquise?

Auch wenn die Definition des Begriffs Networking nicht einfach ist, kann ich Ihnen auf jeden Fall versichern, dass Akquise nicht gleichzusetzen ist mit Networking. Die Akquise bezeichnet Maßnahmen zur gezielten Kundengewinnung oder zum Direktverkauf. Akquise ist also erfolgsorientiert und ein Prozess, der eine klare Bedingung in sich trägt. Und genau hier liegt der wesentliche Unterschied zum Networking: Networking trägt keine Bedingung in sich, ist also bedingungslos.

Dies mag Sie vielleicht überraschen, denn – so werden Sie denken – betreiben Sie ja Business-Networking nicht aus Spaß, sondern um Geschäftskontakte zu bekommen, die Ihnen auch einen direkten Vorteil bringen. Gerade Männer gehen ja gern den direkten, geraden Weg und kommen gern schnell zum Ziel.

Um Networking richtig einzusetzen, müssen Sie aber zuerst begreifen, dass Ihnen Ihre Geschäftskontakte zuerst einmal gar nichts „bringen". Sie sind erst einmal nur reine Kontakte. Nette und/oder kompetente Menschen, in wichtigen oder unwichtigen Positionen, in unbedeutenden oder interessanten Firmen, mit spannenden Geschäftsideen oder stinklangweiligen Jobs – aber erst einmal einfach nur Menschen. Sie müssen zuerst lernen, Ihre Business-Kontakte als Menschen wahrzunehmen und wertzuschätzen. Sie können ja gar nicht wissen, was dieser fremde Mensch noch so alles auf Lager hat oder wen er kennt, wenn Sie ihm keine Chance geben.

Das bedeutet, Sie müssen erst in Ihr Netzwerk investieren. Sie müssen den Menschen in Ihrem Netzwerk Zeit und Aufmerksamkeit schenken, sich damit aktiv beschäftigen und uneigennützig einbringen. Netzwerken wird Ihnen nur gelingen, wenn Sie die richtige Einstellung und soziale Kompetenz haben.

TIPP

Seien Sie nicht zu sehr Verkäufer

Überfallen Sie Ihren Gesprächspartner nicht und stellen Sie Ihre Produkte bei einem Gespräch nicht in den Vordergrund. Das wirkt genauso unsympathisch wie jemand, der nur herumläuft und Visitenkarten verteilt.

Erst wenn Sie diese Bedingungslosigkeit verinnerlicht und akzeptiert und sich Ihre Kontakte zu wertvollen Menschen aufgebaut haben, werden Sie – von ganz allein – auch etwas zurückbekommen. Oftmals zu einem Zeitpunkt, zu dem Sie gar nicht damit rechnen, oder von einer Person, von der Sie das gar nicht geglaubt haben. Denn dann kann es Ihnen passieren, dass Sie ein Kontakt weiterempfohlen hat: „Der ist ein netter Kerl und sehr kompetent." Und schon haben Sie den ersehnten wichtigen Kontakt, Kunden oder Auftrag.

Daraus folgt natürlich, dass Networking die Akquise nicht ersetzt. Sie müssen trotzdem die verschiedenen Methoden der Akquise einsetzen, um Ihre Waren und Dienstleistungen zu verkaufen. Wenn Sie in einem Netzwerk sind, dann gibt es selbstverständlich auch Schnittmengen. Aus manch einem Kennenlerngespräch ergibt sich unter günstigen Umständen ein gezieltes Akquisegespräch, das sofort zu einem Geschäftsabschluss führen kann.

Was bringt mir Networking denn dann überhaupt?

Neben den oben besprochenen Vorteilen wie Zugehörigkeit zu einer Gruppe und dem Kontakt zu interessanten und sympathischen Menschen muss es doch irgendetwas geben, was mir Networking bringt – so denken viele Menschen. Ohne konkreten Nutzen sind sie nicht bereit, sich mit so einer vagen Geschichte wie Networking bzw. mit XING zu beschäftigen. Ich kann Sie da aber auch motivieren. Networking mit XING bringt Ihnen wirklich etwas, nämlich:

- Erfahrungsaustausch mit Gleichgesinnten oder Experten
- Gewinn an Informationen in der eigenen Branche und den Blick über den eigenen Tellerrand hinaus, persönliche Weiterbildung

- Gewinn von Lieferanten oder nutzbringenden Geschäftskontakten
- Gewinn an Aufträgen durch neue Kunden sowie Kundenbindung
- die Möglichkeit, sich selbst zu positionieren und bekannt zu machen
- die Möglichkeit, als Gruppe gemeinsam Ziele zu erreichen, indem man gemeinsam agiert (als Einkaufsgemeinschaft bessere Einkaufskonditionen, als Gruppe Richtlinien oder Standards erarbeiten)
- die Möglichkeit, persönlich zu wachsen durch die Unterstützung der anderen Mitglieder einer Gemeinschaft
- die Möglichkeit, etwas Gutes zu tun, indem Sie anderen Mitgliedern der Gemeinschaft weiterhelfen (z. B. Empfehlung von Kontakten oder Vergabe eines Jobs)
- neue Leute kennenzulernen
- möglicherweise Freizeitbekanntschaften oder Freundschaften für gemeinsame Freizeitaktivitäten oder zum Eingewöhnen, wenn Sie neu in einer Stadt sind
- einen neuen Job zu finden (falls Sie einen suchen)

Das bedeutet: Netzwerk-Kontakte gehen über die rein berufliche Ebene hinaus in Bereiche wie Sport, Kultur, Freizeit. Sie sind ganzheitlich. Sie sind eine Lebenseinstellung.

Ich habe für Networking überhaupt gar keine Zeit

Wenn es um unsere kostbare Zeit geht, reagieren wir Menschen direkt allergisch oder abweisend. Wir müssen unsere Zeit mit allen Mitteln verteidigen.

Wir haben es ja auch immer so eilig und sind immer im Stress. Nach einem Drei-Minuten-Gespräch müssen unbedingt die Visitenkarten ausgetauscht werden und dann ab zum nächsten Gesprächspartner. Und wenn sich nach zwei E-Mails immer noch kein Geschäftsabschluss abzeichnet, lassen wir den Kontakt fallen. So hektisch geht es in unserer Gesellschaft und in unseren Köpfen zu, dass wir zwei Tugenden völlig verlernt haben: Gelassenheit und Geduld.

Geschäftserfolge beim Networking stellen sich aber nur ein, wenn wir unseren Kontakt nicht unter Druck setzen, und ihm nicht das Gefühl geben, es gehe uns nur um einen Geschäftsabschluss. Lassen Sie ihm Zeit. Geben Sie sich Zeit. Lassen Sie zu, dass ein Geschäftskontakt erst reifen muss, bevor er Früchte tragen kann. Und beschäftigen Sie sich in der Zeit, die Sie haben, mit dem Menschen selbst.

Sie haben Recht, wenn Sie denken, dass Networking Zeit kostet. Wie viel Zeit das ist, bestimmen Sie allerdings selbst. Schon einige Stunden im Monat, der gelegentliche Besuch eines Netzwerk-Treffens oder das Einbringen in eine spannende Forendiskussion sind doch besser als gar nichts.

Natürlich werden Sie umso erfolgreicher sein, je mehr Zeit Sie investieren. Vielleicht ist es auch nur Ihre Einstellung, die Ihnen vor dem Faktor „Zeit" so viel Angst bereitet. Viele Menschen trennen Beruf und privat ganz strikt. Das geht sogar so weit, dass sie im Privatleben gar nichts von ihrem Beruf erzählen wollen. Oder dass solche Menschen im Büro nie etwas von ihrem Privatleben preisgeben. Ich kenne solche Menschen. Sie leben sozusagen in zwei Welten, die nichts miteinander zu tun haben. Ich finde das schade, denn diese Menschen wissen gar nicht, wie viel bunter und interessanter ihre Welt wäre, wenn sie zulassen würden, dass alle Aspekte des Lebens ineinanderfließen. Unsere Welt würde wärmer und menschlicher.

Beim Netzwerken fließen diese Welten ineinander. Sie sollten nicht nur die Position und die Firma hinter einem Menschen sehen, sondern den Menschen selbst. Nicht umsonst findet man im Profil von XING auch die Interessen und Hobbys einer Person oder das Geburtsdatum. Es ist einfach nett, seinen Kontakten zum Geburtstag zu gratulieren oder eine kurze Mail zu schreiben, wenn man sieht, dass jemand seinen Job gewechselt hat. Und die besten Anknüpfungspunkte findet man sowieso über private Interessengebiete (*„Ich habe gelesen, dass Sie auch Golfer sind."*). Klar ist, all diese Nettigkeiten kosten Zeit.

Auf der anderen Seite sparen Sie möglicherweise auch Zeit. Kontakte, die Sie über Netzwerke knüpfen, sind viel effizienter als solche, die aufgrund von Hochglanzbroschüren entstehen.

Sehen Sie die Zeit, die Sie mit Networken verbringen, nicht als vergeudete Zeit an. Sondern erfreuen Sie sich an den vielen netten Menschen, die Sie kennenlernen. Seien Sie neugierig und interessiert an Ihren Mitmenschen.

Bin ich ein Networking-Typ?

Vielleicht glauben Sie, dass man zum Networken geboren sein muss. Oder dass man besonders extrovertiert und kommunikativ sein muss.

Dieses Vorurteil ist absolut nicht wahr. Jeder kann das Networken lernen, und es ist für jeden Typ Mensch geeignet. Ich selbst bin in meinem Grundnaturell eher introvertiert und schüchtern. Vor einer größeren Menschenmenge zu sprechen wäre für mich früher undenkbar gewesen. Niemals wäre ich allein auf eine Party gegangen, aus Angst, dort nur dumm rumzustehen.

Ich habe es im Laufe der Zeit gelernt, meine Schwächen in den Griff zu bekommen. Und wenn ich es lernen konnte, dann ist das auch für Sie möglich. Auch Sie können zum Networker werden.

Glücklicherweise bietet XING Ihnen so viele Möglichkeiten zu networken, dass auch für Sie die passende Methode dabei ist – sodass Sie sich dabei wohlfühlen:

- Der eine tauscht gern persönliche Nachrichten aus.
- Der Nächste diskutiert gern in Gruppen.
- Der Dritte besucht gern persönliche Netzwerk-Treffen.
- Der Vierte stellt ein hochinteressantes Profil ein und hofft, passiv gefunden zu werden.

Viele schüchterne Menschen fühlen sich bei schriftlicher Kommunikation wohler als bei persönlicher. Wenn das Ihr Weg ist, dann gehen Sie ihn. Es gibt sicherlich viele gute Internet-Networker, die niemals ein Live-Treffen besucht haben.

Im Laufe der Zeit werden Sie aber die Chance haben, viele Menschen bei XING durch persönliche Nachrichten und Gruppendiskussionen näher kennenzulernen. Früher oder später wird sich die Gelegenheit einer privaten Kontaktaufnahme bieten. Vielleicht schreibt Ihnen ein Kontakt aus Wien eines Tages: *„Hallo Frau XYZ, ich bin nächste Woche geschäftlich in München. Nachdem wir uns im Forum so intensiv ausgetauscht haben, wäre es ein Vergnügen für mich, wenn wir unsere Diskussion persönlich fortsetzen könnten. Ich würde mich sehr freuen, wenn Sie ein Stündchen Zeit für eine Tasse Kaffee und mich hätten ....“*

Menschen, die beruflich mit anderen Menschen zu tun haben oder in leitenden Positionen sind, sind sicherlich eher dass, was man unter einem typischen Networker verstehen würde. Allerdings müssen diese Menschen erst verstehen lernen, dass beim Netzwerken „alle Menschen gleich“ sind und dass es keine Hierarchien gibt.

Was ist das Besondere an Internet-Networking?

Ihnen das Besondere am Internet-Networking zu erklären ist so ähnlich wie Ihnen zu erklären, warum es Vorteile hat, bei eBay Ihre Sachen zu verkaufen und nicht immer samstags morgens ab 6 Uhr auf dem Trödelmarkt zu stehen.

Internet-Networking ist globaler

Bei herkömmlichen Netzwerken erreichen Sie normalerweise nur die Menschen in Ihrer Nähe. Internet-Networking kann, wenn Sie es wollen, international sein. Sie sind nicht an Stadt- und Ländergrenzen gebunden, sondern können weltweit Kontakt mit Menschen aufnehmen.

Die Kontaktaufnahme ist einfacher

Es ist wesentlich einfacher, Menschen, die Sie interessieren, mit einer persönlichen Nachricht in Ihrem Internet-Netzwerk anzusprechen, als anzurufen oder einen Brief zu schreiben. Wer sich bei persönlicher Kontaktaufnahme etwas schwertut, der hat durch das Internet die Möglichkeit, sich schon vorher mit seinem gewünschten Gesprächspartner bekannt zu machen oder zu verabreden. Das reduziert die Hemmschwelle.

Alle Informationen sind sofort sichtbar

Es ist sehr angenehm, sofort alle Informationen eines Gesprächspartners bei XING sichtbar zu haben. Wenn Sie einen Anruf bekommen von jemandem, der Sie in einem Internet-Netzwerk entdeckt hat, dann können Sie sich während des Gesprächs schnell die Informationen seines XING-Profils auf den Bildschirm holen. Sie erfahren die wichtigsten Eckpunkte, und während Sie telefonieren, schauen Sie sich die Website an oder können die möglicherweise bereits geführte Internet-Kommunikation mit dem Anrufer schnell überfliegen. Außerdem behalten Sie den Überblick über Ihre Kontakte, denn nichts ist peinlicher, als wenn man aufgrund eines schlechten Gedächtnisses oder der Informationsüberflutung vergessen hat, woher man den Gesprächspartner kennt und was man von ihm will. Ich empfinde es weiterhin als sehr hilfreich, Namen, die mir im Geschäftsleben begegnen und die ich wichtig finde, mal eben im Internet nachzuschlagen. Ist der auch bei XING registriert? Oftmals ja und dann habe ich die Möglichkeit, mir über die Angaben ein Bild von diesem Menschen zu machen. Apropos Bild: Auch dies ist vorteilhaft. Sie sehen (falls vorhanden) sofort ein Bild Ihres Gesprächspartners, und damit ist er kein anonymer Mensch mehr.

Das Internet ist nicht an Raum und Zeit gebunden

Sind Sie ein Nachtmensch oder ein Frühaufsteher? Surfen Sie gern vom Hotel aus im Internet oder mobil per Handy? Oder nutzen Sie gern ganz entspannt das Wochenende, um von der Couch oder der Terrasse aus mit WLAN Kontakte zu pflegen? XING steht Ihnen 24 Stunden lang und überall zur Verfügung. Das bietet Ihnen den unschätzbaren Vorteil, auf eine weltweite Kontaktdatenbank zurückzugreifen.

Frauen und Internet-Networking

Die Frauenquote ist bei XING überraschend hoch. Frauen schätzen offensichtlich die Möglichkeiten und die Art, wie sie sich bei XING präsentieren und bewegen können. Sie sind bei XING keine Außenseiter, sondern selbstverständlicher Bestandteil des Netzwerks.

Vielleicht liegt das daran, dass XING so „familienfreundlich" ist? Allein die Möglichkeit, zu jeder Tages- und Nachtzeit bei XING aktiv sein zu können, ohne das

Haus verlassen zu müssen, kommt Frauen zugute. XING lässt sich mit Familie und Kindern hervorragend vereinbaren.

2.2 Die goldenen Regeln des Networkings

Beim Internet-Networking gilt es, einige Regeln zu beachten. Man spricht auch von Netiquette.

Netiquette ist ein Kunstwort aus „Net" (Internet, Netz) und „Etiquette" und ist Bestandteil der Netzkultur. Es gibt Verhaltensempfehlungen, wie Menschen im Internet miteinander umgehen sollen. Es gibt allerdings keine rechtliche Basis und auch keine einheitlichen Regelungen, sondern eine Vielzahl von Empfehlungen. Diese Empfehlungen betreffen folgende Bereiche:

- Tonfall und Inhalt sollten angemessen sein.
- Die Standards zur Übermittlung von Nachrichten sollten eingehalten werden.
- Nachrichten sollten einfach zu lesen sein, d. h. nicht zu lang, korrekter Satzbau, Grammatik und Schreibweise.
- Da im Internet Nachrichten von jedermann eingesehen werden können, sollte man nichts äußern, was nicht für die Allgemeinheit bestimmt ist.
- Urheberrechte sind zu beachten.

Diese Wegweiser der Netiquette gelten für Chats und Diskussionsräume. Beim Networking bei XING kann man diese Empfehlungen aber noch wesentlich verfeinern:

- Reden Sie fremde Personen nicht mit „du" an.
- Gehen Sie sparsam mit Emoticons (Smileys) oder mit, in Chaträumen üblichen, Internet-Abkürzungen um (beispielsweise *lol*).
- Achten Sie auf eine vernünftige Anrede und einen angemessenen Schlussgruß.
- Da Ihnen nur die geschriebene Sprache zur Verfügung steht und nonverbale Kommunikationsmechanismen (wie Gestik, Mimik und Klang der Sprache) wegfallen, sind Emotionen schlechter zu vermitteln bzw. könnten Aussagen missverstanden werden. Achten Sie deshalb auf eine präzise Ausdrucksweise.
- Beachten Sie, dass öffentliche Äußerungen in Gruppen möglicherweise in Suchmaschinen auftauchen. Überlegen Sie deshalb vorher, was Sie schreiben.

All diese Punkte sind später noch näher erläutert. Bitte lesen Sie dazu mehr ab Seite 93.

2.3 Nutzen Sie den Vertrauensvorsprung

Jahrelang hat man uns gepredigt, im Internet vorsichtig zu sein. Im ganzen Wirrwarr von E-Mail-Adressen, Passwörtern, PINs und TANs, Nicknames oder gefakten Identitäten verlangen Internet-Business-Netzwerke von uns plötzlich, dass wir uns mit unserer wahren Identität präsentieren. Schluss mit Nicknames – da steht plötzlich der richtige Name und dann auch noch mit Bild. Oh, Schreck! Allein diese Tatsache wirkt auf vorsichtige Menschen unfassbar und bedrohlich.

Das sieht man ganz deutlich an Mitgliedern, die sich neu anmelden. Zuerst werden nur die nötigsten Daten eingetragen und das Foto erst mal ganz weggelassen. Erst mal gucken, was die anderen machen und bloß nicht zu viel von sich preisgeben. Denn es könnte ja böse Menschen geben, die diese Informationen für kriminelle Zwecke ausnutzen oder sich meine Daten beschaffen und mich noch mehr mit Werbung, Spam und Callcenter-Anrufen zumüllen.

Diese neuen Mitglieder mit ihren Minimalinformationen merken aber nach einigen Monaten: So komme ich nicht weiter. Ein Teil meldet sich frustriert wieder ab, denn diese Leute wissen ja nicht, dass sie etwas falsch gemacht haben. Diejenigen, die nicht sofort enttäuscht alles hinschmeißen und sich wieder abmelden, sondern mal hinterfragen, woran es denn liegen könnte, erkennen relativ schnell die Gründe: Es fehlt das Vertrauen.

Business-Netzwerke und auch andere Social Communitys wie zum Beispiel MySpace, StudiVZ oder StayFriends funktionieren anders als der Rest des Internets. Sie sind wie eine geschlossene Einheit für sich, ein Sicherheitsbereich, in dem sehr viele persönliche Informationen ausgetauscht und öffentlich gestellt werden. Je mehr die Community businessorientiert ist, desto wahrheitsgetreuer werden die Angaben.

Nur wer sich diesen virtuellen Regeln unterwirft, der findet Zugang zum Netzwerk. Menschen ohne Foto und nur mit Minimalinformationen gehören nicht wirklich dazu.

Überlegen Sie mal, wie es auf andere wirkt, wenn Sie ein fast leeres Profil vorweisen:

- Den/die interessiert dieses Business-Netzwerk hier gar nicht wirklich.
- Der/die will nur Informationen bekommen, ist aber nicht bereit, selbst welche zu liefern.
- Der/die nimmt das hier nicht ernst.
- Ich empfinde es als unsympathisch und ungleich, wenn er/sie kein Bild hat, von mir aber alles sieht und liest.

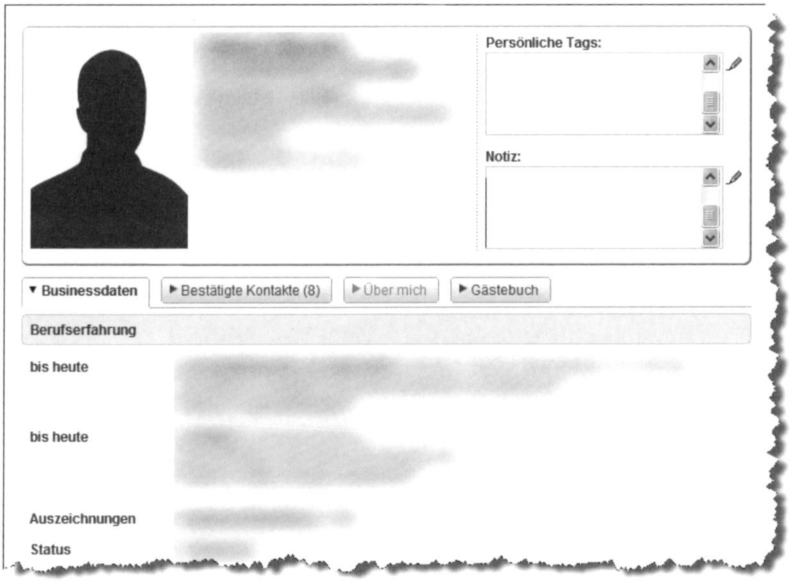

Kein Foto, kein Eintrag unter Ich suche, Ich biete, Interessen, nichts über ehemalige Jobs, keine Informationen über die Ausbildung. Wer nichts von sich preisgibt, ist nicht interessant für andere.

Sie werden also, wenn Sie ernsthaft networken wollen, nicht umhinkommen, sich in Ihrem Netzwerk auch ausführlich zu präsentieren. Durch diese Präsentation erhalten Sie das, was Internet-Networking so erfolgreich macht: Sie erhalten einen Vertrauensvorsprung, denn der Aufbau von Internet-Netzwerken funktioniert in erster Linie über Vertrauen.

3

Networking mit XING

Unter vielen Internet-Plattformen hat sich im Business-Bereich XING etabliert und durchgesetzt. Wie konnte dies möglich werden? Denn XING hat nie klassische Werbung betrieben. Stattdessen setzte der Prozess des Viral-Marketings ein: Untereinander wurde XING fast als Geheimtipp gehandelt und immer weitergegeben. Als dann einmal der Ball am Rollen war, ging es leicht weiter. Wurde ein Mitarbeiter in einer Firma Mitglied bei XING, überzeugte der gleich einen Haufen Kollegen. Diese Kollegen hatten wiederum Freunde, Bekannte in anderen Firmen und so weiter und so weiter.

XING wäre aber nicht das geworden, was es ist, wenn es nicht so schön einfach und klar strukturiert wäre. XING ist einfach so schön typisch deutsch. Und das ist wohltuend, da doch die meisten Konzepte und Erfolgsplattformen aus den USA kommen.

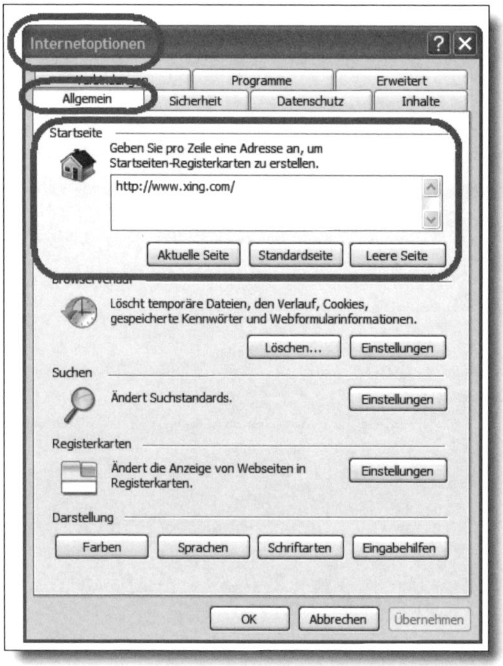

Erst mal gucken, was bei XING los ist. Starten Sie Ihren Browser (hier Internet Explorer) immer mit XING als Startseite. Klicken Sie dazu auf Extras/Internetoptionen und geben Sie http://www.xing.com als Startseite ein.

Was macht man eigentlich bei XING?

XING ist eine Internet-Community für Geschäfts- und Fachleute, die hier in einem seriösen Umfeld Geschäftskontakte knüpfen können. Dies können sein: Lieferanten, Kunden, Mitbewerber, Kooperationspartner, Auftraggeber und viele mehr. Neben dem Aufbau neuer Kontakte steht bei XING auch die Pflege bestehender Kontakte im Mittelpunkt. So ist es üblich, sich mit Arbeitskollegen, Freunden, Bekannten, Nachbarn sowie früheren Schul- und Studienfreunden zu vernetzen.

Mit XING kann man viele geschäftliche Ziele erreichen. Durch ein qualitativ gutes Netzwerk ist es beispielsweise möglich, sein Geschäft aufzubauen oder zu festigen, neue Absatzkanäle zu erschließen, Aufträge zu generieren oder sogar einen neuen Job zu finden.

Jedes Mitglied stellt sich bei XING in einem Profil vor und kann dort seinen beruflichen Weg in einer Art Lebenslauf beschreiben.

Die Kommunikation mit anderen XING-Mitgliedern erfolgt in direktem Austausch von Nachrichten bei XING oder öffentlich in den vielen tausend Experten- und Regionalgruppen. Bei den Regionalgruppen sind auch Live-Treffen üblich, sodass XING nicht nur eine virtuelle unpersönliche Community ist, sondern auch der Brückenschlag zur Realität fließend möglich ist.

Sie erreichen XING im Internet unter der URL: *http://www.xing.com*. Es öffnet sich ein Startbildschirm, unter dem Sie einloggen oder, wenn Sie noch nicht XING-Mitglied sind, anmelden können.

Sie haben zwei Alternativen: Einloggen oder Mitglied werden.

3.1 XING in Fakten

XING verkörpert die Erfolgsgeschichte der deutschen Startup-Unternehmen.

Im Februar 2008 meldete das Unternehmen fünf Millionen Mitglieder weltweit.

TIPP

Die XING-Website

Für alle, die es immer noch nicht wissen sollten: Die Website von XING ist *www.xing.com.*

Die Entwicklung des Unternehmens

Dabei begann alles ganz unauffällig, als das Business-Netzwerk unter dem Namen „open Business Club“ (openBC) Ende 2003 an den Start ging. Gründer Lars Hinrichs hatte die Philosophie, dass jeder um sechs Ecken mit jedem bekannt ist. Eigentlich war er damals nur auf der Suche nach einer Softwarelösung, seine vielen Kontakte und E-Mails bzw. die Kontakte seiner Kontakte zu verwalten.

openBC traf genau den Geist der Zeit. Das Netzwerk entwickelte sich explosionsartig. Wie ein Buschfeuer verbreitete sich openBC durch Mundpropaganda und Empfehlungslinks durch Deutschland und die Welt.

Das am Anfang eigenfinanzierte Unternehmen erhielt in 2004 finanzielle Unterstützung durch Business Angels. Bereits 2005 gelang der Eintritt in den chinesischen Markt über ein Joint Venture. Anfang 2006 gelang openBC durch Aufkauf der Schweizer First Tuesday AG ein weiterer Meilenstein.

Seit Ende 2006 weht bei der XING AG ein anderer Wind. Das Unternehmen ist nun börsennotiert und beschäftigt weit mehr als 100 Mitarbeiter. Der Name XING (der Namenswechsel von openBC zu XING wurde 2007 beschlossen) soll dem Unternehmen helfen, international zu agieren. Durch Expansion und Aufkäufe kann XING mittlerweile in 16 Sprachen genutzt werden: Englisch, Deutsch, Spanisch, Französisch, Portugiesisch, Niederländisch, Schwedisch, Finnisch, Chinesisch, Russisch, Ungarisch, Polnisch, Koreanisch, Italienisch, Japanisch und Türkisch. Außer der Zentrale in Hamburg unterhält XING Dependancen in Peking (China), in Barcelona (Spanien) und in Istanbul (Türkei).

Business 2.0/CNN Money bezeichnet die Open Business Club AG als „one of the world's hottest Web 2.0 startups“. Red Herring zählt das Unternehmen zu den „Top 100 Unternehmen in Europa“.

Wer mehr über die Fakten von XING wissen möchte, der findet diese Informationen unter *http://corporate.xing.com/deutsch/investor-relations/basisinformatio*

nen/fakten-und-zahlen/. Der Kurs der XING-Aktie bewegte sich zwischen den Kursmarken von 30,80 Euro und 50,70 Euro innerhalb der letzten 52 Wochen sehr volatil bei äußerst unterschiedlichen Handelsvolumina.

Die Entwicklung des Aktienkurses der noch jungen Aktie verläuft sehr schwankend. Analysten empfehlen derzeit, die Aktie zu halten (Stand: 31.03.2008).

Wie viel kostet XING?

Das Unternehmen finanziert sich im Wesentlichen durch Premium-Mitgliedschaften. Im Februar 2008 meldete XING über 400.000 Premium-Mitglieder.

Die kostenlose Basis-Mitgliedschaft

Die Basis-Mitgliedschaft ist kostenlos. Mit der Basis-Mitgliedschaft stehen Ihnen die Grundfunktionen zur Verfügung: Sie haben ein eingeschränktes Profil, ein Gästebuch, können Kontakte einladen und verwalten, Termine organisieren sowie private Nachrichten empfangen. Dies bedeutet: Sie sind zwar bei XING angemeldet, können XING aber so gut wie nicht aktiv nutzen, sondern nur passiv warten, dass jemand auf Sie zukommt. Die wichtige Funktion, private Nachrichten zu schreiben, oder die umfangreichen Suchfunktionen und vieles mehr stehen Ihnen nicht zur Verfügung. Die Basis-Mitgliedschaft ist nur geeignet für Menschen, die XING nur passiv nutzen möchten.

Die kostenpflichtige Premium-Mitgliedschaft

Mit der Premium-Mitgliedschaft können Sie alle Funktionen nutzen. Sie können insbesondere private Nachrichten schreiben, haben ein umfangreiches Profil, keine Beschränkung beim Veranstalten von Terminen und können alle die umfangreichen Suchfunktionen nutzen, die XING Ihnen bietet.

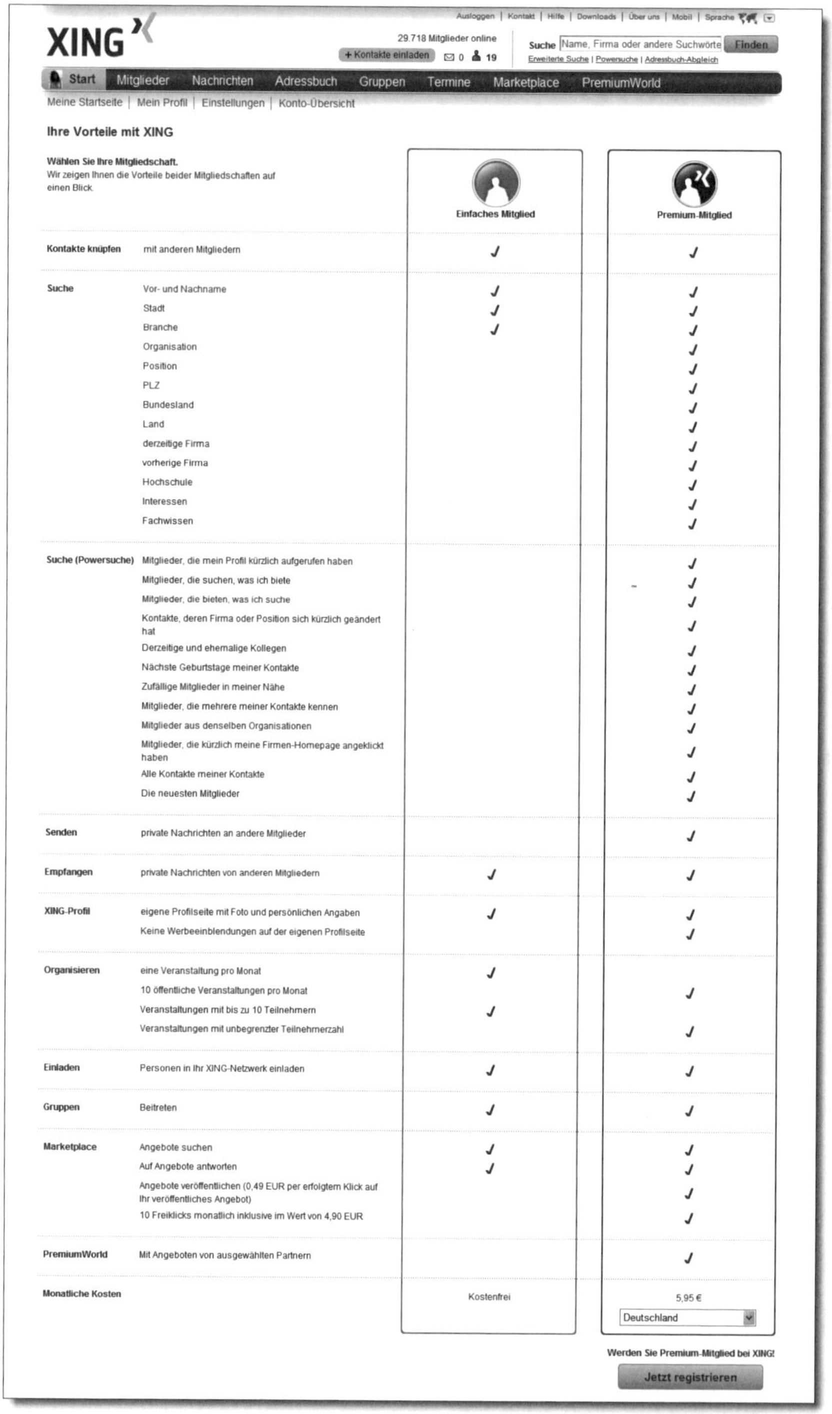

		Einfaches Mitglied	Premium-Mitglied
Kontakte knüpfen	mit anderen Mitgliedern	✓	✓
Suche	Vor- und Nachname	✓	✓
	Stadt	✓	✓
	Branche	✓	✓
	Organisation		✓
	Position		✓
	PLZ		✓
	Bundesland		✓
	Land		✓
	derzeitige Firma		✓
	vorherige Firma		✓
	Hochschule		✓
	Interessen		✓
	Fachwissen		✓
Suche (Powersuche)	Mitglieder, die mein Profil kürzlich aufgerufen haben		✓
	Mitglieder, die suchen, was ich biete		✓
	Mitglieder, die bieten, was ich suche		✓
	Kontakte, deren Firma oder Position sich kürzlich geändert hat		✓
	Derzeitige und ehemalige Kollegen		✓
	Nächste Geburtstage meiner Kontakte		✓
	Zufällige Mitglieder in meiner Nähe		✓
	Mitglieder, die mehrere meiner Kontakte kennen		✓
	Mitglieder aus denselben Organisationen		✓
	Mitglieder, die kürzlich meine Firmen-Homepage angeklickt haben		✓
	Alle Kontakte meiner Kontakte		✓
	Die neuesten Mitglieder		✓
Senden	private Nachrichten an andere Mitglieder		✓
Empfangen	private Nachrichten von anderen Mitgliedern	✓	✓
XING-Profil	eigene Profilseite mit Foto und persönlichen Angaben	✓	✓
	Keine Werbeeinblendungen auf der eigenen Profilseite		✓
Organisieren	eine Veranstaltung pro Monat	✓	
	10 öffentliche Veranstaltungen pro Monat		✓
	Veranstaltungen mit bis zu 10 Teilnehmern	✓	
	Veranstaltungen mit unbegrenzter Teilnehmerzahl		✓
Einladen	Personen in Ihr XING-Netzwerk einladen	✓	✓
Gruppen	Beitreten	✓	✓
Marketplace	Angebote suchen	✓	✓
	Auf Angebote antworten	✓	✓
	Angebote veröffentlichen (0,49 EUR per erfolgtem Klick auf Ihr veröffentlichtes Angebot)		✓
	10 Freiklicks monatlich inklusive im Wert von 4,90 EUR		✓
PremiumWorld	Mit Angeboten von ausgewählten Partnern		✓
Monatliche Kosten		Kostenfrei	5,95 € Deutschland

Der Unterschied zwischen Basis- und Premium-Mitgliedschaft auf einen Blick. Zu finden unter http://www.xing.com/app/user?op=benefit.

Eine Premium-Mitgliedschaft kostet 5,95 Euro pro Monat. Eine Investition von nur 71,40 Euro pro Jahr. Wer XING zum Networken nutzt, wird schnell erkennen, dass dies eine preiswerte Investition in die Zukunft ist. Unter *Start/Konto-Übersicht/ Übersicht* können Sie Ihren Mitgliederstand einsehen.

Weitere Information finden Sie unter *http://www.xing.com/app/user?op=benefit.* Der Screenshot auf der vorherigen Seite zeigt Ihnen die Unerschiede von Basis- und Premiummitgliedschaft im Detail

Warum hat XING den Namen geändert?

XING hieß bis Ende 2006 openBC bzw. open Business Club und ist in Deutschland untere diesem Namen groß geworden. Immer noch werde ich darauf angesprochen, wie XING denn auf die „idiotische“ Idee gekommen ist, den Namen zu ändern, und da dies die Gemüter der Menschen offensichtlich immer noch bewegt, ist Grund genug, ein paar Worte über dieses Thema zu verlieren.

Als Lars Hinrichs sein Unternehmen Ende 2003 gründete, konnte er mit einem solchen Erfolg nicht rechnen. So bestand auch keine Notwendigkeit, einen Namen zu wählen, der von internationaler Bedeutung ist.

Wichtig wurde dieses Thema erst, als openBC eine Expansion nach Asien und in die USA und in diesem Zusammenhang auch die Umfirmierung in eine Aktiengesellschaft und den Gang an die Börse plante.

Man erklärte mir den Namenswechsel damit, dass unter anderem openBC in Amerika und Asien nicht möglich sei. Das Wort open hätte eine negative Association und BC wird gleichgesetzt mit „before Christ“. Außerdem begannen in Deutschland Unternehmen die Plattform zu kopieren (siehe beispielsweise *http://www.socialbc.com/de/home*), denn BC als Business Club ist natürlich ein Namensteil, mit dem nicht unbedingt eindeutige Identität aufgebaut werden kann.

Die Medienberater haben Lars Hinrichs offensichtlich empfohlen, den Namen aus Marketinggründen zu ändern, solange das Unternehmen nur in Deutschland bekannt war.

PED XING – Fußgänger kreuzen – die Namensassoziation von XING.

So entstand XING. Wenn Sie in den USA mit dem Auto unterwegs sind, fällt Ihnen vielleicht auf, dass es Straßenschilder mit der Aufschrift „PED XING“ gibt. Ausgesprochen wird das Schild „Ped Crossing" (Fußgänger queren). Das Kürzel X ist sowieso „x-treme" trendy in den USA und wird beispielsweise auch in X-Mas (Christmas = Weihnachten) verwendet. Symbolisch gemeint ist das X ein Zeichen für eine geschäftliche Verbindung, eine Kreuzung, auf der sich zwei Wege (= Menschen) treffen.

XING ist aber auch in Asien ein gebräuchlicher Begriff. Laut Wikipedia ist es einer der häufigsten chinesischen Familiennamen und bedeutet „es ist möglich".

Halten wir also fest: Der Name XING wurde insbesondere aufgrund seiner internationalen Ausrichtung gewählt.

Dennoch lief das Ganze sehr unglücklich ab, denn nachdem die Gerüchteküche schwirrte, bekam jemand den neuen Namen vor dem offiziellen Veröffentlichungsdatum heraus. Die Wogen kochten hoch, die Deutschen fühlten sich verprellt und waren stinkesauer und völlig verständnislos. Wer sich für die Diskussionen interessiert, der kann hier weiter nachlesen: *https://www.xing.com/cgi-bin/forum.fpl?op=showarticles&id=2458994.*

Seitdem sind wir ein bisschen ernüchtert. Der Traum vom kleinen Unternehmer, der als One-Man-Show mit vier externen Programmierern openBC gründete und es geschafft hat, hat einen Knacks bekommen.

Aber immerhin haben wir uns auch daran gewöhnt, dass Raider jetzt Twix heißt, und irgendwann haben wir kapiert, dass unsere Erdnusslocken nicht mehr von Bahlsen, sondern von Lorenz kommen. Da wir das alle auch mit dem Euro hinbekommen haben, werden wir uns wohl auch noch an XING gewöhnen können. In ein paar Jahren kräht kein Hahn mehr danach.

(Komisch nur, dass ich immer noch in Kalorien rechne und mit Joule nichts anzufangen weiß und dass ein Auto für mich PS und keine kW hat ...)

Doch: Wie spricht man XING aus? Im Sinne der Erfinder wäre wohl „Crossing" das richtige Wort. Gerüchten nach kann man auch „IKS-ing" sagen. Aber in Deutschland hört man eigentlich nur „XING" (Ksing).

Die XING-Hilfefunktion

Da es sich bei diesem Buch nicht um eine Bedienungsanleitung für Anfänger handelt, werden wir in diesem Buch nicht jedes Detail behandeln. Wer neu bei XING ist, der findet dort genügend Unterstützung. Die XING-Hilfeseite beantwortet die häufigsten Fragen und behandelt alle grundlegenden Themen. Zu finden ist sie unter *https://www.xing.com/app/help.*

Die Hilfefunktion bei XING beantwortet alle Basisfragen.

Auf der Hilfeseite finden Sie folgende Unterseiten:

- Wie nutze ich XING effektiv?
- Die Funktionen von XING
- FAQ
- Guided Tour

3.2 Sicherheit bei XING

Ich möchte an dieser Stelle nicht auf die technische Sicherheit im XING-Rechenzentrum und die Datensicherheit der Millionen von Adressdaten eingehen. Ich werde zwei Themen aufgreifen, die inhaltlich das Vertrauen eines Internet-Netzwerks erschüttern können. Ich meine die Themen Spam und Multilevel-Marketing.

Spam ist nicht erwünscht

Eine wichtige Aufgabe eines Betreibers eines Business-Netzwerks ist es, dafür zu sorgen, dass die Plattform spamfrei ist und bleibt. XING geht hier rigoros vor:

- Formulierung in AGB, dass Spam zu unterlassen ist

  Auszug aus den AGB von XING:

  ```
  4.1 Der Nutzer ist verpflichtet,
  ....
  4.1.4 die folgenden belästigenden Handlungen zu unterlassen, auch wenn diese
     konkret keine Gesetze verletzen sollten:
  Versendung von Kettenbriefen,
  Versendung identischer privater Nachrichten an mehrere Nutzer gleichzeitig,
  Durchführung, Bewerbung und Förderung von Strukturvertriebsmaßnahmen (wie
  Multi-Level-Marketing oder Multi-Level-Network-Marketing) oder
  anzügliche oder sexuell geprägte Kommunikation (explizit oder implizit).
  ```

- Programmtechnische Beschränkungen. So können beispielsweise bei XING täglich nur 20 Mitteilungen an Nicht-Kontakte verschickt werden.
- Selbstregulierungsmechanismus durch die Möglichkeit, Nachrichten oder Personen als Spam zu melden

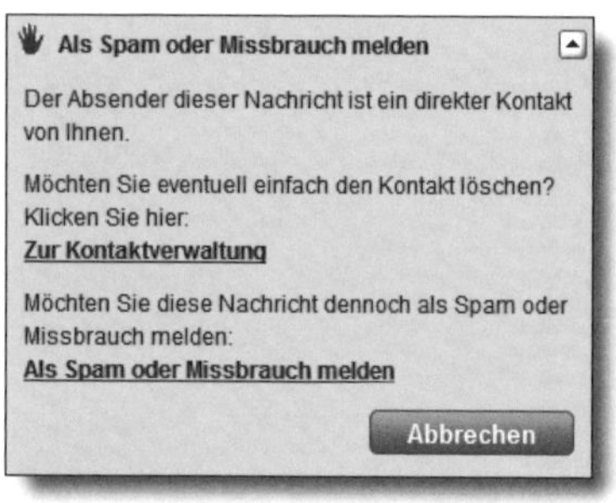

Per Klick können Sie den Absender einer Nachricht als Spam melden. Er bekommt eine Abmahnung oder wird – bei Wiederholung – aus dem Netzwerk rausgeschmissen.

Helfen auch Sie mit, Spammern sofort ins Handwerk zu pfuschen, und melden Sie auffällige Seiten, Spam-Mails oder mögliche Pseudo-Profile direkt bei XING.

3.3 Multilevel-Marketingsysteme untergraben das Vertrauen

Tupper, LR und sonstige Multilevel-Marketingsysteme mögen tolle Produkte haben und hervorragende Möglichkeiten bieten, sich ein Zweiteinkommen aufzubauen. In Business-Netzwerken haben sich jedoch nichts verloren.

Die Nutzung von Business-Netzwerken für MLM-Zwecke untergräbt das Vertrauen der Nutzer und nervt einfach nur. Nein, ich möchte keinen Direktvertrieb für Maßhemden aufmachen, ich möchte auch keine Nahrungsergänzungsmittel verkaufen und ich möchte auch kein neues Business-Netzwerk namens ZenZuu dreimal täglich empfohlen bekommen oder weiterempfehlen. Und Sie wahrscheinlich auch nicht!

Das hat nichts damit zu tun, das Leute, die MLM betreiben, bei XING nichts zu suchen haben. Selbstverständlich können und sollen sie auch Mitglied bei XING sein, ihr Profil anlegen sowie Kontakte aufbauen und pflegen. Es geht nur darum, dass sie ihr aggressives Marketing nicht über die Kommunikationskanäle von XING laufen lassen dürfen.

Mehrfach in der Woche erhalte ich derzeit Angebote zu einem Produkt, mit dem sich Benzinkosten senken lassen. Die Wortwahl ist typisch für MLM-Systeme. Lehne ich ab, werde ich beschimpft, ob ich denn nicht – für unsere Kinder – auch einen Beitrag zur Umwelt leisten möchte. Solche Anfragen werden von mir rigoros als Spam gemeldet. So, zum Beispiel, sehen diese Schreiben aus:

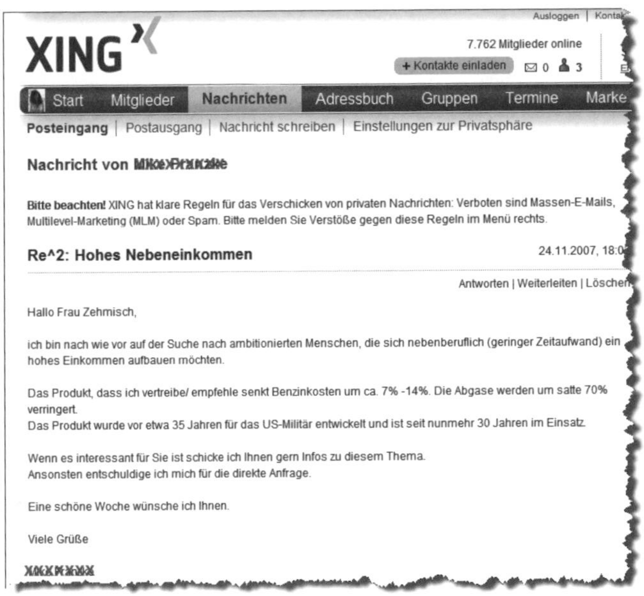

Lassen Sie sich nicht durch Multilevel-Marketing Mails belästigen.

XING hat in seinen AGB Multilevel-Marketing ausgeschlossen. Ich empfehle Ihnen dringend, sich mit Ihrer MLM-Spam von XING fernzuhalten.

Multilevel-Marketing-Mails können – genau wie Spam – per Knopfdruck gemeldet werden.

4

Der Aufbau Ihres persönlichen Profils

Nach viel Theorie gehen wir nun in die Praxis. Die Basis bildet der Aufbau eines eigenen Profils. Das Profil in Ihrem Internet-Netzwerk ist Ihre persönliche Visitenkarte und wird angezeigt, wenn ein anderes Mitglied Sie anklickt. Sie sollten sich deshalb viel Mühe damit geben und alle Möglichkeiten ausschöpfen.

Ihr XING-Profil hat eine eigene URL, die Sie im Footer Ihrer E-Mails oder auf Ihrer Webpage veröffentlichen oder sogar auf Ihre Visitenkarten drucken lassen können. Die URL ist extra einfach gehalten. Die URL meines persönlichen XING-Profils lautet: *https://www.xing.com/profile/Monika_Zehmisch*.

Die typischen Anfängerfehler:

- ein fast leeres Profil (oder genauso schlimm: nutzloses Geschwafel)
- kein Bild
- das Weglassen jeglicher persönlicher Informationen

Angst, Unsicherheit, Zeitmangel oder Probleme bei der Ausformulierung der Texte sind oft die Gründe für ein unvollständiges Profil. Man muss sich ja auch erst einmal in seinem Business-Netzwerk orientieren und zurechtfinden.

So, wie Sie sich verändern und weiterentwickeln, sollten Sie auch immer Ihr Profil anpassen und optimieren.

Schreiben Sie den Text am besten in einem Texteditor vor und lassen Sie ihn auf sich wirken. Gehen Sie so vor, als sollten Sie Ihr Unternehmen und Ihre Qualifikation in einem Bewerbungsgespräch oder bei einem potenziellen Kunden vorstellen.

Ein gutes Profil ist stetigem Wandel unterworfen. Es verändert sich in dem Maße, wie Sie sich als Persönlichkeit und in Ihrem beruflichen Werdegang verändern. Es ist gar nicht so einfach, ein optimales Profil zu erstellen. Wie privat darf es sein? Was sind die richtigen Begriffe? Was möchte ich anderen mitteilen? Was stellt mich in ein gutes Licht?

Ähnlich wie ein Maler vor einer leeren Leinwand oder ein Autor vor einem leeren Blatt Papier sitzt und den Anfang nicht so richtig findet, wird es Ihnen möglicherweise beim Erstellen Ihres Profils ergehen.

Andreas Heuberger empfiehlt in seinem Buch „Networking – durch interessante Kontakte zum Erfolg“ eine interessante Methode, die auf Thomas Power, Chairman von *www.ecademy.com* (auch ein Business-Netzwerk), zurückgeht. Es nennt es die „Fünfzig-Worte“-Methode. Diese Idee finde ich so pfiffig, dass ich sie gern aufgreifen und – in meiner eigenen Variation – weitertragen möchte. Es geht um Folgendes:

Schreiben Sie 50 berufliche und private Schlüsselbegriffe aus, die Sie selbst definieren. Gehen Sie dabei in der Reihenfolge vor:

- Alter
- Familie
- Wohnort
- Ausbildung
- berufliche Schwerpunkte
- persönliche Eigenschaften
- Hobbys
- ein Motto

Schreiben Sie diese Begriffe nun, mit Komma getrennt, hintereinander. Damit Sie sich das besser vorstellen können, sehen Sie hier meine 50 Wörter:

> 1963, Sternzeichen Fische, Düsseldorf, Meerbusch, 2 Kinder, Bankkauffrau, Betriebswirtin, innovatives Marketing, Internet, neue medien werkstatt, www.nmwagentur.de, selbstständig, eBay und Networking Beratung/Coaching/ Seminare, Buchautorin, Fachjournalistin, Postagentur, XING, Ambassador-Gruppe Düsseldorf – RheinRuhr, Sozialkompetenz, kommunikativ, engagiert, jung geblieben, herzlich, Zeitchaot, Familienmensch, Ameise, Lesen, Tanzen, Reisen, Schreiben, Gesellschaftsspiele, Paso Peruanos, Katze Kitty, Gurkensalat, „niemals unterkriegen lassen"

(Mit Microsoft Word Text markieren *Extras/Wörter zählen* – und Sie brauchen nicht selbst zu zählen).

Versuchen Sie, sich exakt an die Zahl 50 zu halten. Es ist natürlich nicht so, dass Sie mit diesen 50 Wörtern Ihr komplettes Leben abbilden sollen. Vielmehr sollen Sie auswählen, was für Sie (und vor allem für andere, die es lesen sollen) wichtig ist. Viele Menschen haben Scheu, über sich selbst etwas Positives zu schreiben, weil sie sich nicht gern beweihräuchern möchten. Es ist aber wichtig, dass Sie selbst Ihre positiven Eigenschaften kennen. In jedem Bewerbungsgespräch ist es selbstverständlich, auf die Frage „Was sind Ihre Stärken?" ohne großes Nachdenken klare Antworten zu finden. Warum also nicht auch beim Networken?

Probieren Sie es einfach mal aus. Es ist eine gute Übung, sich selbst zu erkennen und zu definieren. Und Sie werden merken, dass Sie mit 50 Wörtern schon sehr weit kommen.

Was können Sie nun mit diesen 50 Wörtern tun? Nun, Sie können sie wieder zerpflücken und als Basis für Ihr XING-Profil verwenden. Viel interessanter wäre es aber, wenn Sie diese 50 Wörter zusammen stehen lassen und auf die Rückseite Ihrer Visitenkarte drucken lassen würden. Was glauben Sie, wie viel Aufmerksamkeit und Anknüpfungspunkte Sie damit erzielen. Oder nutzen Sie diese 50 Wörter für Ihre Website. Vielleicht sollten alle führenden Mitarbeiter Ihres Unternehmens eine 50-Wörter-Definition zu ihren Namen und Fotos hinzugefügt bekommen.

4.1 Was gehört zu Ihrem Profil?

Informativ, sympathisch, professionell – einfach vorbildlich: Herr Dr. Zetzsche https://www.xing.com/profile/Juergen_Zetzsche, Abteilungsleiter Airport Advertising, weiß, wie man ein wirkungsvolles Profil bei XING aufbauen muss.

Ihre Basisdaten

Bei XING führen Sie Ihr Profil unter Ihrem richtigen Namen. Hier gibt es keine Nicknames, hinter denen Sie sich verstecken können. Wer einen Geburtsnamen hat, sollte diesen auch (wenn möglich) eintragen, denn frühere Bekannte oder Schulkameraden kennen Sie vielleicht noch unter diesem Namen.

Zu Ihrem Namen sollten Sie auch Ihren akademischen Grad oder akademischen Abschluss eintragen.

Zu Ihren Firmenangaben gehören – außer dem Namen der Firma – Angaben der Branche, Position, Karriere-Level, die Internet-Homepage Ihrer Firma, Länge der Zugehörigkeit, Status und die Firmengröße.

Einheitlicher Firmenname

Sind von einer Firma mehrere Leute bei XING, sollten sich diese über eine einheitliche Formulierung und Schreibweise abstimmen, damit sie sich untereinander besser wiederfinden und damit sich das Unternehmen nach außen hin auch einheitlich präsentieren kann. Eine einheitliche Firmierung trägt auch dazu bei, dass Mitarbeiter eines Unternehmens einfacher gefunden werden können.

Als leitender Angestellter eines größeren Unternehmens sollten Sie sich dafür einsetzen, dass der Firmenname vereinheitlicht wird.

Stellen Sie sich vor, Sie würden einen Mitarbeiter der Deutschen Post AG suchen. Sie probieren es zuerst mit dem Suchbegriff „Post" im Feld *Firma*.

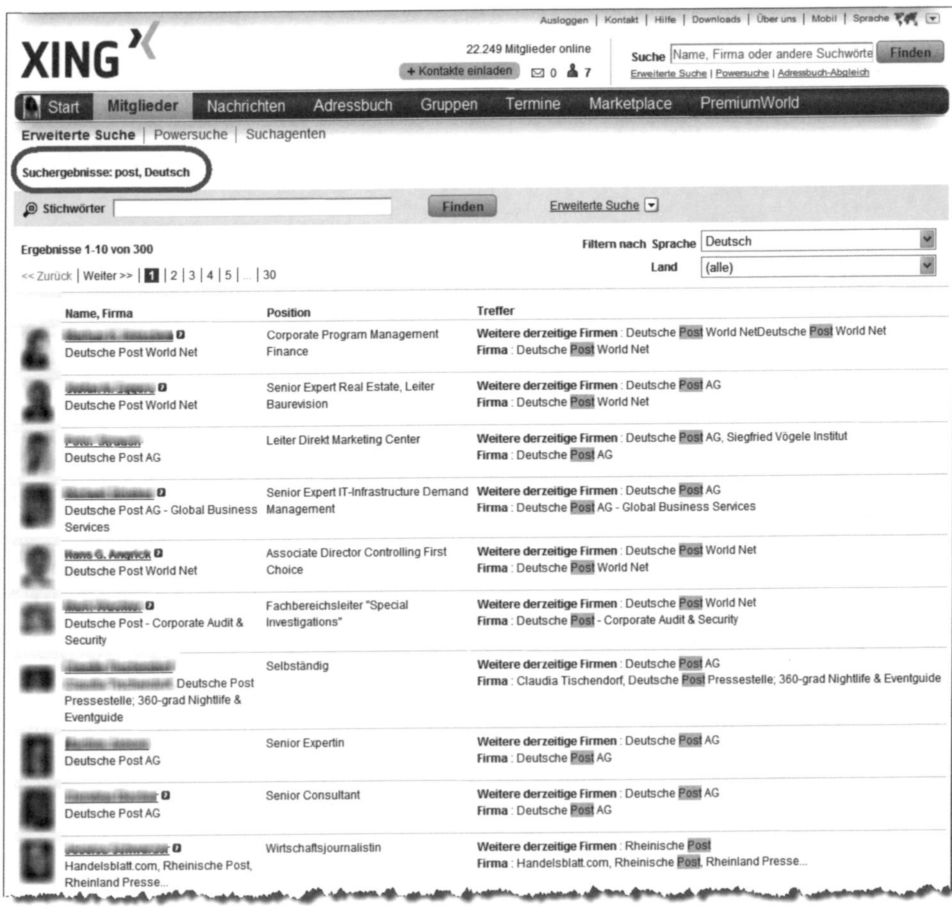

Die Firmensuche darf nicht zu allgemein sein.

Fehlanzeige. Auf diese Weise finden Sie nur wenige Mitarbeiter der Deutschen Post AG. Von der Österreichischen Post bis zu Post-It ist alles dabei. Schränken wir nun den Suchbegriff ein und geben wir „Deutsche Post“ ein.

Immer noch kein befriedigendes Ergebnis.

Noch immer ist das Sucherergebnis nicht genau genug. Es erscheinen auch Ergebnisse von Deutsche Post World Net. Also, neuer Versuch mit dem Begriff „Deutsche Post AG“.

Jetzt passt's. Ausgeworfen werden nur Mitarbeiter der Deutschen Post AG. Der Suchende war in diesem Fall gezwungen, einen ganz konkreten Begriff einzugeben, damit er ein vernünftiges Ergebnis bekommen konnte. Dies funktioniert natürlich nur, wenn alle Mitarbeiter der Deutschen Post AG, die in XING sind, auch

„Deutsche Post AG" unter Ihrer Firma eingetragen haben und nicht aus Nachlässigkeit nur „Post" oder „Post AG" oder „Deutsche Post".

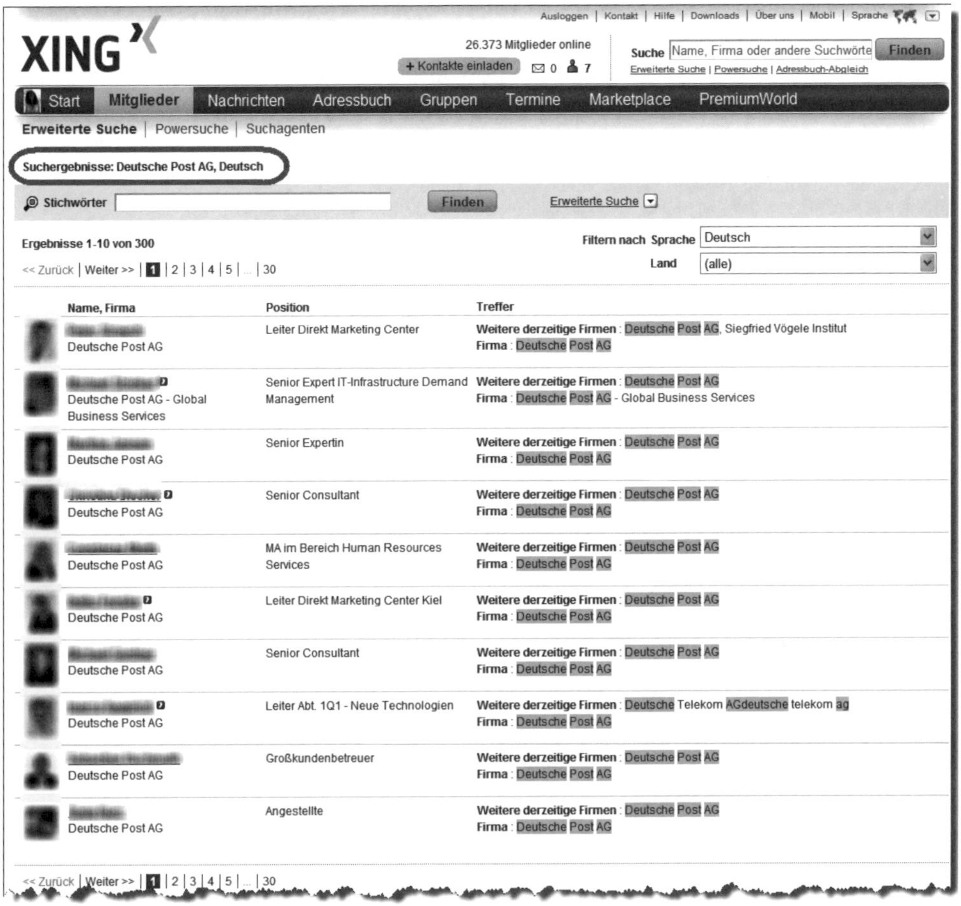

Nur mit einer ganz konkreten Suche bekommt der Suchende auch ein richtiges Ergebnis.

Die Branche

Bei der Wortwahl der Branche gilt es, weder zu speziell noch zu allgemein zu sein. Begriffe wie „Dienstleistungen", „Marketing" oder „IT" sind beispielsweise sehr allgemein und sorgen in Suchabfragen dafür, dass viel zu viele Treffer gefunden werden. Nutzen Sie die Möglichkeit, mehrere Begriffe (mit Komma getrennt) zu verwenden.

Wenn das Netzwerk die Angaben zu früheren Firmen zulässt, sollten Sie diese auch eintragen, denn dann werden Sie von ehemaligen Kollegen, Kunden und Lieferanten besser gefunden, und man kann sich ein umfassenderes Bild über Ihre Karrierelaufbahn machen – ähnlich wie in einem Lebenslauf.

Organisationen

Zu Ihrem Profil gehören auch Organisationen. Hierunter fallen Mitgliedschaften, die in den privaten Bereich gehören (wie beispielsweise Alumni, Sportverein oder Kirchenchor), politische Mitgliedschaften, aber natürlich insbesondere beruflich orientierte Mitgliedschaften. Dies können andere Internet-Netzwerke sein, aber auch Mitgliedschaften in Wirtschaftsorganisationen oder Clubs.

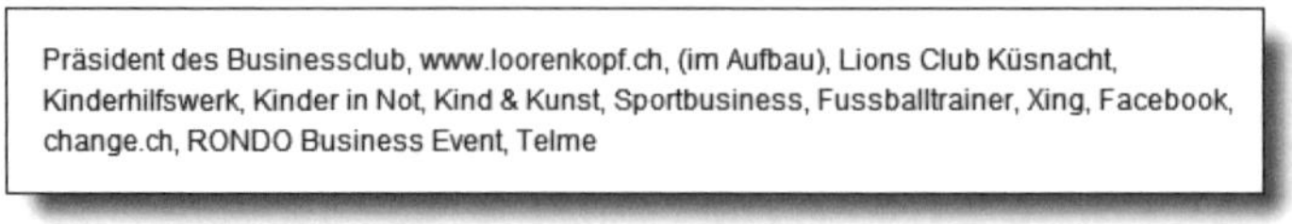

So engagiert ist Adi Noventa, https://www.xing.com/profile/Adi_Noventa, aus der Schweiz. So etwas gehört alles auch in Ihr Profil unter Organisationen.

Qualifikation

Welche Sprachen sprechen Sie? Welche Qualifikationen haben Sie erworben? Hier gehört es hin.

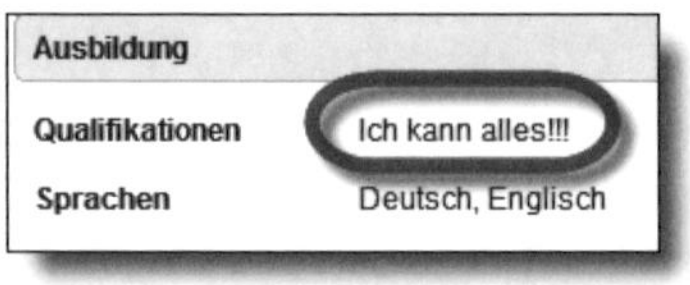

Ohne Worte!

Berufserfahrung – Ihr Lebenslauf im Internet

Genau wie in einem Lebenslauf ist auch in einem Internet-Netzwerk Ihr Karriereweg interessant. Auf diese Weise werden Sie auch von früheren Arbeitskollegen, Lieferanten und Kunden gefunden und können Ihr Netzwerk vergrößern.

Auch Schulabschluss, Ausbildung, Studium und Qualifikationen runden Ihr Profil ab.

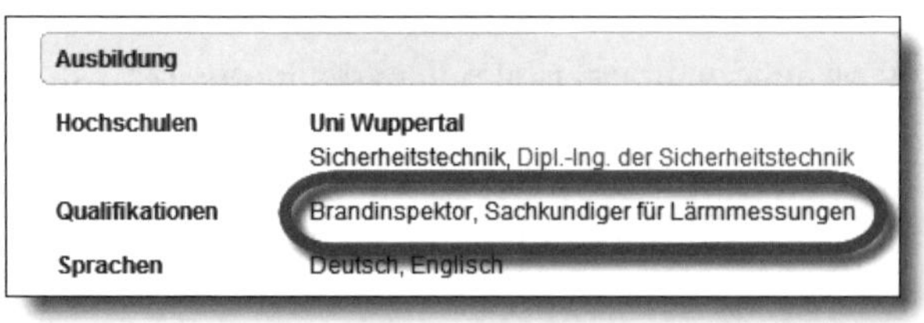

Stefan Meuter, https://www.xing.com/profile/Stefan_Meuter, freiberuflicher Sicherheitsingenieur, hat unter Qualifikationen veröffentlicht, dass er Brandinspektor und Sachkundiger für Lärmmessungen ist. Diese Ergänzung ist für Interessenten möglicherweise von großer Bedeutung und erhöht die Chance auf Aufträge.

Ich suche/Ich biete – die wichtigsten Angaben bei XING

Die Bereiche *Ich suche* und *Ich biete* bei XING haben es in sich, denn hier verstecken sich die meisten Möglichkeiten, um andere Leute auf sich aufmerksam zu machen und neue Kontakte zu knüpfen.

Sie fallen beim Aufruf eines Profils sofort ins Auge, und in diesen beiden Feldern wird sehr oft nach Stichwörtern gesucht.

> Ich möche mein berufliches Netzwerk erweitern, Kontakte zu früheren Kollegen herstellen und einen Meinungsaustausch initiieren und pflegen.

Diese Formulierung gefällt mir. Sabine Chmielewski, https://www.xing.com/profile/Sabine_Chmielewski, bringt es auf den Punkt und beschreibt schlicht und klar, was sie bei XING sucht.

Bevor Sie einfach drauflosschreiben, machen Sie sich Gedanken darüber, was Sie tatsächlich in einem Business-Netzwerk suchen oder was Sie an Know-how oder Leistungen anderen Networkern anbieten können.

> Marketing Management, Direktmarketing, Dialogmarketing, Online-Marketing, E-Mail Marketing, Selbstmanagement, E-Commerce, Publikationen, Businesskontakte, kreative Lösungen, Marketing Beratung, Webdesign, Werbeflächen, Anlagetipps, globale Netzwerke, Innovative Ideen, Internet Know-how, Dynamik, Zuverlässigkeit, Kreativität, Motivation, Ehrgeiz, Flexibilität, Ausdauer, absoluter Einsatz

Nicht zu allgemein, nicht zu speziell – Patrick Abrar, https://www.xing.com/profile/Patrick_Abrar, hat hier eine gute Mischung gefunden und verschiedene Begriffe verwendet und noch mit persönlichen Skills ergänzt. Ein positives Beispiel für einen Text unter Ich biete.

Besuchen Sie andere Profile und schauen Sie sich an, was Ihnen gefällt und was eher nicht. So gehen Sie vor:

- Notieren Sie zuerst auf einem Zettel oder auf Ihrem PC, was Sie suchen oder bieten.
- Notieren Sie dann Alternativformulierungen, falls es mehrere Formulierungen für die verwendeten Begriffe gibt.
- Verfeinern Sie Ihr Suchergebnis und ergänzen Sie es um Begriffe, die mehr in die Tiefe gehen.
- Achten Sie darauf, dass typische Suchbegriffe/Schlüsselbegriffe Ihrer Branche enthalten sind.
- Überprüfen Sie Reihenfolge, Sinn und Gesamtwirkung.

sympathische, proaktive Menschen, Geschäftskontakte, Ideenentwickler

Diese Formulierung unter Ich suche wird nur wenige Menschen gezielt ansprechen. Damit wird der Ersteller wohl kaum in irgendwelchen Trefferlisten von Suchabfragen erscheinen.

Nun gibt es Menschen, die in Business-Netzwerken etwas ganz Bestimmtes suchen und bieten, und andere, die einfach nur so mal gucken wollen. Die Formulierung unterscheidet sich dann natürlich erheblich. Scheuen Sie sich nicht, Ihre Wünsche konkret zu formulieren:

Wir suchen Telefonistinnen oder einen Call-Center für die Kundenaquiese und Terminierung. Beginn 2008 suchen wir Aussendienstmitarbeiter auf Selbständigkeitsbais.Zur Vermarktung unseres Produktes(siehe Webseite). Käufer/Firmen und Unternehmen die im Bezug auf Kundengewinnung und Firmenpräsenz Interesse an unserem Produkt haben.

Konkrete Aufgabenstellung, auf die Interessenten sofort reagieren können, von Sandra Hohnhorst, https://www.xing.com/profile/Sandra_Hohnhorst, Inhaberin von S + P Werbung.

Ich empfehle Ihnen weiterhin, Ihre Formulierung so zu wählen, dass der Leser einen roten Faden hat und sieht, wie alle Begriffe zueinander passen und sich ergänzen.

Ein negatives Beispiel dafür:

Unkomplizierte Kontakte in den Bereichen Internet, Medien, Marketing, Veranstaltung, Mode, Design, Agentur, PR, Projektmanagement, Aussenwirtschaft, VWL, Internat. Politik, Exportwirtschaft, Logistik, Analyse, Controlling, Organisation, Finanzierung, Kreditbank, Online-Finanzierung, Sales, Vertrieb, Campaign, Online-Kampagnen, Online-Portale, etc.

Typische Auflistung im Bereich Ich suche. Eine scheinbar sinnlose Aneinanderreihung von Begriffen, die aber sehr allgemein sind und teilweise nicht zusammenzupassen scheinen.

Ein positives Beispiel dafür:

Allfinanzberatung, Vermögensberatung, Finanzmanagement, Finanzanalyse, Baufinanzierung (gewerblich / privat), ganzheitliche Vermögensplanung, Versicherungsdienstleistungen, Krankenversicherung, Kapitalbeschaffung, Geldanlagen, Geschäftsfinanzierung, gewerbliche Versicherungen, Bankdienstleistungen, Finanzcoaching, One Face to the Customer, Seminare zum Thema Finanzen, Ausbildung zum Vermögensberater mit IHK Abschluss, Existenzgründungsberatung, betriebliche / private Altersvorsorge, Beratung öffentlicher Förderungen und Subventionen, Berechnung von Versorgungslücken, Planung von Anlagestrategien

Sympathische und gut durchdachte Formulierung in Ich suche des Finanzberaters Helmut Frerker, https://www.xing.com/profile/Helmut_Frerker. Besonders die Formulierung Berechnung von Versorgungslücken spricht viele Menschen direkt an.

Während die meisten Leute mit der Rubrik *Ich biete* ja noch einigermaßen klarkommen, ist der Inhalt es Felds von *Ich suche* scheinbar schwieriger umzusetzen.

Manche schreiben dann einfach das Gegenteil von *Ich biete* rein. Also zum Beispiel:

> Ich biete: Aufträge
> Ich suche: Aufträge

Aha, sehr aufschlussreich und innovativ. Machen Sie es so bitte nicht. Wer unsicher in der Formulierung ist, der sollte sich ruhig andere Profile ansehen oder sich sogar extern beraten lassen, denn eine professionelle Formulierung dieser beiden Felder wirkt Wunder.

Leider hat das System aufgrund der Freitextmöglichkeit bei XING auch seine Grenzen. Wenn einer unter *Ich biete* „Know-how im Bereich Suchmaschinenoptimierung" und der andere unter *Ich suche* „Aufträge im Bereich Suchmaschinenoptimierung" eingetragen hat, dann würden sich diese beiden beispielsweise bei der Powersuche finden, aber eigentlich nichts nützen, denn sie wollen beide dasselbe.

Interessen – wie viel privat darf sein?

Bei XING gehören auch die persönlichen Interessen zum Profil. Viele Menschen scheuen sich davor und lassen dieses Feld leer oder füllen es mit vagen Begriffen.

Reisen, Sport, Schach, Musik

Klingt ein bisschen langweilig, oder?

Das ist sehr schade, denn hier steckt viel Potenzial, um das Interesse eines Lesers zu wecken oder mit Ihnen Kontakt aufzunehmen. Es ist immer gut, wenn es einen Anknüpfungspunkt gibt.

Kontakt mit Menschen, Weiterentwicklung, Marketing, Börse, Radsport, Bogenschiessen, Psychologie, Zigarre, segeln

Diese Formulierung kommt freundlich und interessant rüber.

Außerdem verraten die persönlichen Interessen viel über einen Menschen. Genau wie in einem Bewerbungsgespräch oder einem Lebenslauf sollten Sie sich auch hier gut verkaufen. Interessen wie „Sportschau gucken", „Videospiele spielen", „mit Freunden in der Kneipe treffen" sind sowohl für eine Kontaktaufnahme in einem Business-Netzwerk als auch in einem Bewerbungsgespräch nicht gerade förderlich.

Bitte lassen Sie dieses Feld nicht einfach leer. Das wirkt unsympathisch, unvollständig, abgrenzend, vielleicht sogar arrogant. Lesen Sie bitte noch einmal die

Kapitel 1 und 2, um zu verstehen, warum die ganzheitliche Betrachtung von Menschen bei XING so wichtig ist und warum über einen Eintrag unter *Interessen* Anknüpfungspunkte für Gespräche und Gemeinsamkeiten entstehen können.

4.2 Wie Sie sich präsentieren sollten

- **Professionell**
  Die meisten Menschen sind nicht in der Lage, fehlerfrei zu schreiben. Profile, die voller Rechtschreibfehler sind oder aufgrund ihrer Formulierung unprofessionell klingen, machen keinen guten Eindruck. Legen Sie deshalb Wert auf Form und Inhalt. Lassen Sie den Text von einem textsicheren und ehrlichen Freund oder Kollegen gegenlesen oder lassen Sie sich extern beraten.

- **Sympathisch**
  Zu einem sympathischen Profil gehören freundliche Formulierungen und Inhalte. Wer sich nur an Business-Inhalten festhält, kommt nicht menschlich rüber. Der Sympathiefaktor entscheidet, ob jemand sich näher mit Ihnen beschäftigen würde.

- **Interessant**
  Es ist wichtig, dass Sie andere Menschen neugierig machen. Dies wird Ihnen gelingen, wenn Ihr Profil aus der Masse hervorsticht. Um dies zu erreichen, gibt es eine Menge Möglichkeiten: durch ein außergewöhnliches Hobby, eine sympathische Formulierung oder durch ein interessantes Foto werden andere Menschen auf Sie aufmerksam.

- **Kompetent**
  Natürlich ist es wichtig, dass Ihre Kontaktperson Sie kompetent einschätzen. Achten Sie deshalb darauf, dass in Ihrem Profil Eigenschaften und Formulierungen enthalten sind, die Sie in einem oder einigen Fachgebieten als besonders kompetent ausweisen. Jeder hat ein bevorzugtes Spezialgebiet oder etwas, was er ganz besonders gut kann. Teilen Sie dies anderen mit.

Ganze Sätze versus Stichwörter

Beim Ausfüllen des Profils geht jeder unterschiedlich vor. Der eine reiht Stichwörter aneinander, der andere formuliert ganze Sätze. Was ist nun richtig?

Ich finde, da gibt es keine Allgemeinregel. Manche Dinge lassen sich nicht mit einem einzelnen Wort, sondern nur mit einem Satz oder einem Teilsatz beschreiben. Viel wichtiger ist die Wirkung Ihrer Aussage. Deshalb ist ein Nebeneinander von Stichwörtern und Sätzen/Satzteilen durchaus möglich und sinnvoll.

Wichtig ist bei dieser Gelegenheit auch die Überlegung, wie die Suchabfrage von XING funktioniert. Da darf ich Ihnen die gute Nachricht überbringen, dass XING wortweise sucht und ein Begriff demzufolge auch gefunden wird, wenn er sich innerhalb eines Satzes befindet.

Frank Widmayer, *https://www.xing.com/profile/Frank_Widmayer*, hat in seinem Profil unter *Ich suche* den Satz „Erfahrungsaustausch über Personalführung (transformationale Führung) und Unternehmensführung" eingetragen. Wenn Sie in der XING-Suche nach *transformationale* suchen, dann erscheint (unter anderem) das Profil von Herrn Widmayer.

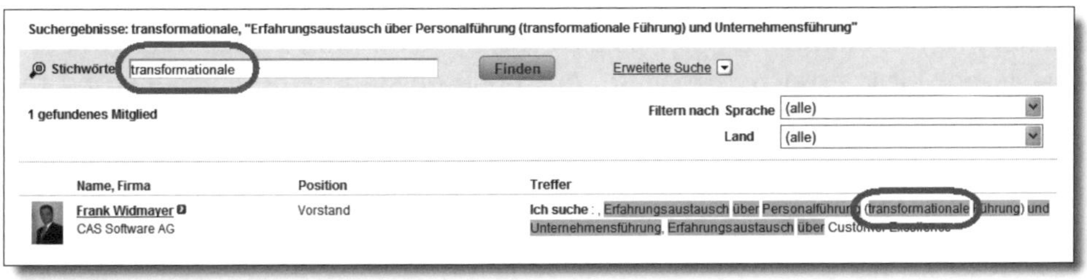

Wie Sie sehen, sucht XING wortweise Profile durch.

Die einzelnen Angaben in Ihrem Profil trennen Sie bitte mit einem Komma.

Ihr XING-Profil optimieren

Schauen Sie sich mal zehn XING-Profile an, die Sie willkürlich auswählen. Was sehen Sie da? Wie wirken diese Profile? Die meisten Profile wirken „profillos", grau und langweilig oder einfach alltäglich. Wenn Ihr Profil nicht so aussehen soll, dann müssen Sie aus der Masse herausstechen. Sie müssen sich also besonders viel Mühe geben, um das Besondere an Ihrer Person herauszubringen, es auszuformulieren, zu strukturieren, sodass es Wirkung bringt. Und nachdem Ihnen dieser erste Schritt gelungen ist, ist es im zweiten Schritt eine Herausforderung, Ihr Profil aufzupeppen.

Am besten gelingt Ihnen das beim Spiel mit Worten. Ich möchte Ihnen dies an zwei Beispielen demonstrieren:

Beispiel 1

Katrin Frick, *https://www.xing.com/profile/Katrin_Frick3*, Geschäftsführerin der Bäckerei und Konditorei Frick aus Buchs in der Schweiz, hatte früher ein ganz langweiliges Profil.

Altes Profil

Ich suche:
Betriebswirtschaftliche Themen, Austausch über Gott und die Welt, informative und humorvolle Kontakte, durchschlagende Marketingideen, neue Kontakte, unkonventionelle, spartenübergreifende, interessante Zusammenarbeiten.

Ich biete:
Mitarbeitermotivation, Spass an der Beziehung mit den Kunden, Ermutigung und Unterstützung, Organisationstalent, Interesse an sehr vielem.

Mit Ihrer Bäckerei hatte das Profil nichts zu tun. Im Rahmen eines Coachings arbeiteten wir erst einmal heraus, was die Zielgruppe für Frau Frick bei XING ist und was sie bei XING erreichen möchte. Am Ende entstand eine Formulierung mit Charisma und Esprit, die einem im wahrsten Sinne des Wortes das Wasser im Mund zusammenlaufen lässt:

Neues Profil

Ich suche
Gourmets & Feinschmecker, die unsere köstlichen, vielfältigen, immer wieder neuen Brotkreationen genießen möchten, Kunden, die unsere Bäckerei an der Wiedenstrasse 9 in 9470 Buchs noch nicht kennen, Menschen, die gern persönlich wahrgenommen, fröhlich und kompetent bedient werden möchten, Firmen, die für ihre Kunden- und Partner-Events köstlichsten Apéro, herrlich angerichtet, ins Haus geliefert, anbieten möchten, Unternehmer anderer Branchen, die mit uns zusammen unkonventionelle Events initiieren

Ich biete
traditionelle, mit frischesten, regionalen Zutaten hergestellte Backkunst, eigen kreierte Brote in speziell vielen köstlichen Sorten (immer neue Ideen), fürs Auge und den Gaumen feinste Desserts, Kuchen und Torten, verschiedenartig lecker gefüllte Sandwiches in riesiger Auswahl, hausgemachte Gelati nach italienischer Art von fruchtig bis schokoladig, was das Herz begehrt, verschiedene Pizzas, unterschiedlich herrlich gefüllte Strudel, salzige Kuchen mit Gemüse oder Fleisch, fruchtige Kuchen in allen Varianten, Backkunst mit Leidenschaft aus selbst hergestellten Mischungen, zartschmelzende Schokoladeprodukte und Pralinen, Herzen berührende Geschenkideen, Spass an Beziehungen, Ermutigung, Organisationstalent

Katrin Frick hat verstanden, wie man mit einer schmackhaften Formulierung Wirkung erzielen kann. An ihrem Profil kommt nun keiner mehr vorbei.

Beispiel 2

Volker Stöcker, *https://www.xing.com/profile/Volker_Stoecker2*, Prokurist und Bankenberater/-trainer bei der WGZ-Bank, war etwas unsicher, inwieweit private Interessen etwas im XING-Profil zu suchen hatten. Deshalb fiel das Ergebnis auch entsprechend spartanisch aus:

Altes Profil

Interessen:

Motorrad fahren, laufen, kochen

Das ist so nicht genug. Es klingt langweilig, es weckt weder Emotionen noch Interesse. Ich habe Herrn Stöcker dann gebeten, sich darüber Gedanken zu machen, was das Besondere an seinen Interessen ist und wie er sie ausübt. Mit ein paar wenigen Handgriffen entstand ein sympathischer Text mit einer ganz anderen Wirkung:

Neues Profil

Interessen

Motorrad fahren, Laufen gegen den inneren Schweinehund, Kochen frei nach Gusto: „Jeder kann kochen", Klavier spielen lernen trotz des hohen Alters, hoffentlich bald italienisch lernen.

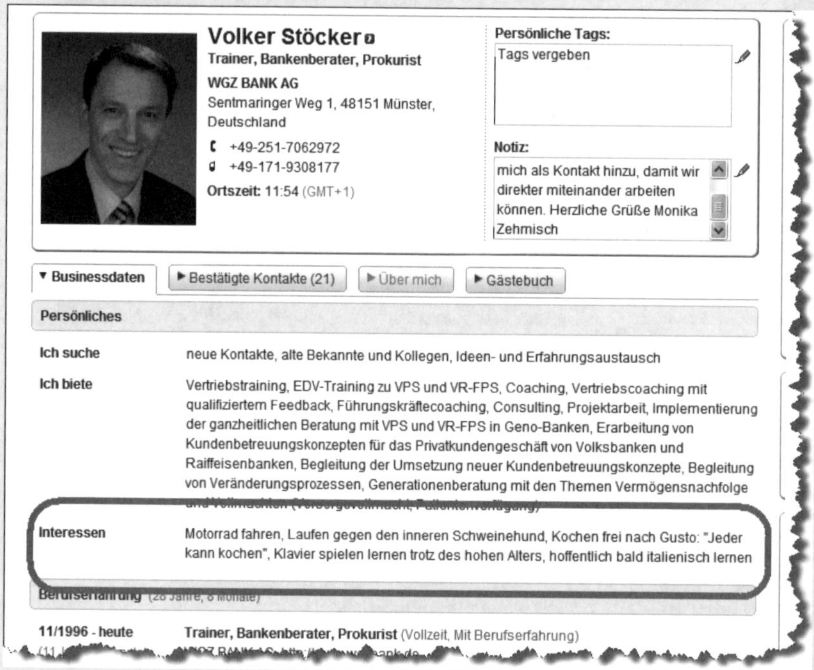

Jeder Mensch hat interessante Hobbys oder etwas Besonderes darüber zu berichten, was aus der Masse abhebt. Oft sind es nur Kleinigkeiten, die über den Erfolg entscheiden.

Bedenken Sie bitte, dass gerade in den „Interessen" immer auch Anknüpfungspunkte zu finden sind, für jemanden, der gern mit Ihnen Kontakt aufnehmen möchte: *„Wie ich sehe, gehören Sie auch zu denjenigen Menschen, die sich jeden Tag neu aufraffen müssen, um ein bisschen Fitness zu betreiben."* Geben Sie den Menschen solche Anknüpfungspunkte.

So können auch Sie Ihr Profil optimieren:

- Machen Sie aus Ihrem „Allerweltsprofil" ein außergewöhnliches Profil, das neugierig macht.
- Stechen Sie aus der Masse heraus.
- Machen Sie sich Gedanken darüber, wie Sie eine Formulierung wählen können, die mehr aussagt und Interesse weckt.
- Texten Sie Ihr Profil in knackigen, Emotionen weckenden Worten oder lassen Sie sich dabei helfen.

4.3 Mit oder ohne Bild?

Anfänger tun sich schwer, ihr Bild öffentlich ins Internet zu stellen. Außerdem hat man ja sowieso nie ein passendes Foto von sich. Gerade Männer fotografieren offenbar immer nur selbst und werden nie fotografiert, und Frauen finden unter 100 Fotos keines, auf dem sie schön genug aussehen, um es im Internet der Welt veröffentlichen zu können. Der Gang zum Fotografen als Alternative ist dann meist zu mühevoll.

Möchten Sie so aussehen?

Obwohl ich durchaus Verständnis für diese Gründe habe, tun Sie sich keinen Gefallen, wenn Sie auf ein Bild verzichten. Denken Sie immer daran: Der erste Eindruck zählt. In Internet-Netzwerken wie XING sind Sie ohne Bild ein Außenseiter. Ich persönlich empfinde es als unhöflich, wenn mein virtueller Gesprächspartner „es nicht für nötig hält", ein Bild einzustellen. Genau wie in Datingplattformen wird man Sie kaum anklicken, wenn Sie kein Bild haben.

Ein typisches Business-Foto: der Körper etwas schräg, das Gesicht frontal. Gute Proportionen, ein dezenter Hintergrund, lockere Business-Kleidung, die Haare gestylt und ein Lächeln auf den dezent geschminkten Lippen. So ansprechend präsentiert sich Marion Althoff https://www.xing.com/profile/Marion_Althoff bei XING.

Fakt ist: Ein Foto gehört zum guten Ton und erhöht Ihre Kontaktchancen erheblich.

Dieses Business-Foto zeigt Wirkung, denn es zeigt einen sympathischen Mann in lockerer, aber dennoch seriöser Haltung, der einen mit seinem Blick magisch anzieht. Zu finden bei Dr. Walter Andritzky unter https://www.xing.com/profile/Walter_Andritzky.

Manchmal sieht man Spaßbilder von Leuten, die eine gemalte Karikatur, ein Firmenlogo, ein Tierfoto oder ein sonstiges Bild einstellen. Das ist zwar ganz witzig, aber sinnlos und nur für private Netzwerken wie MySpace geeignet. In Business-Netzwerken bringt Ihnen das außer Minuspunkten gar nichts ein. Übrigens ist es in den AGB von XING sogar untersagt.

Wenn Sie unbedingt meinen, dass Sie solche Späßchen mit Ihren Fotos anstellen wollen, dann gehen Sie bitte dezent damit um. Beispielsweise können Sie zu Weihnachten mit einem Bildbearbeitungsprogramm Ihrem Foto eine Weihnachtsmütze aufziehen oder quer über das Bild schreiben „Frohe Weihnachten“. Ich rate Ihnen aber dennoch davon ab.

Wichtig ist, dass das Foto zum Typ und zum Beruf passt. Susan Heat präsentiert sich herzlich lachend im knallroten Kleid und mit auffälligem Hütchen. Der Hintergrund (ein Bild eines nackten Mannes, der sein bestes Stück mit der Hand verdeckt) passt zu Ihrem Beruf als bekannte „LoveLife Expertin“, https://www.xing.com/profile/Susan_Heat.

Regeln für ein gutes Foto

Auch wenn Sie nicht aussehen wie ein Model (wer ist schon wirklich makellos schön?), brauchen Sie trotzdem keine Skrupel zu haben. Viele Menschen finden sich einfach nicht fotogen und können sich ganz und gar nicht vorstellen, ihr Bild zu veröffentlichen. Dabei kommt es nicht auf Schönheit an, sondern auf eine positive Wirkung. Und jeder Mensch kann positiv wirken, wenn er ein paar einfache Regeln beachtet.

- Achten Sie darauf, dass Ihr Gesicht groß genug (aber nicht flächenfüllend) ist.
- Eine gut sitzende Frisur sollte selbstverständlich sein.
- Schenken Sie dem Betrachter ein Lächeln. Wenn es zu Ihnen passt, darf es auch ein herzliches Lachen sein.
- Die Herren bitte im Hemd fotografieren lassen (kann ruhig etwas aufgeknöpft sein; Krawatte und Jackett sind nicht unbedingt erforderlich), die Damen sollten etwas Ausschnitt zeigen. Verzichten Sie auf Rundhals-T-Shirt oder Rollkragenpullover. Aber Vorsicht: nicht anbiedernd wirken.
- Die Damen sollten sich zumindest dezent schminken, um nicht zu „grau“ zu wirken.

- Wem es steht, der darf sich auch mit 3-Tage-Bart ablichten lassen (aber bitte nur die Herren ;-). Achten Sie aber darauf, dass Sie damit nicht ungepflegt wirken.
- Der Hintergrund darf nicht zu unruhig sein und vom Gesicht ablenken. Es ist aber durchaus möglich, ein bisschen Hintergrund zu zeigen.
- Bitte verwenden Sie nur ein Foto, auf dem Sie allein zu sehen sind. Ein Gruppenfoto, ein Foto mit Freundin, Sohn oder Geschäftspartner gehören nicht hierhin. Am schlimmsten ist es, wenn jemand (stümperhaft) versucht, aus einem Gruppenfoto sich selbst mit einem Bildbearbeitungsprogramm herauszuschneiden, aber noch Reste (Haare, Hände, Beine) von anderen Personen zu sehen sind. Das ist peinlich. Sie signalisieren damit, dass Sie auch im Beruf so ungenau oder oberflächlich sein könnten!

Bei diesem wunderschönen Foto von Opernsängerin Dinah Berowska, https://www.xing.com/profile/Dinah_Berowska, erkennt man direkt, dass es von einem Profi gemacht wurde.

- Die Damen dürfen ruhig etwas von ihrer Schönheit zeigen: ein dezenter Ausschnitt, ein nettes Lächeln oder ein „kühner" Blick – aber übertreiben Sie es nicht. Überschreiten Sie nicht die Grenze, dass Ihr Foto „billig" aussieht. Wir befinden uns hier auf einer Business-Plattform und sollten das Niveau hoch halten.
- Unter Umständen ist es möglich, dass Sie auf dem Foto mit einem Gegenstand zu sehen sind. Dies geht aber nur, wenn der zu Ihnen oder Ihrem Beruf passt. Das Gleiche gilt für Berufsbekleidungen. Der Arzt könnte sich mit Kittel fotografieren lassen, der Musiker mit Gitarre, der Skilehrer im Skidress usw.

Ein Foto, das mir persönlich besonders gut gefällt. Thomas Battenstein – unverkennbar Gitarrist von Beruf – hat sein Instrument direkt mit auf das Bild gebracht. Und das übrige Outfit: Geöffnetes weißes Hemd und Lederjacke passen hervorragend zu seinem Stil. https://www.xing.com/profile/Thomas_Battenstein.

- Farbig wirkt auffälliger als schwarz-weiß, allerdings haben dafür Schwarz-Weiß-Fotos eine ganz spezielle Wirkung. Das Internet ist bunt: Wenn Sie auffallen wollen, dann hilft schon ein kräftiger Hintergrund oder eine knallige

Bluse bzw. ein knalliges Hemd. Einen ähnlichen Effekt erzielen die Damen mit einem roten Lippenstift.

- Achten Sie darauf, dass das Foto eine gute Qualität hat, also z. B. scharf und nicht zu dunkel ist. Kleinere Mängel (z. B. rote Augen, Pickel) können Sie mit einem Bildbearbeitungsprogramm verbessern und verschönern.
- Klären Sie gegebenenfalls die Veröffentlichungsrechte Ihres Fotos mit dem Fotografen und lassen Sie sich die Veröffentlichung im Internet genehmigen.
- Schmuck (Ohrringe, Halskette) können das Outfit vervollständigen, müssen aber gut abgestimmt sein. Mützen, Outdoor-Schals gehören nicht auf ein Business-Foto. Allerdings gibt es Ausnahmen: Ein Musiker wirkt mit Cappy oder Sonnenbrille besonders cool.

Zwar nicht sehr businesslike, aber authentisch passend zum Künstler Eric Andreasson, https://www.xing.com/profile/eric_andreasson. Auffällig ist das leicht verfremdete Schwarz-Weiß-Foto. Und in diesem Fall passt sogar die Sonnenbrille, die normalerweise für ein Business-Foto tabu wäre.

Nutzen Sie Effekte, um aus der Masse herauszustechen

Wer aus der Masse herausstechen möchte, der ist auf kleine Effekte angewiesen. Seien Sie mutig, aber übertreiben Sie es nicht. Möglich sind:

- knallige Farben
- Fotos schräg gedreht
- Fotos angeschnitten
- Fotos leicht verfremdet oder farbreduziert
- Ihr Firmenlogo im Hintergrund oder mit einem Bildbearbeitungsprogramm ins Foto integriert
- Rahmen um Fotos
- Foto freigestellt

Ein Charakterfoto von Sammy Payom, https://www.xing.com/profile/Sammy_Payom - freigestellt und mit Logo/Qualifikation im Hintergrund.

Allerdings weise ich darauf hin, dass das Firmenlogo im Foto gemäß den XING-AGB eigentlich nicht erlaubt ist. Ein Ausschnitt aus den XING-AGB:

...

4.1.2 nur solche Fotos seiner Person an die XING-Websites zu übermitteln, die maximal fünf (5) Jahre alt sind und den Nutzer klar und deutlich erkennen lassen. Der Nutzer stellt sicher, dass die öffentliche Wiedergabe der von ihm übermittelten Fotos auf den XING-Websites erlaubt ist. Die Übermittlung von Fotos oder Abbildungen anderer oder nicht existierender Personen oder anderer Wesen (Tiere, Fantasiewesen etc.) ist nicht gestattet. Die vom Nutzer übermittelten Fotos dürfen keine Firmenlogos enthalten. Fotos der XING-Mitarbeiter bilden hierbei eine Ausnahme.

...

Bei XING sollte Ihr Porträtfoto eine Größe von 140 x 185 Pixeln haben. Das Bild muss als Grafikdatei (z. B. JPG, PNG, BMP oder GIF) vorliegen und darf nicht größer als 250 KByte sein.

Um Ihr Foto hochzuladen (oder zu verändern), klicken Sie auf Ihrer Startseite auf *Mein Profil* und dann auf *Bild hochladen*.

Mit wenigen Klicks laden Sie Ihr Foto hoch.

Wie oft sollten Sie Ihr Foto ändern?

Eine Faustregel besagt, dass ein Foto nicht älter als zwei Jahre sein sollte. Gemäß den XING-AGB darf das Bild nicht älter als fünf Jahre sein. Dummerweise ist das Foto bei XING aber von entscheidendem Wiedererkennungswert. Menschen, die man nicht persönlich oder nur flüchtig kennt, „identifiziert" man oft nur anhand des Fotos. Hat der Eigentümer sein Foto geändert, kann es ihm passieren, dass er nicht mehr (so gut) wiedergefunden wird, und das ist natürlich fatal.

Es gibt immer wieder Kandidaten, die nie mit ihrem Foto zufrieden sind und es deshalb regelmäßig „optimieren". Und es gibt Spaßvögel, die ihr Foto ständig ändern oder saisonal anpassen: Weihnachten mit Flügelchen, Karneval im Kostüm, im Sommer in der Badehose am Strand mit den Kindern im Hintergrund und so weiter.

So lustig das alles auch ist: Hören Sie mit den Spielereien auf, wenn Sie ernsthaft Business bei XING betreiben wollen. Sie schaden sich damit nur selbst. Machen Sie sich vorher Gedanken, welches Foto am besten zu Ihnen passt und möglichst zeitlos ist. Und wenn es nicht anders geht oder wenn das neue Foto eindeutig besser ist, dann machen Sie sich auf etliche Kommentare gefasst, die das neue Fotos bewundern oder kritisieren.

ABER, es gibt auch die andere Betrachtungsweise: Ein Foto zu ändern kann manchmal auch Sinn machen. Die Änderung taucht im Ticker „Neues aus meinem Netzwerk" auf und sticht sowieso jedermann ins Auge. Das kann dazu führen, dass man sich wieder an Sie erinnert oder zumindest, dass Sie auf einmal wieder ins Gespräch mit Leuten kommen, mit denen Sie schon länger keinen Kontakt mehr hatten. Wenn es also ihr Wunsch ist, mal wieder aufzufallen, brauchen Sie nur Ihr Foto zu ändern.

Das alte Foto war ihm zu brav. Mein Ambassador-Kollege Michael Otterbein, https://www.xing.com/profile/Michael_Otterbein, bei seiner optischen Neuorientierung.

Wenn Sie also Ihr Foto ändern möchten, dann gehen Sie sensibel mit diesem Thema um und überlegen, ob die Konsequenzen eher gut oder eher schlecht für Sie sind.

4.4 Schützen Sie Ihre Privatsphäre

Zum Thema Sicherheit im Allgemeinen ist erst einmal grundsätzlich zu sagen, dass XING alle Nutzerdaten vertraulich gemäß den strikten europäischen Datenschutzrichtlinien behandelt. Die Benutzung der Plattform erfolgt über eine sichere 128-Bit-SSL-Verschlüsselung.

Niemand muss bei XING alle Details über sich veröffentlichen. Sie haben eine Privatsphäre und bestimmen, wer wie viel sehen darf.

Gerade Mitarbeiter in leitenden Positionen oder in Schlüsselpositionen (z. B. Personalabteilung oder PR-Abteilung) werden gern „ausgenutzt“ und mit Mails und Kontaktanfragen bombardiert. Attraktive Frauen berichten manchmal, dass sie mit „Komplimenten“ überhäuft und mit Kontaktanfragen belästigt werden, die nicht unbedingt immer etwas mit Business zu tun haben (soll vorkommen). Das müssen Sie sich nicht gefallen lassen. Sie können sich so abschotten, wie Sie es für notwendig halten. Wichtig ist, dass Sie sich in Ihrem Netzwerk wohlfühlen.

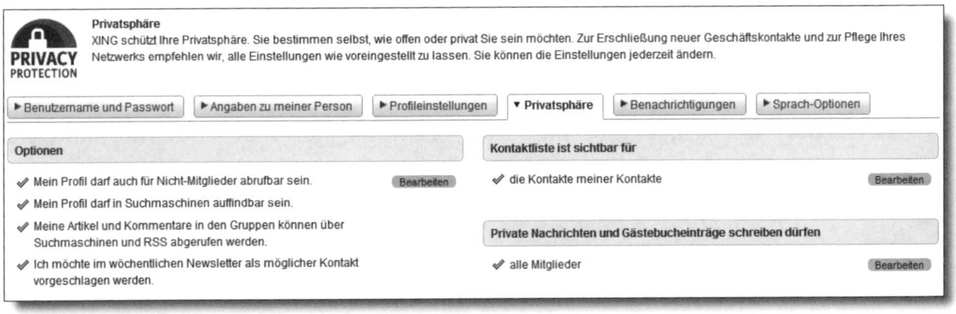

Schützen Sie Ihre Privatsphäre in Business-Netzwerken, aber bleiben Sie für andere erreichbar.

In Business-Netzwerken können Sie in der Regel folgende Einstellungen zu Ihrer Privatsphäre vornehmen:

Wer darf mit mir Kontakt aufnehmen?

Wenn Sie nicht von jedermann in Ihrem Netzwerk angeschrieben werden oder einen Eintrag in Ihrem Gästebuch erhalten möchten, dann können Sie dies beschränken:

- Ich möchte nur von meinen direkten Kontakten angeschrieben werden.
- Ich möchte von meinen Kontakten und von den Kontakten meiner Kontakte angeschrieben werden.
- Ich möchte von meinen Kontakten bis zu Mitgliedern des 3. Bekanntheitsgrades angeschrieben werden.
- Ich möchte von meinen Kontakten bis zu Mitgliedern des 4. Bekanntheitsgrades angeschrieben werden.
- Jedes Mitglied meines Netzwerks darf mich anschreiben.

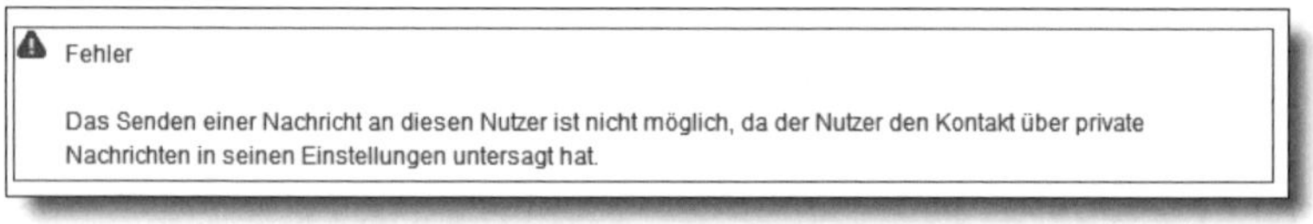

Anschreiben nicht erwünscht. Wenn Sie dennoch Kontakt aufnehmen möchten, müssen Sie über Empfehlungen von Dritten gehen, die mit dem gewünschten Ansprechpartner bekannt sind.

Machen Sie sich klar, warum Sie in einem Business-Netzwerk sind:

- nur um selbst aktiv nach interessanten Leuten zu suchen oder um alte Kollegen und Freunde wiederzufinden
- auch damit mich andere finden, damit ich neue Kontakte knüpfen kann, berufliche Perspektiven erweitere, an Diskussionen teilnehme usw.

Je mehr Sie sich abschotten, egal, ob aus Angst oder weil es Sie nervt, angeschrieben zu werden, desto geringer sind Ihre Chancen, neue Geschäftskontakte zu finden. Nur wenn Sie zu sehr belästigt werden, sollten Sie diese Funktion einschränken. In diesem Fall könnten Sie beispielsweise in Ihr Profil hinschreiben:

„Bitte haben Sie Verständnis dafür, dass eine Kontaktaufnahme mit mir nur durch die Empfehlung eines meiner Kontakte möglich ist.“ Huuiih, das klingt aber ganz schön arrogant. Dennoch: Wenn Sie sich damit besser fühlen, dann schränken Sie die Kontaktaufnahme ein, und stehen Sie dazu.

Übrigens: Ich habe bei XING sogar schon Gruppenmoderatoren entdeckt, die die Kontaktaufnahmefunktion ausgeschaltet hatten. Das geht natürlich gar nicht.

Je weiter Sie den Kreis für die Kontaktaufnahme fassen, desto leichter wird die Erschließung neuer Geschäftskontakte. Sie können diese Einstellung für einzelne Mitglieder gezielt außer Kraft setzen. Klicken Sie dazu im Profil der jeweiligen Person auf *Datenfreigabe bearbeiten* und entfernen Sie dann den Haken unter *XYZ darf Ihnen private Nachrichten zusenden.*

Für wen darf Ihr Profil abrufbar sein?

Hier können Sie einstellen, ob Ihr Profil nur für XING-Mitglieder oder auch für Mitglieder außerhalb Ihres Netzwerks abrufbar sein soll.

Wenn Sie Ihr Profil jedem zugänglich machen, werden auch Leute auf Sie aufmerksam, die sonst nicht so einfach mehr von Ihnen erfahren würden. Wenn Sie beispielsweise Ihren Netzwerk-Link als Footer in jeder E-Mail verwenden, werden Sie auch von denjenigen angeklickt, die nicht zwingend Mitglied bei XING sein müssen.

Natürlich sind von außen nur allgemeine und öffentliche Daten sichtbar. Private Kontaktdaten sind nicht einzusehen.

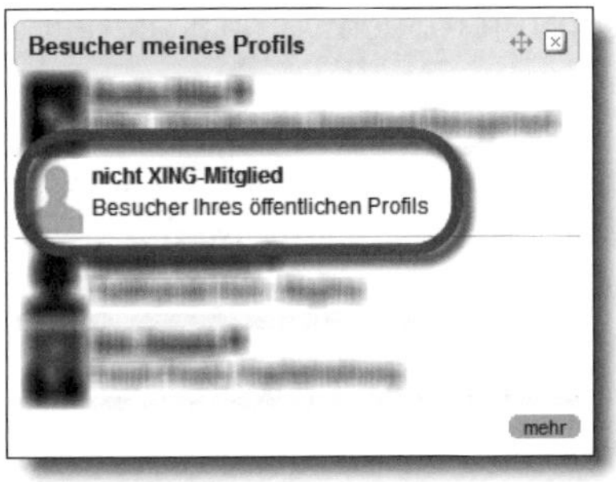

Hier hat mich jemand angeklickt, der kein XING-Mitglied ist, und konnte sich trotzdem mein Profil ansehen. Das ist nur möglich, weil ich in meinen Einstellungen zur Privatsphäre zugelassen habe, dass mein Profil auch für Nicht-Mitglieder aufrufbar sein soll.

Ich empfehle Ihnen, diese Funktion auszuwählen. Setzen Sie dazu unter *Start/ Einstellungen/Privatsphäre/Optionen* einen Haken bei *Mein Profil darf auch für Nicht-Mitglieder abrufbar sein.*

Soll Ihr Profil in Suchmaschinen auffindbar sein?

Da investieren wir jahrelang viel Geld und Mühen, um eine hohe Platzierung in Suchmaschinen zu erreichen. Mit einer Mitgliedschaft in einem großen Business-Netzwerk, wie beispielsweise XING, bekommen Sie die gute Google-Platzierung direkt mitgeschenkt.

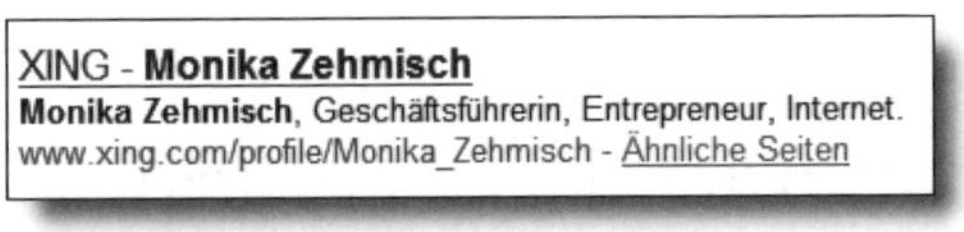

Unter dem Suchbegriff „Monika Zehmisch" ist mein Profil bei XING bereits an vierter Stelle sichtbar.

Natürlich ist die gute Google-Platzierung von vielen äußeren Umständen abhängig. Zum einen davon, ob Sie einen Allerweltsnamen oder einen außergewöhnlichen Namen haben, und natürlich auch davon, ob es Firmennamen oder bekannte Websites gibt, die genauso heißen wie Sie. Außerdem hinken Suchmaschinen oft monatelang hinterher, ohne dass Sie darauf Einfluss nehmen können.

Damit Ihr Profil in Suchmaschinen angezeigt werden kann, müssen Sie dies in Ihrer Privatsphäre aktivieren. Setzen Sie dazu unter *Start/Einstellungen/Privatsphäre/Optionen* einen Haken bei *Mein Profil darf in Suchmaschinen auffindbar sein.*

Dürfen Ihre Gruppen-Artikel und -Kommentare in Suchmaschinen erscheinen?

Doch nicht nur Ihr Profil, sondern auch Ihre Forenbeiträge können in Suchmaschinen erscheinen. Überlegen Sie gut, ob Sie das möchten, denn in einem Forum schreibt man ja manchmal auch etwas Unbesonnenes. Andererseits erhöht das natürlich wieder Ihre Chance, unter bestimmten Stichwörtern schneller im Netz gefunden zu werden.

Setzen Sie dazu unter *Start/Einstellungen/Privatsphäre/Optionen* einen Haken bei *Meine Artikel und Kommentare in den Gruppen können über Suchmaschinen und RSS abgerufen werden.*

Hinweis: Wenn Sie diese Funktion deaktivieren, dann können Ihre Forenbeiträge nicht mehr zitiert werden.

Sollte der Moderator der Gruppe eingestellt haben, dass die Beiträge der Gruppe nicht öffentlich sind, dann erscheinen Beiträge auch dann nicht, wenn Sie die Funktion freigeben.

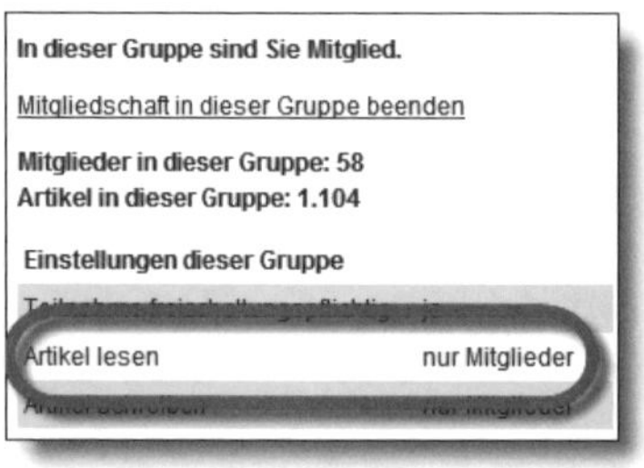

In diese Gruppe guckt keiner von außen rein, auch wenn Sie Ihre Daten für Suchmaschinen und RSS-Feeds freigegeben haben.

Möchten Sie im Newsletter als Kontakt vorgeschlagen werden?

XING schickt wöchentliche Newsletter an seine Mitglieder. Darin werden (nach Zufallsprinzip) Mitglieder vorgestellt. Wenn Sie das Glück haben, dabei zu sein, macht XING also kostenlose Werbung für Sie für einen riesengroßen Verteilerkreis. Nehmen Sie diese Möglichkeit war und aktivieren Sie diese Funktion.

Dies können Sie unter *Start/Einstellungen/Privatsphäre/Optionen* mit einem Haken bei *Ich möchte im wöchentlichen Newsletter als möglicher Kontakt vorgeschlagen werden.*

Wer darf meine Kontakte sehen?

Wie Sie ab Seite 139 lesen werden, sind die Kontakte Ihrer Kontakte ganz besonders wichtig und bieten Ihnen viele Möglichkeiten, Ihr Netzwerk zu erweitern.

Bieten auch Sie anderen die Möglichkeit, von Ihren Kontakten zu profitieren. Allerdings sollten Sie die Entscheidung treffen, wer Ihre Kontakte sehen kann, denn Ihre Kontakte sind Ihr Kapital, das Sie nicht leichtfertig an jedermann verschenken sollten.

In Ihren Einstellungen können Sie beispielsweise wählen:

- Meine Kontakte darf niemand sehen.
- Meine Kontakte dürfen nur meine direkten Kontakte sehen.
- Meine Kontakte dürfen auch die Kontakte meiner Kontakte sehen.
- Meine Kontakte dürfen Mitglieder bis zum 3. Bekanntheitsgrad sehen.
- Meine Kontakte dürfen Mitglieder bis zum 4. Bekanntheitsgrad sehen.
- Meine Kontakte dürfen alle Mitglieder sehen.

Obwohl XING empfiehlt, dass man seine Kontakte allen Mitgliedern freischalten soll, habe ich mich dafür entschieden, meine Kontakte nur meinen direkten Kontakten zugänglich zu machen. Als ambitionierte Networkerin, XING-Ambassadorin und Moderatorin zweier Gruppen habe ich inzwischen weit über 2.000 Kontakte gewonnen. Ich möchte nur, dass meine direkten Kontakte von diesem Pool profitieren können.

Diese Einstellungen nehmen Sie vor unter *Start/Einstellungen/Privatsphäre/Kontaktliste ist sichtbar für ...*

4.5 Ihr persönliches Gästebuch

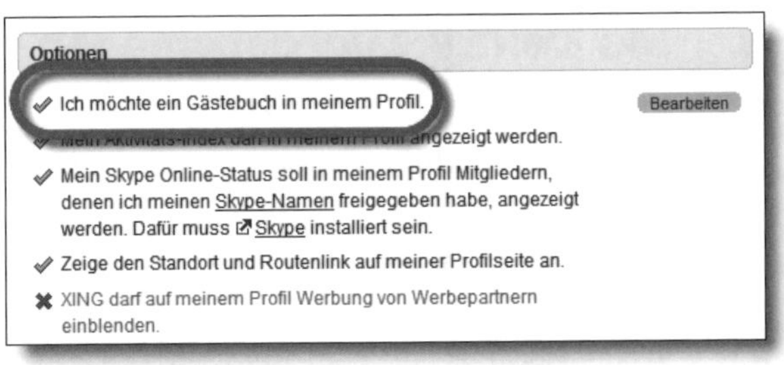

Auch das gehört zur Privatsphäre bei XING: Wenn Sie kein Gästebuch haben möchten, können Sie es unter Einstellungen/Persönliche Einstellungen/Optionen ausschalten.

Das Gästebuch in Business-Netzwerken dient genau wie in anderen Portalen und auf anderen Websites zum Schreiben von Nachrichten, die von anderen öffentlich gelesen werden können. Nutzen Sie deshalb Gästebücher nur für Nachrichten, die auch für andere Augen bestimmt sind und die in ein Gästebuch hineinpassen.

Dies könnte sein:

- ein kleines Dankeschön für eine Kontaktvermittlung oder ein nettes Gespräch
- Grüße und Glückwünsche zum Geburtstag, Weihnachten oder Jahreswechsel
- kleine Nettigkeiten oder Komplimente zwischendurch (z. B. „*Meinen Respekt vor Ihrem interessanten Berufsweg.*“)

- Aufmerksamkeiten, die sich auf Profiländerungen beziehen (beispielsweise Glückwünsche zum Jobwechsel oder Wünsche für einen guten Neustart nach beruflichem Umzug in eine neue Stadt)

Ich finde es übrigens auch gar nicht schlimm, wenn die Gästebucheinträge privaten Charakter haben, wie etwa *„Hallo Olli, alter Kollege, ich habe dich gerade hier entdeckt. Schön, dich wiederzusehen.“*

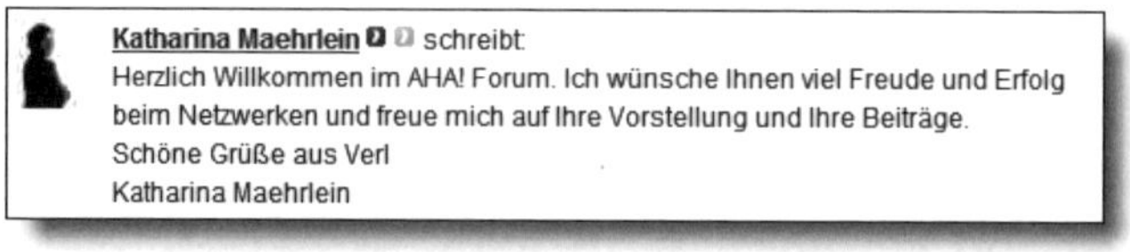
Katharina Maehrlein schreibt:
Herzlich Willkommen im AHA! Forum. Ich wünsche Ihnen viel Freude und Erfolg beim Netzwerken und freue mich auf Ihre Vorstellung und Ihre Beiträge.
Schöne Grüße aus Verl
Katharina Maehrlein

Eine tolle Idee: Gruppenmoderatorin Katharina Maehrlein, https://www.xing.com/profile/Katharina_Maehrlein, begrüßt neue Mitglieder mit einem Gästebucheintrag.

Gästebücher sind übrigens etwas ganz Besonderes. E-Mails bekommen wir täglich viele und empfinden sie meist als lästig, aber über einen Gästebucheintrag freut man sich immer. Das ist so ähnlich wie eine Postkarte. Schön, dass jemand an uns gedacht hat und sich die Mühe gemacht hat. Sie können also mit einer kleinen Geste eine große Wirkung erzielen und auf außergewöhnliche Art und Weise Kontakte pflegen.

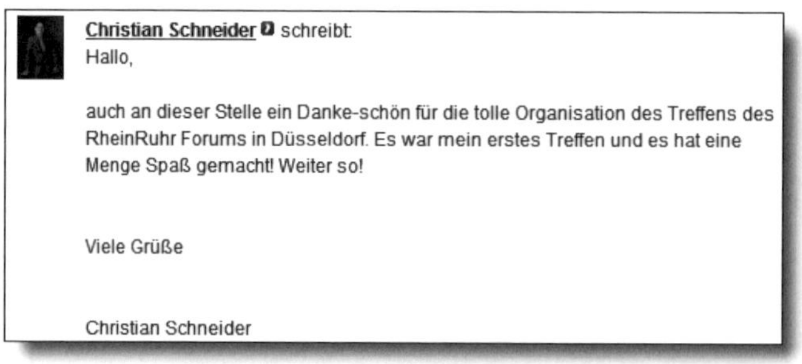
Christian Schneider schreibt:
Hallo,

auch an dieser Stelle ein Danke-schön für die tolle Organisation des Treffens des RheinRuhr Forums in Düsseldorf. Es war mein erstes Treffen und es hat eine Menge Spaß gemacht! Weiter so!

Viele Grüße

Christian Schneider

Eine nette Geste. Christian Schneider, https://www.xing.com/profile/Christian_Schneider21, bedankt sich mit einem Gästebucheintrag für die Organisation eines Events.

Was nicht in ein Business-Gästebuch hineingehört:

- alles was dem Empfänger peinlich oder unangenehm sein könnte, wenn es die Öffentlichkeit mitliest
- Mitteilungen, die in einer persönlichen Mitteilung besser aufgehoben werden, weil sie niemanden etwas angehen
- Fragen, auf die der Empfänger im Gästebuch nicht antworten kann

TIPP

Ihr Gästebuch zum Eigenmarketing nutzen

Bitten Sie Kunden, Lieferanten und Geschäftspartner, Ihnen als Dankeschön etwas Positives in Ihr Gästebuch zu schreiben. So können Sie Ihr Gästebuch als Referenzliste benutzen, und jeder, der neugierig hineinguckt, wird positiv überrascht sein.

Ist es nicht so, dass jeder gern in die Gästebücher anderer Leute hineinguckt? Die Einträge sagen sehr viel über einen Menschen und sein Umfeld aus. Achten Sie deshalb darauf, dass Ihr Gästebuch „sauber" ist, und löschen Sie alle Einträge, die nicht dorthin gehören.

Leider wird das Gästebuch bei XING oft von Nicht-Premium-Mitgliedern missbraucht. Diese können nämlich keine privaten Nachrichten schreiben und versuchen auf diese Weise, Kontakt aufzunehmen. Entscheiden Sie selbst, wie Sie damit umgehen und ob Sie auf solche Anfragen antworten möchten.

4.6 Die Über mich-Seite bei XING

XING bietet seinen Mitglieder noch ein ganz besonderes Feature: die *Über mich*-Seite. Sie ist eine frei zu gestaltende Seite und kann eine eigene Homepage ersetzen oder einen Ausschnitt der Firmen-Website abbilden. Komisch nur, dass die *Über mich*-Seite nur von den Wenigsten verwendet wird.

Dabei bietet Ihnen die *Über mich*-Seite viele Möglichkeiten, die über die XING-Funktionalitäten hinausgehen, z. B.:

- Einbindung Ihres Logos
- individuelle Gestaltung
- Veröffentlichung Ihres Lebenslaufs
- Veröffentlichung aktueller Termine
- Ihre aktuellen Projekte
- Ihre Referenzkunden
- Links auf externe Seiten

Die *Über mich*-Seite ist auch für Laien schnell einzurichten, weil sie wie ein Texteditor funktioniert.

Fortgeschrittene User können zusätzlich HTML-Tags verwenden. HTML ist eine Seitenbeschreibungssprache, die hier sehr vereinfacht angewendet werden kann. Bei HTML gibt es einzelne Befehle, die Tags genannt werden. Tags werden in spitze Klammern gesetzt. Es gibt meistens (mit einigen Ausnahmen) ein Anfangs- und ein Ende-Tag.

```
<ichbineinAnfangs-Tag>
</ichbineinEnde-Tag>
```

Das Ende-Tag ist dadurch zu erkennen, dass es nach der spitzen Klammer das Zeichen / enthält. Es schließt den Befehl also.

Bei der Erstellung der *Über mich*-Seite sind folgende Befehle erlaubt:

<b> – bold

Mit diesem Tag erscheint der Text fett.

```
<b>Ich bin ein fetter Text.</b>
```

Ergebnis: **Ich bin ein fetter Text**.

<i> – invers

Mit diesem Tag erscheint der Text kursiv.

```
<i>Ich bin ein kursiver Text.</i>
```

Ergebnis: *Ich bin ein kursiver Text.*

<u> – unterstrichen

Mit diesem Tag können Sie Ihren Text unterstreichen.

```
<u>Ich bin ein unterstrichener Text.</u>
```

Ergebnis: Ich bin ein unterstrichener Text.

<img> – Image

Mit diesem Tag wird ein Bild in Ihre Seite eingeführt. Hinter src steht in Anführungsstrichen der Pfad und die Datei. Außerdem definieren Sie mit `border`, ob das Bild einen Rahmen haben soll, mit `align` wie die Ausrichtung des Bildes ist (in diesem Fall links) und mit `width` und `height` Breite und Höhe des Bildes.

```
<img border="0" src=http://www.nmwagentur.de/images/bild.jpg align="left"
width="200" height="267" />
```

Ergebnis: Das Bild wird angezeigt.

Natürlich ist es notwendig, dass Sie das Bild zuvor auf Ihren Webserver hochgeladen haben. Wenn Sie so eine Möglichkeit nicht haben, dann nutzen Sie öffentliche Bilderdatenbanken wie beispielsweise *www.flickr.com*.

<font> – Schrift

Eigentlich ist laut Information auch noch das Tag <font> erlaubt, mit dem Sie Angaben zu Schriftart, Schriftgröße und Schriftfarbe machen können. Allerdings hat dies bei meinem Test nicht richtig funktioniert, sodass ich dieses Tag nicht weiter erläutern möchte.

Umbrüche und Links auf Webseiten werden automatisch ersetzt. Bitte geben Sie den Link immer mit der vollständigen URL, beginnend mit http:// ein.

Auf der *Über mich*-Seite sollten Sie viele Stichwörter und Spezialbegriffe unterbringen, denn sie wird in die Stichwortsuche der erweiterten Suche einbezogen. An dieser Stelle können Sie also Suchwortoptimierung betreiben. Nutzen Sie diese Chance!

TIPP

Peter Krone macht vor, wie Sie mit Ihrer *Über mich*-Seite noch mehr mit XING erreichen können.

Peter Krone, Geschäftsführer von Thavis, einer Agentur für interaktive Produktpräsentation: *„Im Multimediabereich muss man Emotionen wecken. Auf der Über mich-Seite kann ich visualisieren, was wir anbieten. Was im Profil in Worten erklärt steht, wird auf der Über mich-Seite nun sichtbar. Durch mehrere Links wird der Interessent animiert, auf unsere Firmen-Website zu klicken, um mehr zu erfahren. Die Über mich-Seite ist eine sinnvolle Ergänzung und ein Muss für Menschen, die XING intensiv nutzen möchten.“*

https://www.xing.com/profile/Peter_Krone

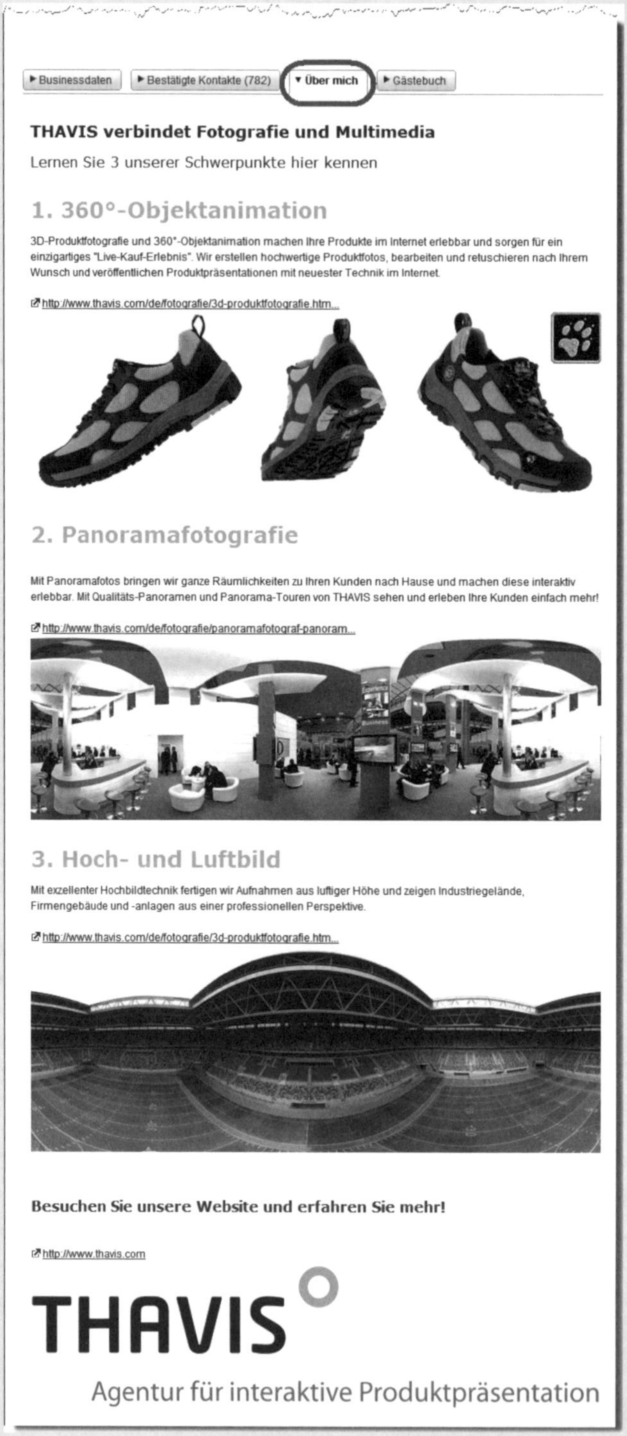
Businessdaten
Bestätigte Kontakte (782)
Über mich
Gästebuch
THAVIS verbindet Fotografie und Multimedia
Lernen Sie 3 unserer Schwerpunkte hier kennen
1. 360°-Objektanimation
3D-Produktfotografie und 360°-Objektanimation machen Ihre Produkte im Internet erlebbar und sorgen für ein einzigartiges "Live-Kauf-Erlebnis". Wir erstellen hochwertige Produktfotos, bearbeiten und retuschieren nach Ihrem Wunsch und veröffentlichen Produktpräsentationen mit neuester Technik im Internet.
http://www.thavis.com/de/fotografie/3d-produktfotografie.htm...
2. Panoramafotografie
Mit Panoramafotos bringen wir ganze Räumlichkeiten zu Ihren Kunden nach Hause und machen diese interaktiv erlebbar. Mit Qualitäts-Panoramen und Panorama-Touren von THAVIS sehen und erleben Ihre Kunden einfach mehr!
http://www.thavis.com/de/fotografie/panoramafotograf-panoram...
3. Hoch- und Luftbild
Mit exzellenter Hochbildtechnik fertigen wir Aufnahmen aus luftiger Höhe und zeigen Industriegelände, Firmengebäude und -anlagen aus einer professionellen Perspektive.
http://www.thavis.com/de/fotografie/3d-produktfotografie.htm...
Besuchen Sie unsere Website und erfahren Sie mehr!
http://www.thavis.com
THAVIS
Agentur für interaktive Produktpräsentation

4.7 Ihre persönliche XING-Statistik

Viel über Ihre eigene Aktivität erfahren Sie jede Woche in Ihrem XING-Newsletter. Dort können Sie nachlesen, wie viele Menschen in der letzten Woche Ihr Profil aufgerufen haben, wie viele Gästebucheinträge Sie letzte Woche hatten oder wie viele bestätigte Kontakte und Kontakte 2. Grades Sie insgesamt haben.

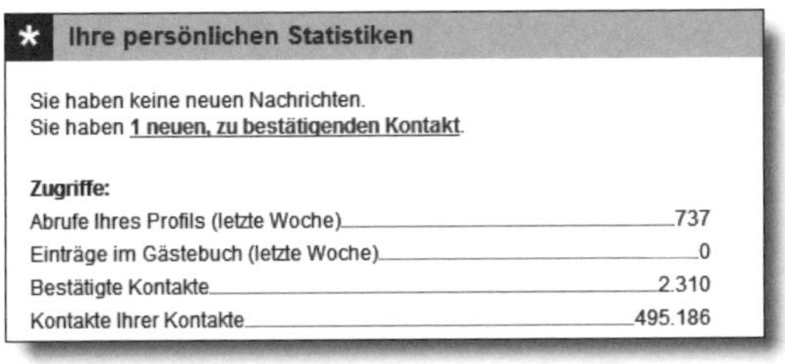

Diese Information erhalten Sie jede Woche per Newsletter.

Neben dieser Wochenstatistik können Sie aber jederzeit einen Blick auf die Statistiken auf Ihrer Startseite werfen. Sie sehen dort Ihre bestätigten Kontakte, Ihren Status bei XING (Ambassador, Moderator, Premium-Mitglied), seit wann Sie XING-Mitglied sind, wie viele Seitenaufrufe Sie hatten und wie hoch Ihr Aktivitätenindex ist.

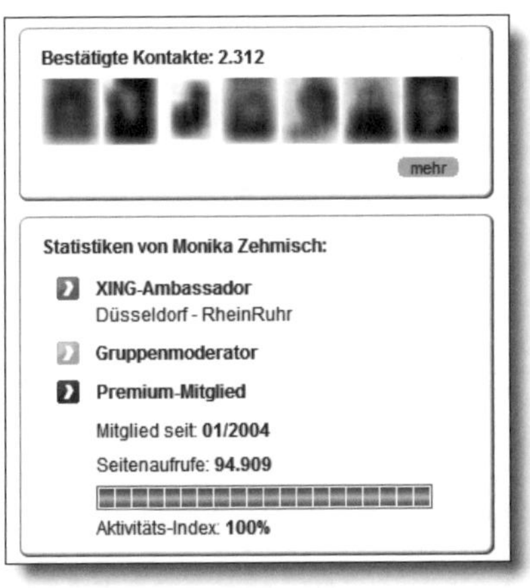

Auch auf Ihrer Startseite können Sie Ihre Statistik sehen.

5

Kommunikation mit XING

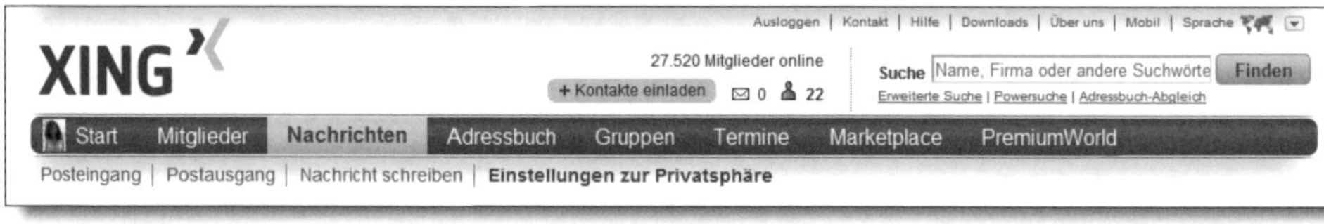

Das Nachrichtenmenü von XING.

XING ist in erster Linie ein Instrument zur Kommunikation. Sie können mit fremden Personen oder Ihren Kontakten Nachrichten schreiben und von Ihnen erhalten und diese im Posteingang und Postausgang verwalten.

Die Kommunikation in XING ist einfach und angenehm. Ich nutze deshalb XING manchmal lieber, als in Outlook eine E-Mail zu schreiben.

5.1 So schreiben Sie persönliche Nachrichten

Als Premium-Mitglied können Sie Personen bei XING private Nachrichten schreiben. Diese Nachricht erhält der Empfänger in seinem XING-Posteingang und wird außerdem per E-Mail auch außerhalb von XING auf den Eingang einer Nachricht aufmerksam gemacht.

Basis-Mitglieder können keine Nachrichten schreiben.

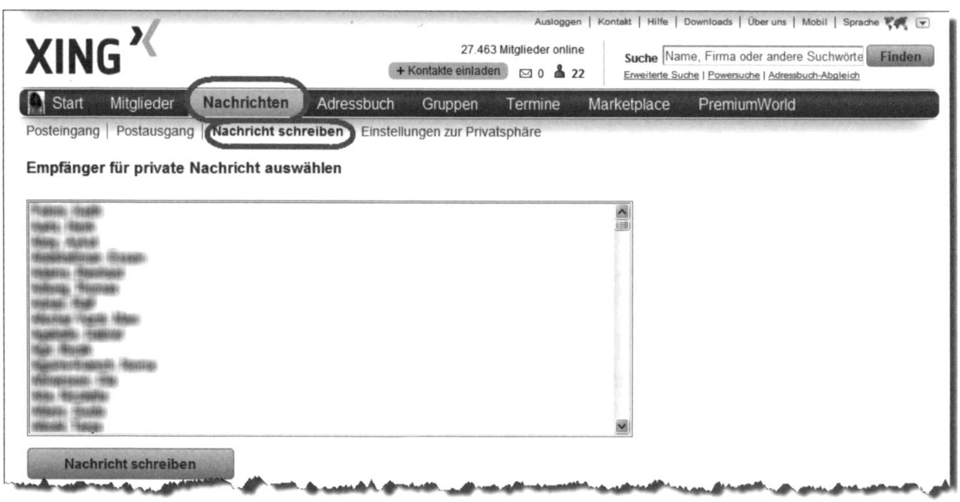

Klicken Sie auf Nachrichten/Nachrichten schreiben, um eine interne XING-Mail zu verfassen.

Es gibt viele Möglichkeiten, Nachrichten zu schreiben:

- Per Klick auf *Nachrichten/Nachrichten schreiben* können Sie direkt einen Ihrer Kontakte auswählen, an den Sie schreiben möchten.
- Innerhalb eines Profils eines XING-Mitglieds (egal, ob Kontakt oder kein Kontakt) klicken Sie auf den Button *Nachrichten senden*.
- In Ihrer Kontaktübersicht unter *Nachrichten/Meine Kontakte/Bestätigte Kontakte* finden Sie bei jedem Kontakt einen Button zum Schreiben einer Nachricht.
- Klicken Sie in einer Kontaktanfrage an Sie auf den Button *Nachricht*.

Nachrichten schreiben – einfach gemacht. In jedem Profil eines XING-Mitglieds gibt es den Button Nachricht senden (es sei denn, die Person möchte nicht angeschrieben werden).

Keine Nachrichten als Basis-Mitglied – was tun?

Als Basis-Mitglied können Sie keine persönlichen Nachrichten schreiben, allerdings können Basis-Mitglieder auf Nachrichten antworten. Was können Sie als Basis-Mitglied tun, um doch mit einem Mitglied Kontakt aufzunehmen?

- **Der stilvolle Networking-Weg:** Schauen Sie nach, ob Sie einen gemeinsamen Kontakt haben, und bitten ihn darum, der Person mitzuteilen, dass sie mit Ihnen Kontakt aufnehmen soll.
- **Der nicht gern gesehene direkte Weg:** Schreiben Sie der Person einfach eine Kontaktanfrage. Damit es nicht so anbiedernd aussieht, könnten Sie direkt hineinschreiben: *„Leider bin ich Basis-Mitglied und kann nur auf diese Weise mit Ihnen kommunizieren. Sie müssen diesen Kontakt nicht bestätigen, aber es wäre nett, wenn Sie mir eine kurze persönliche Nachricht zukommen lassen könnten, auf die ich dann antworten werde."* Der Text der Nachricht in einer Kontaktanfrage ist auf 300 Zeichen begrenzt.
- **Der unglückliche öffentliche Weg:** Schreiben Sie der Person eine Nachricht in ihr Gästebuch und bitten sie um Kontaktaufnahme.
- **Der faire Weg:** Werden Sie Premium-Mitglied (das kostet ja nur 5,95 Euro pro Monat).

Sie können der gewünschten Person keine Nachricht schreiben?

Wenn es Ihnen nicht möglich ist, einer Person eine Nachricht zu schreiben, dann hat diese Person dies in den *Einstellungen zur Privatsphäre* unterbunden. Diese Einstellungen finden Sie unter *Start/Einstellungen/Privatsphäre*.

Oder die Person möchte ausdrücklich keine Nachrichten von Ihnen bekommen und hat die Nachrichtenfunktion mit Ihnen ausgestellt.

Hat eine Person die Möglichkeit, Nachrichten zu schreiben, ausgestellt bzw. eingeschränkt, dann lesen Sie im vorhergehenden Abschnitt, „Keine Nachrichten als Basis-Mitglied – was tun“, wie Sie dennoch Kontakt mit ihr aufnehmen können.

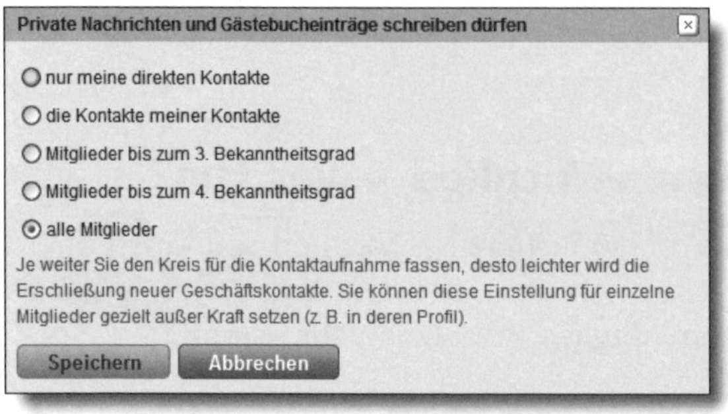

Je mehr diese Funktion eingeschränkt ist, desto schwieriger ist es, mit der Person in Kontakt zu kommen. Allerdings wird die Person auch nicht von nervenden Anfragen „belästigt.“

Versendete Nachrichten im Postausgang verwalten

Jede Nachricht, die Sie versendet haben, landet unter *Nachrichten/Postausgang* und ist dort nach Datum abgelegt (die neuesten versendeten Nachrichten liegen obenauf). Sie können Seite für Seite zurückblättern und nach Nachnamen suchen.

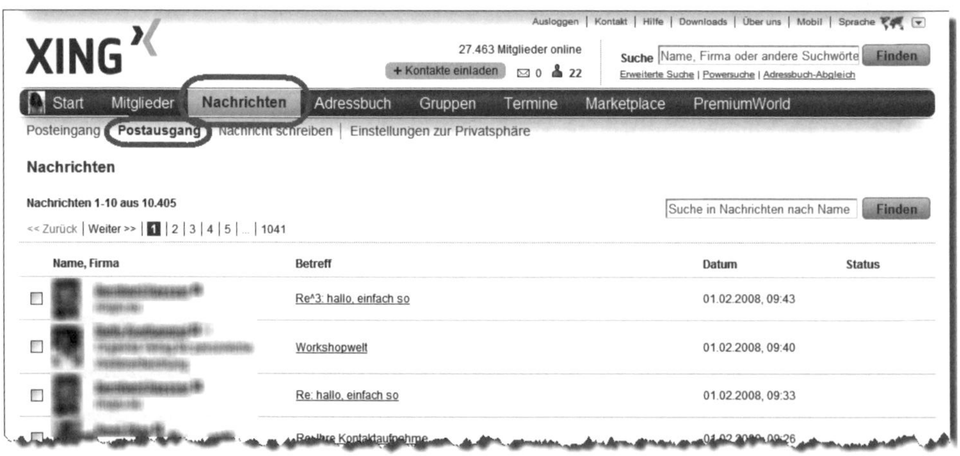

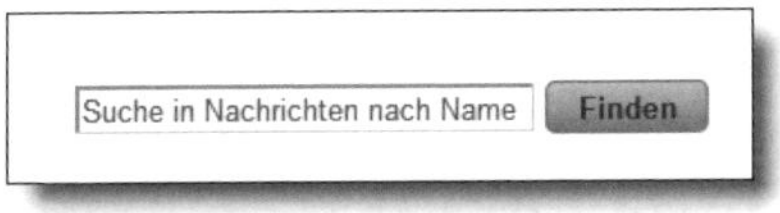

Die Suche nach Namen ermöglicht es Ihnen, herauszufinden, ob Sie einem XING-Mitglied schon einmal eine Nachrichten geschickt haben.

Wie kann man fremde Leute ansprechen?

Nicht jeder ist so wortgewandt oder stilsicher, immer den richtigen Ton zu treffen. Wenn Sie etwas von einer anderen Person wollen, dann müssen Sie es auch bei XING geschickt anstellen, Aufmerksamkeit und Interesse zu erzeugen.

- **Stellen Sie immer einen Bezug her**
  Schreiben Sie beispielsweise *„In unserem Profil habe ich Gemeinsamkeiten entdeckt"* oder *„Ich habe gelesen, dass Sie Experte für ... sind."* oder *„Leider hatte ich beim letzten Netzwerk-Treffen keine Gelegenheit, mich mit Ihnen zu unterhalten ..."*
- **Sagen Sie konkret, was Sie wollen**
  Ihre Nachricht muss eine Botschaft beinhalten, z. B. *„Ich interessiere mich für..."* oder *„Ich würde gerne unser kurzes Gespräch von Donnerstag vertiefen."*
- **Sparen Sie nicht mit Lob**
  Seien Sie freundlich zu anderen Menschen, aber dezent und ehrlich, denn Schleimer wirken abstoßend. Schreiben Sie zum Beispiel *„Ihr Profil hat auf mich großen Eindruck gemacht"* oder *„Wie ich gelesen habe, sind Sie im Bereich .... sehr kompetent."*
- **Machen Sie sich selbst interessant**
  Geben Sie dem Empfänger in Ihrem Schreiben oder in Ihrem Profil einen Hinweis auf etwas, was sein Interesse weckt, aber schreiben Sie nicht nur von sich selbst.
- **Fallen Sie nicht mit der Tür ins Haus**
  Nutzen Sie das erste Schreiben nicht, um Ihrem Gesprächspartner direkt mit Produkten oder Dienstleistungen vor der Nase rumzuwedeln. Tasten Sie sich vorsichtig heran und versuchen Sie, langsam Vertrauen zu erwecken.
- **Handlungsaufforderung**
  Am Ende Ihres Schreibens muss eine konkrete Handlungsaufforderung stehen, damit der Empfänger weiß, was jetzt von ihm erwartet wird. So banal das auch klingt: Probieren Sie es aus. Vermeiden Sie eine Formulierung, bei der es die Möglichkeit gibt, mit Ja oder Nein zu antworten, sondern setzen Sie das Ja voraus und stellen Sie lieber eine W-Frage (wann, wie, wo etc.). Schreiben Sie also nicht *„Darf ich Sie mal anrufen?"*, sondern *„Wann kann ich Sie am besten telefonisch erreichen?"*

Wahren Sie die Form

Wie in Geschäftsbriefen, sollten Sie auch in XING-Schreiben die Form wahren. Leider gehen viele Menschen im E-Mail-Verkehr mit der deutsche Sprache und den Werten der geschäftlichen Kommunikation schludrig und gleichgültig um. Erinnern Sie sich deshalb an die Gesetze der Höflichkeit:

Ansprache

- ***Sehr geehrte/r ...***

  Das ist die übliche geschäftliche Anrede. Mit dieser Anrede machen Sie nichts verkehrt. Allerdings klingt diese Ansprache auch sehr distanziert und kühl. Bei XING sind viele Menschen „lockerer drauf", sodass eine solch formelle Ansprache nicht unbedingt notwendig ist.

- ***Hallo ...***

  Salopp, aber noch im Rahmen ist es Menschen mit „Hallo" anzusprechen. Schauen Sie sich die Person aber vorher genau an, ob nicht ein formelleres „Sehr geehrte/r" angemessener wäre.

- ***Liebe/r ...***

  Eigentlich verwendet man diese Ansprache nur im privaten Bereich. Bei XING werden Sie aber viele Menschen erleben, die Sie so ansprechen. Wenn man sich kennt, ein lockerer Typ ist, der einen anderen lockeren Typ anspricht, oder wenn man sich wortmäßig etwas necken will, kann auch ein „Liebe/r" oder ein „Mein/e Liebe/r" angebracht sein.

- ***Guten Morgen/Guten Abend ...***

  Diese Anrede empfinde ich als sehr „warm", aber dennoch formell. Gut geeignet, wenn man mal etwas anderes schreiben will. Aber bitte nicht „Mahlzeit" schreiben.

- ***Verehrte/r ...***

  Klingt pathetisch, übertrieben und altmodisch, kann aber in der Kommunikation mit Menschen, zu denen es passt, durchaus angewandt werden.

- ***Hi ...***

  Bitte nur bei bekannten und vertrauten Menschen verwenden.

- ***Keine Anrede***

  Das ist in der Regel NICHT AKZEPTABEL, es sei denn, Sie kennen sich ein bisschen und kommunizieren intensiv hin und her. Dann kann man der Einfachheit halber gegenseitig darauf verzichten.

- ***Niemals ohne Namen***
  Die Höflichkeit gebietet es, dass Sie immer den Namen hinter die Anrede schreiben. Also bitte nicht nur „Hallo!". Eine Ansprache ohne Namen, kann schnell als Spam angesehen werden.

Schlussgruß

- ***Mit freundlichen Grüßen***
  Das ist der offizielle Schlussgruß in geschäftlichen Briefen und E-Mails. Klingt aber auch sehr förmlich.

- ***Viele Grüße, Beste Grüße, Schöne Grüße, Freundliche Grüße***
  Klingt nicht ganz so formell, aber auch nicht zu persönlich. Diese Schlussformeln können Sie mit Leuten austauschen, die Ihnen sympathisch sind. Viele Leute hängen noch dran „Viele Grüße aus Meerbusch" oder „Viele Grüße aus dem verschneiten Bayern". Das gibt dem Gruß eine sympathische Note, jedoch ohne zu plump persönlich zu wirken. Bei „schönen Grüßen" rollen sich mir allerdings innerlich die Fußnägel auf: Wie kann ein Gruß schön sein?

- ***Herzliche Grüße, Herzlicher Gruß***
  Überschwänglich und persönlich, aber halt ein „herzlicher" Gruß. Bitte nur anwenden, wenn Sie einschätzen können, dass dem Ansprechpartner auch nach „herzlichem" Austausch zumute ist.

- ***Liebe Grüße, Lieber Gruß***
  Tja, jetzt denken Sie sicher, dass dies ein typischer Frauengruß ist. Weit gefehlt! Von all den „lieben Grüßen", die ich über XING bekommen habe, war der größte Teil von Männern. Ehrlich :-). Aber es dürfte klar sein, dass es sich um eine sehr private Ansprache handelt, die in geschäftlichen Schreiben mit fremden Personen nicht angewandt werden sollte.

- ***MFG***
  Als Abkürzung für „Mit freundlichen Grüßen". Das ist grausig und inakzeptabel.

- ***LG***
  Als Abkürzung für „Liebe Grüße". Also, wenn Sie schon einem Menschen liebe Grüße schicken (das muss ja eigentlich ein besonderer Mensch sein), dann werten Sie diesen Menschen sofort wieder ab, indem Sie es noch nicht mal für nötig halten, zwei kurze Worte auszuschreiben. Bitte schreiben Sie „LG" niemals als Abkürzung an einen wildfremden Menschen.

- ***Tschüss, Bis bald, Man sieht sich, Man liest sich u. Ä.***
  Sind saloppe Ansprachen, die akzeptabel sind, wenn Sie den Menschen kennen.

- ***Auch hier: niemals ohne Namen***
  Setzen Sie immer Ihren Namen hinter den Schlussgruß, und zwar Vor- UND Nachname. Alles andere klingt immer „dahingeschmiert" und unhöflich. Bitte so nicht:
  Viele Grüße, Zehmisch
  Viele Grüße, M. Zehmisch
  Viele Grüße, MZ

Siezen

Schreiben Sie einen fremden Menschen niemals direkt mit „du" an, auch wenn er Sie auf dem Foto noch so kumpelhaft anlächelt. Es gibt Menschen, die können das nicht leiden, und bei denen sind Sie dann direkt unten durch.

Keine Rechtschreibfehler

Auch an dieser Stelle muss es noch mal gesagt werden: Geben Sie sich Mühe, Rechtschreibfehler zu vermeiden, und achten Sie sorgsam auf Grammatik und richtigen Ausdruck. Wer hier schlampt, hinterlässt den Eindruck, dass er sich im Berufsleben oder als Geschäftspartner ebenso verhält. Schreiben Sie die Sätze aus und nicht im Telegrammstil.

Die oben genannte Form sollte selbstverständlich sein. Nur damit werden Sie keinen Blumentopf gewinnen. Wichtig ist, dass Sie mit dem Inhalt Ihrer Nachricht auffallen.

Standardtexte verwalten und organisieren

Sie können Zeit sparen und sich professionalisieren, wenn Sie Standardtexte und -Formulierungen abspeichern und mehrfach verwenden. Wichtig dabei ist, dass jede Nachricht trotz einer Standardformulierung personifiziert ist, das heißt, sie muss eine persönliche Anrede beinhalten. Wichtig ist auch, dass eine Standardformulierung nicht nach einer Standardformulierung klingt. Sie muss immer so individuell klingen, als sei sie einmalig. Deshalb ist es wichtig, rund um den Standardtext persönliche Sätze oder Bezüge hinzuzufügen.

Standardtexte eignen sich bei XING beispielsweise für:

- Ihre Signatur unter jeder E-Mail
- eine persönliche Nachricht

- eine Kontaktanbahnung
- die Vorstellung Ihrer Person in einer persönlichen Nachricht oder Gruppe
- für Geburtstagsglückwünsche bei XING
- für eine Kontaktannahme
- für eine Kontaktablehnung

Jeder Standardtext kann natürlich verschiedene Variationen haben.

Früher habe ich meine Standardtexte und auch Informationen und Ähnliches als Notizen bei Outlook gespeichert, aber dieses Tool ist nicht wirklich geeignet dafür. Ich möchte Ihnen deshalb ein Tool vorstellen, mit dem es besser geht.

Es handelt sich um PhraseExpress. Sie können diese Software kostenlos downloaden unter *http://www.phraseexpress.com/de/*. Die private Nutzung ist kostenlos, die Lizenz für eine kommerzielle Nutzung kostet 49,95 Euro. Nach der Installation hinterlegt sich PhraseExpress mit einem Icon in Ihrer Taskleiste.

Mit PhraseExpress eine Signatur erstellen

Rufen Sie PhraseExpress auf und klicken Sie auf *Neue Phrase erstellen*. Geben Sie Ihrer Phrase einen Namen und tragen Sie den Inhalt des Textbausteins ein. Nach dem Abspeichern können Sie nun immer auf diese Phrase zurückgreifen.

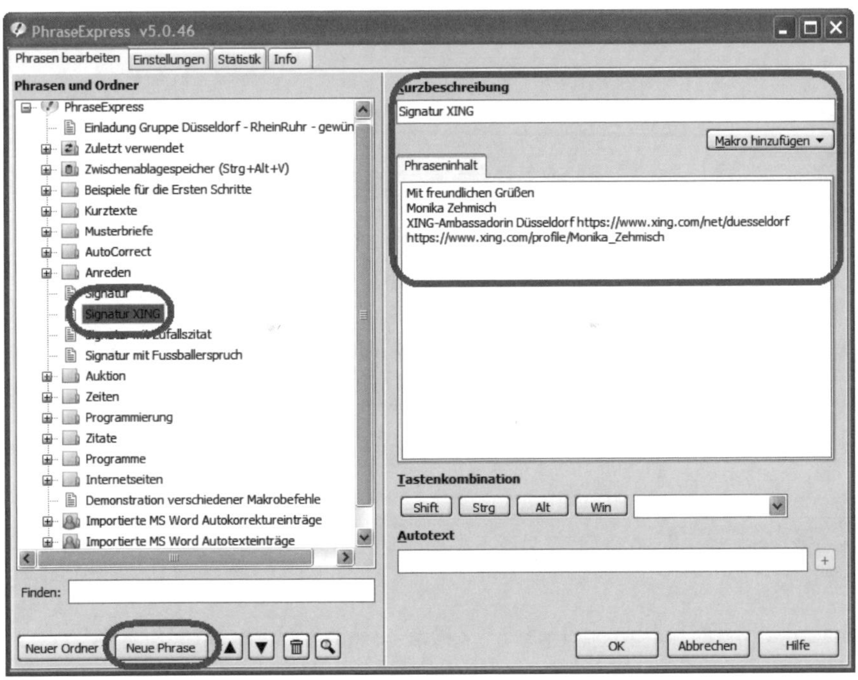

PhraseExpress erstellt Textbausteine.

Sie haben drei Möglichkeiten, die Phrase aufzurufen:

- Sie rufen PhraseExpress auf und klicken im Menübaum auf die entsprechende Phrase.
- Sie vergeben eine Tastenkombination für Ihre Phrase.
- Sie vergeben einen Autotext für Ihre Phrase.

5.2 Sie erhalten persönliche Nachrichten

Im Posteingang landen alle Nachrichten, die an Sie geschrieben wurden. Hierunter fallen persönliche Nachrichten, Termin-Einladungen, Einladungen in Gruppen oder Newsletter von Gruppen. Mit einem Klick auf *Betreff* können Sie die Nachricht aufrufen und mit einem Klick auf *Name, Firma* können Sie sich das Profil des Absenders ansehen.

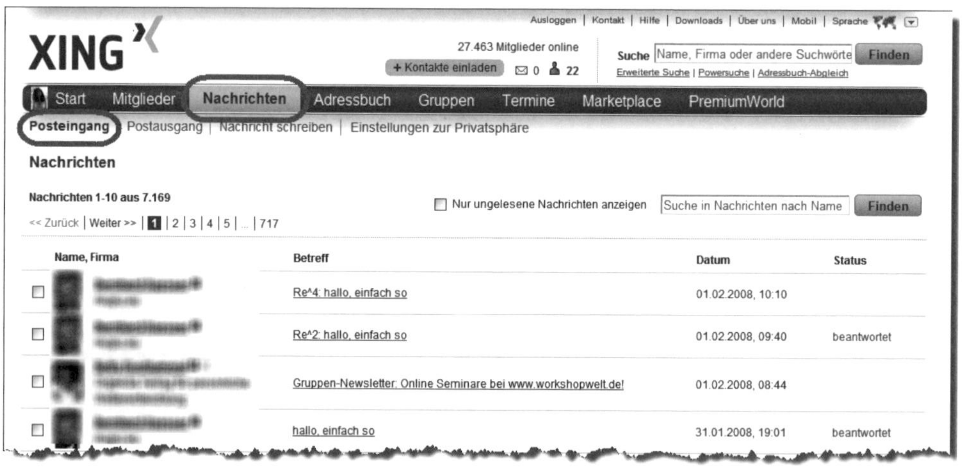

Erhaltene Nachrichten – nach Eingang sortiert in Ihrem XING-Posteingang.

Damit Sie eingegangene Nachrichten nicht übersehen, zeigt Ihnen Ihre XING-Startseite, ob bzw. wie viele ungelesene Nachrichten eingegangen sind.

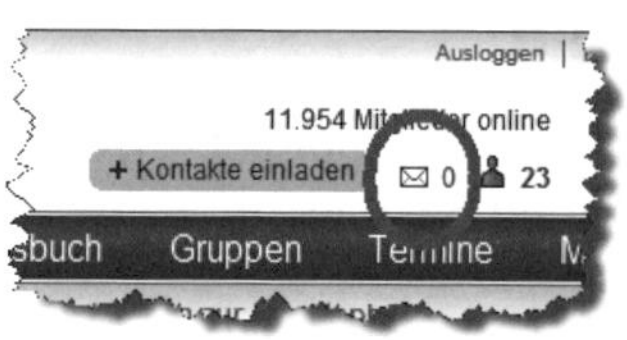

Keine neue Nachricht im Posteingang – mit einem Blick auf Ihrer Startseite zu erkennen.

Und für diejenigen, die nicht regelmäßig bei XING reingucken, schickt XING sogar noch eine E-Mail hinterher, die dann in Ihrem E-Mail-Posteingang außerhalb von XING (beispielsweise Outlook) landet:

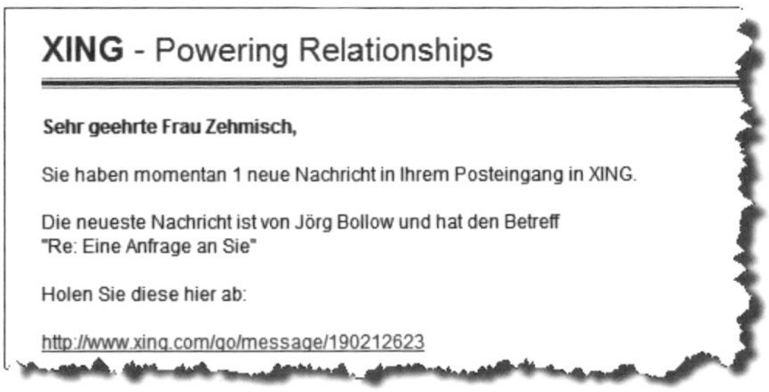

Die E-Mail-Information über eine neu eingegangene Nachricht bei XING – direkt mit einem Klick aufzurufen.

Damit diese Information in Ihrem E-Mail-Posteingang landen kann, muss diese Funktion aber zuerst unter *Nachrichten/Einstellungen zur Privatsphäre* freigeschaltet werden.

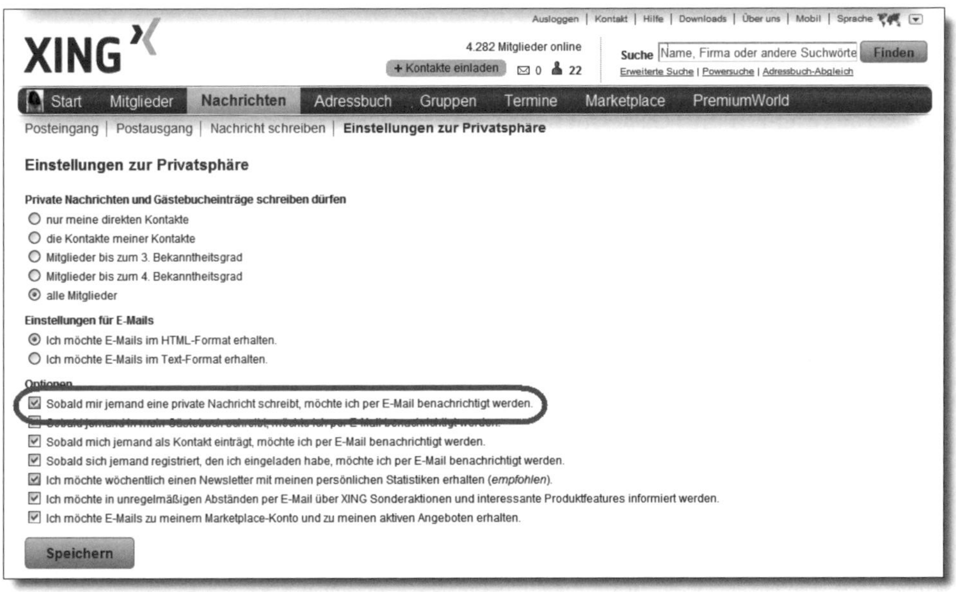

Möchten Sie per E-Mail über den Posteingang von privaten Nachrichten informiert werden? Dann vergessen Sie nicht, hier einen Haken zu setzen.

So schränken Sie die Kommunikation ein

Wenn Sie nicht möchten, dass Ihnen jeder einfach ungefragt persönliche Nachrichten und Gästebucheinträge schreiben darf, dann können Sie dies unter *Nachrichten/Einstellungen zur Privatsphäre* einschränken.

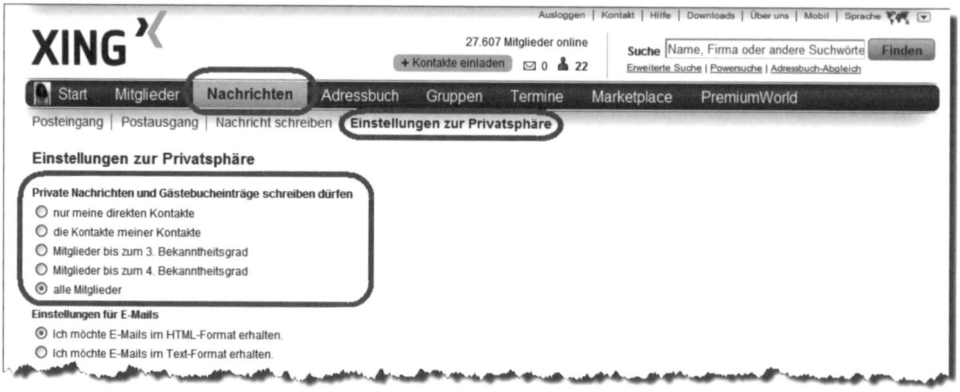

Hier können Sie die Kommunikation einschränken.

In den *Einstellungen zur Privatsphäre* können Sie folgende Einschränkungen vornehmen:

Private Nachrichten und Gästebucheinträge schreiben dürfen

- nur meine direkten Kontakte
- die Kontakte meine Kontakte
- Mitglieder bis zum 3. Bekanntheitsgrad
- Mitglieder bis zum 4. Bekanntheitsgrad
- alle Mitglieder

Bedenken Sie aber, dass es gerade Sinn und Zweck von XING ist, sich miteinander auszutauschen. Nur wenn Sie regelmäßig „belästigt" oder genervt werden und das Problem nicht anders in den Griff bekommen, sollten Sie die Kommunikation schrittweise einschränken.

Eine Einschränkung von *alle Mitglieder* auf *Mitglieder bis zum 3. oder 4. Bekanntheitsgrad* wirkt schon Wunder.

Antworten und Weiterleiten von Nachrichten

Ähnlich wie bei Outlook können Sie auch bei XING eingegangene Nachrichten mit wenigen Klicks beantworten und weiterleiten.

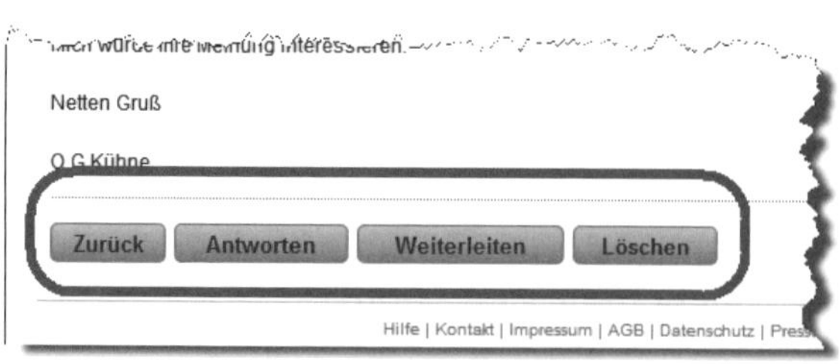

Die Buttons zu Antworten und Weiterleiten finden Sie unter jeder eingegangenen Nachricht (außer Termininformationen und Newsletter).

Ein Klick auf *Antworten* bewirkt, dass Sie an den Absender eine neue Nachricht zurücksenden können. Der Text der alten Nachricht bleibt als Zitat bestehen. Zusätzlich können Sie die Antwort auch an eine oder mehrere E-Mail-Adressen außerhalb von XING schicken (bitte mit Komma trennen).

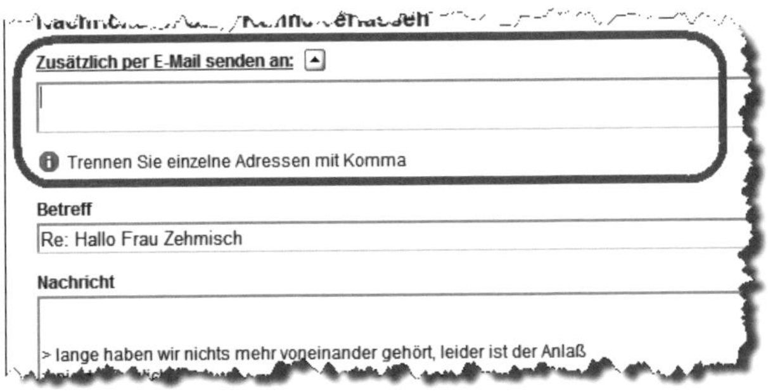

Antworten können Sie zusätzlich auch an E-Mail-Adressen versenden.

Diese Funktion ist beispielsweise sinnvoll, wenn Sie sich selbst die XING-Korrespondenz an Ihre E-Mail-Adresse senden wollen, damit sie nicht untergeht. Oder natürlich dann, wenn ein Dritter eine Kopie der Korrespondenz erhalten soll, ähnlich wie das *CC* bei Outlook..

Ebenso können Sie eine persönliche Nachricht mit Klick auf *Weiterleiten* an eine dritte Person bei XING weiterleiten.

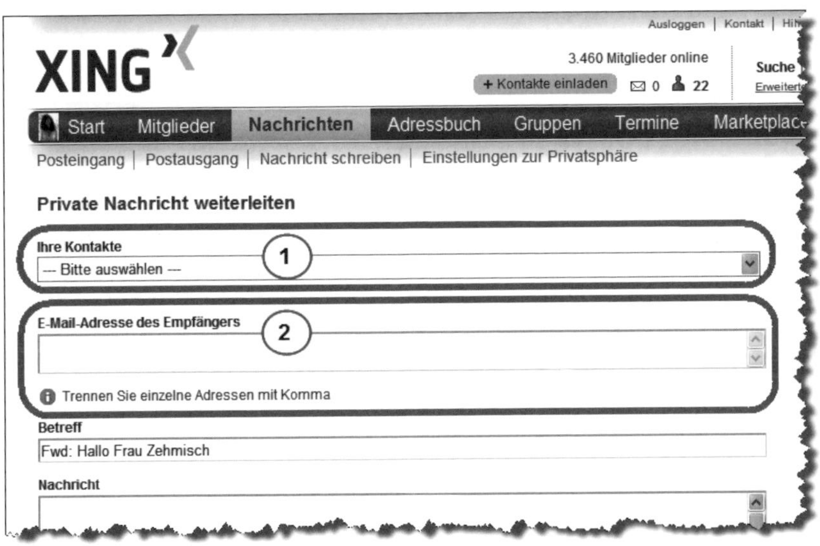

Mit einem Klick können Sie Ihre persönliche Nachricht weiterleiten.

Diese dritte Person kann einer Ihrer Kontakte sein ① oder eine bzw. mehrere E-Mail-Adressen außerhalb von XING (mit Komma getrennt)②.

5.3 Post von XING

Sie können nicht nur mit XING-Mitgliedern untereinander kommunizieren, auch XING möchte mit Ihnen Informationen austauschen und Sie informieren. Damit das möglich ist, müssen Sie zuvor unter *Nachrichten/Einstellungen zur Privatsphäre* ein paar Häkchen setzen.

Zuerst müssen Sie sich entscheiden, ob Sie von XING Textmails oder HTML-Mails erhalten möchten.

Wählen Sie aus, ob Sie HTML-Mails oder Text-Mails haben möchten.

Dann müssen Sie auswählen, in welchen Fällen Sie per Mail von XING informiert werden möchten.

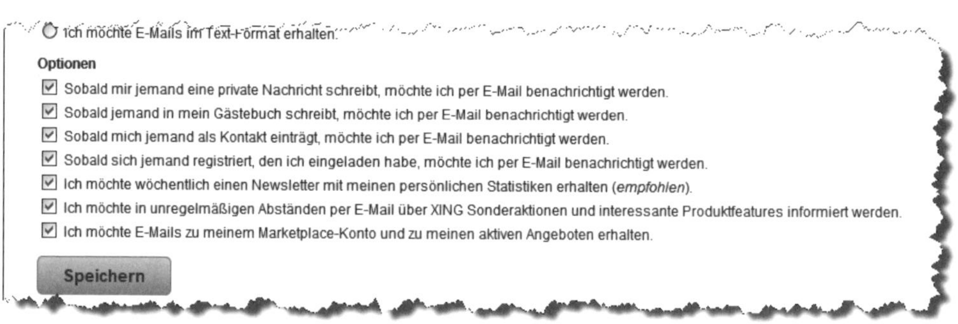

Stellen Sie hier Ihre Benachrichtigungen von XING ein.

Folgende Optionen können Sie auswählen:

- Sobald mir jemand eine private Nachricht schreibt, möchte ich per E-Mail benachrichtigt werden.
- Sobald jemand in mein Gästebuch schreibt, möchte ich per E-Mail benachrichtigt werden.
- Sobald mich jemand als Kontakt einträgt, möchte ich per E-Mail benachrichtigt werden.
- Sobald sich jemand registriert, den ich eingeladen habe, möchte ich per E-Mail benachrichtigt werden.
- Ich möchte wöchentlich einen Newsletter mit meinen persönlichen Statistiken erhalten (empfohlen).

- Ich möchte in unregelmäßigen Abständen per E-Mail über XING Sonderaktionen und interessante Produktfeatures informiert werden.
- Ich möchte E-Mails zu meinem Marketplace-Konto und zu meinen aktiven Angeboten erhalten.

Ich empfehle Ihnen, überall einen Haken zu machen, denn nur so können Sie sicher sein, dass Ihnen nichts Wichtiges bei XING verloren geht.

Wichtig ist auch der wöchentliche Newsletter, den Sie erhalten, wenn Sie in vorstehenden Einstellungen ein Häkchen gesetzt haben.

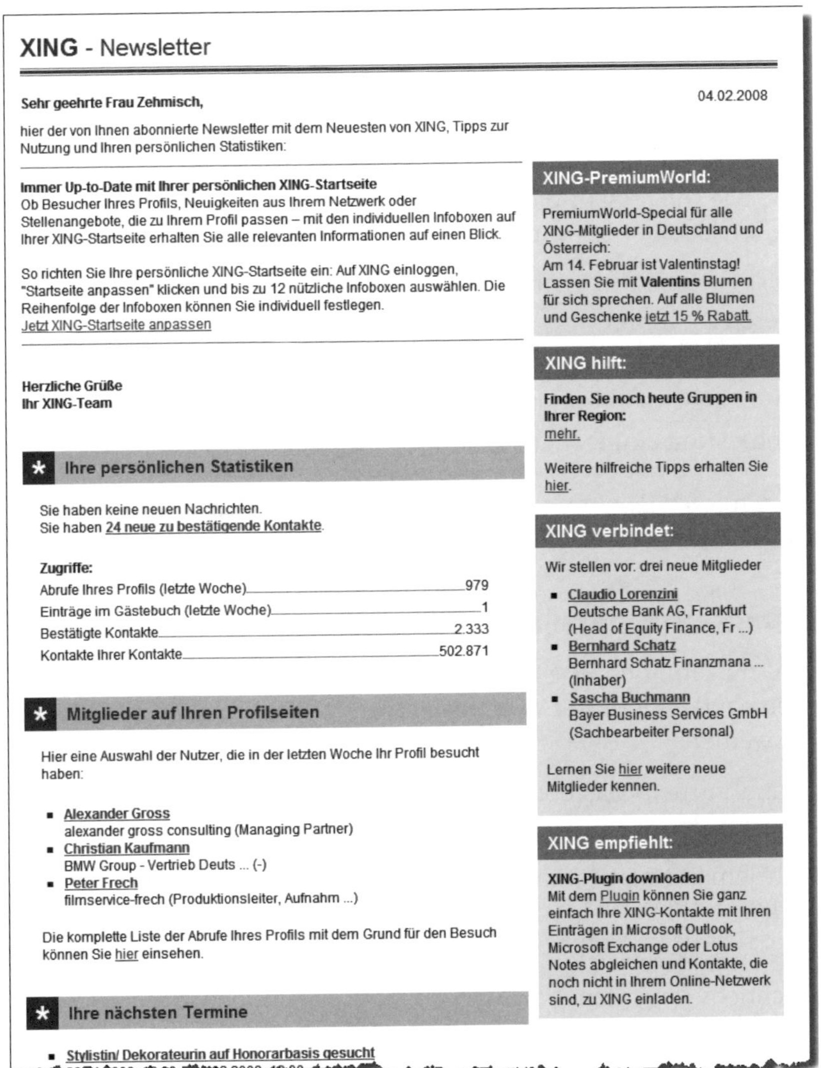

XING - Newsletter

Sehr geehrte Frau Zehmisch, 04.02.2008

hier der von Ihnen abonnierte Newsletter mit dem Neuesten von XING, Tipps zur Nutzung und Ihren persönlichen Statistiken:

Immer Up-to-Date mit Ihrer persönlichen XING-Startseite
Ob Besucher Ihres Profils, Neuigkeiten aus Ihrem Netzwerk oder Stellenangebote, die zu Ihrem Profil passen – mit den individuellen Infoboxen auf Ihrer XING-Startseite erhalten Sie alle relevanten Informationen auf einen Blick.

So richten Sie Ihre persönliche XING-Startseite ein: Auf XING einloggen, "Startseite anpassen" klicken und bis zu 12 nützliche Infoboxen auswählen. Die Reihenfolge der Infoboxen können Sie individuell festlegen.
Jetzt XING-Startseite anpassen

Herzliche Grüße
Ihr XING-Team

Ihre persönlichen Statistiken

Sie haben keine neuen Nachrichten.
Sie haben 24 neue zu bestätigende Kontakte.

Zugriffe:
Abrufe Ihres Profils (letzte Woche) 979
Einträge im Gästebuch (letzte Woche) 1
Bestätigte Kontakte 2.333
Kontakte Ihrer Kontakte 502.871

Mitglieder auf Ihren Profilseiten

Hier eine Auswahl der Nutzer, die in der letzten Woche Ihr Profil besucht haben:

- Alexander Gross
  alexander gross consulting (Managing Partner)
- Christian Kaufmann
  BMW Group - Vertrieb Deuts ... (-)
- Peter Frech
  filmservice-frech (Produktionsleiter, Aufnahm ...)

Die komplette Liste der Abrufe Ihres Profils mit dem Grund für den Besuch können Sie hier einsehen.

Ihre nächsten Termine

- Stylistin/ Dekorateurin auf Honorarbasis gesucht

XING-PremiumWorld:

PremiumWorld-Special für alle XING-Mitglieder in Deutschland und Österreich:
Am 14. Februar ist Valentinstag! Lassen Sie mit **Valentins** Blumen für sich sprechen. Auf alle Blumen und Geschenke jetzt 15 % Rabatt.

XING hilft:

Finden Sie noch heute Gruppen in Ihrer Region:
mehr.

Weitere hilfreiche Tipps erhalten Sie hier.

XING verbindet:

Wir stellen vor: drei neue Mitglieder

- Claudio Lorenzini
  Deutsche Bank AG, Frankfurt (Head of Equity Finance, Fr ...)
- Bernhard Schatz
  Bernhard Schatz Finanzmana ... (Inhaber)
- Sascha Buchmann
  Bayer Business Services GmbH (Sachbearbeiter Personal)

Lernen Sie hier weitere neue Mitglieder kennen.

XING empfiehlt:

XING-Plugin downloaden
Mit dem Plugin können Sie ganz einfach Ihre XING-Kontakte mit Ihren Einträgen in Microsoft Outlook, Microsoft Exchange oder Lotus Notes abgleichen und Kontakte, die noch nicht in Ihrem Online-Netzwerk sind, zu XING einladen.

Ihr persönlicher XING-Newsletter.

Der Newsletter informiert Sie über:

- Ihre persönliche Statistik der letzten Woche
- XING-News
- XING-Tipps und Empfehlungen
- Ihre aktuellen Termine
- die nächsten Geburtstage Ihrer Kontakte
- die neuesten XING-Mitglieder (nach dem Zufallsprinzip ausgewählt)

5.4 Kommunikation mit Skype

Skype ist ein kleines Tool zur Internet-Telefonie, das vor einigen Jahren von eBay aufgekauft wurde. Da man mit Skype aber noch mehr kann als telefonieren, ist es als Tool in XING integriert worden. Ich behaupte, dass die meisten XING-Nutzer gar nicht wissen, wie interessant dieses kleine Tool für die Kommunikation mit anderen Mitgliedern ist. Aber das wird sich jetzt ja ändern. Mit Skype können Sie:

- kostenlos weltweit über das Internet telefonieren
- Telefonkonferenzen führen
- Kurznachrichten senden
- per Instant Messenger kommunizieren (einzeln und in der Gruppe)
- Daten versenden und empfangen

Somit können Sie mit Skype ein paar Schwächen von XING ausgleichen, denn in XING gibt es weder ein Chat-Modul noch die Möglichkeit, Dateien zu versenden.

So installieren und aktivieren Sie Skype

Damit Sie Skype nutzen können, müssen Sie es selbst erst installieren. Den Installationsbereich finden Sie unter *Downloads* (ganz klein oben)*/Weitere Downloads*.

Die Installation ist nicht nur für Windows-PCs, sondern auch für Macs und das Betriebssystem Linux möglich. Nach der Installation folgen Sie den Anweisungen und richten einen Skype-Account ein. Dafür müssen Sie einen *Skype-Namen* vergeben. Ich empfehle Ihnen, bei XING Ihren richtigen Vor- und Nachnamen zu verwenden, also beispielsweise *Monika_Zehmisch*. Diesen Skype-Namen erfassen Sie nun in Ihrem Profil. Dazu gehen Sie auf *Start/Mein Profil* und scrollen runter bis zu den Kontaktdaten. Mit dem Button *Bearbeiten* können Sie Ihren neuen Skype-Namen hinzufügen.

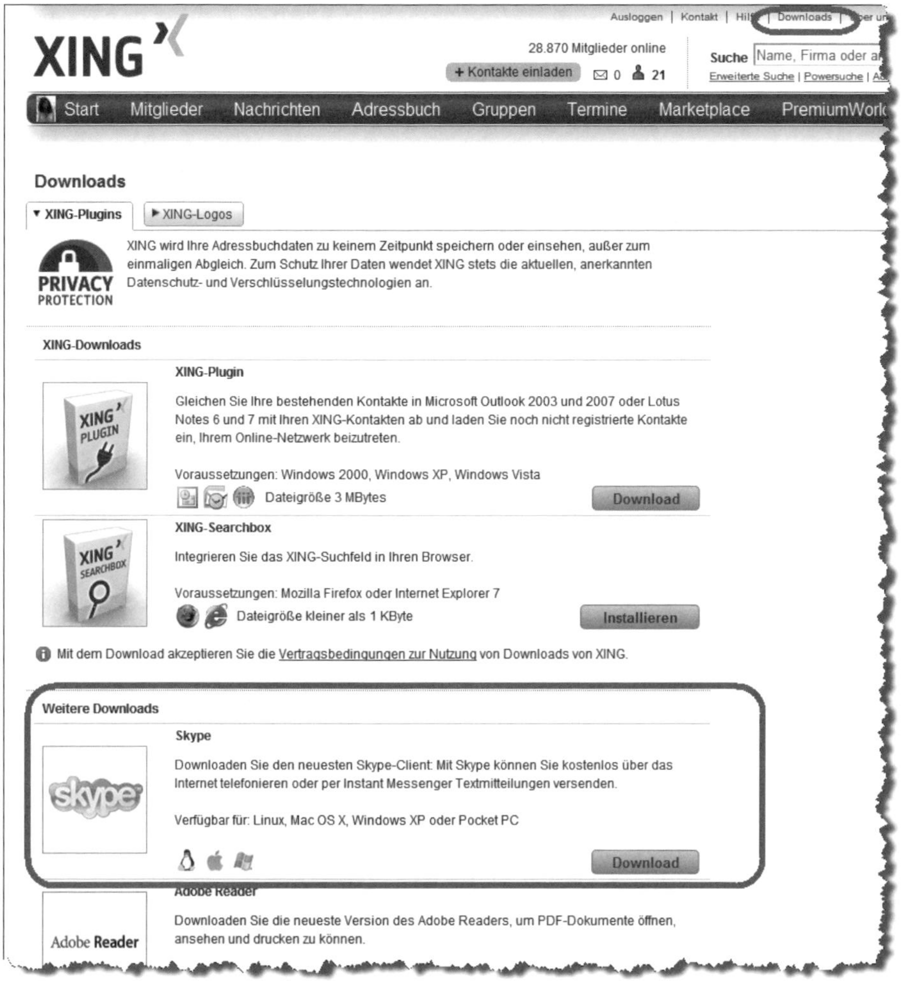

Die Installation von Skype ist einfach und kostenlos.

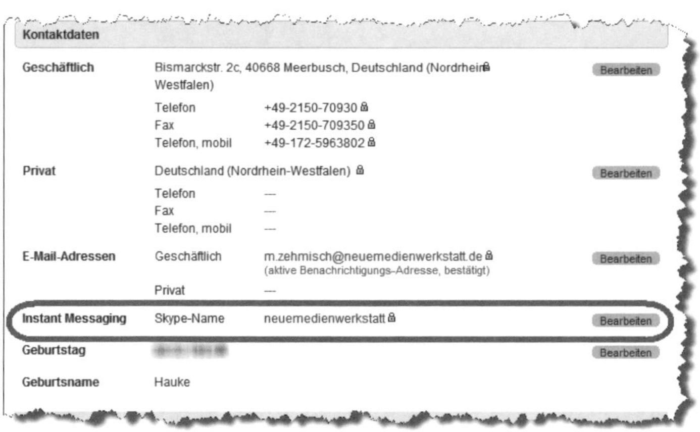

So fügen Sie Ihren neuen Namen in Ihrem Profil hinzu.

Nun aktivieren Sie den Skype-Namen unter *Start/Einstellungen/Profileinstellungen/Optionen* und machen einen Haken:

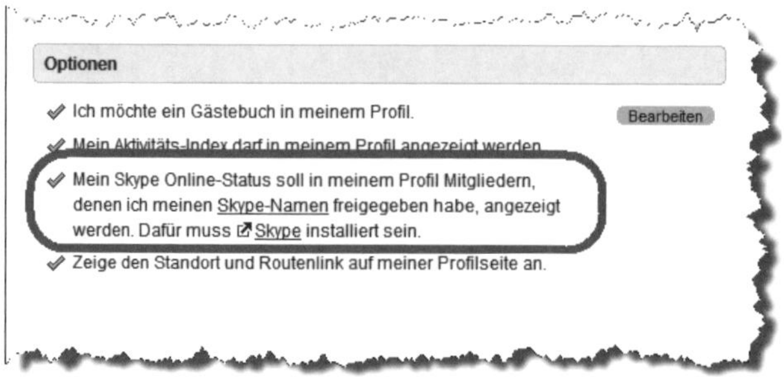

Aktivierung Ihres Skype-Namens.

Jetzt haben Sie einen eigenen Skype-Account, und andere XING-Mitglieder können dies sehen.

Fügen Sie XING-Mitglieder als Skype-Kontakt hinzu

Um Skype zu nutzen, muss Ihr Gesprächspartner ebenfalls einen Skype-Account eingerichtet haben und Ihnen in den Kontaktdaten seine Skype-Adresse freigegeben haben.

In der Übersicht Ihrer Kontakte können Sie erkennen, wer bereits Skype einsetzt bzw. seine Skype-Adresse freigegeben hat.

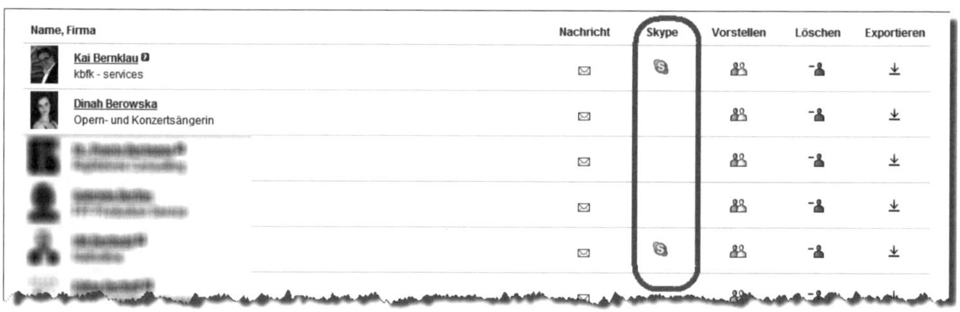

Nur wenige Leute nutzen bisher Skype bei XING. In dieser Übersicht kann ich erkennen, dass mein Kontakt Kai Bernklau, https://www.xing.com/profile/Kai_Bernklau, einen Skype-Account besitzt und diesen für mich auch freigeschaltet hat.

Auch im Profil der entsprechenden Person können Sie erkennen, ob jemand Skype hat.

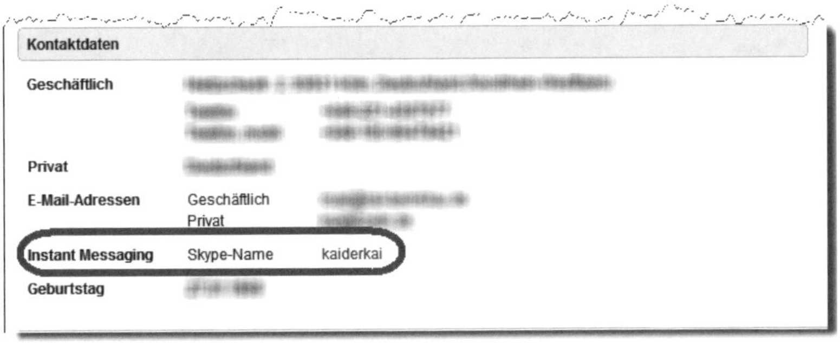

Scrollen Sie im Profil der gewünschten Person ganz nach unten. Unter Kontaktdaten finden Sie auch den Skype-Namen.

Mit Klick auf den Skype-Namen öffnet sich ein kleines Fenster. So kann ich meinen Kontakt Kai Bernklau zu meinen Skype-Kontakten hinzufügen. Die Anfrage muss von ihm jedoch zuerst bestätigt werden.

Hinzufügen eines XING-Mitglieds zur eigenen Skype-Liste.

Begründen Sie die Kontaktanfrage.

Noch einfacher können Sie Skype hinzufügen, indem Sie im Profil eines XING-Mitglieds auf den *Skype*-Button klicken. Folgendes Auswahlmenü öffnet sich:

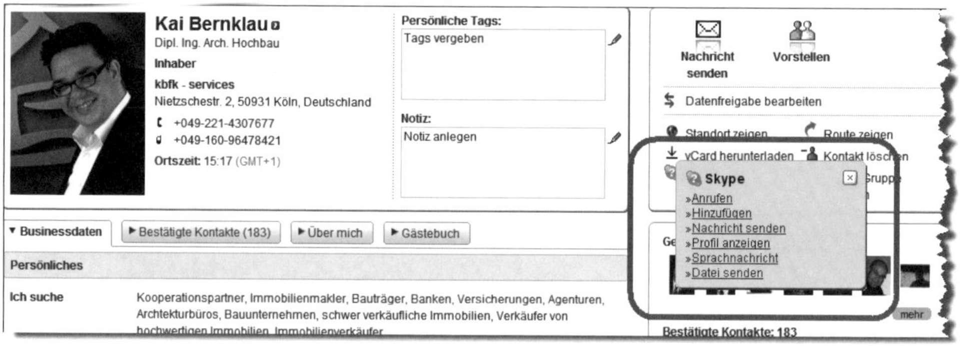

So kann ich direkt mit meinem XING-Kontakt Kai Bernklau, https://www.xing.com/profile/Kai_Bernklau, per Skype kommunizieren.

Telefonieren mit Skype

In erster Linie ist Skype ein Tool zur Internet-Telefonie. Skype hat mit dafür gesorgt, dass sich der noch sehr junge Bereich Voice over IP in den letzten Jahren zu den erfolgreichsten Applikationen entwickelt hat. Weltweit kostenlos telefonieren – wer will das nicht? Doch bevor die Technik richtig funktionierte, gingen einige Jahre ins Land. Mittlerweile ist die Sprachqualität vernünftig.

Alles, was Sie brauchen (außer einem Computer, Internet-Zugang und der bereits besprochenen Skype-Installation), ist ein Headset mit Kopfhörern und Mikrofon.

So können Sie mit Skype telefonieren: Kostenlos weltweit von Ihrem Computer zu einem anderen Computer

Voraussetzung ist, dass Empfänger und Absender Skype installiert haben.

Einfach Skype-Kontakt auswählen und auf den grünen Hörer klicken. Schon klingelt es beim Empfänger im Telefon.

Übrigens: Mit der neuen Version von Skype und einer Webcam ist jetzt auch Videotelefonie möglich, wenn Ihr Computer und Ihr Internet-Anschluss die notwendigen Voraussetzungen erfüllt. Erkundigen Sie sich auf der Skype-Website.

Von Ihrem Computer zu einem stationären Telefonanschluss

Wenn Sie von Ihrem Computer aus einen „normalen" Telefonanschluss anrufen möchten, dann ist dieser Service nicht kostenlos, sondern kostet eine geringe Gebühr. Die Konditionen lohnen sich. Bei Skype müssen Sie per Vorkasse Ihr Guthaben aufladen. Die Mindesthöhe beträgt 10 Euro. Akzeptiert werden Kreditkarten, PayPal, Click & buy und giropay. Klicken Sie dazu auf *Skypeout*.

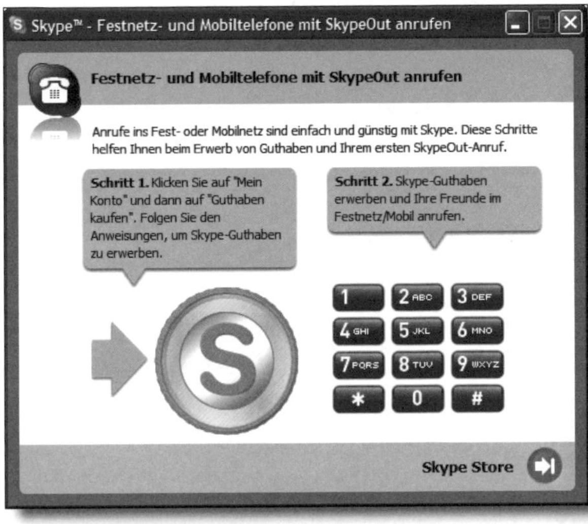

So können Sie Skype-Guthaben erwerben.

Ist das Guthaben aufgeladen, können Sie auf den Wähltasten ganz normal eine Telefonnummer eingeben. Nach Drücken der grünen Taste wird eine Verbindung zwischen Ihrem Computer (mit Kopfhörern und Mikrofon ausgestattet) und einem Festnetz- oder Mobiltelefon hergestellt.

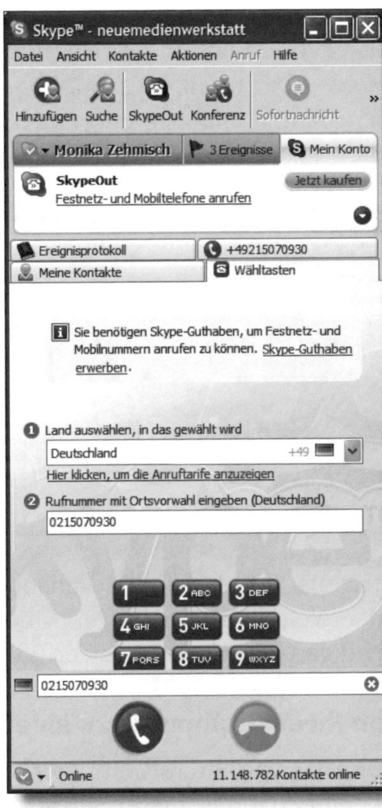

Ins Mobilfunk- oder Festnetz telefonieren mit Skype.

Warum ist Telefonieren mit Skype in stationäre Netze sinnvoll?

Eine berechtigte Frage, denn das Telefonieren mit einem Headset vom PC aus ist natürlich nicht so komfortabel und so vertraut wie das „normale" Telefonieren. Trotzdem gibt es einen schlagkräftigen Grund: weil es VIEL billiger ist. Auf der Website *http://www.skype.com/intl/de/prices/callrates/* finden Sie die aktuellen Telefontarife.

Ein paar Beispiele (Festnetz):

Von Deutschland innerhalb Deutschland	0,017 € pro Minute
Von Deutschland in die USA	0,017 € pro Minute
Von Deutschland nach Japan	0,019 € pro Minute
Von Deutschland nach Spanien	0,017 € pro Minute

Dies bedeutet: Sie können eine ganze Stunde mit den USA telefonieren und zahlen nur 1,02 Euro. Unfassbar.

Telefonkonferenzen mit Skype

Mit Skype ist es auch möglich, Telefonkonferenzen zu veranstalten. Kostenlos ist dies auch in diesem Fall, wenn alle Teilnehmer über den PC mit Headset telefonieren. Aber in eine Telefonkonferenz können auch Teilnehmer mit Festnetz- oder Handyanschluss eingebunden werden, wenn entsprechendes Skype-Guthaben vorhanden ist.

Telefonkonferenz organisieren in Skype.

Klicken Sie auf *Konferenz erstellen* und stellen Sie aus Ihren Skype-Kontakten die Teilnehmerliste zusammen. Es können außer dem Leiter der Konferenz neun Gesprächspartner teilnehmen.

In XING sollten Sie die Teilnehmer vorab über den genauen Zeitpunkt der geplanten Telefonkonferenz informiert haben. Dies können Sie beispielsweise bei XING über einen *persönlichen Termin* organisieren. So greifen dann auch wieder die Funktionen von XING und von Skype harmonisch ineinander.

Instant Messaging mit Skype

Instant Messaging kennen Sie möglicherweise von ICQ oder Yahoo! Mittels kleiner Textnachrichten können Sie schnell Informationen austauschen. Diese Möglichkeit der Kommunikation ist dem Schreiben von E-Mails in einigen Punkten überlegen und eignet sich für den schnellen Weg zwischendurch: mal schnell den Kollegen in einer anderen Abteilung oder in der Auslandsniederlassung etwas fragen oder einem Freund einen lieben Gruß schicken.

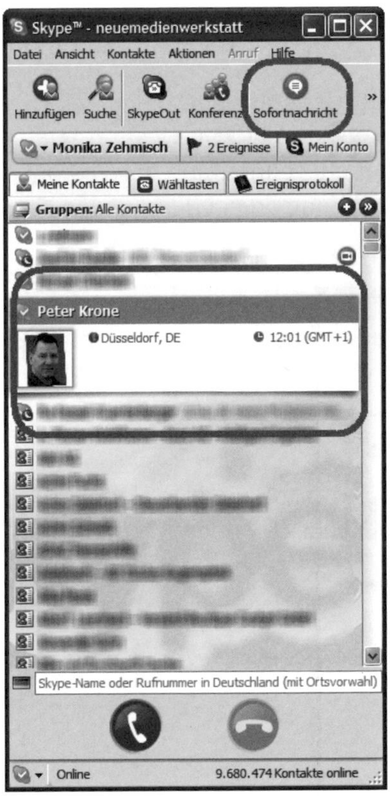

Kontakt aussuchen, dem Sie eine Sofortnachricht schreiben möchten.

Klicken Sie auf einen Kontakt und dann auf *Sofortnachricht* (je nach Skype-Version sieht das ein bisschen anders aus), und schon können Sie eine Nachricht schreiben. Skype informiert Sie natürlich auch darüber, ob der Kontakt gerade online ist.

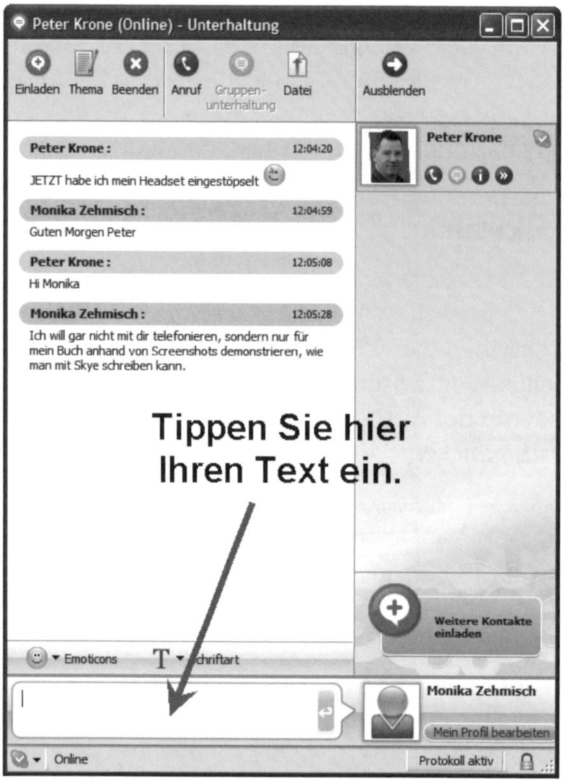

Ihren Text können Sie in dem unteren Feld eintippen. Auch Emoticons (Smileys) und die Schriftart können Sie bestimmen.

Wenn Sie von einem anderen Skype-Kontakt eine Sofortnachricht erhalten, dann erscheint im unteren rechten Bereich Ihres Bildschirms eine Information.

Dateien versenden und erhalten mit Skype

Vielleicht haben Sie es schon gemerkt: Mit XING kann man keine Dateien verschicken. Dieses Manko gleicht Skype aus, denn im Nachrichtenbereich kann man auch ganz einfach Dateien hin- und herschicken.

Klicken Sie auf Datei und versenden Sie eine Datei Ihrer Wahl.

Wenn Sie von Ihrem Skype-Partner eine Datei erhalten, sehen Sie dies im Chatfenster. Speichern Sie diese Datei auf Ihrem PC ab.

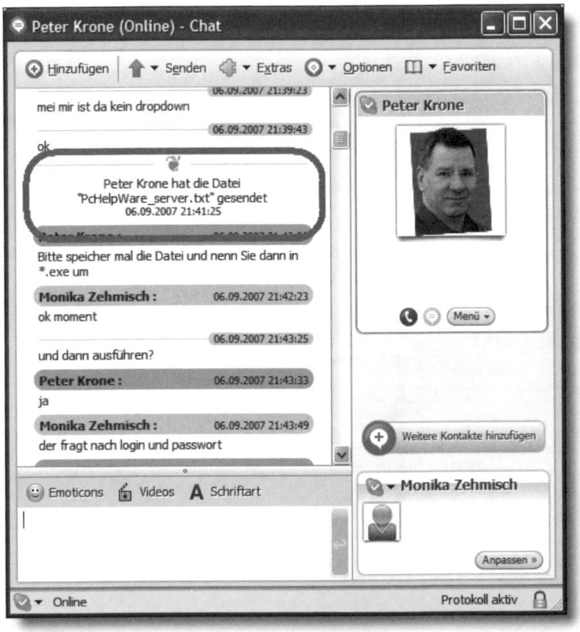

Sie erhalten eine Datei mittels Skype.

Der Vorteil dieser Funktion liegt auch darin, dass die Dateigrößen – anders als beim E-Mail-Posteingang – nicht beschränkt sind. So können Sie das Problem umgehen, das oft in größeren Firmen auftritt, wenn das E-Mail-Postfach auf wenige MByte Datenvolumen beschränkt ist. Ich habe oft gehört, dass sich Kollegen untereinander dann die Dateien halt ganz einfach per Skype zusenden.

Mit mehreren Personen chatten

Auch dies ist einfach mit Skype möglich.

Klicken Sie in Ihrem Nachrichtenbereich auf *Weitere Kontakte hinzufügen* und Sie können mit mehreren Personen chatten. Natürlich müssen diese Personen online sein, aber das können Sie ja vorher in XING abstimmen, beispielsweise durch das Einstellen eines privaten Termins.

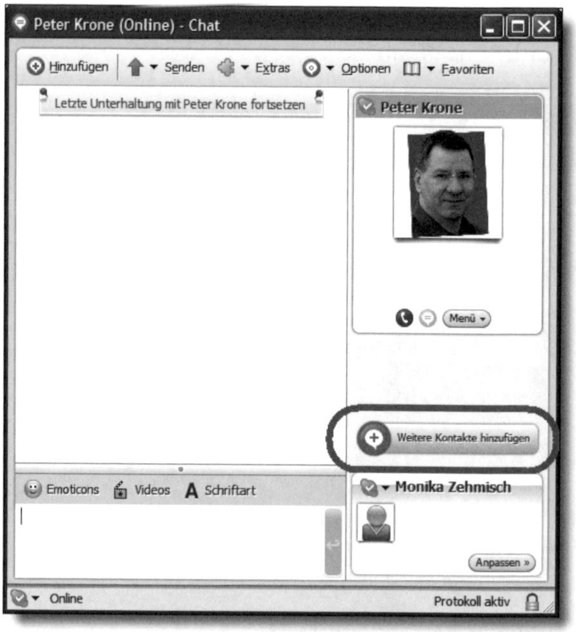

In einer Gruppe Kurznachrichten austauschen – die perfekte Möglichkeit, sich schnell und umkompliziert abzustimmen.

Alternativen zu Skype

Wenn Sie gern mit Instant-Messaging-Programmen arbeiten, aber Skype nicht verwenden wollen, dann bietet Ihnen XING die Möglichkeit, in Ihren Kontaktdaten auch andere Messenger zu verwalten. Derzeit können Sie unter *Profile/Kontaktdaten/Instand Messaging/Bearbeiten* folgende Messenger-Namen/-Nummern eintragen:

- ICQ
- MSN
- Yahoo!
- AIM
- Jabber
- Google Talk

Im Unterschied zu Skype sind diese Messager aber nicht in XING integriert, sondern nur als externe Tools verwendbar.

Onlinestatus einschränken, Privatsphäre schützen

So schön Skype auch als Kommunikationstool ist, so nervig kann es auch sein. Wenn Sie online sind, können all Ihre Skype-Kontakte dies sehen und Sie über Skype anrufen oder eine Textmitteilung schicken. Die Textmitteilung erscheint als Pop-up-Fenster auf Ihrem Bildschirm. Nichts ist schlimmer als eine unpassende

Textmitteilung während einer Präsentation oder wenn der Chef Ihnen gerade über die Schulter schaut.

Damit Ihnen dies nicht passiert, setzten Sie einfach Ihr Skype-Profil auf *Beschäftigt*. Wählen Sie dazu in Skype *Datei/Mein Onlinestatus* und klicken Sie auf *Beschäftigt*. In diesem Modus erhalten Sie keine Mitteilung über eingehende Nachrichten oder Anrufe. Sie selbst können Ihren Onlinestatus am grünen Symbol in Skype erkennen und auch in Ihrer Taskleiste.

Im Onlinestatus „Beschäftigt" erhalten Sie keine ungebetenen Textnachrichten oder Anrufe über Skype.

Ihre Privatsphäre können Sie außerdem schützen, indem Sie nur Anrufe und Textmitteilungen von Leuten akzeptieren, die Sie in Ihrer Kontaktliste freigegeben haben. Diese Funktion finden Sie unter *Datei/Privatsphäre*.

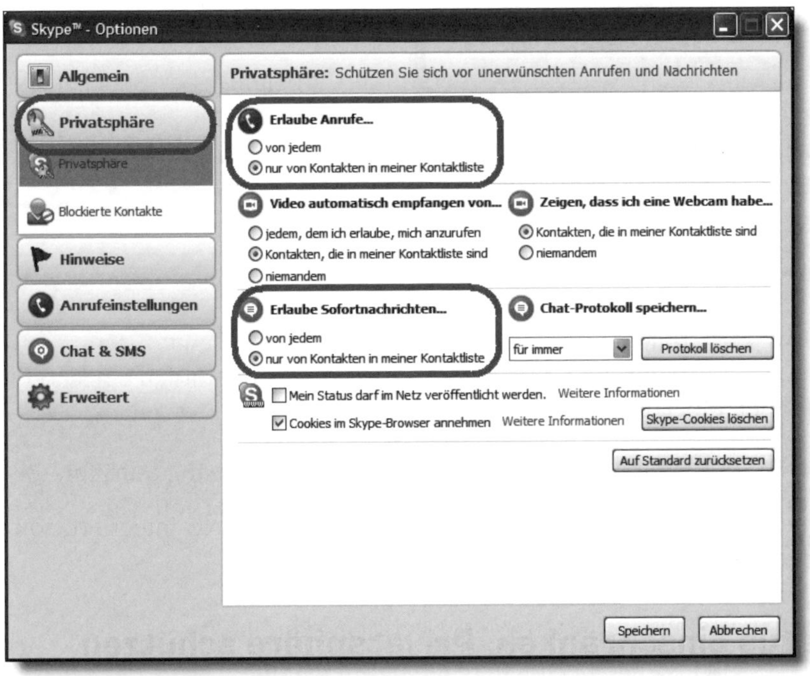

So können Sie nur Leute kontaktieren, die Sie vorher als Kontakte bestätigt haben.

Leider sind Sie auch bei Skype nicht vor Spam und pornografischen Anfragen geschützt. Wenn Sie eine solche Anfrage hereinbekommen, dann klicken Sie auf *Blockieren, damit dieser mich nicht mehr kontaktieren kann*. Zusätzlich zu den bereits genannten Einschränkungen Ihrer Privatsphäre sind Sie dann vor diesem Absender geschützt.

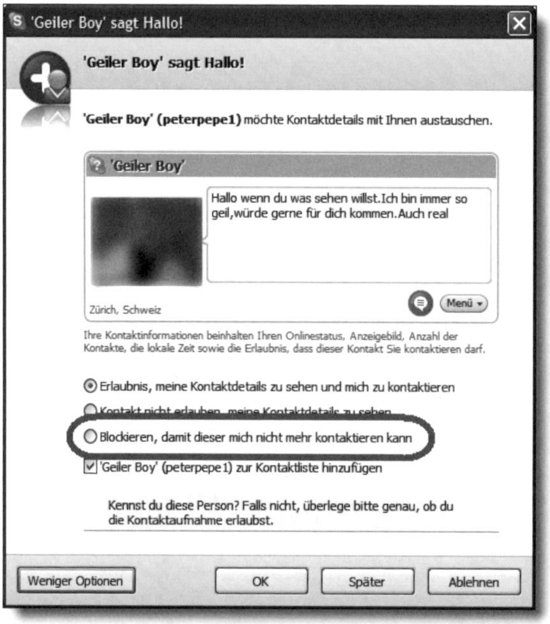

Sollten Sie eine solche Kontaktanfrage hereinbekommen, dann blockieren Sie den ungebetenen Gast, damit er Sie zukünftig nicht mehr belästigen kann.

5.5 XING von unterwegs

Wer viel unterwegs ist, braucht dennoch nicht auf XING zu verzichten, denn XING können Sie auch auf Ihrem Handy nutzen. Voraussetzung ist natürlich ein Handy, das die technischen Möglichkeiten dazu bietet.

Mit *http://mobile.xing.com* können Sie Ihren mobilen XING-Zugang aufrufen. Benutzername und Passwort sind die gleichen wie bei der PC-Version. Nun haben Sie Zugriff auf die Bereiche

- Mitglieder (erweiterte Suche, Powersuche)
- Nachrichten (Posteingang, Postausgang, Nachricht schreiben)
- Adressbuch (Meine Kontakte, Einladen, Einladungsstatus)
- Termine (Meine Termine, Öffentliche Termine)
- Marketplace

Damit haben Sie die wichtigsten Funktionen von XING immer mit dabei. Sie können Personen suchen und sich ihre XING-Profile (mit Bild selbstverständlich) ansehen, können nachsehen, wer Ihnen geschrieben hat, und selbst XING-Nachrichten schreiben. Bedenken Sie, welch fantastische Möglichkeiten sich Ihnen dadurch bieten. Sie haben ein qualifiziertes Adressbuch immer mit dabei und sind auf ganz unkomplizierte Art und Weise immer erreichbar.

Natürlich können Sie XING auch mit Ihrem PDA, iPhone und Blackberry verwenden.

6

Menschen suchen und finden

Wenn Sie neu in einem Netzwerk sind, geht es Ihnen wie jemandem, der neu in eine Stadt gezogen ist. Man kennt sich noch nicht aus, man kennt niemanden, weiß nicht recht, was man tun soll. Je mehr Leute Sie kennenlernen, je besser Sie sich auskennen, desto wohler fühlen Sie sich.

So wird es Ihnen auch bei XING ergehen. Damit Sie sich richtig wohlfühlen, müssen Sie erst einmal ein paar Leute kennenlernen oder alte Bekannte wiedertreffen und sich häuslich einrichten.

Doch wo fängt man an? Ganz einfach: Suchen Sie doch zuerst einmal Leute, die Sie schon kennen.

6.1 Alte Bekannte als Basis

Aufgrund der enormen Verbreitung von XING ist die Wahrscheinlichkeit sehr hoch, dass Sie viele bekannte Menschen dort wiederfinden. Vergessene Namen und Gesichter tauchen plötzlich wieder auf.

Am besten, Sie suchen erst einmal nach aktuellen Bekannten. Das können Freunde, Familienangehörige und Arbeitskollegen sein. Auf diese Weise fassen Sie schnell Fuß, werden mit den Basisfunktionen vertraut und können sich von ihnen ein paar Tipps geben lassen.

So gehen Sie bei der Suche nach alten Bekannten vor

Üben Sie das Networken erst einmal auf vertrautem Terrain und überraschen Sie Ihre Freunde mit einem netten Kompliment: *„Mensch Max, in deinem Profil sehe ich, was du schon alles in deinem Leben gemacht hast. Meinen Respekt, das wusste ich gar nicht."* Oder *„Hallo, Elena, ich bin jetzt auch hier bei XING. Dein Profil gefällt mir total gut, und auf dem Foto siehst du fantastisch aus. Lass uns doch demnächst mal wieder einen Kaffee trinken gehen, dann kannst du mir mal erzählen, wie du an so viel interessante Kontakte rankommst."*

Weiten Sie dann Ihre Kontaktsuche auf einen größeren Kreis aus. Suchen Sie nach

- Freunden.
- dem erweiterten Familienkreis.
- alten Schulkameraden.
- ehemaligen Kommilitonen.
- jetzigen und früheren Kollegen.
- Bekannten und Nachbarn.

Versuchen Sie, überall einen Anknüpfungspunkt zu finden: ein gemeinsames Erlebnis, eine Anekdote, eine Information im Profil des anderen. Sie werden sich wundern, wie viel Neues Sie über Ihre Bekannten erfahren. Sie werden sich wundern, wie interessant diese Leute Ihnen nun erscheinen. Liegt das daran, dass die Person in dem Business-Netzwerk ihr ganz Leben vor Ihnen ausgebreitet hat, oder liegt es daran, dass Sie sich früher nie so richtig für diese Person interessiert haben? Vielleicht liegt es einfach daran, dass Sie nun eine andere, eine bessere Sicht der Dinge haben. Vielleicht haben Sie den Networking-Gedanken (sich für die Person wirklich interessieren) schon so weit verinnerlicht? Es ist Ihnen nun wichtig, möglichst viel über Ihren Gesprächspartner zu erfahren, denn Sie haben bereits gelernt, dass dies die Basis für gutes Netzwerken ist.

Eine besonders interessante Zielgruppe sind ehemalige Kollegen und Kommilitonen, denn diese arbeiten wahrscheinlich in einem ähnlichen Berufsumfeld wie Sie. Wenn Sie zukünftig an einen Jobwechsel denken, dann ist es besonders interessant, zu erfahren, was aus diesen Menschen geworden ist. Zu welcher Firma sind sie gegangen? Haben sie dort Erfolg gehabt und Karriere gemacht? Haben sie sich möglicherweise selbstständig gemacht? Aus diesen Erkenntnissen können Sie mögliche Ideen und Perspektiven für sich gewinnen und über Ihre alten Kontakte möglicherweise sogar einen neuen Job vermittelt bekommen. Denn Ihre alten Arbeitskollegen wissen ganz genau, wie angenehm und produktiv (hoffentlich!) die Zusammenarbeit mit Ihnen war.

Wenn Sie alle Ihre privaten Kontakte und Kollegen abgegrast haben, dann weiten Sie Ihre Kontaktsuche aus und suchen nach alten Geschäftspartnern. Dies sind z. B.:

- Lieferanten
- Kunden
- externe Projektmitarbeiter

Rufen Sie sich in Erinnerung, indem Sie an gemeinsame Aufträge erinnern. Fragen Sie nach neuen Produkten und Dienstleistungen. Ihr Gesprächspartner wird sich über Ihr Interesse freuen, und Sie sind wieder auf dem Laufenden und können überlegen, ob Ihr Gesprächspartner aktuell oder zukünftig für Sie interessant sein könnte.

So gleichen Sie Ihre Adressdatenbank ab

Wie viele Menschen haben Sie im Laufe Ihres Lebens kennengelernt? Und an wie viele Leute erinnern Sie sich noch? Ich persönlich habe ein schreckliches Kurzzeitgedächtnis. Gesichter und Namen kann ich mir einfach nicht merken, und obwohl ich dies seit Jahren trainiere, bin ich ohne Hilfsmittel aufgeschmissen. Aber wir alle haben solche Hilfsmittel: unser handgeschriebenes Adressverzeichnis, unseren elektronischen PDA, unser Handy, aber vor allem unsere privaten und geschäftlichen Adressdatenbanken auf unseren Computern.

XING bietet Ihnen Tools, um zu vergleichen, wer aus Ihren Adressbüchern bereits Mitglied bei XING ist. Rufen Sie dazu die Registerkarte *Adressbuch* auf und dann *Adressbuch-Abgleich*.

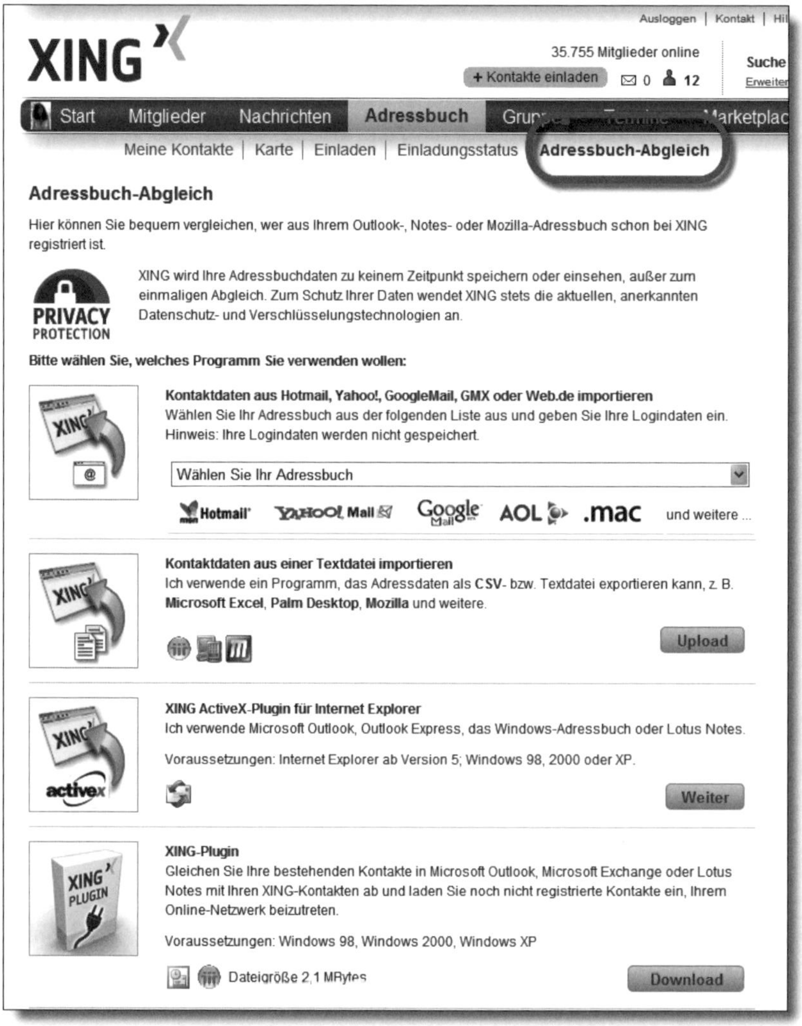

Adressbuch-Abgleich für vergessliche Köpfe.

Kontaktdaten aus einem externen Adressbuch importieren

Mit diesem Tool können Sie Adressbücher importieren, die Sie bei

- Hotmail
- Yahoo! Mail
- Google Mail
- AOL
- .MAC
- Fastmail
- Freenet
- GMX
- ICQmail
- Indiatimes
- Lycos
- Mail.com
- Mynet
- Rediffmail
- Web.de

führen.

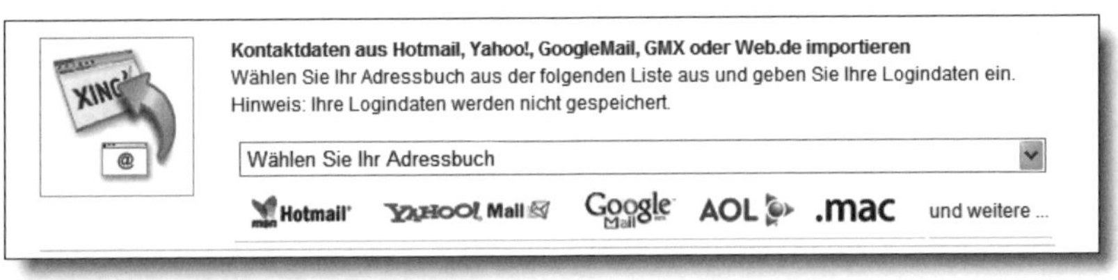

Abgleich mit externen Adressdatenbanken.

Kontaktdaten aus einer Textdatei importieren

Verwenden Sie ein Programm, das Adressdaten als CSV- bzw. Textdatei exportieren kann, dann können Sie diese uploaden. Beispiele:

- Microsoft Excel
- Palm Desktop
- Mozilla

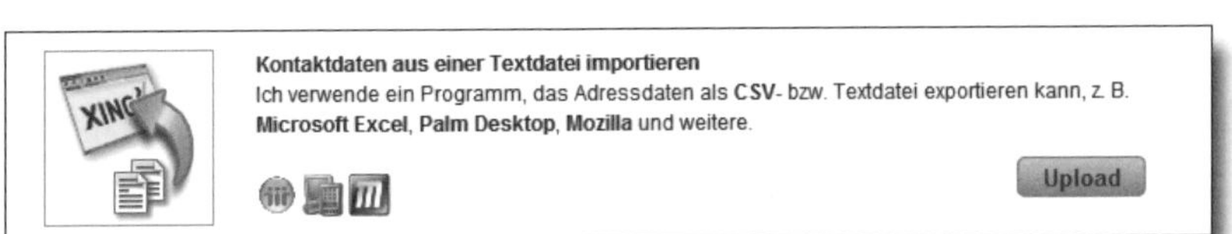

Import aus Textdatei.

XING ActiveX-Plug-in für Internet Explorer

Mit diesem Plug-in vergleichen Sie Adressbuch-Daten aus Microsoft Outlook, Outlook Express und dem Windows-Adressbuch sowie Lotus-Notes-Adressdateien.

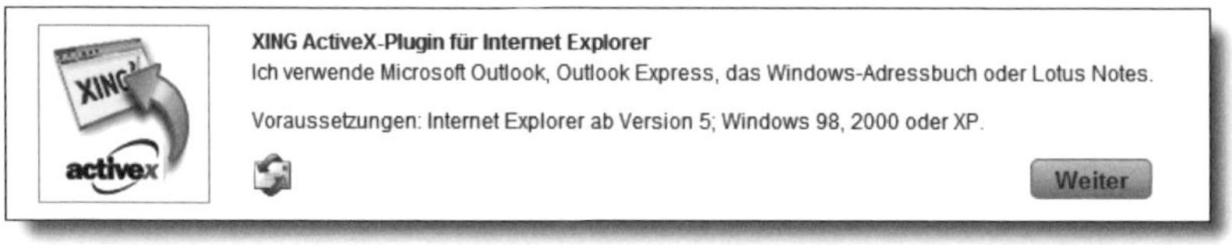

Abgleich mit Outlook & Co.

6.2 So suchen Sie nach neuen Geschäftspartnern

Suchen – das ist doch ganz einfach, werden Sie denken. Aber warten Sie mal ab, was sich hier für Möglichkeiten verbergen. Außerdem werde ich Ihnen einige Geheimnisse verraten, wie Sie noch bessere Suchergebnisse erzielen können.

Wonach suchen Sie eigentlich? – Suchen ganz einfach

Bei bekannten Personen ist dies klar: Sie suchen nach dem Namen. XING verfügt über eine Suchmaske, in der man schnell den gewünschten Namen eintippen kann.

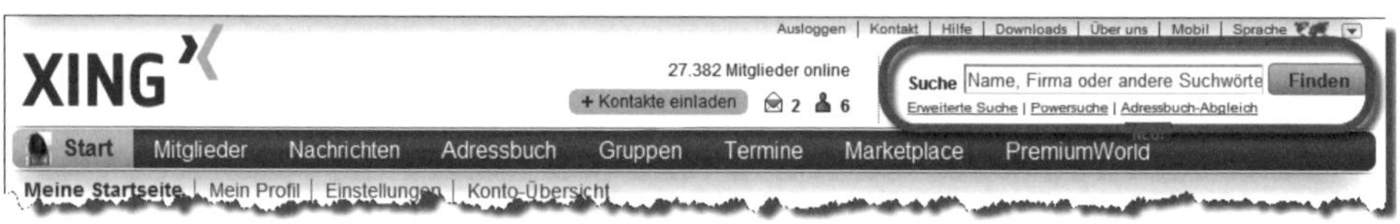

Direkt auf Ihrer Startseite bei XING an auffälliger Stelle platziert ist eine Schnellsuche nach Namen, Firma oder anderen Stichwörtern.

Aber selbstverständlich suchen Sie nicht nur nach bekannten Namen, sondern wollen neue Kontakte knüpfen, oder Sie suchen jemanden, an dessen Namen Sie sich nicht mehr erinnern. Sie haben deshalb vielfältige Suchmöglichkeiten, die ich Ihnen nun vorstellen möchte:

XING-Suchbox auf der Startseite

Bei XING gibt es eine Schnellsuche, die Sie in Ihre Startseite integrieren können. Sie ist ganz einfach und benutzerfreundlich gestaltet. Klicken Sie dazu auf der

Startseite auf den Button *Startseite anpassen* oben rechts auf Ihrer Startseite, und es erscheint folgendes Auswahlmenü:

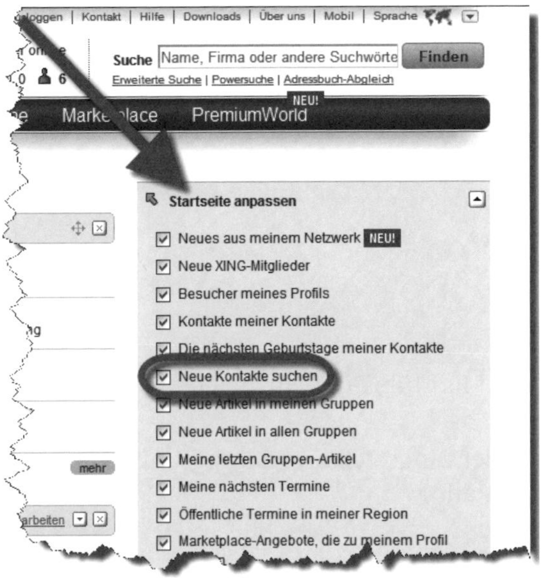

So passen Sie die Startseite bei XING an.

Machen Sie nun ein Häkchen bei *Neue Kontakte suchen*. Der gewünschte Bereich erscheint nun als Box auf Ihrer Startseite. Klicken Sie nun in die Titelzeile der Box und schieben Sie sie an die gewünschte Position auf Ihrem Bildschirm. Nun können Sie nach Vornamen, Namen, Branche und Ort suchen.

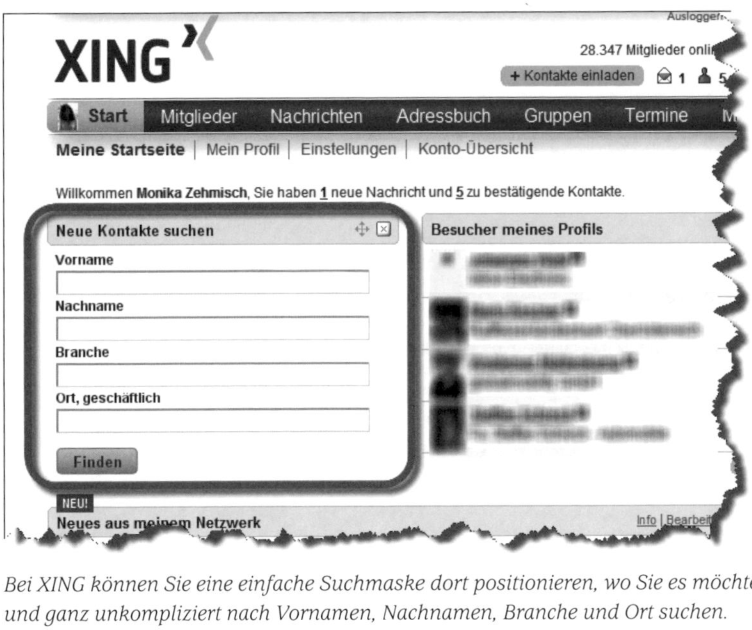

Bei XING können Sie eine einfache Suchmaske dort positionieren, wo Sie es möchten, und ganz unkompliziert nach Vornamen, Nachnamen, Branche und Ort suchen.

Die erweiterte Suche – hier werden Sie fündig

Vorname, Name, Branche, Ort – so wie in der Schnellsuche auf der Startseite: Das ist ja erst der Anfang. Natürlich bietet XING noch viele andere Suchmöglichkeiten. Eine gute Suchfunktion ist absolut notwendig, denn dies stellt ein wichtiges Arbeitstool für Sie dar. Die Suchmöglichkeiten bei XING halte ich für sehr ausgefeilt:

Sie können suchen nach:

- Vorname
- Nachname
- Hochschule
- Interessen
- Organisationen
- Mitglied in einer Gruppe (funktioniert nur für Gruppen, in denen Sie auch Mitglied sind)
- Status (z. B. Unternehmer, Freiberufler, Angestellter, Führungskraft, Personalvermittler, arbeitssuchend, im Ruhestand)
- jetziger Firma
- jetziger Position
- voriger Firma
- voriger Position
- Branche
- Person sucht
- Person bietet
- PLZ
- Ort, geschäftlich
- Bundesland, geschäftlich
- Land/Region, geschäftlich
- Sprache
- Mitglied seit

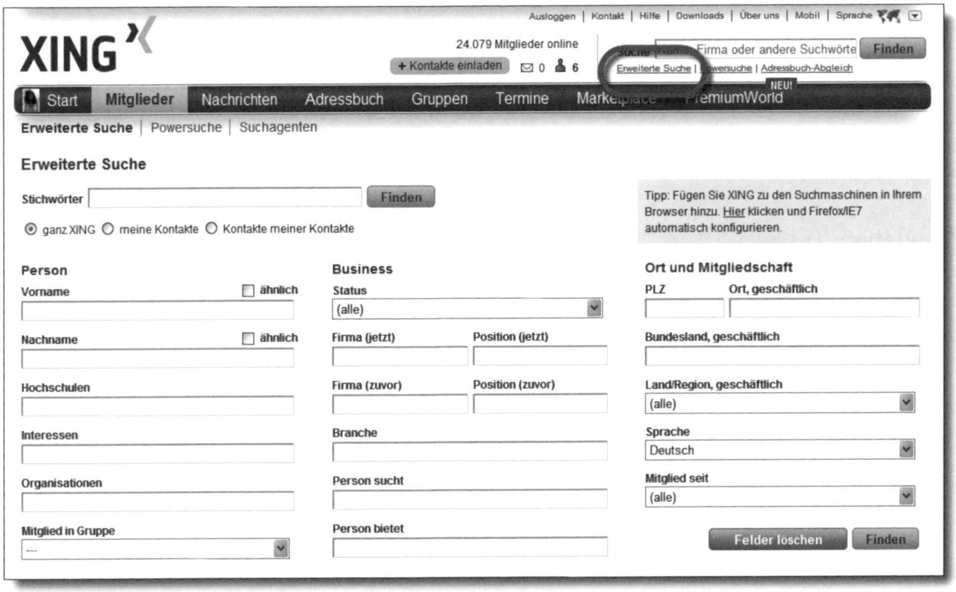

Die umfangreiche Suchmaske der erweiterten Suche bei XING.

Durch diese Suchfelder und eine geschickte Kombination der Abfragen können Sie sich wirklich umfangreich auf die Suche begeben.

Damit die Suche zu einem optimalen Ergebnis führt, sollten Sie folgende Regeln beachten:

- ***Anführungszeichen***

  Möchten Sie nach mehreren Wörtern suchen, setzen Sie diese Wörter in Anführungszeichen

  Beispiel unter *Interessen*: *Klavier spielen*

- ***OR***

  Möchten Sie Suchergebnisse angezeigt bekommen, in denen mindestens ein bestimmtes Wort vorkommt, dann setzen Sie ein *OR* zwischen die beiden Begriffe

  Beispiel: Düsseldorf OR Köln

- ***Minuszeichen***

  wenn Sie einen bestimmten Begriff nicht angezeigt bekommen möchten, dann müssen Sie ein Minuszeichen davorsetzen.

  Beispiel unter *Ich biete*: *Zweiteinkommen*, wenn Sie Leute rausfiltern möchten, die im Bereich Multilevel-Marketing tätig sind.

- ***PLZ-Gebiet***
  Wenn Ihnen die komplette Postleitzahl nicht bekannt ist oder wenn Sie nach einer größeren Region suchen, dann geben Sie die erste Ziffer der Postleitzahl, gefolgt von einem Sternchen, an.
  Beispiel: 4*

- ***Wortanfang***
  Wenn Sie mehrere Wortalternativen zulassen möchten, dann geben Sie nur einen Wortteil ein und setzen danach auch ein Sternchen.
  Beispiel unter *Branche*: *IT** könnte ergeben: IT, IT-Outsourcing, IT-Consulting, IT-Beratung, IT-Service, IT-Solutions usw.

Doch außer diesen technischen Möglichkeiten hat die XING-Suche noch mehr pfiffige Ideen für Sie:

- Die Suchbegriffen können Sie natürlich untereinander kombinieren (Ist Ihnen wahrscheinlich eh klar, ich wollte es nur noch mal erwähnen.).
- In den Feldern *Name* und *Vorname* können Sie das Kästchen *ähnlich* ankreuzen. Wenn Sie also nicht genau wissen, wie der Gesuchte geschrieben wird, haben Sie hierdurch eine bessere Möglichkeit, ihn zu finden.
- Mit der Suchfunktion *Mitglied in Gruppe* und der Kombination von anderen Begriffen können Sie Leute finden, die Sie nicht nur über den normalen Weg anschreiben können. Sie haben durch die gemeinsame Mitgliedschaft in einer Gruppe einen interessanten Anknüpfungspunkt und die Chance (falls es sich um eine Regionalgruppe handelt), diese Person auch persönlich kennenzulernen.
- Durch die Möglichkeit *Mitglied seit* können Sie gezielt neue Mitglieder ansprechen. Neue Mitglieder sind empfänglich für Begrüßungsworte und für erste interessante Kontakte. Hier verbirgt sich viel Potenzial, denn Sie können der Erste sein.
- Sie können die Suche auf ganz XING führen oder nur innerhalb Ihrer Kontakte oder in den Kontakten Ihrer Kontakte. Diese Suchergebnisse führen Sie zu Personen, mit denen Sie schon näher vertraut sind oder die ein Kontakt von Ihnen kennt.

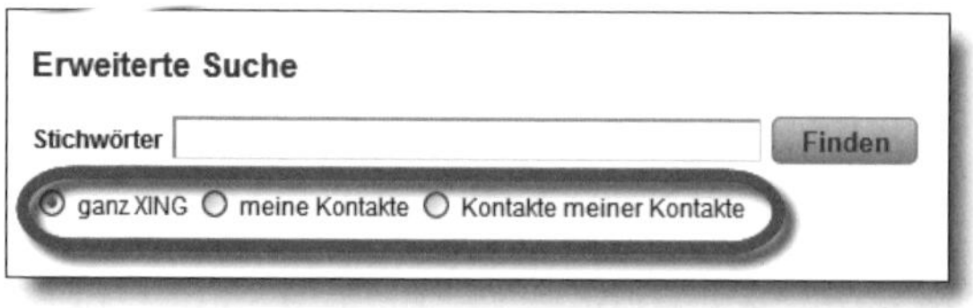

Beschränken Sie die Suche auf Ihre Kontakte oder die Kontakte Ihrer Kontakte. Sie werden interessante Ergebnisse erzielen.

- Wenn Sie so gar nicht wissen, ob Sie in *Ich suche*, *Ich biete* oder *Branche* fündig werden können, dann nutzen Sie doch einfach die Stichwörtersuche und geben dort den gewünschten Begriff ein. Tipp: Mit dieser Stichwortsuche können Sie auch die Inhalte der *Über mich*-Seiten durchsuchen.

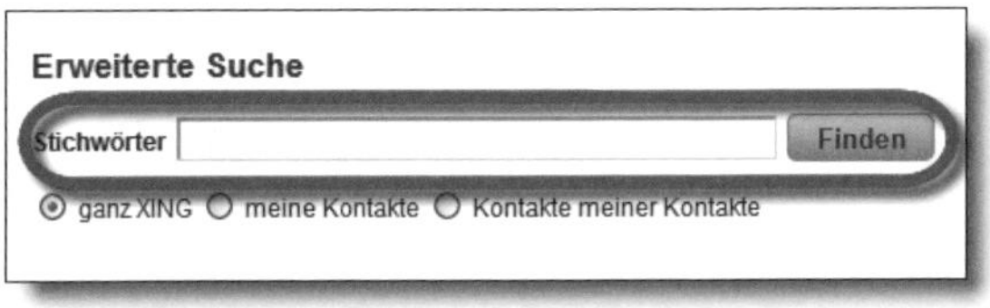

Die Stichwörtersuche, wenn Sie es sich einfach machen wollen.

- In einem Feld können mehrere Suchergebnisse (durch Komma getrennt) eingegeben werden.

Die Suche von „Berlin" und „New York" im Feld Ort, geschäftlich (geben Sie ein: Berlin, New York) ergibt immerhin 21 Ergebnisse.

Übrigens zeigt XING immer nur 300 Suchergebnisse an. Wenn es mehr Suchergebnisse gibt, dann werden diese abgeschnitten. XING sortiert die Ergebnisse nach Relevanz und nach der Qualität der Profile. Nach welchen Kriterien dies tatsächlich erfolgt, ist großes XING-Geheimnis.

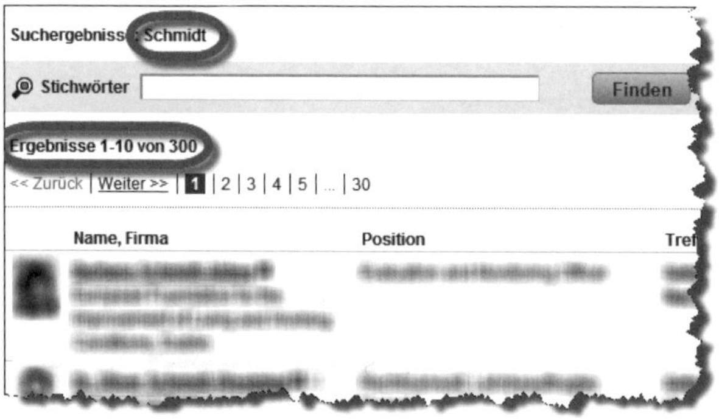

Natürlich gibt es noch mehr als 300 Schmidts in Ihrem Netzwerk. Hier werden nur die wichtigsten angezeigt.

Diese tollen Suchmöglichkeiten sind doch gar nicht mehr zu toppen, glauben Sie? Denkste! Jetzt geht es erst richtig los.

Die Powersuche für besonders neugierige XINGler

Für Profi-Sucher gibt es die Powersuche bei XING. Die Powersuche enthält voreingestellte Suchfilter. Mit diesem Tool können Sie gezielt auf Pirschjagd gehen, und Sie finden sogar diejenigen, die zuvor Sie gesucht haben.

Die Powersuche bietet Ihnen ganz einfache Möglichkeiten, selbst mit anderen Leuten in Kontakt zu treten. Wenn Sie nicht genau wissen, wie Sie es anstellen sollen, andere Leute zu finden, oder wonach Sie überhaupt suchen sollten, dann benutzen Sie die Powersuche. Ich garantiere Ihnen: Die Powersuche macht neugierig, vielleicht sogar süchtig.

Schauen wir uns die einzelnen Funktionen genauer an:

Aufrufe meines Profils

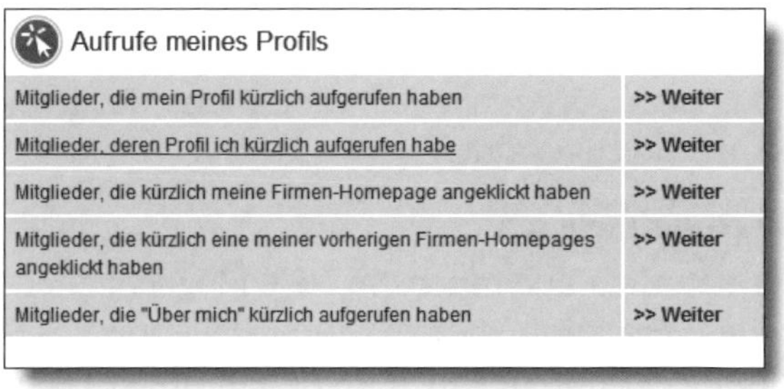

- **Mitglieder, die mein Profil kürzlich aufgerufen haben**
  Möchten Sie wissen, wer Ihr Profil besucht hat? Eine ganz wichtige Suchfunktion, denn diese Menschen interessieren sich für Sie.
- **Mitglieder, deren Profil ich kürzlich aufgerufen habe**
  Mit dieser Suchabfrage finden Sie Personen wieder, für die Sie sich schon einmal interessiert haben, die aber nicht weiterverfolgt haben.
- **Mitglieder, die kürzlich meine Firmen-Homepage angeklickt haben**
  Jemand, der Ihre – in Ihrem Profil hinterlegte – Firmen-Homepage angeklickt hat, interessiert sich ganz besonders für Sie. Und Sie haben damit wieder eine einfache Möglichkeit, mit dieser Person Kontakt aufzunehmen, um herauszubekommen, was die Person von Ihnen gewollt hat.
- **Mitglieder, die kürzlich eine meiner vorherigen Firmen-Homepages angeklickt haben**
  Ähnlich wie der letzte Punkt. Vielleicht handelt es sich um jemanden, mit dem Sie beruflich früher schon einmal Kontakt hatten. Finden Sie es heraus.
- **Mitglieder, die Über mich kürzlich aufgerufen haben**
  Auch hier finden Sie Leute, die sich mehr als nur oberflächlich für Sie interessiert haben. Wer mag das wohl gewesen sein?

Meine Übereinstimmungen

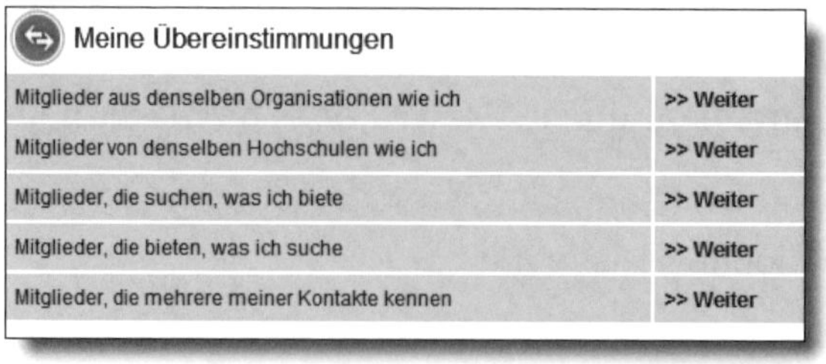

- **Mitglieder aus denselben Organisationen wie ich**
  Sind Sie Mitglied in einem Verein, einer Partei, einer Organisation oder Interessengemeinschaft? Hier finden Sie Gleichgesinnte.
- **Mitglieder von denselben Hochschulen wie ich**
  XING ist kein StudiVZ und bietet natürlich auch nicht so viele Möglichkeiten, aber dennoch können Sie über diese Funktion ehemalige Kommilitonen wiederfinden oder zumindest Anknüpfungspunkte für ein gemeinsames Fachsimpeln entdecken. Übrigens gibt es auch sehr viele Alumni-Gruppen bei XING.
- **Mitglieder, die suchen, was ich biete**
  Hier findet das Töpfchen sein Deckelchen. Eine hochinteressante Funktion zur Suche nach Auftraggebern und Aufträgen.
- **Mitglieder, die bieten, was ich suche**
  Dieselbe Funktion wie im letzten Punkt, nur andersherum.
- **Mitglieder, die mehrere meiner Kontakte kennen**
  Eine beliebte XING-Frage: Wer kennt die meisten meiner XING-Kontakte auch?

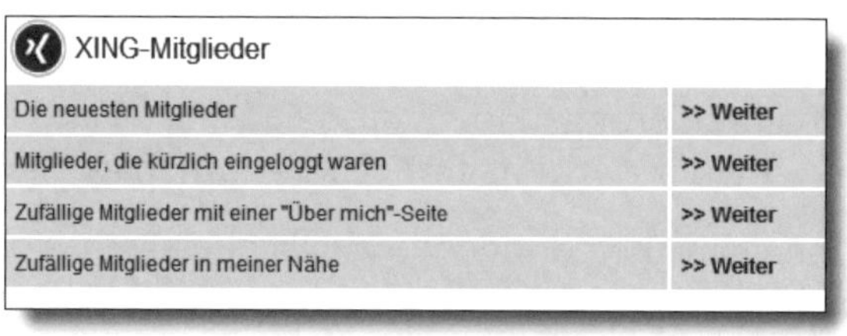

- **Die neuesten Mitglieder**
  Finden Sie heraus, wer sich neu bei XING angemeldet hat. Vielleicht können Sie der Erste sein, der mit diesem neuen Mitglied Kontakt aufnimmt?
- **Mitglieder, die kürzlich eingeloggt waren**
  So finden Sie Menschen, die gerade online sind. Dies erhöht natürlich die Wahrscheinlichkeit, dass Sie direkt eine Antwort bekommen und dass sich

ein Dialog ergeben kann. Müssen Sie mal nachts um 3 Uhr ausprobieren, wenn Sie nicht schlafen können. Da gibt es noch ganz viele, die auch noch mit Ihnen hellwach am PC sitzen.

- **Zufällige Mitglieder mit einer Über mich-Seite**
  Na ja, so schrecklich interessant finde ich diese Funktion nicht.
- **Zufällige Mitglieder in meiner Nähe**
  Kontakte leben von wirklichen Bekanntschaften. Geschäfte werden gern mit Leuten gemacht, die man auch „mal eben" persönlich kennenlernen kann. Nutzen Sie dieses Potenzial und klicken Sie sich durch. Sie werden höchst erstaunt sein, welch interessante Personen sich in Ihrer Nähe befinden.

Meine Kontakte

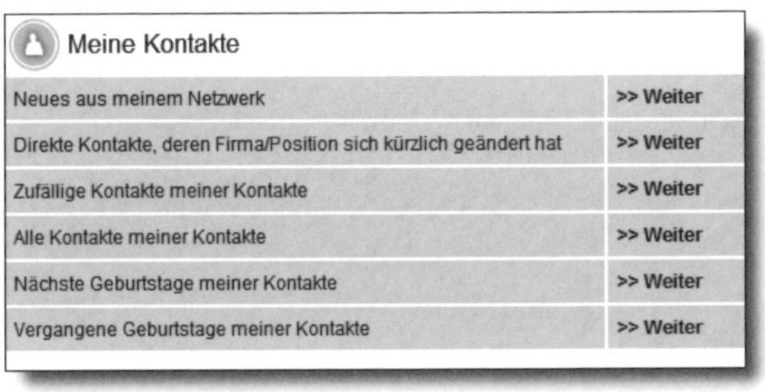

- **Neues aus meinem Netzwerk**
  Dies ist eine höchst interessante Abfrage, die XING 2007 eingeführt hat und die Sie sich auch auf Ihrer Startseite anzeigen lassen können. Diese Powersuche zeigt Ihnen alle Änderungen auf, die Ihre Kontaktpersonen in ihren Profilen vorgenommen haben.

  So bekommen Sie mit, wenn sich jemand beruflich verändert, in eine anderes Stadt zieht, eine neue Qualifikation erwirbt, einer neuen Gruppe beigetreten ist, neue Kontakte geknüpft hat, Änderungen in *Ich suche* oder *Ich biete* eingetragen hat und vieles mehr.

  Diese Änderungen bieten Ihnen ganz hervorragende Möglichkeiten, bestehende Kontakte aufzufrischen und zu pflegen, indem Sie auf diese Änderung Bezug nehmen: *„Hallo Herr Stiefel, wie ich sehe, haben Sie in Ihrem Profil unter „Ich suche" neu eingetragen, dass Sie an Erfahrungsaustausch über Werbe- und Mediaplanung interessiert sind. Da ich seit über zehn Jahren ..."*
- **Direkte Kontakte, deren Firma/Position sich kürzlich geändert hat**
  Hier sehen Sie konkrete geschäftliche Veränderungen Ihrer Kontakte, die für Sie sehr wichtig sein könnten.

- **Zufällige Kontakte meiner Kontakte**
  Für Leute, die ein bisschen in XING rumzappen wollen.
- **Alle Kontakte meiner Kontakte**
  Hier ist dann die vollständige Liste.
- **Nächste Geburtstage meiner Kontakte**
  Ganz wichtig bei XING: An die Geburtstage seiner Kontakte denken (und natürlich auch gratulieren). Weil es so wichtig ist, können Sie diese Info auch direkt auf Ihrer Startseite anzeigen lassen.

  Falls jetzt zufälligerweise jemand wissen will, ob ich denn auch meinen 2.444 Kontakten (Stand 01.04.08 – kein Aprilscherz!) immer gratuliere, muss ich ehrlich beantworten, dass ich mich wirklich bemühe, es aber nicht komplett schaffe.
- **Vergangene Geburtstage meiner Kontakte**
  Geburtstag verschlampert? Hier kommt Ihre zweite Chance.

Meine Kollegen

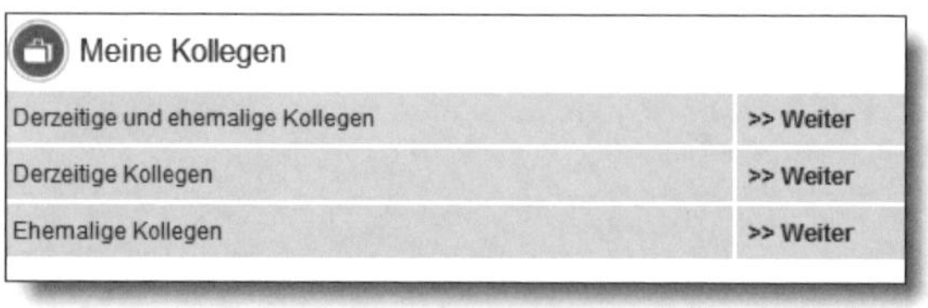

- **Derzeitige und ehemalige Kollegen**
  Hier finden Sie die Gesamtliste.

  Und das ist dann noch mal aufgesplittet in

  - **Derzeitige Kollegen**
    und
  - **Ehemalige Kollegen**

Das Einrichten von Suchagenten – lassen Sie für sich suchen

Mit Suchagenten können Sie sich Ihre eigenen Abfragen erstellen und abspeichern. XING sucht dann automatisch nach den von Ihnen gewünschten Begriffen und informiert Sie über die Ergebnisse. Die Suchagenten informieren Sie dann über Personen, die neu zu XING hinzugekommen sind und Ihrer Abfrage entsprechen.

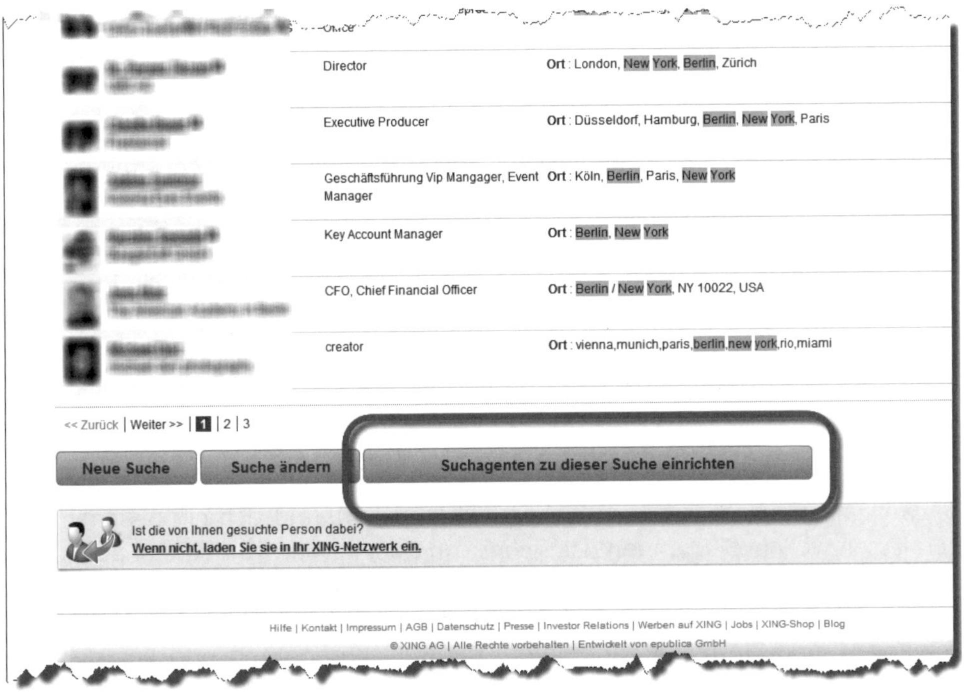

Klicken Sie auf „Suchagenten zu dieser Suche einrichten“ und schon bekommen Sie Ihre Suchabfragen immer automatisch geliefert.

Entscheiden Sie sich, ob die Suchabfrage täglich oder einmal wöchentlich (dann kommen die Suchergebnissse von XING sonntags) ausgeführt werden soll.

Sie erhalten von XING E-Mails mit den Suchergebnissen und können per Klick dann in die Ergebnisliste hineinspringen.

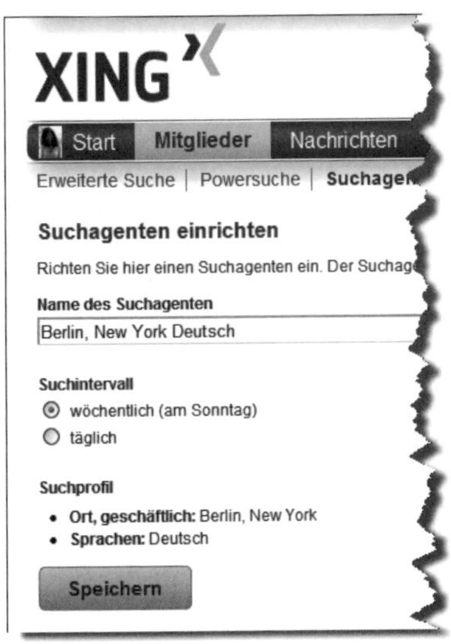

So richten Sie den Suchagenten ein.

Als Gruppenmoderatorin habe ich beispielsweise Suchagenten eingerichtet von Personen, die sich für meine Gruppen interessieren könnten. Dann lasse ich mich informieren, wer aus Düsseldorf oder Meerbusch sich neu bei XING anmeldet. Außerdem habe ich Suchagenten für neue Mitglieder, die sich für das Thema eBay interessieren, und schließlich bin ich auf der Suche nach einigen „verschollenen" Klassenkameraden und Kollegen, von denen ich hoffe, sie eines Tages bei XING wiederzufinden. Einige dieser neuen XING-Mitglieder lade ich dann in meine Gruppen ein.

6.3 Wie finden Sie aktive Netzwerker?

Sie haben nun gelernt, wie Sie bei XING die verschiedenen Suchabfragen bedienen und für sich einsetzen können. Gerade die Powersuche hilft, wenn Sie nicht so ganz genau wissen, wonach Sie eigentlich suchen, und sich ein bisschen treiben lassen wollen. Sie kennen das sicher von Google. Man gibt einen Suchbegriff ein, bekommt etliche Websites angezeigt, kommt von da aus zu weiteren Verzeichnissen mit neuen Ideen und Suchbegriffen, und schnell sind zwei Stunden vergangen, und Sie haben viele interessante Dinge erfahren und konnten viel mehr Informationen zusammentragen, als Sie es sich mit Ihrem Suchbegriff erhofft hatten.

Aber Sie haben auch viel Zeit vergeudet mit Müll: Seiten, die Sie nicht weiterbrachten oder in die Irre führten, Seiten mit Werbung und Seiten, die Ihnen zu unprofessionell waren. Wie trennt man die Streu vom Weizen? Auch bei XING ist es nicht einfach, die richtigen Leute zum gewünschten Thema zu finden. Wer kann mir wirklich weiterhelfen? Wer ist Profi auf dem gewünschten Gebiet? Und wer ist seriös?

Einige Anhaltspunkte kann ich Ihnen an die Hand geben, um wirkliche Experten und Entscheidungsträger zu finden:

- Achten Sie auf ein gut ausgefülltes und authentisches Profil.
- Hat der Inhalt „Hand und Fuß"?
- Halten sich die Rechtschreibfehler in Grenzen?
- Ist ein Foto eingestellt? Wie wirkt die Gesprächsperson auf dem Foto?
- Ist der Ansprechpartner Premium-Mitglied? Wenn ja, ist er sicherlich viel ernsthafter und aktiver hier bei XING dabei als ein Basis-Mitglied. Ein Profi-Mitglied erkennen Sie am blauen >-Icon neben dem Namen - hier im Beispiel unter 1) zu sehen.
- Ist die „Zielperson" möglicherweise Gruppenmoderator? Bei XING gibt es 10.000 Experten-, Regional- und Themengruppen mit mindestens zwei Mode-

ratoren. Moderatoren sind sehr intensiv bei XING mit dabei und sicherlich auch Experte in ihrer Gruppe. Hier haben Sie gute Ansprechpartner. Sie erkennen Gruppenmoderatoren am gelben >-Icon neben dem Namen. Im Beispiel habe ich das Icon mit 2) gekennzeichnet.

- Ist Ihre Zielgruppe möglicherweise sogar Ambassador? Ambassadore sind Moderatoren der großen Regionalgruppen und veranstalten offizielle XING-Events. Hier haben Sie Ansprechpartner, die sehr engagierte Netzwerker und XING-Experten sind. Das Ambassador-Kennzeichen ist ein orangefarbenes >, im Beispiel unter der Ziffer 3) zu finden.

An diesen Icons erkennen Sie den Status des XING-Mitglieds.

- Wie lange ist die Person schon Mitglied bei XING?

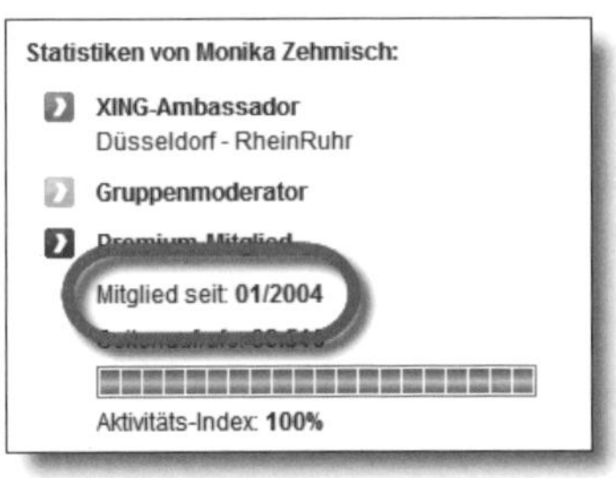

In der Statistik ist die Dauer der Mitgliedschaft zu erkennen.

- Wie viele Seitenaufrufe hatte das Mitglied bereits? (Aus dieser Zahl kann man erkennen, wie „beliebt" diese Person ist.)

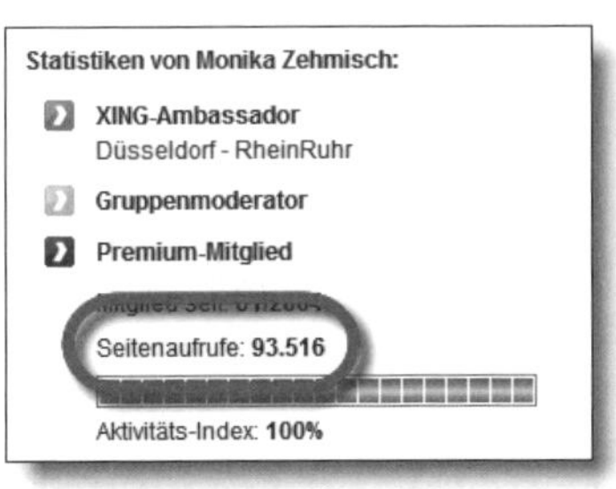

Wie oft wurde das Profil dieser Person aufgerufen?

- Wie aktiv ist die Person? Dies ist am grünen Balken und am ausgewiesenen Aktivitäts-Index zu erkennen.

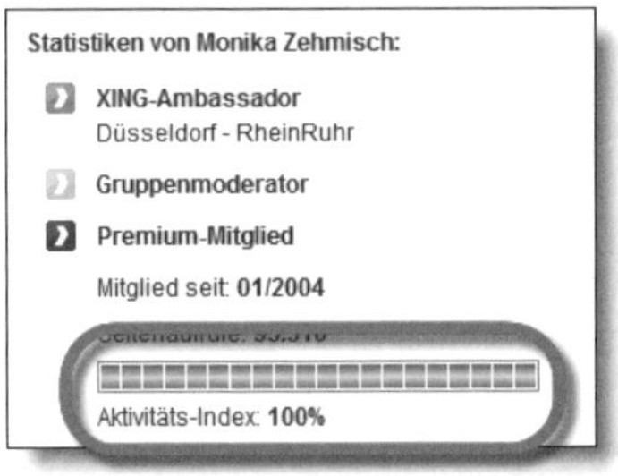

Ein Aktivitäts-Index von 100 Prozent. Mehr geht nicht.

- Bestätigte Kontakte. Die Anzahl der bestätigten Kontakte gibt Ihnen Auskunft darüber, ob die Person aktives Networking betreibt.

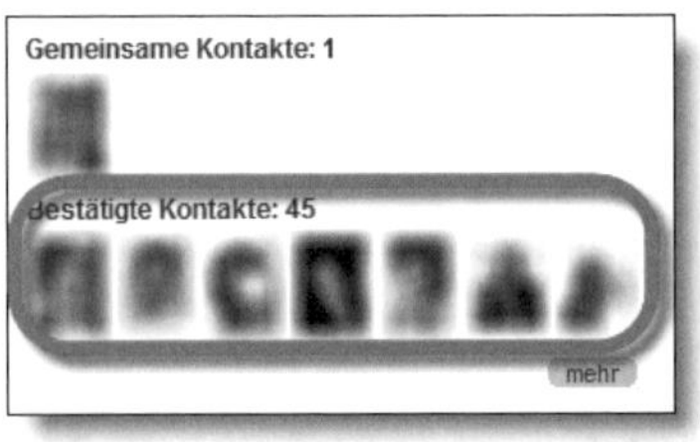

45 bestätigte Kontakte sind bei dieser Person zu finden.

- Wie viele gemeinsame Kontakte gibt es?

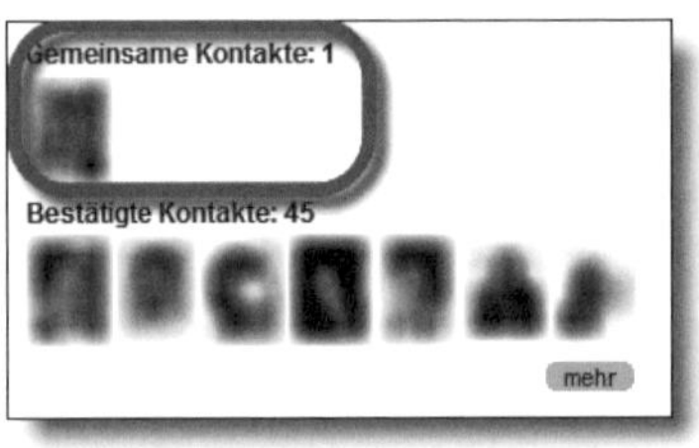

Ein gemeinsamer Kontakt verbindet Sie mit dieser Person.

- In welchen bzw. in wie vielen Gruppen ist das Mitglied aktiv? Wer in zu vielen Gruppen aktiv ist, der verzettelt sich leicht und kann sich nicht um alles kümmern. Viele Gruppen müssen deshalb nicht unbedingt immer positiv sein.

38 Gruppen – um so viel kann sich normalerweise kein Mensch kümmern.

6.4 Die Kontakte Ihrer Kontakte

Die Kontakte Ihrer Kontakte sind Ihr wichtigstes Potenzial bei XING. Ist Ihnen dies eigentlich bewusst? Vermutlich nicht. Ich werde Ihnen erläutern, warum das so ist. Doch zuvor: Was sind die Kontakte Ihrer Kontakte? Die Kontakte Ihrer Kontakte (sogenannte Kontakte 2. Grades) sind – wie das Wort schon sagt – Kontakte, die Ihre Kontakte haben. Machen wir es an einem Beispiel deutlicher:

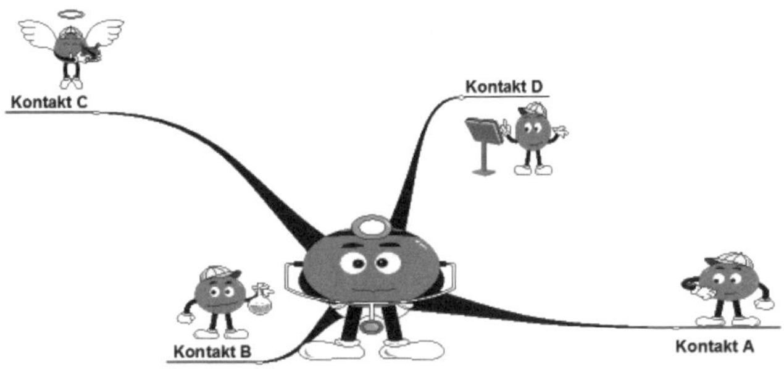

Sie sind Arzt und müssen eine wissenschaftliche Abhandlung über eine fast ausgestorbene seltene Krankheit schreiben. Dazu benötigen Sie Expertenwissen. Sie haben bei XING vier Kontakte. Es sind alles interessante Personen: ein Arbeitsloser Draufgänger (Kontakt A), ein Chemiker (Kontakt B), ein Engel (Kontakt C) und ein Dirigent (Kontakt D). So ein Mist, bei diesem Thema kann Ihnen keiner dieser Vier weiterhelfen. Sie fragen Ihre Kontakte trotzdem, denn diese haben ja auch wieder Kontakte, und man kann ja nie wissen.

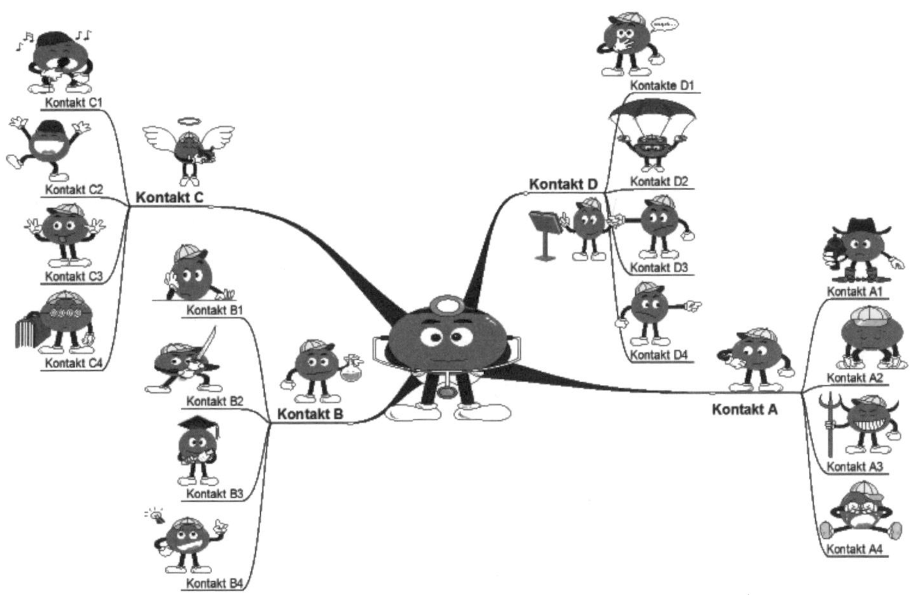

Kontakt A, der arbeitslose Draufgänger, sagt: *„Tut mir Leid, ich habe hier bei XING sehr interessante Kontakte, aber mein Bankräuber (Kontakt A1), mein Bruder (Kontakt A2), mein bester Freund, der Teufel (Kontakt A3), und die „Heulsuse“ (Kontakt A4) wissen bestimmt nichts über seltene, fast ausgestorbene Krankheiten.“*

Kontakt B sagt: *„Ich habe einen Langweiler, einen Schwertkämpfer, einen Lehrer und einen Besserwisser als Kontakte. Ich kann dir gerne einen Kontakt zum Lehrer (Kontakt B3) und zum Besserwisser (Kontakt B4) herstellen. Die sind sehr klug und können dir bestimmt weiterhelfen.“* Gesagt, getan, aber Lehrer und Besserwisser kennen sich mit dem Thema leider nicht so gut aus. Sie finden es aber interessant, dass Sie an diesem Thema arbeiten und möchten gern Ihr Kontakt werden, weil sie es gut finden, einen Arzt zu ihren Bekannten zu zählen (man kann ja nie wissen).

Kontakt C hat unter seinen Kontakten unter anderem einen Historiker (Kontakt C4). C4 kennt sich sehr gut aus mit allem, was früher war. Der Historiker verspricht, in seinen Büchern zu recherchieren, und Sie vereinbaren einen persönlichen Termin mit ihm.

Da meldet sich Ihr Kontakt A, der arbeitslose Draufgänger, wieder und sagt: *„Hör mal, ich habe ja als Kontakt meinen besten Freund, den Teufel, und der wiederum hat als Kontakte einen Fußballspieler, Mr. Spock, einen Millionär und einen Choleriker. Und stell dir vor: Der Fußballspieler kennt Herrn Leckermaul (Kontakt A4a1), und der ist ein Experte für seltene, fast ausgestorbene Krankheiten – absolut DER Richtige für dich. Soll ich den Teufel fragen, ob er den Fußballspieler bittet, dir den Experten vorzustellen? Er lebt nämlich sehr zurückgezogen und kann nicht direkt angesprochen werden.“*

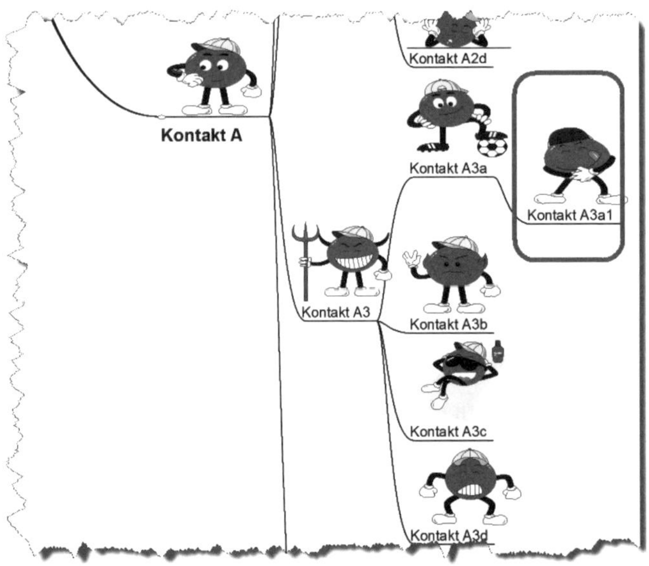

So sind Sie am Ziel angelangt. Dieses kleine Beispiel erleben Sie in anderer Form regelmäßig in Ihrem Leben. Sie erzählen einen Freund: *„Ich möchte demnächst meine Wohnung neu gestalten und möchte die Wände in Rauputz machen. Das habe ich noch nie gemacht. Kennst du einen guten, zuverlässigen Handwerker, der sich damit auskennt?“* Oder eine Frau fragt ihre Freundin: *„Mir gefällt deine Frisur so gut. Zu welchem Friseur gehst du? Vielleicht sollte ich da auch mal hingehen.“*

Merken Sie etwas? Sie haben nicht Ihren Freund gefragt, ob er Ihnen die Wohnung putzt. Und die Frau hat nicht ihre Freundin gefragt, ob sie ihr die Haare macht. Sondern es wurden die Kontakte gefragt, ob sie jemanden kennen. Alle Empfehlungen gehen mindestens in die zweite Ebene.

Das ist ja auch rechnerisch einleuchtend: Bei unserem Beispiel haben Sie Kontakt zu vier Leuten gehabt. Jeder Ihrer Kontakte kannte wiederum vier weitere Leute. Macht insgesamt schon 4 x 4 = 16 Kontakte. In vierter Ebene (in der Ebene, in der in unserem Beispiel der Experte gefunden wurde) sind das dann mittlerweile 4 x 4 x 4 x 4 = 256 Kontakte.

Es gibt die Theorie, dass jeder mit jedem über acht Ecken bekannt ist, und das ist ja die Grundidee von Lars Hinrichs, dem Gründer von XING. Ob diese Theorie nun wissenschaftlich bestätigt ist oder nicht, sie ist jedenfalls sehr beeindruckend.

Amerikanische Wissenschaftler haben herausgefunden, dass Barack Obama ein entfernter Cousin von Brad Pitt ist und Hillary Clinton ausgerechnet mit dessen Freundin Angelina Jolie verwandt ist. Bei Hillary Clinton finden sich auch Verwandtschaftsbeziehungen zu Madonna, Celine Dion und Alanis Morissette. Tja, die Welt ist klein ...

Ihr Ziel bei XING ist es, möglichst viele und qualifizierte Kontakte in zweiter Ebene zu bekommen.

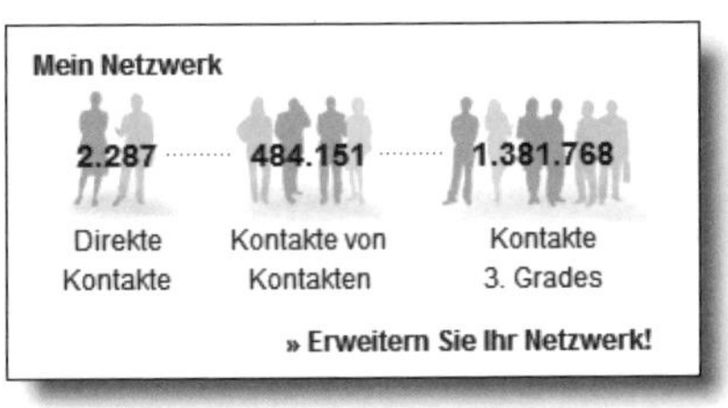

Mein persönliches Netzwerk: 2.287 direkte Kontakte und 484.151 Kontakte zweiten Grades. In der dritten Kontaktebene macht dies dann schon 1.381.768 Kontakte. Diese Leute kenne ich nicht persönlich, aber es genügt mir, dass ich jemanden kenne, der sie kennt.

Wenn die Kontakte der Kontakte schon so wichtig sind, dann wäre es ja vielleicht sinnvoll, sich mit ihnen näher zu beschäftigen. Da Sie die Kontakte Ihrer Kontakte nicht persönlich kennen, müssen Sie eine Möglichkeit finden, auf diese aufmerksam zu werden. Das ist ganz einfach möglich, denn die Kontakte Ihrer Kontakte können Sie sich auf Ihrer Startseite anzeigen lassen.

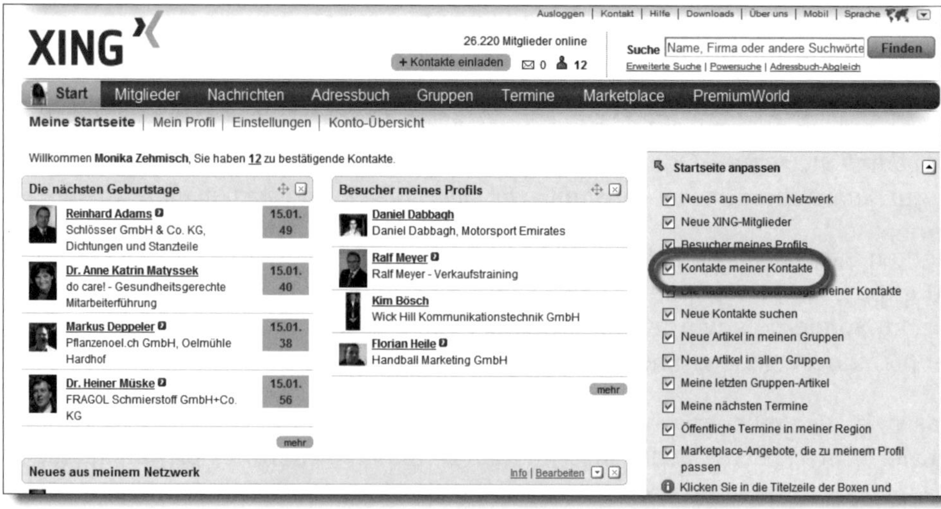

So können Sie sich die Kontakte Ihrer Kontakte auf der Startseite anzeigen lassen.

Rechts oben auf Ihrer Startseite klicken Sie auf die Leiste *Startseite anpassen* und machen ein Häkchen in *Kontakte meiner Kontakte*. Eine Infobox erscheint auf Ihrer Startseite. Einfach reinklicken und an die gewünschte Stelle ziehen.

Nun schlägt XING Ihnen die Kontakte Ihrer Kontakte vor. Dies geht automatisch nach einem roulierenden Verfahren. Angezeigt werden dann Foto, Name und Firma (mit einem Klick landen Sie natürlich auf dem vollständigen Profil). Machen Sie es sich zur Routine, ab und zu mal auf diese Anzeige zu gucken. Ist Ihnen eine Person sympathisch oder fällt Ihnen ein interessanter Firmenname ins Auge, dann klicken Sie ins Profil und schauen näher hin.

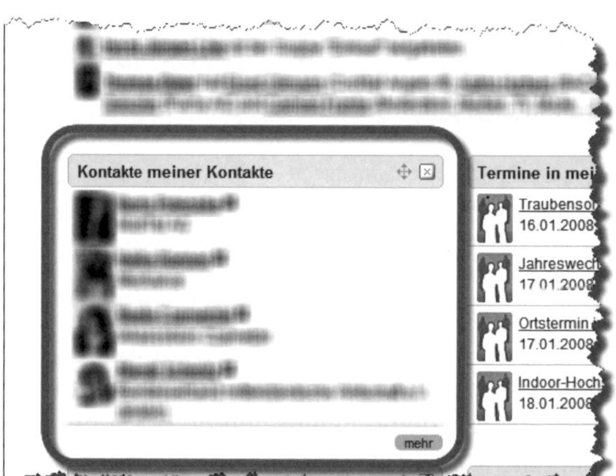

Die Kontakte Ihrer Kontakte werden Ihnen auf der Startseite angezeigt.

6.5 So kommen Sie an die richtigen Leute heran – lassen Sie sich empfehlen

Im „wirklichen Leben" ist es ja manchmal gar nicht so einfach, an die richtigen Leute heranzukommen. Wenn man mit den Namen und den Strukturen der Unternehmensorganisation nicht vertraut ist, kann man sich nur langsam vorkämpfen. Klar, Abteilungen wie Einkauf, Vertrieb und Buchhaltung gibt es überall, aber versuchen Sie mal, bei einem großen Unternehmen wie Siemens oder der Telekom genau den richtigen Mitarbeiter zu finden. Manchmal weiß man ja auch gar nicht so konkret, nach wem oder was man suchen muss.

Ein Blick auf die Website hilft meist auch nicht weiter, denn nur selten sind die entscheidenden Leute mit Namen, Funktion und Bild auf der Website zu finden.

Mit XING erhöhen sich Ihre Chancen, an die richtigen Entscheidungsträger näher heranzukommen. Mit den verschiedenen Suchfunktionen können Sie recherchieren.

Ich möchte Ihnen die Möglichkeiten der Kontaktvermittlung an einem Beispiel demonstrieren: Ich möchte bei der Telekom jemanden ausfindig machen, der für das T-City-Projekt zuständig ist. Die Stadt Friedrichshafen wurde in einer Ausschreibung als T-City gewählt und setzt mit der Telekom nun gemeinsame Projekte um, die Lebens- und Standortqualität der Stadt steigern sollen. Weitere Infos gibt es unter www.t-city.de.

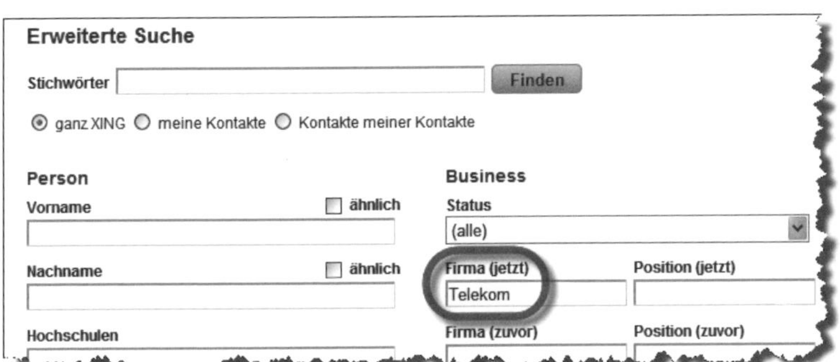

Erweiterte Suche nach Mitarbeitern der Telekom.

Schauen wir uns dazu erst einmal an, was passiert, wenn man den Begriff „Telekom" in der erweiterten Suche unter *Firma* eingibt. Es erscheinen 300 Einträge, verteilt auf 30 Seiten (das sind noch nicht alle Telekom-Mitarbeiter, aber XING zeigt maximal 300 Einträge an). Ups, bis man sich da erst einmal durchgewuselt hat. Aber zufälligerweise ist direkt auf der ersten Seite schon etwas zu finden:

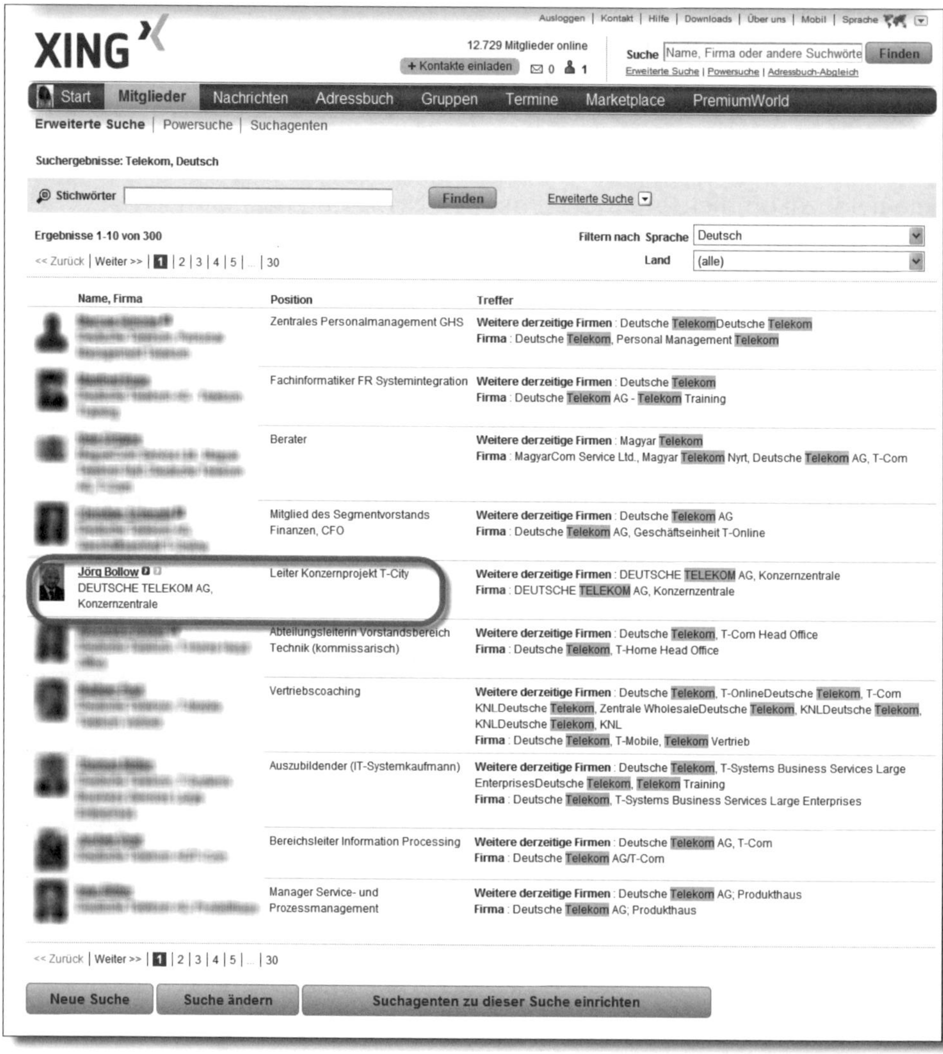

Zufälligerweise habe ich den Richtigen schnell gefunden.

Unter allen Einträgen stoßen wir auf Jörg Bollow, den Konzernprojektleiter T-City, *https://www.xing.com/profile/Joerg_Bollow*. Bingo! Interessant ist, dass Herr Bollow *T-City* direkt unter dem Begriff *Position* und nicht unter *Ich biete* eingetragen hat. Das macht die Suche natürlich einfacher.

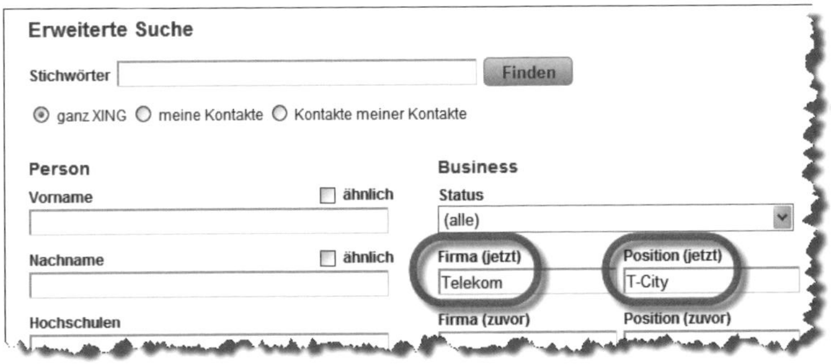

Erweiterte Suche nach der Firma Telekom und der Position T-City.

Nun interessiert mich, ob es außer Herrn Bollow noch weitere Telekom-Mitarbeiter gibt, die für das T-City-Projekt arbeiten und die bei XING registriert sind. Dazu ändern wir die Suchabfrage und geben in der erweiterten Suche unter *Firma* „Telekom" und unter *Position* „T-City" ein. Wir haben Glück:

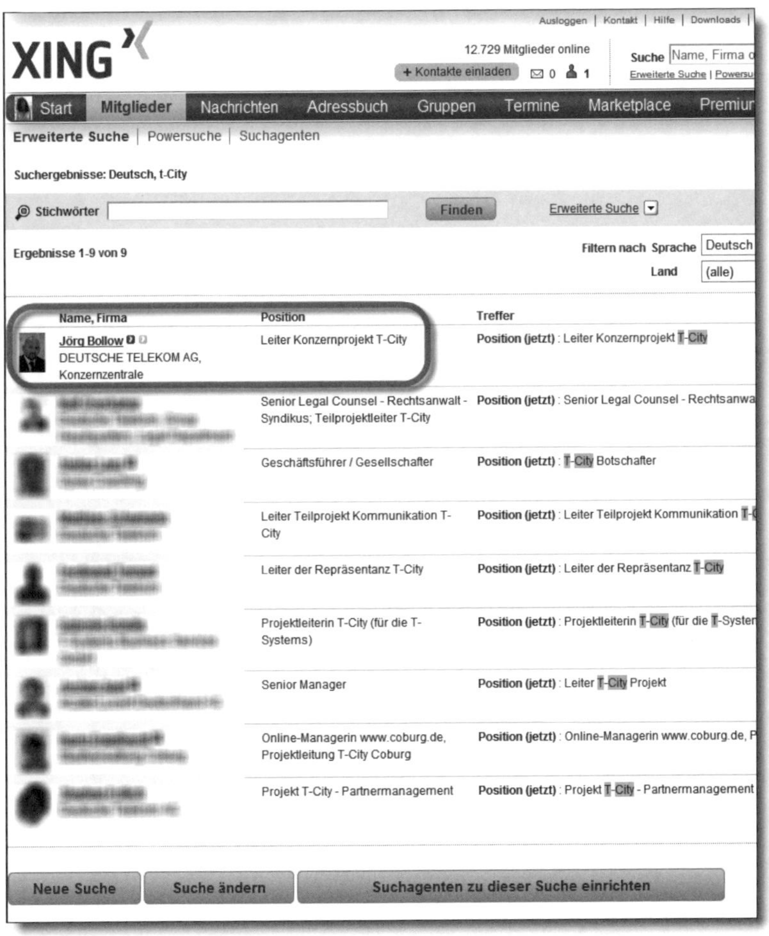

Neun Menschen gibt es, die mit dem T-City-Projekt etwas zu tun haben und bei XING registriert sind. Nun stellt sich die Frage, wer der richtige Ansprechpartner ist bzw. wen von diesen Leuten man ansprechen sollte und wie man dies anstellt. Man könnte sich willkürlich jemanden heraussuchen und einfach anschreiben und durchfragen. Das wäre die eine Möglichkeit.

Ich könnte aber auch meine Kontakte nutzen und so herausbekommen, ob es jemanden unter ihnen gibt, die einen aus dieser Suchliste kennen.

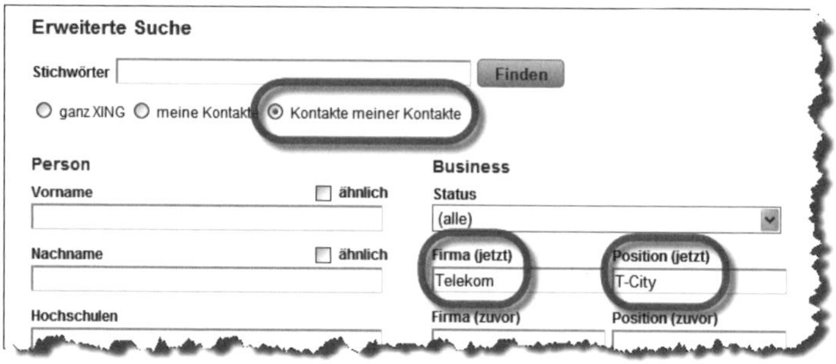

Schränken Sie die Suche ein und lassen Sie sich nur diejenigen Telekom-Mitarbeiter des T-City-Projekts anzeigen, die Kontakt eines Ihrer Kontakte sind.

Dazu geben wir wieder in der erweiterten Suche unter *Firma (jetzt)* „Telekom" und unter *Position (jetzt)* „T-City" ein und wählen gleichzeitig *Kontakte meiner Kontakte* aus. Prima, fünf Ergebnisse erscheinen:

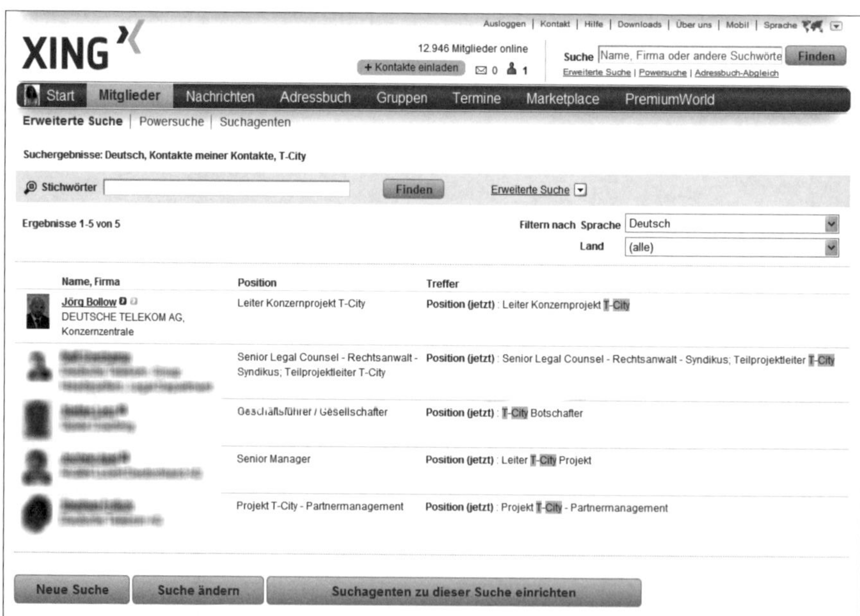

Suchen Sie nach Kontakten Ihrer Kontakte.

Nun klicke ich auf jeden der fünf Namen und schaue, über welchen Kontakt ich mit demjenigen verbunden bin. In diesem Fall interessiere ich mich besonders für Herrn Bollow, der ja auch der Gesamtprojektleiter ist. Da ich Herrn Bollow nicht direkt anschreiben möchte, entscheide ich mich, dies über einen meiner Kontakte zu tun.

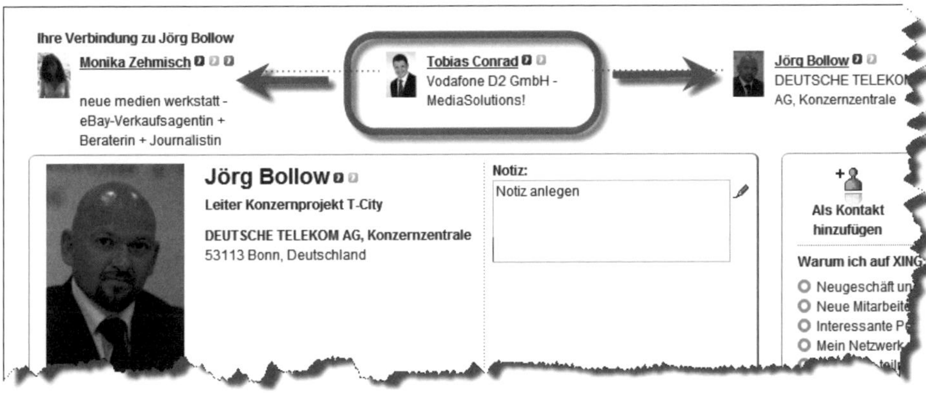

Der Verbindungspfad zu Jörg Bollow läuft über meinen Kontakt Tobias Conrad. Herr Bollow ist also Kontakt eines meiner Kontakte.

Jörg Bollow ist über meinen Kontakt Tobias Conrad, *https://www.xing.com/profile/Tobias_Conrad*, mit mir verbunden. Der Zufall will es, dass ich Tobias Conrad sogar persönlich kenne. Das ist ideal, denn dann hat Tobias bestimmt nichts dagegen, mich bei Herrn Bollow zu empfehlen. Deshalb verfasse ich einen Brief an Tobias Conrad:

So, nun mal abwarten, was passiert.

Kurze Zeit später landete die gewünschte Kontaktvermittlung in meinem Posteingang. Tobias Conrad hat mich Herrn Bollow empfohlen, und so stand mir der Weg einer Anfrage bei Herrn Bollow offen:

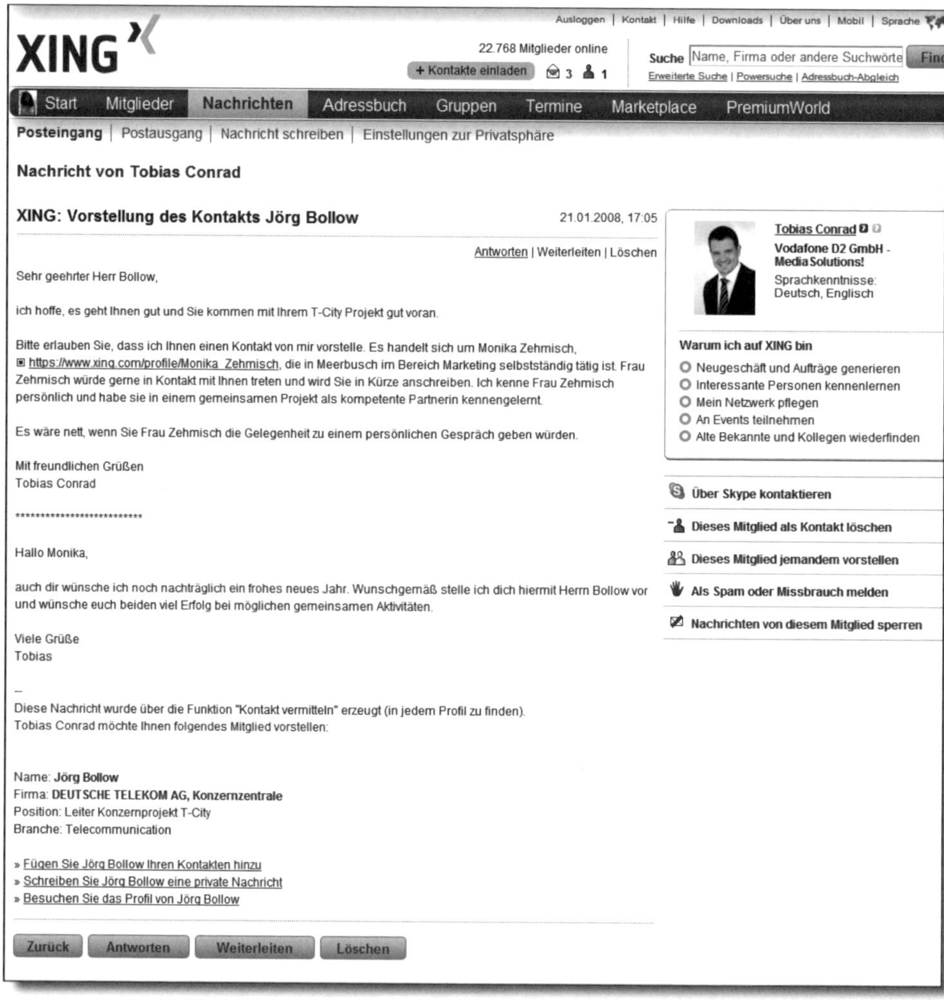

Ein Kontakt stellt zwei seiner Kontakte einander vor.

6.6 Menschen in Ihrer Nähe finden

Vielleicht geht es Ihnen bei der Suche nach interessanten Menschen und Kontakten bei XING gar nicht darum, Menschen in aller Welt zu finden, sondern Sie suchen Menschen in Ihrer Nähe, die Sie auch persönlich kennenlernen können.

Obwohl alle von globaler Kommunikation und weltweitem Handel reden, glaube ich, dass wir Menschen immer noch viel Wert auf Nähe und persönliche Begegnungen legen. Die virtuelle Welt ist ein Hilfsmittel, aber das Leben findet in der Realität statt.

Als Mittel zur Kontaktanbahnung und Kontaktpflege ist deshalb ein Medium wie XING sehr hilfreich, besonders wenn die Kontaktperson nicht direkt um die Ecke wohnt. Dennoch haben die XING-Mitglieder schon frühzeitig für sich entschieden, dass sie aus der virtuellen Welt raus in die reale Welt kommen wollen.

Vielleicht ist dieser Weg bei XING so einfach gewesen, weil sich sowieso jeder mit wirklichem Namen kennt und weil man, aufgrund der Profile, schon so viel über einander weiß. In anderen Communitys ist man da viel vorsichtiger und zurückhaltender, weil man möglicherweise dort nur als Avatar auftritt und nicht wirklich weiß, wer sich hinter dem Gegenüber verbirgt.

Bei XING gab es schon sehr früh die „Gruppen", die früher „Forum" hießen. (Zur allgemeinen Verwirrung hat XING diese umbenannt und dann innerhalb der Gruppen Foren eingerichtet. Aha. Alles klar?) Außer den Expertengruppen haben die Mitglieder sogenannte Regionalgruppen ins Leben gerufen. Dies sind Gruppen, in denen sich Menschen, ungeachtet ihrer Branche, Aufgabe und Position, aus einer Stadt oder Region zusammenfinden. Im Sommer 2004 habe ich die Gruppe Region Rhein-Ruhr gegründet, die inzwischen unter dem Namen Düsseldorf – RheinRuhr, *http://www.xing.com/net/duesseldorf*, zu finden ist. Heute hat die Gruppe über 9.000 Mitglieder, aber damals, gegen Ende des Jahres 2004, waren es um die 30 Leutchen. Kurz vor Weihnachten äußerten die Mitglieder im Forum den Wunsch nach einem ersten persönlichen Treffen. Wir trafen uns mit 14 Leuten in einer Cocktailbar im Düsseldorfer Medienhafen. Wildfremde Menschen, die sich größtenteils vorher noch nie gesehen hatten und die doch durch das Medium XING ('tschuldigung, damals war es ja noch openBC) verbunden waren. Was soll ich sagen? Der Abend war ein voller Erfolg. Wir standen alle in einer Runde, jeder redete mit jedem, und es entstand direkt eine Art Vertrautheit. Keiner langweilte sich, keiner wurde ausgeschlossen.

Und das Beste: Neben nettem Plausch und dem Kennenlernen neuer Menschen gab es an diesem Abend sogar eine kleine Geschichte, die zeigt, wie Networking funktioniert. Peter Krone, *https://www.xing.com/profile/Peter_Krone*, Spezialist für 360°-Panoramafotografie und 3-D-Objekt-Fotografie, erzählte davon, dass er im Januar auf die Boot-Messe in Düsseldorf wollte, um neue Auftraggeber zu finden. Schiffe eignen sich natürlich ganz besonders gut für 360°-Panoramen. Auf unserem Treffen lernte er dann Frank Herold, *https://www.xing.com/profile/Frank_Herold2/*, kennen. Frank Herold beschäftigt sich unter anderem mit Telefonmarketing. Die beiden unterhielten sich und starteten ein Experiment: Frank

Herold sollte für Peter Krone Termine bei Firmen auf der Boot vereinbaren. Gesagt, getan. Peter Krone gab ihm aus dem Messe-Ausstellerverzeichnis 40 Adressen. Aus diesen Adressen organisierte Frank Herold zehn Termine auf der Messe, und aus diesen zehn Terminen konnte Peter Krone tatsächlich drei Kunden gewinnen.

Was sagen Sie jetzt? Zwei Menschen haben durch ein persönliches Gespräch beim Networking-Treffen sofort und konkret Aufträge gewonnen. Und ich garantiere Ihnen, dass dies kein Ausnahmefall war. Bei jedem meiner Networking-Treffen entstehen solche Kontakte, es finden sich Menschen, die zusammenpassen und die später gemeinsame Geschäfte abwickeln.

Dieses Beispiel zeigt, wie einfach und zufällig es oft bei XING zugeht. In einem Netzwerk hat jeder seine Funktion und übernimmt seinen Teil. Gemeinsam kommt man weiter und erzielt Erfolge, die sonst nicht so einfach möglich gewesen wären.

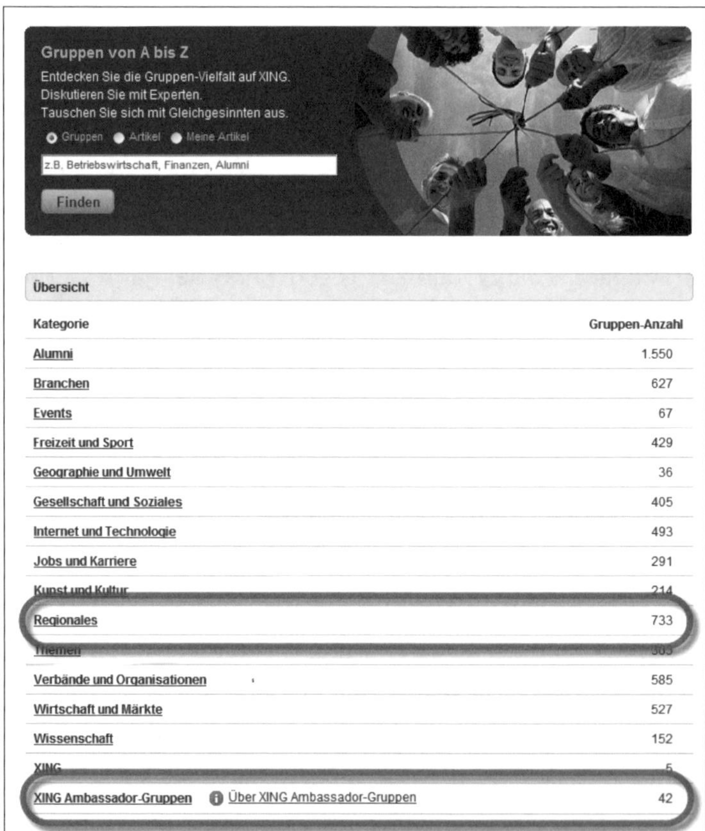

Regionalgruppen finden Sie unter Regionales und unter XING Ambassador-Gruppen (das sind die großen Regionalgruppen, die offizielle XING-Treffen veranstalten dürfen.

Knüpfen auch Sie persönliche Kontakte und festigen Sie Ihr Netzwerk dadurch, dass Sie jede Gelegenheit nutzen, Menschen aus Ihrem Netzwerk persönlich zu treffen und kennenzulernen.

Ich empfehle Ihnen deshalb, bei XING regionale Networking-Treffen zu besuchen, damit Sie aus persönlichen Kontakten profitieren können. Bei den fast 1.000 Regionalgruppen ist bestimmt auch etwas für Sie dabei.

Nähere Information über Gruppen finden Sie auf Seite 203.

6.7 Auf der Suche nach internationalen Kontakten

Im letzten Kapitel habe ich Ihnen erzählt, wie wichtig regionale und persönliche Kontakte sind. Nichtsdestotrotz ist ein Internet-Business-Netzwerk natürlich der ideale Ort, um weltweite Kontakte zu knüpfen. Nirgends ist dies einfacher als durch ein solches Medium. Hier finden Sie ausländisches Know-how, internationale Lieferanten oder alte Bekannte, die sich irgendwo auf der Welt eine neue Existenz aufgebaut haben.

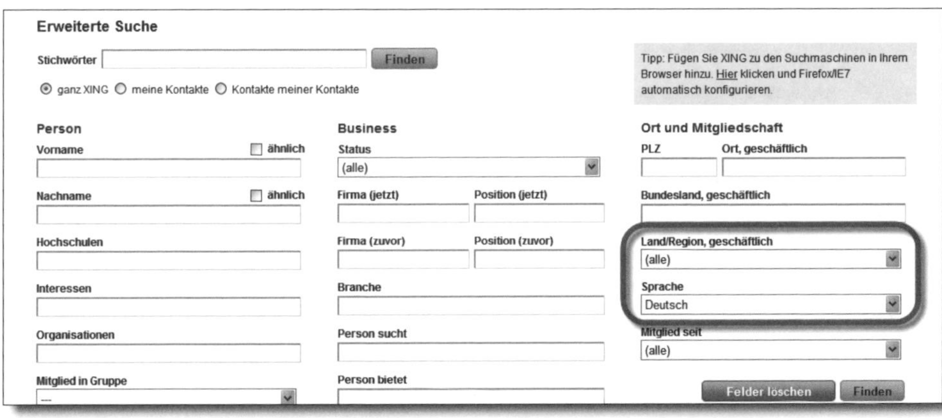

In der erweiterten Suche können Sie gezielt nach Land oder Sprache suchen.

Durch die Angabe der Sprachangaben in Ihrem Profil können Sie auch steuern, wie international die angezeigten Suchergebnisse sein sollen. XING steht in 16 Sprachen zur Verfügung.

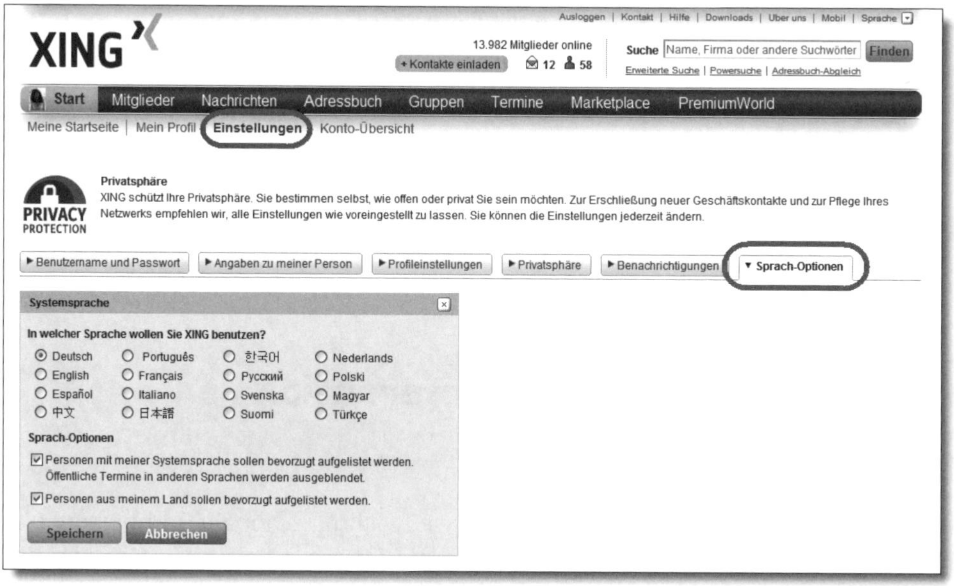

Entscheiden Sie, wie international Ihre Suchergebnisse sein sollen.

Natürlich können Sie auch in ausländischen Gruppen mitdiskutieren. Klicken Sie in *Alle Gruppen* auf eine gewünschte Kategorie und scrollen Sie dann etwas runter. Sie finden dann *Gruppen in anderen Sprachen*.

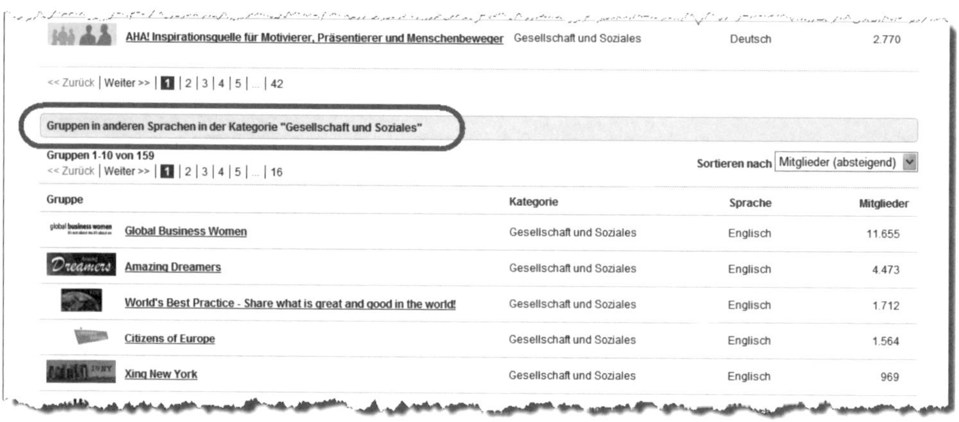

Internationale Gruppen bei XING.

6.8 Nicht bei XING gefunden? – Menschen in Ihr Netzwerk einladen

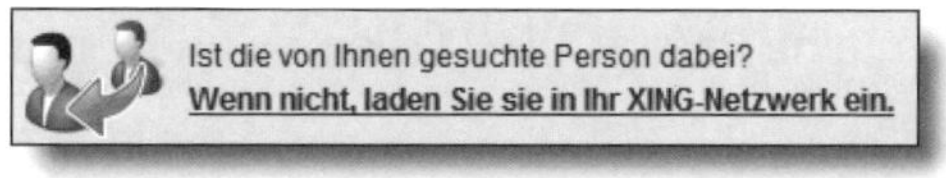

Es ist Ihr Ziel, Ihr Netzwerk bei XING aufzubauen und kontinuierlich zu vergrößern. Dies funktioniert mit den Menschen, die bereits bei XING sind. Es funktioniert aber auch mit denjenigen, die XING noch nicht kennen oder sich noch nicht angemeldet haben.

Ich habe schon eine Menge Leute zu XING eingeladen und ihnen den Netzwerk-Gedanken nähergebracht. Viele von ihnen sind inzwischen selbst begeisterte Netzwerker und ich freue mich, wenn all meine Bekannten bei XING sind. Das erleichtert mir das Leben, denn ich habe EINEN Ort, an dem alle zu finden sind. Das ist enorm praktisch. Außerdem bereichern Sie Ihr persönliches Netzwerk mit den wichtigen Menschen in Ihrem Umfeld.

TIPP

1 Monat Premium-Mitgliedschaft gratis

Für jeweils zehn von Ihnen eingeladenen neue Mitglieder oder ein neues Premium-Mitglied.

Unter Adressbuch/Einladungsstatus sehen Sie, was aus Ihren Einladungen geworden ist und in der Gesamtstatistik können Sie erkennen, wie viele Menschen Ihrer Einladung gefolgt sind und wie viel Freimonate Sie dafür bekommen haben.

Einladen mit Textvorlagen

Um Personen zu XING einzuladen, klicken Sie auf die Registerkarte *Adressbuch* und dann auf *Einladen* und *Einladen per E-Mail.*

Um eine Person zu XING einzuladen, müssen Sie ihre E-Mail-Adresse kennen.

Personen einladen mit wenigen Klicks.

Die Einladungsfunktion bietet Ihnen aber noch viele komfortable Features. So können Sie definieren, um was für eine Art Einladung es sich handelt. Klicken Sie auf *Nachricht bearbeiten*.

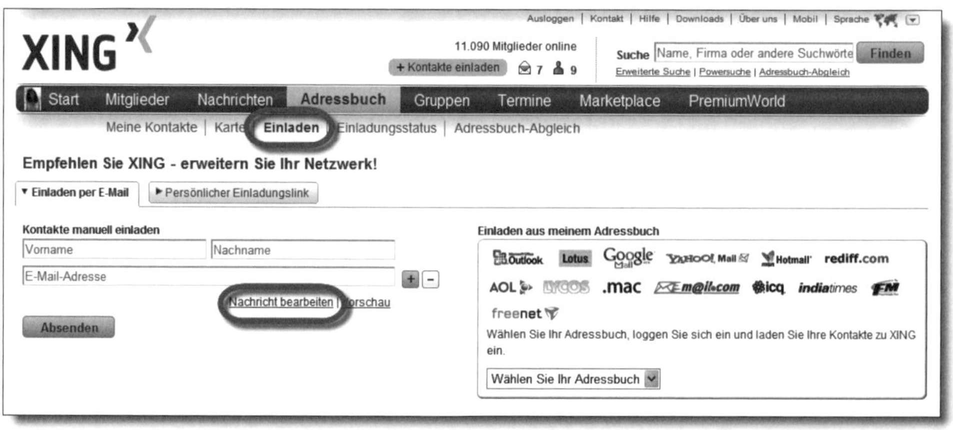

So können Sie Ihre Einladenachricht bearbeiten.

Es erscheinen neue Auswahlfenster:

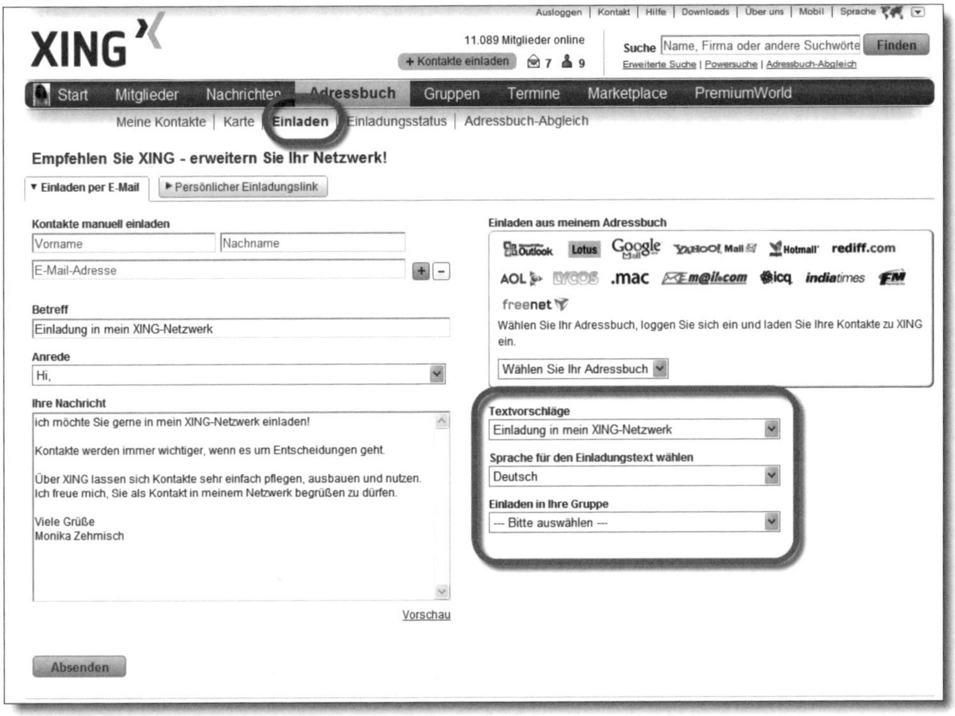

Welche Art von Einladung möchten Sie?

Sie haben folgende Einladungsarten zur Auswahl:

- Einladung in mein XING-Netzwerk
- XING zur Stellensuche empfehlen
- Bekannte und Arbeitskollegen kontaktieren
- Netzwerker einladen
- XING vorstellen

Außerdem können Sie noch die Sprache auswählen.

Sind Sie Moderator einer Gruppe, können Sie diese Gruppe anklicken und externe Mitglieder zu dieser Gruppe einladen.

Für jede dieser Einladungsarten können Sie einen individuellen Einladungstext erstellen.

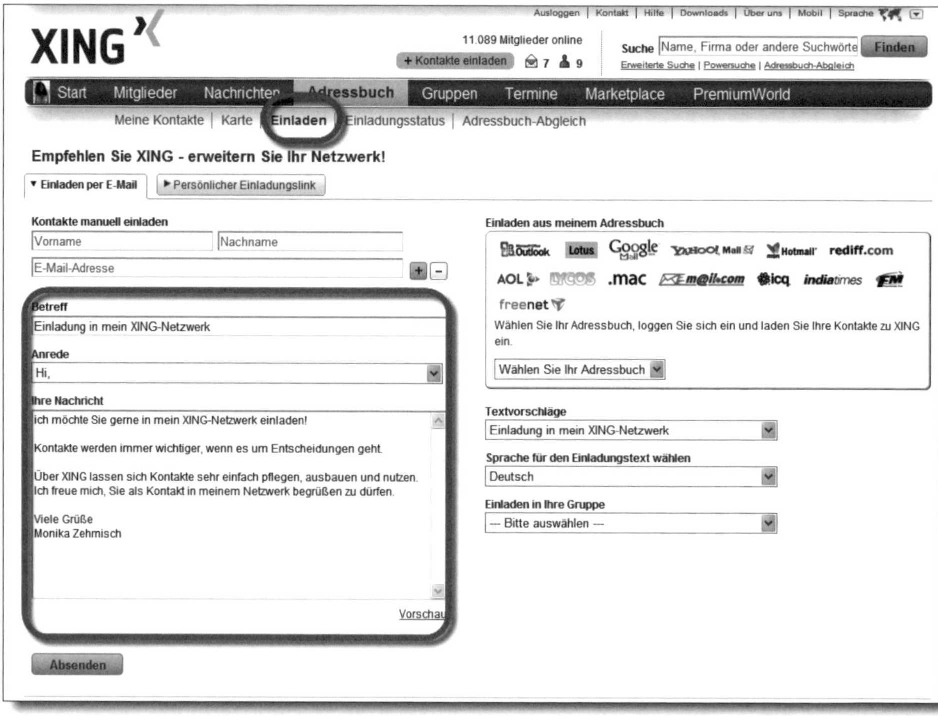

Individueller Einladungstext.

XING hat fertig vorbereitete Einladungstexte für jede Art der Einladung für Sie hinterlegt. Diese Texte können Sie nach Ihren Vorstellungen ändern.

Möchten Sie Kontakte einladen, die Sie in einem externen Adressbuch gespeichert haben, dann können Sie nachfolgende Funktion verwenden:

Personen aus externen Adressverzeichnissen auf Ihrem PC zu XING einladen.

Diese Einladungen sind möglich für

- Outlook
- Lotus
- Google Mail
- Yahoo! Mail
- Hotmail
- Rediff.com
- AOL
- Lycos
- .MAC
- email.com
- ICQmail
- Indiatimes
- Fastmail
- Freenet
- GMX
- Mynet
- Web.de

Ihre persönlichen Links zu XING

Nicht nur aus XING heraus können Sie Personen zu XING einladen. Einen Einladungslink können Sie auch in den Fußbereich jeder E-Mail oder in Newslettern integrieren, die Sie verschicken oder in Ihre Homepage einbinden.

Ihr persönlicher Einladungslink

http://www.xing.com/go/invita/15745

Bei diesem Beispiel handelt es sich um meinen persönlichen Einladungslink. Die Einladungslinks unterscheiden sich durch die Ziffer. Welche Ziffer Ihnen zugeordnet ist, können Sie unter *Adressbuch/Einladen/Persönlicher Einladungslink* nachsehen.

Personen, die sich unter diesem Link registrieren, werden als Vermittlung von Ihnen zugeordnet.

Ihr persönlicher Nachrichten-Link:

http://www.xing.com/go/privatemessage/Monika_Zehmisch

Mit diesem Link können Ihnen andere Mitglieder private Nachrichten über XING schreiben. Ersetzen Sie natürlich *Monika_Zehmisch* durch Ihren Namen. Kommt ein Name häufiger vor, ist ihm eine Nummer zugefügt (beispielsweise *Harald-Schmidt102*).

Link zu Ihrem XING-Profil

http://www.xing.com/profile/Monika_Zehmisch

Mit diesem Link können andere Menschen Ihr XING-Profil aufrufen. Ersetzen Sie natürlich *Monika_Zehmisch* durch Ihren Namen. Kommt ein Name häufiger vor, ist ihm eine Nummer zugefügt (beispielsweise *Harald-Schmidt102*).

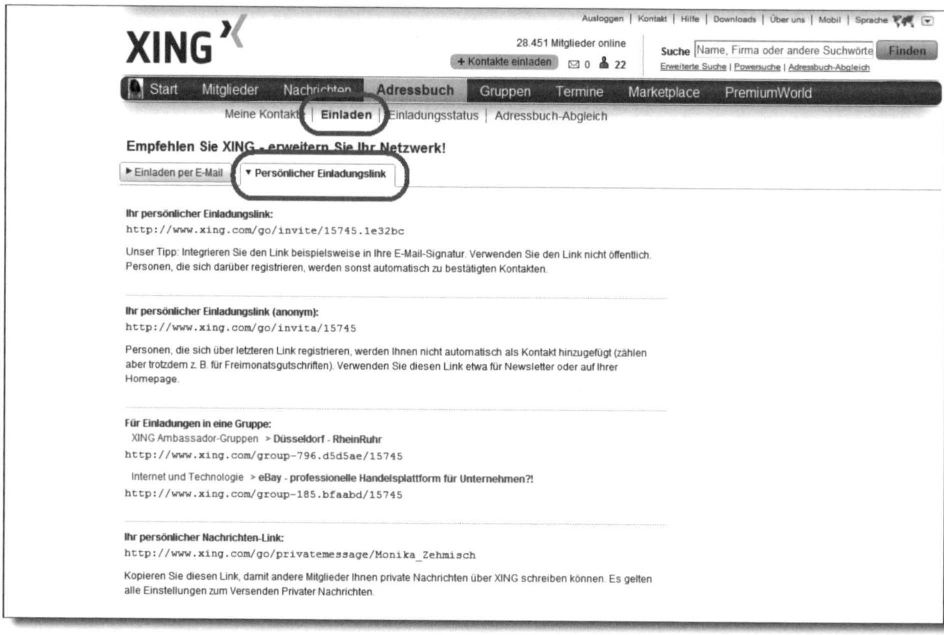

Hier finden Sie Ihre persönlichen XING-Links.

Verwendung der persönlichen XING-Links

XING ist Ihre beste Visitenkarte. Was liegt deshalb näher, als den Link zu Ihrem XING-Profil auf Ihre Visitenkarte zu drucken? Personen, die keine eigene Homepage haben, haben dadurch Ihre eigene Visitenkarte im Internet und – Sie erinnern sich – können ihr Profil sogar durch eine HTML-basierte *Über mich*-Seite ergänzen.

Ich habe mir deshalb angewöhnt, meinen XING-Link auf jeder meiner E-Mails in den Fußbereich (Footer) mit zu integrieren.

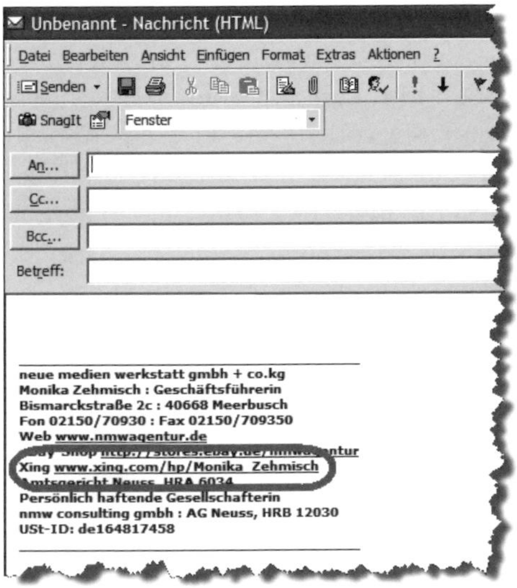

Bei jeder E-Mail schicke ich auch meinen XING-Link mit.

So integrieren Sie mithilfe von Outlook eine E-Mail-Signatur in Ihre ausgehenden Mails:

Unter *Extras/Optionen/E-Mail-Format/Signatursauswahl* können Sie sich eine Signatur erstellen.

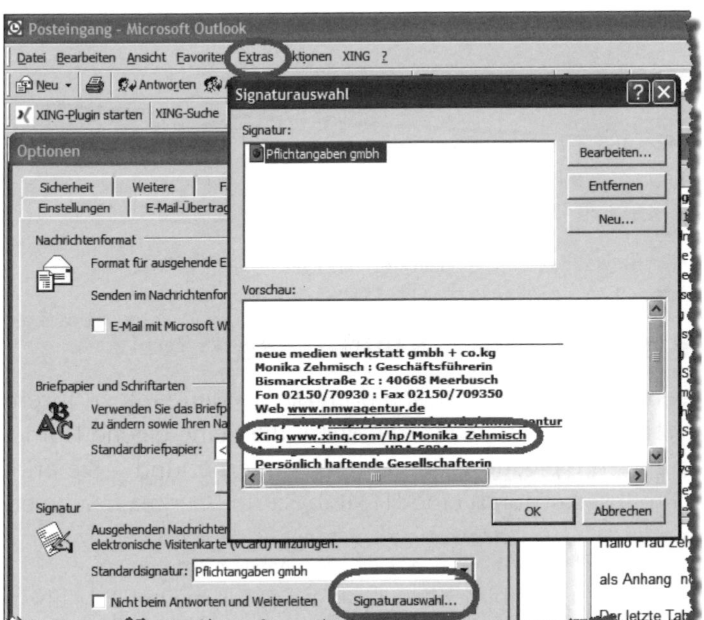

Ihr XING-Link als Signatur in jeder E-Mail.

Nutzen Sie jede Gelegenheit, um Leute zu XING einzuladen oder auf Ihr XING-Profil hinzuweisen. Und gewöhnen Sie sich andersherum an, andere Leute zu fragen, ob sie bei XING sind. Oder einfach nachzugucken. Sie erfahren so viel mehr über einen fremde Menschen. Durch das Foto werden Ihnen Personen, die Sie möglicherweise nie persönlich kennengelernt haben und kennenlernen werden (wie die Einkäuferin einer Firma, an die Sie regelmäßig verkaufen, oder der hübsch aussehende Kandidat von „Wer wird Millionär“, den Sie neulich im Fernsehen gesehen haben, oder der Autor eines Fachartikels in einer Zeitschrift, die Sie gerade gelesen haben) viel persönlicher.

XING-Logos auf Website einbauen

Wenn Sie eine eigene Website betreiben, dann empfiehlt es sich, per Banner darauf hinzuweisen, dass Sie XING-Mitglied sind. Die XING-Logos, die Sie als Mitglied verwenden dürfen, finden Sie unter *Downloads* (ganz klein oben)/*XING-Logos*.

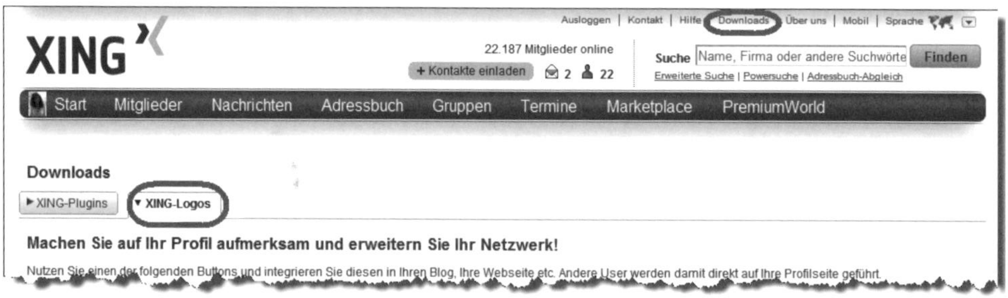

Viele kleine XING-Logos für Ihre Website.

Folgende Logos können Sie auf Ihre Website einbauen:

XING	<a href="http://www.xing.com/profile/Monika_Zehmisch" target="_blank"><img src="http://www.xing.com/img/buttons/1_de_btn.gif" width="85" height="23" alt="XING" border="0" /></a>
Mein XING	<a href="http://www.xing.com/profile/Monika_Zehmisch" target="_blank"><img src="http://www.xing.com/img/buttons/2_de_btn.gif" width="118" height="23" alt="XING" border="0" /></a>
Mein XING	<a href="http://www.xing.com/profile/Monika_Zehmisch" target="_blank"><img src="http://www.xing.com/img/buttons/3_de_btn.gif" width="118" height="23" alt="XING" border="0" /></a>
Mein Profil XING	<a href="http://www.xing.com/profile/Monika_Zehmisch" target="_blank"><img src="http://www.xing.com/img/buttons/4_de_btn.gif" width="118" height="23" alt="XING" border="0" /></a>

mein XING profil	`<a href="http://www.xing.com/profile/Monika_Zehmisch" target="_blank"><img src="http://www.xing.com/img/buttons/5_de_btn.gif" width="118" height="23" alt="XING" border="0" /></a>`
Mitglied bei XING	`<a href="http://www.xing.com/profile/Monika_Zehmisch" target="_blank"><img src="http://www.xing.com/img/buttons/6_de_btn.gif" width="118" height="23" alt="XING" border="0" /></a>`
Premium Mitglied XING	`<a href="http://www.xing.com/profile/Monika_Zehmisch" target="_blank"><img src="http://www.xing.com/img/buttons/7_de_btn.gif" width="139" height="23" alt="XING" border="0" /></a>`
schon geXINGt?	`<a href="http://www.xing.com/profile/Monika_Zehmisch" target="_blank"><img src="http://www.xing.com/img/buttons/8_de_btn.gif" width="118" height="23" alt="XING" border="0" /></a>`
XING PROFILE	`<a href="http://www.xing.com/profile/Monika_Zehmisch" target="_blank"><img src="http://www.xing.com/img/buttons/9_de_btn.gif" width="80" height="15" alt="XING" border="0" /></a>`
schon geXINGt!	`<a href="http://www.xing.com/profile/Monika_Zehmisch" target="_blank"><img src="http://www.xing.com/img/buttons/16_de_btn.gif" width="118" height="23" alt="XING" border="0" /></a>`

Diese verschiedenen XING-Logos können Sie verwenden.

Und so kann das Endergebnis aussehen:

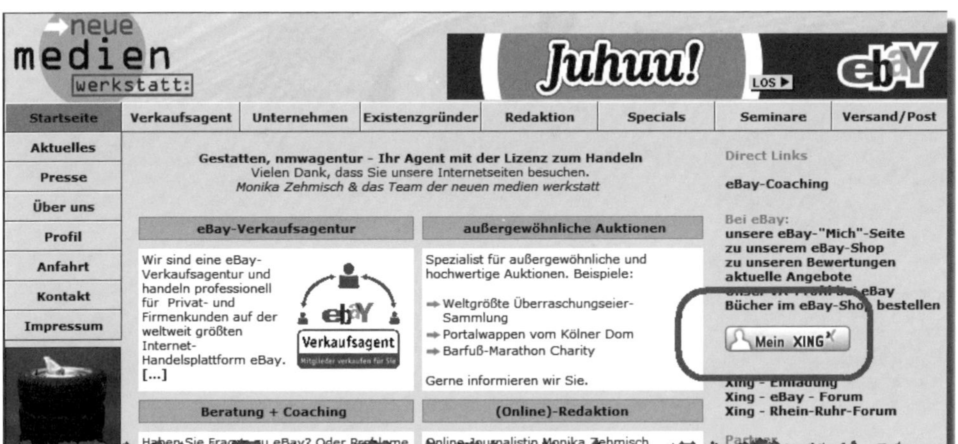

So können Sie mit einem Link auf Ihr XING-Profil zusätzlich auf sich aufmerksam machen.

7

So werden Sie gefunden

Nachdem Sie nun wissen, wie Sie bei XING andere Menschen suchen und finden, betrachten wir das Ganze einmal andersherum und beschäftigen uns damit, wie Sie gefunden werden.

Das ist nämlich bei XING genauso wie im sonstigen Geschäftsleben: Wir alle freuen uns, wenn die Kunden und Lieferanten von selbst ankommen und wir uns gemütlich zurücklehnen und abwarten können. Der Mensch ist halt bequem. Leider funktioniert dies (normalerweise) weder im realen Leben noch bei XING auf diese Weise – aber ein bisschen vielleicht schon, wenn Sie es geschickt anstellen.

Wann werden andere in größerem Maße automatisch auf Sie aufmerksam?

- Wenn Sie Gruppenmoderator sind.
- Wenn Sie mehrere tausend Kontakte haben.
- Wenn Sie in Gruppen mit eigenen Beiträgen und Kommentaren auf fremde Beiträge täglich aktiv sind.
- Wenn Sie regelmäßig zu Netzwerk-Treffen gehen.

Auch hier sehen Sie allerdings: Alles ist ein Kreislauf. Nur dadurch, dass Sie sich aktiv und intensiv bei XING zeigen und von sich selbst und von Ihrer Zeit viel investieren, kommt Interesse an Ihrer Person zurück. Ohne Fleiß kein Preis. Aber lassen Sie sich davon nicht abschrecken, sondern lassen Sie sich inspirieren, Ihr Netzwerk Schritt für Schritt aufzubauen.

7.1 Wer hat mich angeklickt?

Sind Sie neugierig, wer Sie angeklickt hat? Bereits auf Seite 131 haben wir dieses Thema schon kurz als Teil der Powersuche behandelt.

Mitglieder, die Ihr Profil aufgerufen haben, haben sich aus irgendeinem Grund für Sie interessiert. Was ist, wenn die Person keine Nachricht bei Ihnen hinterlassen hat, Sie aber wissen wollen, was sie von Ihnen wollte? Dann schreiben Sie ihr einfach eine XING-Mail. Sie könnten beispielsweise schreiben:

„Hallo, wie ich gesehen habe, haben Sie vor kurzem mein Profil besucht. Da ich neugierig bin, würde ich gerne wissen, wie Sie auf mich aufmerksam geworden sind. Haben Sie einen interessanten Anknüpfungspunkt entdeckt? Ich habe aus Ihrem Profil entnommen, dass Sie auch in der Chemiebranche tätig sind. Vielleicht sollten wir uns mal ein bisschen näher austauschen. Mit freundlichen Grüßen."

Durch die Überleitung auf das Profil der Person signalisieren Sie Interesse und machen es der Person einfach, auf Ihr Schreiben zu antworten.

Übrigens finden Sie bei XING einen Hinweis darauf, über welchen Weg bzw. aus welchem Grund Sie angeklickt wurden. Beim Aufruf dieser Liste finden Sie in der Spalte *Info* nämlich Angaben dazu.

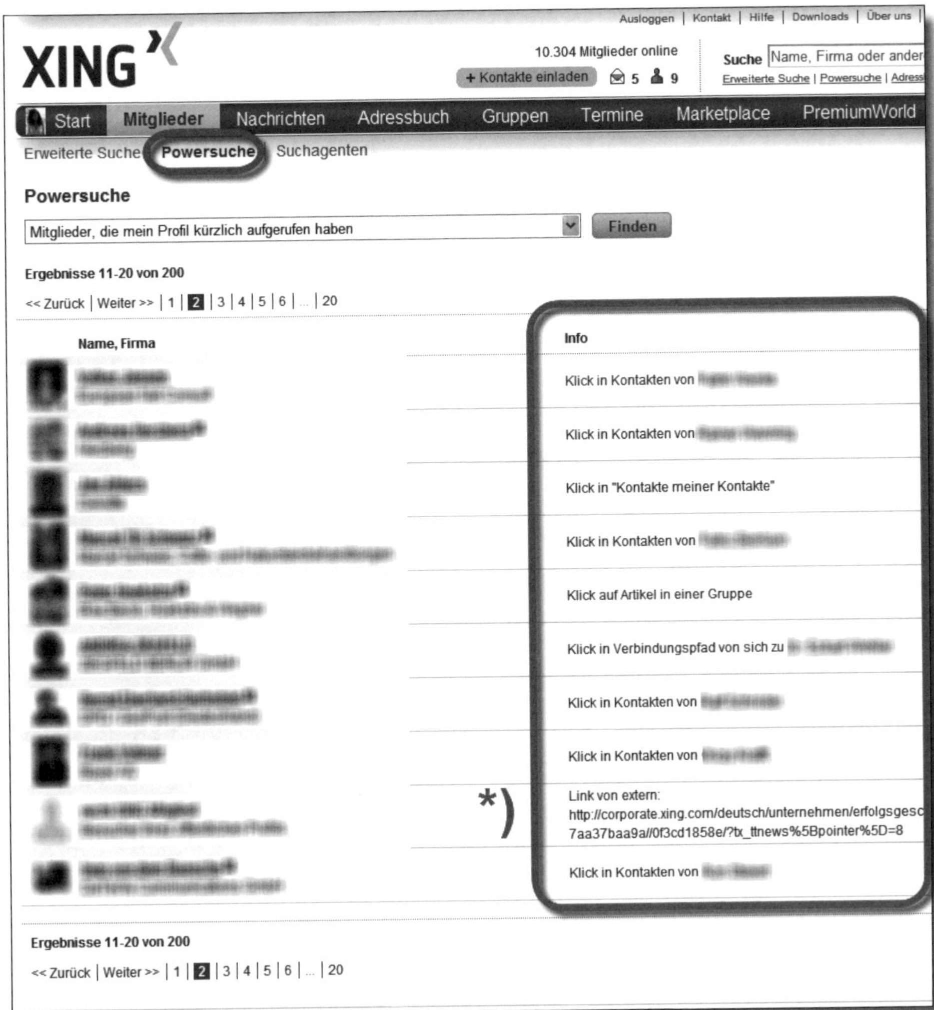

*Hier sehen Sie, über welchen Weg Sie gefunden wurden. Ganz interessant: Unter *) hat ein Nicht-XING-Mitglied den Weg zu mir über einen externen Link gefunden. Ein gutes Beispiel dafür, dass man sein Profil jedem zugänglich machen sollte.*

Es gibt beispielsweise folgende Gründe:

- Klick in Kontakten einer anderen Person (der häufigste Grund)
- Klick in *Kontakte meiner Kontakte*
- Klick auf Artikel in einer Gruppe (wenn Sie einen Artikel in einer Gruppe geschrieben haben und der Leser wissen möchte, wer sich dahinter verbirgt)

- Klick in Verbindungspfad von sich zu einer anderen Person
- Link von extern
- Klick in privaten Nachrichten des Nutzers
- Klick in *Mitglieder, die mehrere meiner Kontakte kennen*
- Klick in eigenen Kontakten/gemerkten Personen
- Klick auf Gruppenmoderator

7.2 Auf die richtigen Suchbegriffe kommt es an

Die Aufgabe ist nicht so leicht, wie sie auf den ersten Blick aussieht. Sie müssen Suchbegriffe wählen, die

- nicht zu allgemein sind.
- nicht zu speziell sind.
- sich interessant anhören.
- insgesamt zueinander passen und ein harmonisches Gesamtbild ergeben.

Es dürfte klar sein, dass Sie mit einem Standardbegriff wie „Marketing" oder „EDV" bei XING nicht weiterkommen.

Trennen Sie die Aufzählungen übersichtlich mit Komma.

Stichwörter sind besser zu lesen als ellenlange Sätze. Aber mit Sätzen kann man mehr ausdrücken. Auch hier kommt es auf die richtige Mischung an. Beispiele finden Sie in Kapitel 4, „Der Aufbau Ihres persönlichen Profils" ab Seite 55.

Wichtig für Sie ist: Auch wenn Sie Sätze schreiben, werden die Suchbegriffe innerhalb der Sätze gefunden.

Die Stichwortsuche in der erweiterten Suche findet auch die Eintragungen auf Ihrer *Über mich*-Seite. Dort können Sie also Suchwortoptimierung betreiben und auch Suchwörter unterbringen, die unter *Ich suche* und *Ich biete* in Ihrem Profil nicht so gut passen.

Welche Suchbegriffe „gut funktionieren", können Sie ja selbst ausprobieren und danach suchen. In der Ergebnisliste können Sie dann in den Profilen der andern Leute „rumschnüffeln" und sich Anregungen holen.

Befragen Sie doch einfach Leute, die Ihr Profil besucht haben, welche Suchbegriffe diese eingegeben haben (natürlich nur, wenn die über eine Suche zu Ihnen gekommen sind – das können Sie mit Klick auf *mehr* in *Besuche meines Profils* herauskriegen).

8

Neue Kontakte entstehen

Der Begriff „Kontakt“ ist bei XING von zentraler Bedeutung. Er kennzeichnet die XING-Verbindung zweier Menschen, die sich gegenseitig als Kontakt hinzugefügt haben und im Verbindungspfad in direkter Verbindung stehen, ohne dass eine weitere Person dazwischen ist. Kontakt von jemand werden oder Kontakte bekommen geschieht also nicht automatisch, sondern durch Anfrage einer Person und aktiver Zustimmung der zweiten Person. Erst danach sind beide Personen „verkontaktet“. Man wird nicht automatisch dadurch Kontakt von jemandem, indem man sich intensiv auf XING mit ihm private Nachrichten schreibt.

Ein Kontakt kann also von zwei Seiten zustande kommen. Demzufolge erhalten Sie manchmal Kontaktanfragen und manchmal möchten Sie andere Personen Ihren Kontakten hinzufügen. Sobald Sie in Kontakt mit jemand stehen, sind Ihnen (wenn der andere dies will) zusätzliche Kontaktinformationen freigeschaltet.

Arzt und Taucher sind noch kein direkter Kontakt. Allerdings sind die beiden immerhin schon Kontakt 2. Grades.

Wann ist der richtige Zeitpunkt, um sich mit einem Gesprächspartner zu verkontakten. Und wie stelle ich das richtig an, damit ich keinen Korb bekomme? Doch bevor wir uns mit diesen und weiteren Fragen beschäftigen, lassen Sie uns noch einmal zusammenfassen, wie Sie bei XING in Beziehung mit Menschen treten können, aus denen ein Kontakt entstehen kann:

- durch direkte Eingabe von Namen, die Sie kennen
- durch Suchen und Finden von Menschen mit den diversen Suchfunktionen
- durch Klicken auf die Namen, die Ihnen durch Ihre Auswahl und Zufallsfunktion von XING in Infoboxen angezeigt werden
- durch Anschreiben im Nachrichtenbereich
- durch Antwort auf Beiträge einer Person in einer Diskussionsgruppe

8.1 Wie viele Kontakte braucht der Mensch?

Dies ist eine Philosophiefrage und wird bei XING heftig diskutiert. Die eine „Fraktion“ sammelt Kontakte wie Sand am Meer – Hauptsache, es sind möglichst viele. Die andere Gruppe vergibt Kontakte nur an die „Auserwählten“, die man persönlich und intensiv kennt, und forstet ihre Kontakte auch regelmäßig durch, um diejenigen auszusortieren, die sich nicht als würdig erwiesen haben.

Dies ist natürlich ein bisschen überspitzt, aber nur ein bisschen.

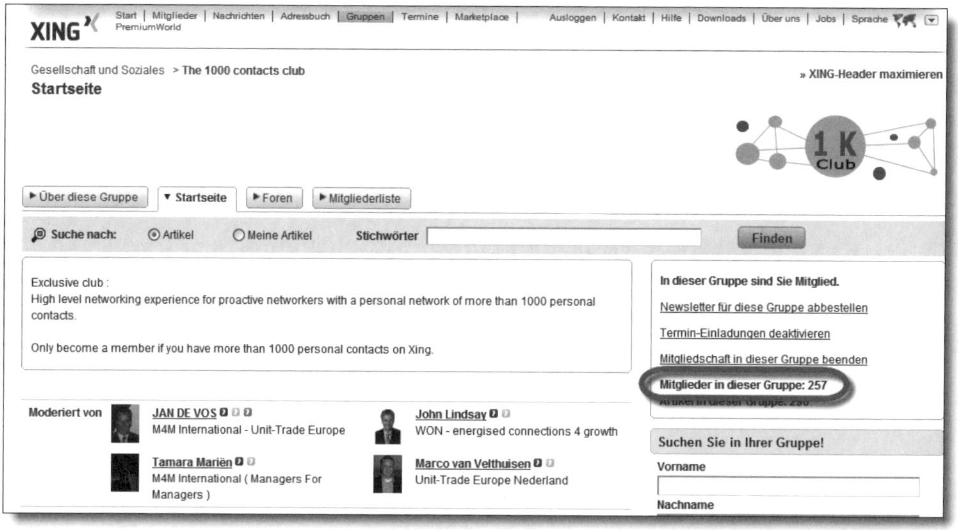

Der exklusive „1000 contacts club" mit 257 Mitgliedern. Hier können Sie nur Mitglied werden, wenn Sie über 1.000 Kontakte haben.

Sie müssen für sich selbst entscheiden, ob Sie eher Typ 1 oder eher Typ 2 sind. In Abschnitt 6.4 haben Sie gelesen, wie wichtig die Kontakte der Kontakte sind. Das gilt natürlich auch für die direkten Kontakte. Wenn Sie sich nur mit denjenigen Menschen verkontakten, die Sie sowieso kennen, dann kann Ihr Netzwerk nicht wachsen. Ihr Netzwerk wird dann interessant, wenn Sie neue Wege gehen, neugierig auf Menschen sind und offen Networking betreiben.

Für mich persönlich ist ein großes Netzwerk von Interesse. Ich lehne eine Kontaktanfrage nur ab, wenn es einen Grund gibt oder wenn mir jemand zutiefst unsympathisch erscheint. Deshalb habe ich es auch auf über 2.400 Kontakte gebracht. Ich bin allerdings kein „Kontaktjäger". Die Dinge ergeben sich bei XING quasi von selbst. Als Ambassadorin und Moderatorin zweier großer Gruppen ist es nur natürlich, dass meine Gruppenmitglieder Kontakt mit mir suchen. Ich habe also in meinem Netzwerk auch Menschen, die ich gar nicht persönlich kenne oder mit denen ich nur einige Zeilen gewechselt habe. Aber das macht nichts. Meine Kontakte haben dennoch einen besonderen Status bei mir.

Dennoch muss ich in Kauf nehmen, dass mein Netzwerk möglicherweise nicht so qualifiziert ist. Ihnen möchte ich empfehlen, ein möglichst qualitativ hochwertiges Netzwerk aufzubauen. Es geht nicht darum, möglichst viele Menschen zu sammeln, sondern die richtigen Menschen zu finden.

8.2 Die richtige Ansprache

Die richtigen Worte zu finden, um mit jemandem in Kontakt zu treten, ist nicht einfach. Immerhin müssen Sie ja Ihren Gesprächspartner überzeugen. Sie reichen ihm die Hand. Wird er sie annehmen? Nicht jeder vergibt seine Kontakte großzügig. Auch ich habe schon zwei- oder dreimal ein Nein zu lesen bekommen. Da ist man erst einmal pikiert, und es bleibt ein unangenehmes Gefühl zurück.

Ebenso ist es andersherum. Sie bekommen eine Kontaktanfrage und wissen nicht so recht, was Sie damit anfangen sollen, etwa weil Sie den Ansprechpartner gar nicht kennen oder weil er Sie so ungeschickt oder unsympathisch anspricht, dass Sie die Kontaktanfrage eigentlich lieber ablehnen möchten. Da stellt sich die Frage, was ist entscheidend, um eine Kontaktanfrage als unangenehm zu empfinden?

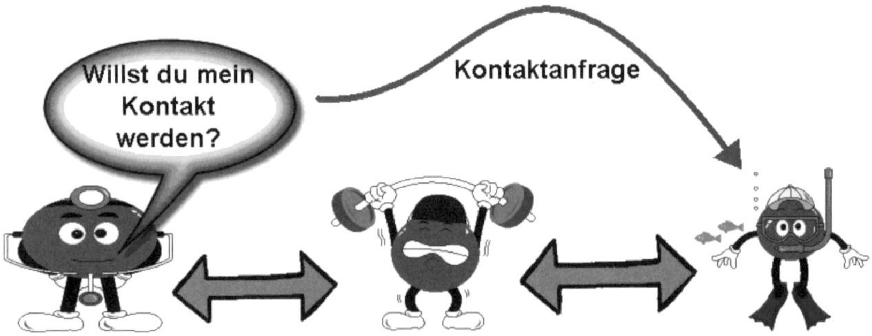

Sie erhalten eine Kontaktanfrage

Glauben Sie mir, die meisten Menschen machen sich nicht besonders viele Gedanken darüber, wie sie jemanden als Kontakt einladen möchten. Sie schreiben einfach drauflos. Die Ergebnisse sind manchmal haarsträubend. Ich werde Ihnen dies beweisen und Ihnen die 15 Kontaktanfragen vorstellen, die sich gerade aktuell bei mir befinden. Damit sich die entsprechenden Leute nicht auf den Schlips getreten fühlen, lasse ich dieses Mal die Namen weg. Schmunzeln ist erlaubt:

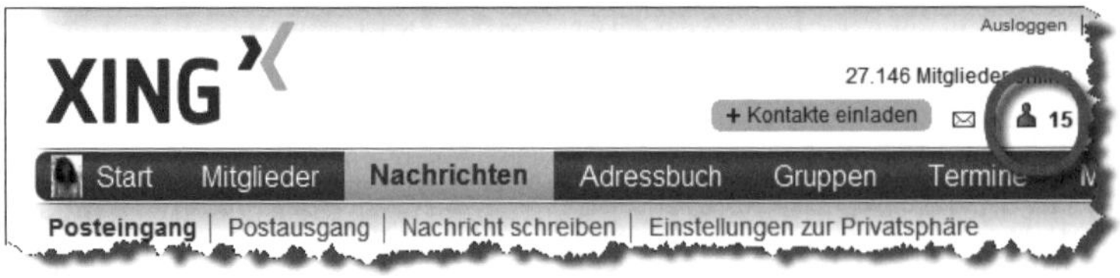

15 neue Kontaktanfragen an mich.

Und das schreiben die Leute:

(Unten drunter habe ich immer vermerkt, wie diese Anfrage auf mich persönlich wirkt. Das ist natürlich eine persönliche Empfindung, die bei Ihnen anders sein kann. Aber vielleicht können Sie meine Meinung nachvollziehen.)

Kontaktanfrage 1)

„Hallo, Frau Zehmisch,
Sie bieten ja eine Menge! Sie können mir ja mal Unterlagen zukommen lassen, was es kostet, bei Ebay Onlinewerbung zu fahren.
Viele Grüße
R. W."

Erst einmal fühle ich mich geschmeichelt. Hey, da will jemand konkret etwas von mir. Aber was will er? Bei eBay Onlinewerbung fahren – im Internet kann man höchstens surfen, wo der wohl hinfahren will ... Aber ich will nicht zu kleinlich sein und werde natürlich höflich zurückfragen, was er denn genau möchte. Könnte ja ein Auftrag winken.

Kontaktanfrage 2)

„Guten Tag, Frau Zehmisch,
mit Interesse habe ich Ihre Kontaktseite gelesen. Vielleicht könnte ja unser gemeinsamer Kontakt interessant werden. Wir sind auf dem Segment neue Medien im Netz tätig, unsere Werbeplattform ist http://www.xyz.ch.
Liebe Grüße
L. K."

Obwohl hier nicht klar wird, um was es konkret gehen könnte, finde ich diese Kontaktanfrage sympathisch und werde mir deshalb auch die angegebene Website ansehen.

Kontaktanfrage 3)

„Hallo, Frau Zehmisch – Ihr Einsatz ist außerordentlich. Ihr Erfolg bestimmt auch. Vielleicht haben Sie mal Lust auf etwas Yin bei so viel Yang. Würde mich über einen Kontakt freuen.
Wünsche viele Glücksmomente und Chi.
M. B."

Ich verstehe ja nicht so viel von chinesischen Philosophien, aber wenn dieser Mensch wüsste, wie viel Yin es in meinem Leben gibt ... Auf jeden Fall finde ich die Anfrage super nett. Sie macht mich neugierig, und ich werde da sicher noch nachhaken.

Kontaktanfrage 4)

„Lust auf Suedafrika?
Viele Gruesse B. und H.“

Wie, das war's? Was soll ich in Südafrika? Hm, da wollte ich doch eigentlich immer schon mal hin. Unbedingt mal näher hingucken, auch wenn diese Kontaktanfrage in Minimalform mich nicht gerade vom Hocker haut.

Kontaktanfrage 5)

„Hallo, Frau Zehmisch,
würde Sie gerne als geschäftlichen Kontakt gewinnen.
Gruß
H. D.“

Hm, das wollen viele. Wäre ja nett, mal ein bisschen mehr zu erfahren, denn nun muss ich was tun, wenn ich mehr wissen will.

Kontaktanfrage 6)

„Hello Monika!
Good to have you as a connection!
Kind Regards!
H.“

Aha?!?! Warum soll es gut sein, mich als Kontakt zu haben? Bin doch kein Wohltätigkeitsinstitut.

Kontaktanfrage 7)

„p.s. internal auditor in dubai uae
Just want to say "hi"
P. K. S.“

Ach nett, da möchte einer nur „Hallo“ sagen. „Hallo“ zurück und nun?

Kontaktanfrage 8)

„Hallo,
du hast ein sehr interessantes Aufgabengebiet.
Wäre nett, kontakt mit dir zu haben.
Gruß
T.“

Wenig Konkretes und wenig Ansatzpunkte, zurückzuschreiben. Außer: Warum DUZT der mich einfach? Und außerdem schreibt man „Kontakt“ groß.

Kontaktanfrage 9)

„2291 Kontakte, das ist ja unglaublich. Wie lange haben Sie gebraucht? Haben Sie eine spezielle Strategie? Außer Ihrem interessanten Profil?
Nachträglich noch ein gesundes 2008,
A. N."

Da hat sich jemand offensichtlich mit meinem Profil beschäftigt. Hat selbst 273 Kontakte. Na, fehlen ja nur noch rund 2.000 – falls das sein Ziel sein sollte.

Kontaktanfrage 10)

„Einen traumhaften Jahresstart nach Meerbusch wünsche ich!
Beste Grüße und noch einen angenehmen Abend,
W. G."

Sehr liebenswürdig, aber kein Ansatzpunkt. Allerdings hat er ein hinreißendes Lächeln auf dem Foto. Ist ja auch ein Argument, oder?

Kontaktanfrage 11)

„Guten Morgen, Monika. Als Verkaufsagentin arbeiten Sie auch? Welche Felder?
Viele Grüße aus dem Süden, F."

Wieso auch? Ist er auch ein Verkaufsagent? Das verbindet natürlich. Vorname und siezen – ist eine interessante Alternative.

Kontaktanfrage 12)

„Wenn's recht ist, vermerke ich Sie schon mal unter Kontakte."

Kurz und schmerzlos. Keine Anrede, keine Unterschrift. Ich muss allerdings hier anmerken, dass wir kurz zuvor telefoniert haben und dass ich mehrere Kollegen dieses Herrn kenne und mit der Firma geschäftlich verbandelt bin. Insofern ist diese Formulierung für mich vollkommen in Ordnung.

Kontaktanfrage 13)

„Sehr geehrte Frau Zehmisch,
Kontakte bilden die Grundlage für die Erreichung von Zielen. Gerne würde ich Sie zu meinem Netzwerk hinzufügen.
Viele Grüße,
D. M."

Stimmt auffallend, aber für mich klingt das so, als wäre dieser Satz eine Floskel, die er jedem zur Kontaktanfrage schreibt.

Kontaktanfrage 14)

„Hallo, Monika Zehmisch,
vielleicht bringt Ihnen ja dieser Kontakt etwas, um ihr Leben zu bereichern ...
mfg R. W. ;-)"

Oho?! Da will einer mein Leben bereichern. Und dann noch mit Zwinkersmiley. Aber ich bin ja selbst schuld, denn ich habe in meinem Profil unter *Ich suche* geschrieben: *Neue Ideen und Wege, die in mein Geschäftskonzept hineinpassen und/oder mein Leben bereichern.*

Kontaktanfrage 15)

„Hi,
I am S. Would like to add you on my contact list and hope to have mutual learning and benefits.
Warm regards
S."

Mal wieder eine Kontaktanfrage aus Indien. Die klingen alle so ähnlich. Ich finde die Inder alle nett. Weiß bloß nicht, wie ich denen weiterhelfen könnte.

So, das waren meine aktuellen Kontaktanfragen. Bestimmt haben Sie an der einen oder anderen Stelle ein bisschen gelacht, weil Sie dies in ähnlicher Form vielleicht auch schon einmal erlebt haben. Diese Kontaktanfragen sind einfach aus dem Leben gegriffen.

Nur eine dieser 15 Kontaktanfragen ist eine Person, mit der ich bereits kommuniziert habe. Alles andere sind völlig wildfremde Personen. Einige darunter sind immerhin Mitglieder meiner XING-Gruppen. Ich hätte deshalb von all diesen 14 Anfragen erwartet, dass man mich erst einmal per persönlicher Nachricht anspricht.

Bitte machen Sie nicht den gleichen Fehler und überfallen Sie die Leute nicht direkt mit einer Kontaktanfrage. Ein Kontakt ist ein Vertrauensbeweis. Und das Vertrauen und die Beziehung zu der anderen Person müssen Sie erst gegenseitig aufbauen.

So antworten Sie auf eine Kontaktanfrage

Wenn Sie eine Kontaktanfrage erhalten, dann müssen Sie sich überlegen, ob Sie sie bestätigen oder ablehnen. Oder ob Sie sich die Person erst einmal in Ruhe anschauen und diese Entscheidung vertagen.

Schauen wir uns die einzelnen Schritte an, die für eine Kontaktbestätigung notwendig sind. Eine eingetroffene Kontaktanfrage sehen Sie direkt auf Ihrer XING-Startseite.

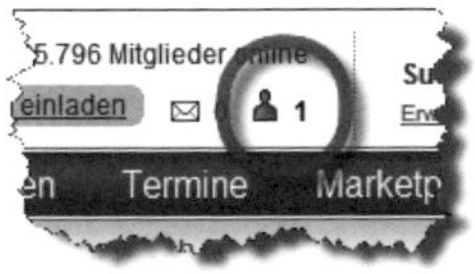

Eine Kontaktanfrage ist gekommen. Sie sehen dies auf einen Blick auf Ihrer XING-Startseite.

Sie finden diese Kontaktanfragen auch auf der Registerkarte *Adressbuch/meine Kontakte/zu bestätigende Kontakte*. Außerdem finden Sie in Ihrem E-Mail-Posteingang auch eine Benachrichtigung:

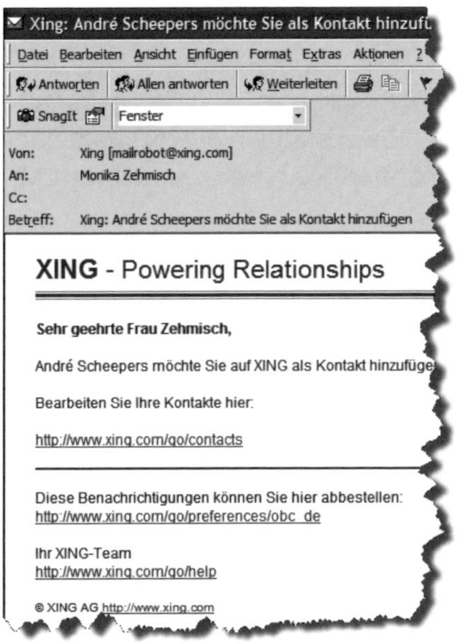

Auch per Mail werden Sie über die Kontaktanfrage informiert.

Wenn Sie nun auf *Adressbuch/Zu bestätigende Kontakte* klicken, bekommen Sie die Kontaktanfrage angezeigt:

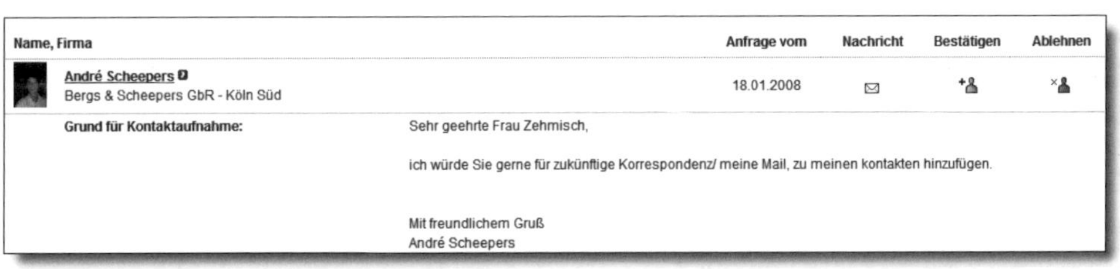

So sieht eine Kontaktanfrage aus. André Scheepers, https://www.xing.com/profile/Andre_Scheepers, möchte gerne Kontakt mit mir aufnehmen.

Sie werden sich nun sicher erst einmal informieren wollen, wer Sie denn da angefragt hat. Mit Klick auf den Namen gelangen Sie in das Profil der entsprechenden Person. Noch sind Sie nicht direkt verbunden. In diesem Fall stehen noch zwei

Kontaktebenen dazwischen. Ihren eigenen Namen sehen Sie links und den Namen des Kontaktanfragenden ganz rechts.

Übrigens: Mit dem kleinen grünen Pfeil rechts neben dem Namen des Anfragenden können Sie nachsehen, welche alternativen Verbindungspfade es noch gibt.

Eine Person, mit der Sie noch nicht verkontaktet sind.

Sie haben nun mehrere Möglichkeiten: Entweder Sie bestätigen den Kontakt oder Sie lehnen ihn ab. Wenn Sie nicht sicher sind, können Sie natürlich auch erst abwarten oder weitere Informationen einholen:

Sie haben nun drei Möglichkeiten.

Sie möchten den Kontakt bestätigen

Wenn Sie den Kontakt bestätigen möchten, dann klicken Sie auf *Bestätigen*, und folgendes Fenster erscheint:

Kontakt bestätigen.

Entscheiden Sie sich bitte, ob Sie den Kontakt einfach nur so bestätigen möchten oder ob Sie noch eine Nachricht dazuschreiben möchten (in diesem Fall bitte ein Häkchen machen). Ich empfehle Ihnen, möglichst immer ein paar Zeilen zu schreiben. Das gehört einfach zum guten Ton.

Nun können Sie auswählen, welche Daten Sie Ihrem neuen Kontakt freigeben möchten. Sie haben die Auswahl zwischen

- Alle Kontaktdaten
- Geschäftliche Kontaktdaten (E-Mail geschäftlich, Adresse geschäftlich, Telefon geschäftlich, Fax geschäftlich, Mobil geschäftlich)
- Private Kontaktdaten (E-Mail privat, Ort privat, Bundesland privat, Land/Region privat, Adresse privat, Telefon privat, Fax privat, Mobil privat)

- Instant-Messaging-Daten (ICQ-Nummer, MSN-Kennung, AIM-Alias, Yahoo!-ID, Skype-Name, Jabber-Nummer, Google-Talk-Name)
- Geburtstag
- Geburtsjahr
- Kontakt darf Ihnen private Nachrichten senden

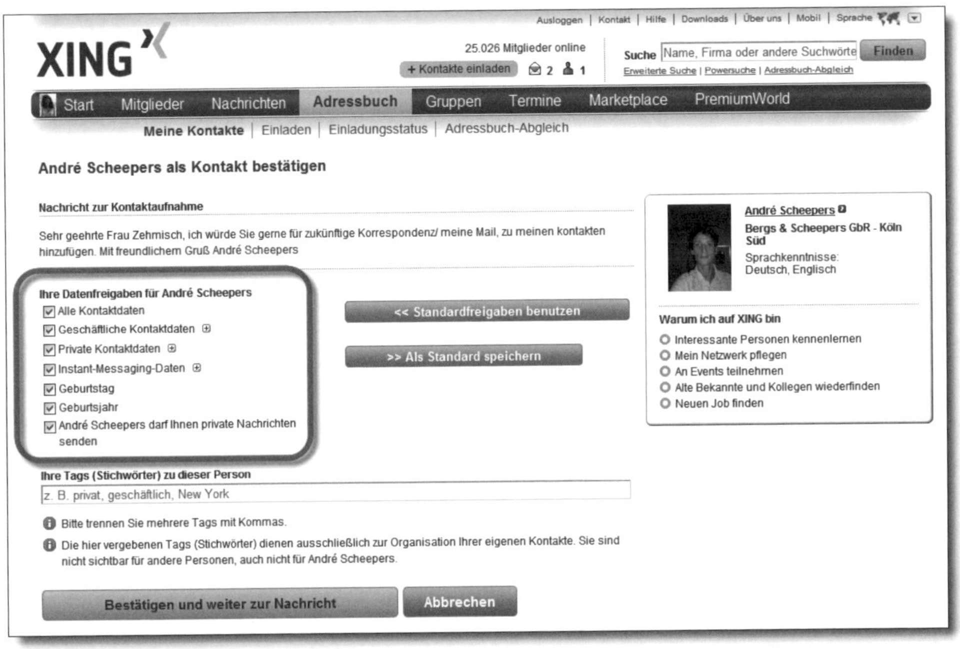

Wählen Sie aus, welche Daten Sie Ihrem Kontakt freigeben möchten.

Ihre Auswahl können Sie übrigens als Standard speichern und mit einem Klick bei der nächsten Kontaktanfrage verwenden.

Es empfiehlt sich nun, Ihrem neuen Kontakt Tags (= Stichwörter zu dieser Person) zuzuordnen. Mehr über Tags erfahren Sie auf Seite 185.

Nun klicken Sie auf *Bestätigen und weiter zur Nachricht*, und der Kontakt ist bestätigt. Haben Sie zuvor ein Häkchen gesetzt, dass Sie nun Ihrem neuen Kontakt noch eine Nachricht schreiben wollen, dann landen Sie nun bei *Nachricht schreiben*. Der Text der Kontaktanfrage steht schon in der Nachricht und Sie können noch einen Kommentar schreiben.

Antwort auf eine Kontaktanfrage.

Was gehört in eine solche Nachricht hinein:

- ein Dankeschön für die Kontaktanfrage
- die Information, dass Sie die Kontaktanfrage bestätigen
- ggfs. Der Grund, warum Sie den Kontakt bestätigen
- irgendetwas Nettes oder Freundliches zu Ihrem neuen Kontakt
- unbedingt eine Info, ein Hinweis oder Anknüpfungspunkt für eine zukünftige Korrespondenz. Dies sollte einen Bezug zu Ihrer vorhergehenden Korrespondenz oder zum Profil Ihres Kontakts sein.

Und so sind Sie nun direkt verkontaktet:

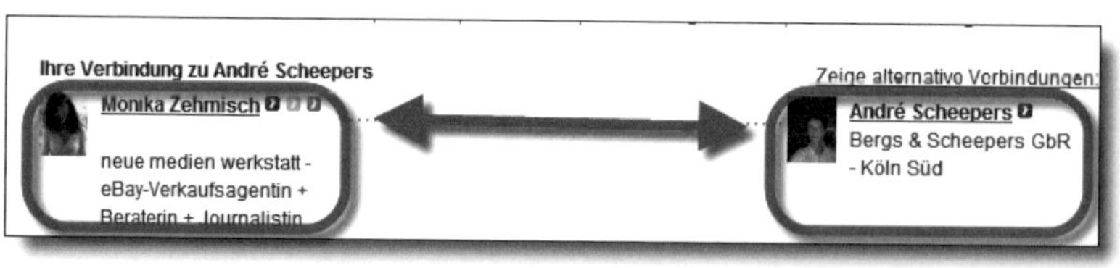

Der direkte Verbindungspfad zu Ihrem neuen Kontakt.

Sie möchten den Kontakt nicht bestätigen

Wenn Sie die Kontaktanfrage nicht bestätigen möchten, dann klicken Sie halt einfach auf *Ablehnen*. Auch in diesem Fall können Sie sich überlegen, ob Sie die Absage mit oder ohne Nachricht haben möchten. Machen Sie bitte das entsprechende Häkchen.

Ich finde es übrigens völlig legitim, eine Kontaktanfrage einfach ohne Begründung abzulehnen.

TIPP

Kontaktdaten freischalten statt Kontakt bestätigen

Wenn Sie eine Person nicht als direkten Kontakt bestätigen möchten, können Sie trotzdem Ihre Kontaktdaten freischalten. Klicken Sie dazu auf das Profil dieser Person und dann auf *Datenfreigabe bearbeiten*. Dies ist manchmal ein guter Kompromiss oder eine Übergangslösung.

Sie wissen nicht, was Sie tun sollen

Manchmal kommt eine Kontaktanfrage aus heiterem Himmel, und Sie wissen nicht, was Sie tun sollen, etwa

- weil Sie nie zuvor etwas mit diesem Menschen zu tun hatten und er Ihnen statt einer normalen Nachricht sofort eine Kontaktanfrage geschickt hat.
- weil Sie diesen Menschen noch nicht persönlich kennengelernt haben.
- weil Sie die Anfrage oder die Person als unsympathisch oder unprofessionell empfinden.
- weil Sie nicht genau wissen, was die Person von Ihnen will bzw. welche Vorteile Sie von dem Kontakt hätten.
- weil Sie in Ihren Profilen keine Gemeinsamkeiten entdecken.
- weil Sie als Frau das Gefühl haben, es geht dem Anfrager nicht wirklich um einen Business-Kontakt und Sie sich „belästigt" fühlen.

Keiner zwingt Sie, eine Kontaktanfrage positiv zu bestätigen. Lassen Sie sich nicht unter Druck setzen. Ich empfehle Ihnen, mehr über den Anfrager herauszubekommen. Klicken Sie auf *Nachricht* und fragen Sie nach, bevor Sie sich für eine Bestätigung oder Ablehnung entscheiden. Sie könnten beispielsweise schreiben:

„Sehr geehrter Herr xyz,

ich habe eine Kontaktanfrage von Ihnen erhalten. Bevor ich diese bestätigen kann, würde ich gerne Näheres über Sie erfahren. Insbesondere möchte ich gerne wissen, warum Sie an einem Kontakt mit mir interessiert sind.

Mit freundlichen Grüßen"

So, und nun warten Sie erst einmal ab, was zurückkommt, und entscheiden Sie dann.

Hier ist ein Beispiel für eine Kontaktanfrage, die ich erst einmal hinterfragen wollte:

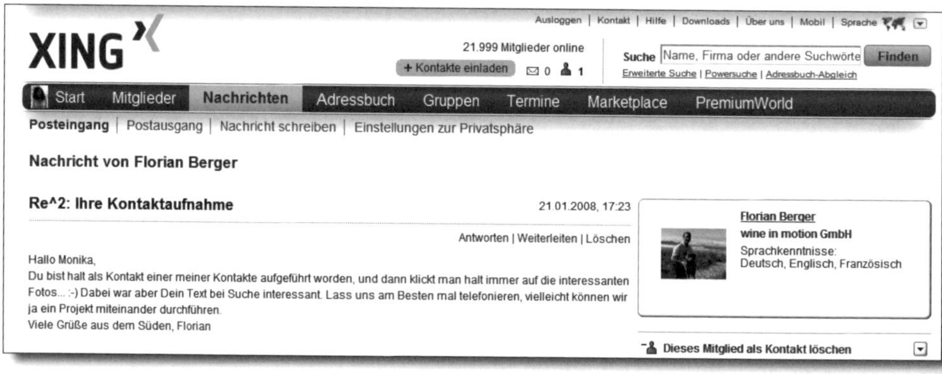

Florin Berger, https://www.xing.com/profile/Florian_Berger6, hatte mich als Kontakt angefragt. Da ich Herrn Berger vorher nicht kannte, habe ich erst einmal nachgefragt, wie es zu dieser Kontaktanfrage gekommen ist. Die Antwort kam postwendend: „Hallo Monika, Du bist halt als Kontakt einer meiner Kontakte aufgeführt worden, und dann klickt man halt immer auf die interessanten Fotos ... :-) Dabei war aber Dein Text bei Suche interessant. Lass uns am besten mal telefonieren, vielleicht können wir ja ein Projekt miteinander durchführen. Viele Grüße aus dem Süden, Florian“
Da sehen Sie es mal wieder: Ein neuer Kontakt kam hier dadurch zustande, dass ich als Kontakt eines Kontakts aufgefallen bin.

Tipps für eine gute Kontaktanfrage

Haben Sie bei den Kontaktanfragen, die ich erhalten habe, etwas bemerkt? So richtig businesslike war keine der Anfragen. Fast in jeder Anfrage fehlte ein Bezug oder eine Handlungsaufforderung. Jeder schreibt einfach drauflos, ohne sich viel Gedanken zu machen. Und nicht jeder trifft auf Menschen, die nach Sympathiefaktor entscheiden. Machen Sie diese Fehler nicht. Machen Sie es besser.

- Stürmen Sie nicht direkt mit einer Kontaktanfrage drauflos (wenn Sie jemanden nicht kennen), sondern beschnuppern Sie sich erst in persönlichen Nachrichten.
- Der gute Zeitpunkt für eine Kontaktanfrage ist beispielsweise einen Tag, nachdem man sich bei einem Networking-Treffen angeregt persönlich unterhalten hat.
- Nehmen Sie bei Ihrer Kontaktanfrage immer Bezug auf das Profil der Person bzw. auf gemeinsame Korrespondenz.
- Niemals eine Person einfach duzen. Bleiben Sie höflich.

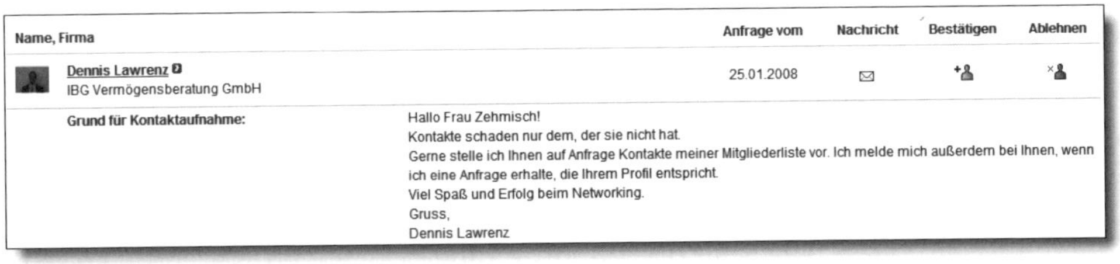

Dennis Lawrenz, https://www.xing.com/profile/Dennis_Lawrenz2, hat den Bogen raus, wie man erfolgreiche Kontaktanfragen stellt, und bietet in seiner Kontaktanfrage direkt Unterstützung an. „Hallo Frau Zehmisch! Kontakte schaden nur dem, der sie nicht hat. Gerne stelle ich Ihnen auf Anfrage Kontakte meiner Mitgliederliste vor. Ich melde mich außerdem bei Ihnen, wenn ich eine Anfrage erhalte, die Ihrem Profil entspricht. Viel Spaß und Erfolg beim Networking. Gruss, Dennis Lawrenz“.

Uwe Nehrkorn, https://www.xing.com/profile/Uwe_Nehrkorn, ist erst wenige Monate bei XING, hat aber schnell die Vorzüge des Networkings für seine berufliche Tätigkeit als EDV-Berater erkannt. Besonders viele interessante Menschen lernt er auf Live-Networking-Treffen kennen. Besonders vorbildlich: sein Eintrag unter Ich biete.

Personen merken

Wenn Sie bei XING interessante Menschen finden, die Sie aus bestimmten Gründen aber (noch) nicht als Kontakt anfragen möchten, dann gibt es die Funktion *Personen merken*. Sie finden es in Ihrem Adressbuch unter *Gemerkte Personen*. Zu jeder Person können Sie einen Kommentar hinzufügen, damit Sie sich später erinnern, warum diese Person in die Merkliste hineingewandert ist. Und wenn Sie sich dann entscheiden, diese Person als Kontakt hinzuzufügen, dann brauchen Sie einfach nur noch auf *Kontakt hinzufügen* klicken. Die gemerkte Person merkt übrigens nichts davon, dass sie in Ihrer Merkliste steht.

9

Kontakte verwalten und pflegen

Sie haben nun gelernt, wie Sie Menschen bei XING suchen und wie Sie gefunden werden. Sie haben auch erfahren, wie Sie mit diesen Menschen näher kommunizieren können und mit ihnen in Kontakt treten können. Aber jetzt gilt wie in einer Freundschaft: Kontakte muss man pflegen, und Sie sollten Ihre Kontakte als Arbeitsmittel verwenden. Keine Sorge: Ich maile nicht wöchentlich mit meinen ganzen 2.400 Kontakten, aber ich nutze alle Gelegenheiten und viel Zeit, mich mit ihnen zu beschäftigen.

9.1 Ihr Netzwerk als Adressdatenbank

Früher war Outlook meine einzige Adressdatenbank, und die Daten synchronisierte ich täglich mit meinem Handheldcomputer. Heute habe ich als geschäftliches Adressbuch hauptsächlich XING.

Für mich ist XING ein Tool, das ich ständig benötige und verwende. Ich habe es deshalb als Startseite in meinen Browser eingefügt (Internet Explorer: *Extras/Internetoptionen/Allgemein/Startseite/http://www.xing.com/ einfügen.*)

Per Computer und auch per Handy können auch Sie jederzeit die Profile von Menschen aufrufen und Ihren Posteingang checken. Überall dort, wo Sie online sein können, ist auch XING. Bei XING finden Sie Personen und die dazugehörigen Adressen (sofern freigeschaltet) und können sich sofort Standort und Wegbeschreibung anzeigen lassen.

Informationen löschen sinnvoll?

Auf dem eigenen PC ist man immer bemüht, nicht mehr benötigte Daten zu löschen oder zu archivieren. Da XING ein Onlinetool ist und (anders als bei Outlook) die Daten nicht auf Ihren PC heruntergeladen werden, hat erst einmal XING bzw. dessen Rechenzentrum das Problem.

Ich persönlich habe noch niemals eine Nachricht, die ich mit einer anderen Person bei XING ausgetauscht habe, gelöscht. Und jetzt kommt mir dies zugute. Denn durch die Namenssuche im Posteingang und im Postausgang kann ich mit wenigen Klicks herausfinden, ob ich mit diesem Mitglied schon einmal Nachrichten ausgetauscht habe, und mir den Inhalt ansehen. Auch wenn es Jahre her ist. Diese Vorgehensweise hat sich bei mir bewährt und hilft gegen Datenflut genauso wie gegen Kurzzeitgedächtnis. Die Ladezeiten bei der Suche sind auch vertretbar. Mein Tipp an Sie: Löschen Sie keine Nachrichten.

9.2 Notiz zu Ihren Kontakten

Zu jedem Ihrer Kontakte können Sie sich ein paar Notizen machen. So können Sie beispielsweise notieren, warum diese Person für Sie interessant ist oder wann Sie sich persönlich kennengelernt haben.

Hat Ihr Kontakt die Kontaktanfrage an Sie gestellt, erscheint der Text der Kontaktanfrage im Notizfeld.

Das Notizfeld ist frei editierbar. Die Notizfunktion können nur Sie einsehen.

Texte der Kontaktanfragen erscheinen automatisch im Notizfeld.

Herr Albers, *https://www.xing.com/profile/Guido_Albers2*, stellte am 14.09.07 eine Kontaktanfrage an mich mit dem Inhalt *„[14.09.2007, Guido Albers] Grund für Kontaktaufnahme: Hallo Frau Zehmisch, dann bin ich ja mal gespannt, was mich in der neuen, alten Gruppe erwartet! Mit freundlichen Grüßen aus Essen, Guido Albers"* (Hintergrundinfo: es ging damals um die Zusammenlegung der Gruppen Regionalforum Düsseldorf und Region Rhein-Ruhr zu Düsseldorf – RheinRuhr, deren Moderatorin und Ambassadorin ich bin.) Dieser Text der Kontaktanfrage wird von XING automatisch in das Notizfeld übernommen und kann dort so gelassen, ergänzt oder geändert werden.

9.3 Kontakte verwalten mit Tags

Tags sind kleine Suchwörter, die Sie Personen zuordnen können, um sie schneller wiederzufinden oder um einen Teil Ihrer Kontakte zu selektieren.

Nur mit Tags machen Sie aus Ihren Kontakten ein qualifiziertes Kontaktinstrument. Jetzt staunen Sie, denn die Bedeutung der Tags bei XING wird völlig verkannt, weil es sich nur um ein kleines unauffälliges Tool handelt. Sobald Ihr Netzwerk auf einige hundert Leute angewachsen ist, können Sie schnell den Überblick verlieren. Tags helfen Ihnen, die Übersicht zu behalten.

Mit Tags Kontakte qualifizieren – meist ist dieses Feld leer.

Tags können Sie verwenden, um

- in Ihren Kontakten zu suchen (Klick auf *Adressbuch/Meine Kontakte/Betätigte Kontakte* und dann *Suche nach Tags*.
- innerhalb der Gruppenmitglieder nach bestimmten Merkmalen zu suchen (nur für Gruppenmoderatoren möglich).
- in privaten und öffentlichen Terminen bestimmte Kontakte einzuladen.
- Gruppenmoderatoren die Möglichkeit zu geben, selektierte Gruppenmitglieder zu einem Gruppentermin einzuladen.

Tags können Sie anlegen,

- wenn Sie einen persönlichen Kontakt anlegen/bestätigen.
- indem Sie bei bestehenden Kontakten auf das Profil klicken.
- indem Sie bei Gruppenmitgliedern auf *Verwaltung/Mitglieder verwalten* klicken und dann Mitgliedern Tags zuweisen (nur für Gruppenmoderatoren möglich).

Es ist wichtig, dass Sie sich um die Anlage und Pflege Ihrer Tags schon von Anfang an kümmern und nicht erst im Nachhinein, wenn Sie 1.000 Kontakte oder Gruppenmitglieder haben. Dann macht man es nämlich nicht mehr, und es bleiben viele qualifizierte Kontakte ungenutzt.

Sicher stellen Sie sich die Frage, was man in das Tagfeld hineinschreiben soll und wie man Tags sinnvoll anwendet. Dafür kann ich Ihnen keine schlüsselfertige Lösung bieten. Da die Tags frei editierbarer Text sind, der von Ihnen individuell angelegt werden kann, muss man auch die Entscheidung, welche Tags man verwenden soll, individuell treffen. Aber ich kann Ihnen natürlich einige Hinweise geben, welche Ideen es zur Taganlage gibt:

- Mit Tags können Sie die Art der Beziehung zu Ihren Kontakte kennzeichnen, z. B. Freund, Bekannter, Kollege, Nachbar, Geschäftskontakt, Ex-Kollege, Schulfreund, Studienfreund, Kunde, Lieferant, Interessent.
- Sie könnten mit Tags Kontakte in privat und geschäftlich trennen.
- Bei Interessenten und Kunden können Sie die Wichtigkeit Ihrer Kontakte taggen, z. B. mit den Buchstaben A, B, C (Priorität A = wichtiger Kunde/Interessent, Priorität B = möglicher/weniger wichtiger Kunde/Interessent, Priorität C = nicht so wichtiger Kunde/Interessent). Dieses System kennen Sie vielleicht aus dem Vertrieb.
- Taggen Sie regionale Zugehörigkeit. Für Termine in Düsseldorf könnten Sie auch Kontakte aus Köln oder Essen interessieren. Sie könnten dann taggen: Düsseldorf oder Einladung schicken oder Event-Interessent.
- Sie können auch fachliche Tags verwenden: Arzt, Coach, Steuerberater etc.

Die Tags sind nur für Sie sichtbar.

Jeder Kontakt kann natürlich mit mehreren Tags versehen werden. Wichtig ist, dass Sie sich VORHER Gedanken machen, welche Tags Sie verwenden wollen und wie Sie diese nennen. Sie sollten sich Ihre Tags unbedingt irgendwo (beispielsweise in der Notizfunktion von Outlook) notieren, damit Sie nicht durcheinanderkommen und eine einheitliche Schreibweise verwenden.

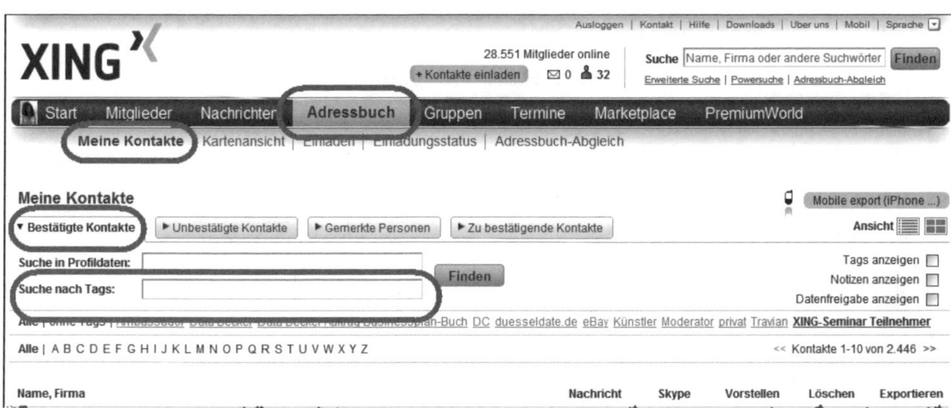

So können Sie in Ihren Kontakten nach Tags suchen.

Wenn Sie vergessen haben, welche Tags Sie bereits vergeben haben, oder eine Übersicht darüber haben möchten, dann können Sie dies bei XING unter *Adressbuch/Meine Kontakte/Bestätigte Kontakte* und dann in der Reihe unter *„Suche nach Tags* sehen. Das ist leider ein bisschen versteckt.

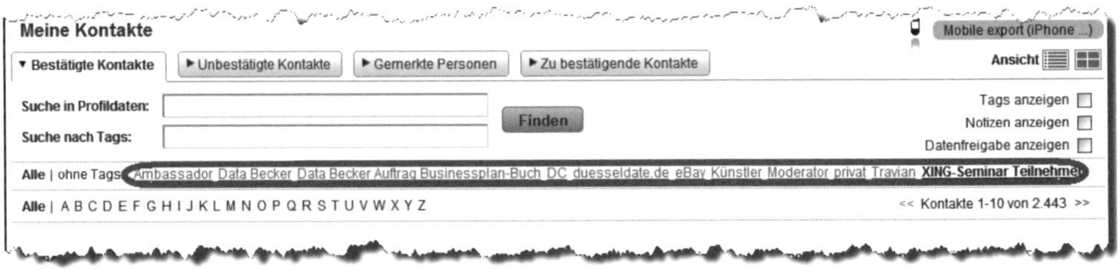

Diese Tags haben Sie bereits verwendet.

9.4 Geburtstage bieten Gelegenheiten

Es ist ein schönes Gefühl, wenn an Ihrem Geburtstag viele Leute an Sie denken. Bei XING ist es üblich, seinen Kontakten eine kleine Gratulation als private Nachricht oder Gästebucheintrag zu schicken. Es gehört nicht nur zum guten Ton, sondern gibt auch Gelegenheit, dass Ihre Kontakte auf Sie und Sie mal wieder auf Ihre Kontakte aufmerksam werden.

Bei XING können Sie sich auf der Startseite eine Infobox für die Geburtstage Ihrer Kontakte einrichten. Die Infobox können Sie an eine beliebige Stelle auf Ihrer Startseite schieben. Ich habe die Geburtstage meiner Kontakte ganz oben platziert, damit ich sie nicht übersehen kann.

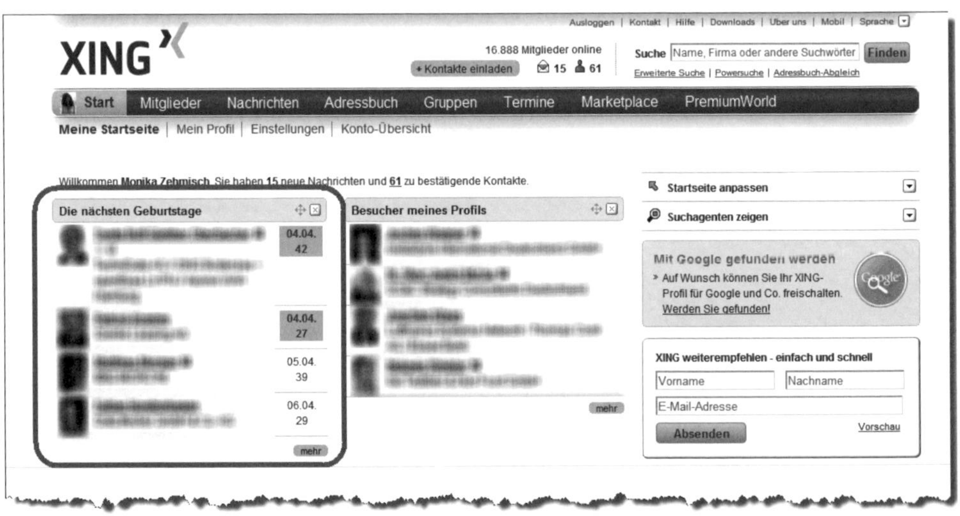

Ganz auffällig im Blick: die nächsten Geburtstage Ihrer Kontakte.

Auch mit der Powersuche können Sie nach aktuellen und sogar nach vergangenen Geburtstagen suchen.

Sollten Sie einen Geburtstag einer Kontaktperson vermissen, kann das daran liegen, dass Ihnen diese Person ihre Geburtstagsdaten nicht freigeschaltet hat.

9.5 Sie werden um eine Kontaktvermittlung gebeten

Bereits in dem Beispiel ab Seite 143 habe ich Ihnen demonstriert, wie Sie mit der Möglichkeit der Kontaktvermittlung an die richtigen Leute herankommen. Dieses Thema werden wir nun noch ein wenig intensivieren.

In einem offenen Netzwerk wie XING ist es möglich, fast jeden Menschen mit einer persönlichen Mitteilung direkt anzuschreiben, weil die meisten dies in ihren Einstellungen zulassen. Ganz anders funktionieren andere Online- und Offlinenetzwerke, in denen Kontakt nur über einen Vermittler möglich ist. Es gibt Netzwerke, in die kommen Sie ohne Empfehlung gar nicht rein (beispielsweise bei *www.schwarzekarte.de*). Dann gibt es wiederum Netzwerke, die eine hohe Aufnahmegebühr oder Beiträge verlangen oder Netzwerke die nur für nachgewiesene Experten zugelassen sind (beispielsweise *www.erfolgsgemeinschaft.com*).

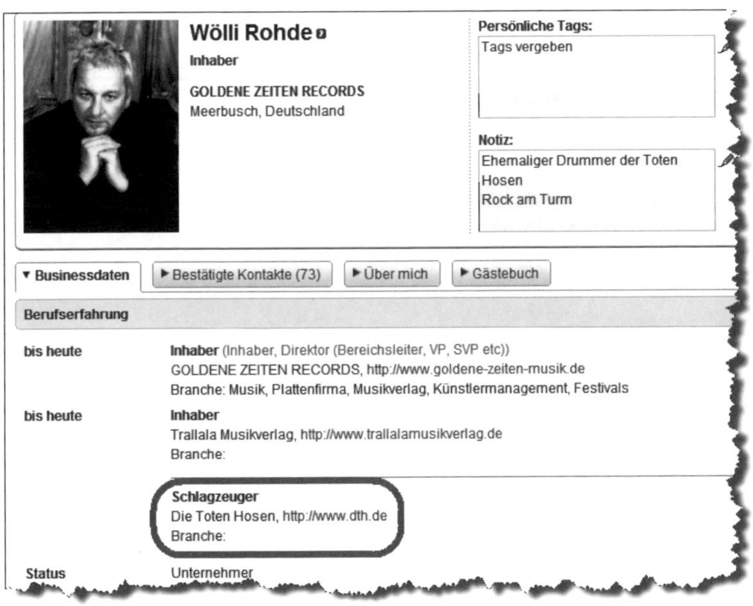

Keine Promis? Der weltbekannte ehemalige Schlagzeuger der Toten Hosen, „Wölli" (Wolfgang Rohde), https://www.xing.com/profile/Woelli_Rohde, ist schon viele Jahre bei XING mit dabei und betreibt mit seinem Unternehmen „Goldene Zeiten Records" Nachwuchsförderung von Rockmusikern.

Die Folge ist, dass in XING kaum Top-Manager und Prominente zu finden sind. XING ist mehr ein Business-Netzwerk für die Allgemeinheit und kleine und mittelständische Unternehmen. Diese Situation können wir an dieser Stelle nicht ändern, aber dennoch können wir alle dazu beitragen, uns professionell und mit guten Manieren in diesem Netzwerk zu bewegen, damit wir die Fahne der Qualität und nicht nur der Quantität auch noch in ein paar Jahren hochhalten können.

Zum guten Ton gehört es deshalb, nicht „wie wild“ interessante Leute anzuschreiben und zu belästigen, sondern erst einmal darüber nachzudenken, wie man sich einer Person am besten nähert. Je höher die Position, desto überlegter sollte man die Sache angehen.

Auch Stefan Groß-Selbeck, *https://www.xing.com/profile/Stefan_GrossSelbeck*, Deutschlandchef von eBay, ist Mitglied bei XING. Würden Sie Ihn einfach so anschreiben: *„Hi Stefan, toll, dass du auch hier bist. Ich habe mich neulich total über eBay geärgert. Mich hat da ein Verkäufer gelinkt. Die Sache war so ...“*

Deshalb gefällt mir die Vermittlungsfunktion von XING so gut. Sie werden von einer anderen Person empfohlen oder Sie erhalten selbst Anfragen von Dritten, die von einem Ihrer Kontakte stammen. Eine solche Anfrage hat Stil und wirkt wesentlich professioneller. Natürlich bedeutet dies nicht, dass Sie nur noch mit Personen über Dritte Kontakt aufnehmen sollten, aber in wichtigen Situationen ist es schon eine Überlegung wert.

Ein interessanter Nebeneffekt: Wenn Sie einen Ihrer Kontakte um eine Vermittlung bitten, haben Sie sich ihm auch wieder ins Gedächtnis gerufen, und sicherlich fühlt er sich geschmeichelt, dass er Ihnen einen Gefallen tun kann. Es hinterlässt ein positives Gefühl bei ihm, weil er das Gefühl hat, eine gute Tat getan zu haben. Es ist immer schön, helfen zu können. Natürlich nur dann, wenn er nicht zehn Vermittlungsanfragen pro Tag bekommt ...

Sie können Personen miteinander in Kontakt bringen, indem Sie auf den Button *Vorstellen* im Profil eines Ihrer Kontakte klicken.

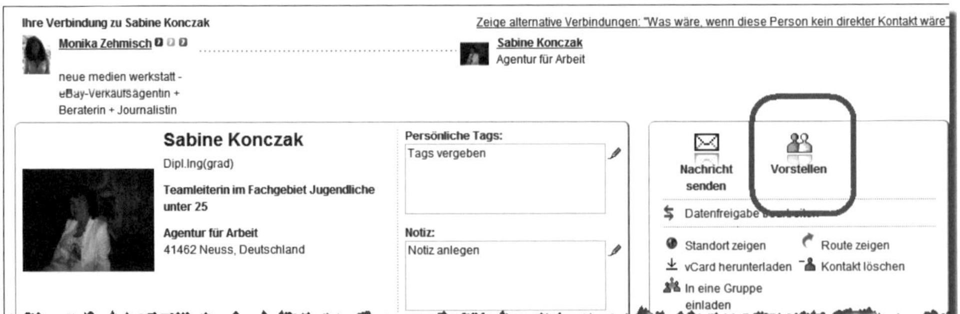

So stellen Sie Personen einander vor.

Nun öffnet sich ein Fenster, in dem Sie zuerst folgende Auswahl treffen müssen:

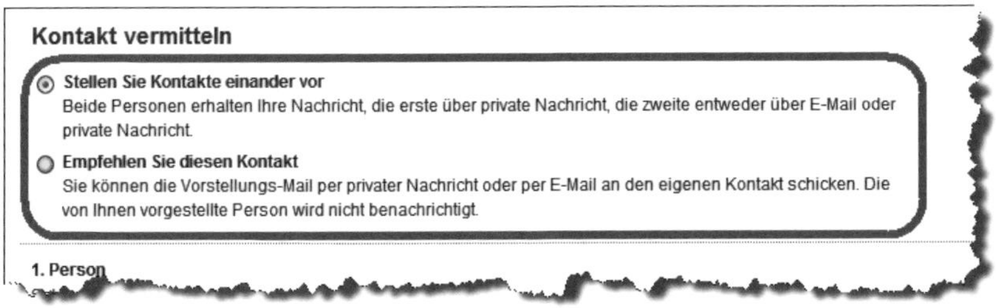

So entscheiden Sie, ob die Kontaktvermittlung ein- oder zweiseitig sein soll.

- **Einseitig**

  Stellen Sie Kontakte einander vor.

  Beide Personen erhalten Ihre Nachricht, die erste über eine private XING-Nachricht, die zweite entweder über eine externe E-Mail oder über eine private XING-Nachricht.

- **Zweiseitig**

  Empfehlen Sie diesen Kontakt

  Sie können die Vorstellungs-Mail per privater Nachricht oder per E-Mail an den eigenen Kontakt schicken. Die von Ihnen vorgestellte Person wird nicht benachrichtigt.

Eine Kontaktvermittlung kann also einseitig sein, sodass eine Person der anderen eine Dritte einfach nur empfiehlt, ohne dass sie dies mitbekommt, oder sie kann zweiseitig erfolgen, sodass zwei Personen von einer dritten einander vorgestellt werden.

Interessant ist auch, dass sowohl bei der einseitigen als auch bei der zweiseitigen auch Personen vorgestellt/empfohlen werden können, die nicht bei XING sind, indem man eine externe E-Mail-Adresse verwendet. Die Information landet dann auch im „normalen" E-Mail-Posteingang außerhalb von XING.

Schauen wir uns noch einmal die zweiseitige Kontaktvermittlung genau an. Sie kann auf unterschiedliche Art und Weise erfolgen.

- A wird von B bei C empfohlen.

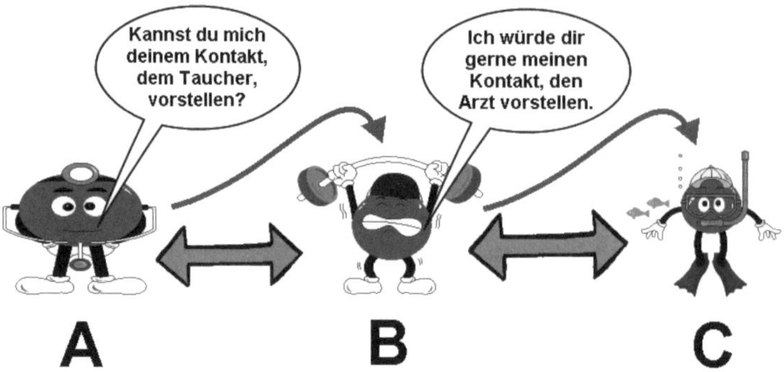

A bittet B um Kontaktvorstellung bei C. Die Initiative geht von A aus.

- A erhält von B eine Kontaktanfrage von C.

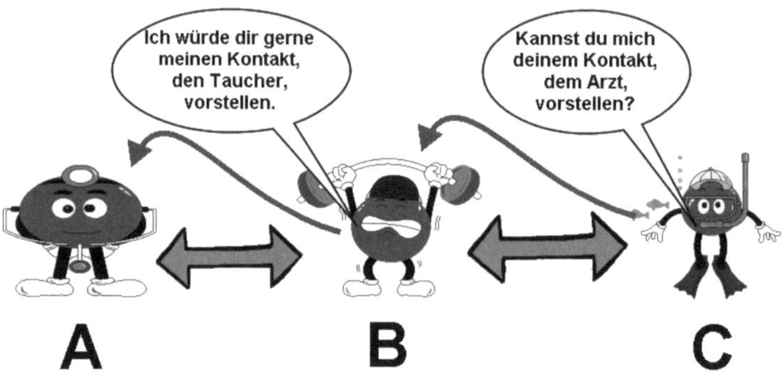

C bittet B um Kontaktvorstellung bei A. Die Initiative geht von C aus.

- B findet, dass A und C gut zueinander passen und empfiehlt sie einander.

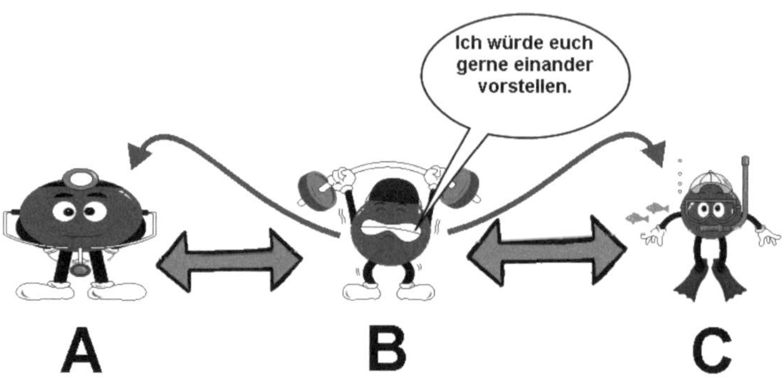

B möchte, dass A und C sich kennenlernen. Die Initiative geht von B aus.

Aus der dritten Möglichkeit ergeben sich viele Networking-Möglichkeiten für Sie. Werden Sie zum Makler und empfehlen Sie Personen einander. Beide werden Ihnen sehr dankbar sein. Ergreifen Sie die Eigeninitiative, denn – das haben wir bereits gelernt – Networking ist erst einmal viel Geben.

Mir passiert es oft, dass ich bei XING eine Person kennenlerne, sei es virtuell oder persönlich bei einem der Networking-Treffen, und mir der Gedanke kommt, dass sich jemand anderes, den ich gerade im Kopf habe, sehr für diese Person interessieren könnte. Oder ich erfahre in einem Gespräch, was diese Person sucht, und gehe mein Netzwerk durch, um zu sehen, ob ich ein geeignetes Pendant für diese Person finde. So konnte ich schon viele Menschen zueinanderbringen, die sich sonst möglicherweise nicht so schnell gefunden hätten.

Was ich davon habe? Ich bin nicht der Meinung, dass mir die empfohlenen Personen „einen Gefallen schuldig“ sind, den ich später mal einlösen werde (wie man das in Mafia-Filmen manchmal sieht). Aber ich weiß, dass man sich positiv an mich erinnern wird und mir auch helfen wird, wenn ich es benötige. Oft habe ich auch erlebt, dass ich von Personen empfohlen wurde. Einfach so aus Nettigkeit. Es kommt also immer auf irgendeinem Weg etwas zurück.

9.6 Gemeinsame Kontakte verbinden

Mit einem direkten Kontakt sind Sie per Verbindungspfad direkt verbunden, ohne dass eine weitere Person zwischen Ihnen steht. Sie haben aber auch möglicherweise gemeinsame Kontakte. Diese gemeinsamen Kontakte sind interessant, denn Sie zeigen, wie viele Gemeinsamkeiten Sie mit einem Kontakt haben. Oftmals sind die Menschen aus derselben Firma (bei größeren Unternehmen), aus derselben Branche oder aus demselben Ort. Auf jeden Fall aber sind Ihre gemeinsamen Kontakte interessant für die Kontaktpflege.

Wenn sich nämlich bei einem Ihrer gemeinsamen Kontakte etwas verändert, dann könnte es auch Ihren Kontakt interessieren. *„Hallo, haben Sie schon gesehen? Unser gemeinsamer Kontakt, Herr Schulze, ist jetzt nicht mehr bei Firma X, sondern hat Karriere gemacht und ist nun Einkaufsleiter bei Y. Ich wollte Sie darüber informieren, weil ich mir sicher bin, dass diese Veränderung für Sie von großem Interesse ist. Schreiben Sie Herrn Schulz doch direkt einmal an. Ich glaube, es ist der richtige Zeitpunkt für ein sehr interessantes neues Geschäft ;-) Viele Grüße, A. Schmitz.“*

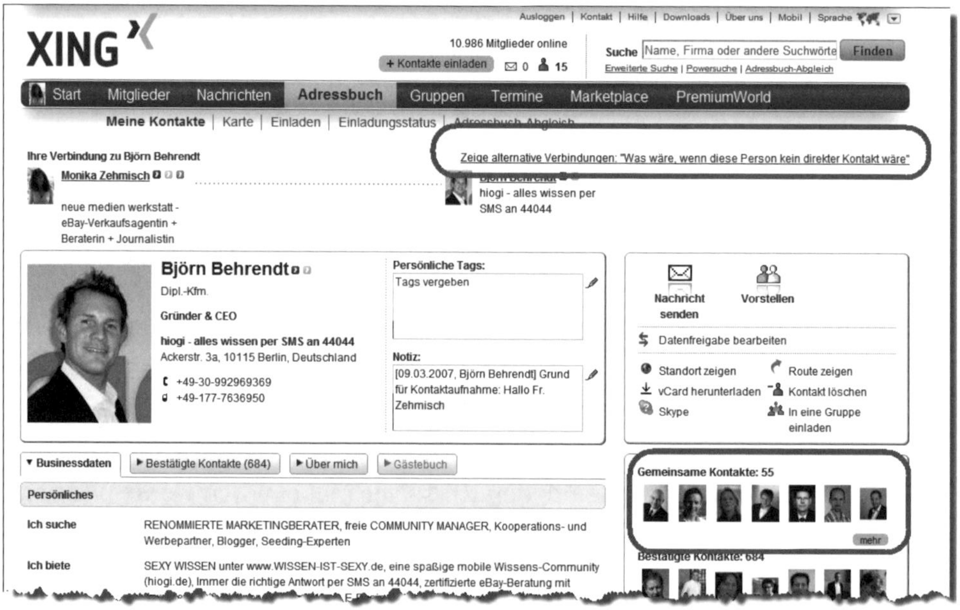

55 gemeinsame Kontakte haben Björn Behrendt, https://www.xing.com/profile/Bjoern_Behrendt, und ich.

Wer Ihre gemeinsamen Kontakte sind, das können Sie auf zwei Arten herausfinden. Rufen Sie das Profil Ihres Kontakts auf und klicken Sie auf

- *Zeige alternative Verbindungen: „Was wäre wenn diese Person kein direkter Kontakt wäre“*

  oder

- *Gemeinsame Kontakte*

9.7 Veränderungen in Ihrem Netzwerk

Für die Pflege Ihres Netzwerks sollten Sie immer auf dem Laufenden sein, was sich bei Ihren Kontakten verändert hat. Diese Information ist auf der einen Seite für Sie sehr interessant und gibt Ihnen außerdem die Möglichkeit, einen Anknüpfungspunkt zu finden, mal wieder ein „Hallo“ an Ihre Kontaktperson zu senden und zu der Veränderung zu befragen oder zu gratulieren, falls es sich um einen neuen Job handelt.

XING hat dafür auch wieder eine Infobox vorgesehen, die Sie direkt auf Ihrer Startseite angezeigt bekommen können. Dafür müssen Sie auf Ihrer Startseite rechts oben auf *Starseite anpassen* klicken und unter *Neues aus meinem Netzwerk* einen Haken machen.

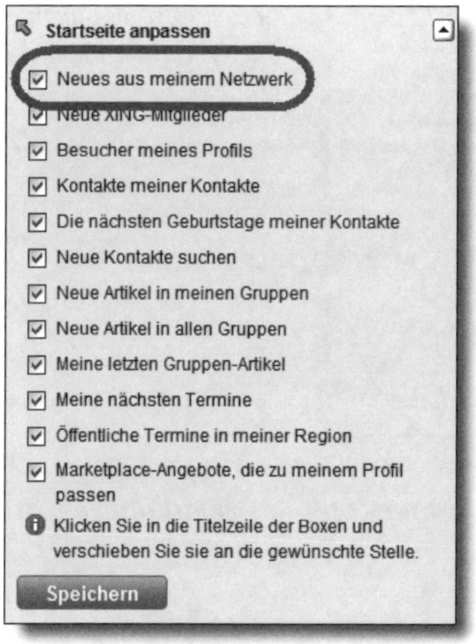

Mit diesem Haken sorgen Sie dafür, dass Veränderungen bei Ihren Kontakten auf Ihrer Startseite angezeigt werden.

Nun erscheint eine Infobox auf Ihrer Startseite. Ziehen Sie die Infobox mit der Maus an die Stelle, wo Sie sie hinhaben möchten.

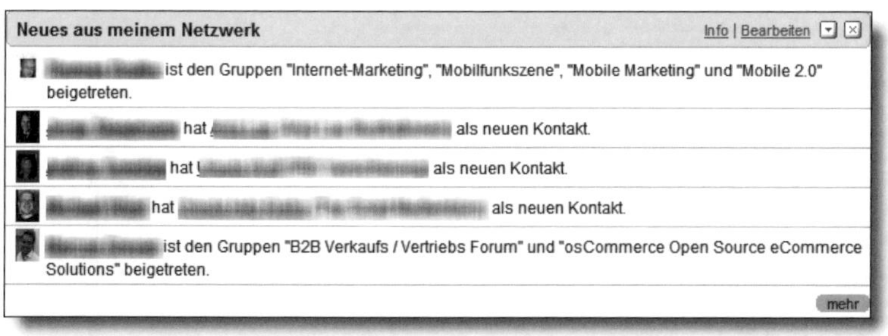

So sind Sie auf dem Laufenden.

Da ich so viele Kontakte habe, bekomme ich allerdings auf diese Art und Weise zu viele Informationen. Vielleicht geht es Ihnen auch so? Zwar ist es interessant, zu wissen, in welche Gruppe meine Kontakte nun eingetreten sind oder mit welchen Personen sie nun neue Kontakte geschlossen haben, aber die wirklich wichtigen Informationen über berufliche Veränderungen, Änderung der Kontaktdaten oder Änderungen in *Ich suche* und *Ich biete* gehen auf diese Weise unter.

Gut, dass XING hier die Möglichkeit bietet, die Informationen zu filtern. Mit Klick auf *Bearbeiten* können Sie ankreuzen, welche Veränderungen bei Ihren Kontakten Sie wirklich interessieren.

Darüber hinaus können auch Sie angeben, welche Veränderungen in Ihrem Netzwerk bzw. XING-Profil Ihren Kontakten in der Liste *Neues aus meinem Netzwerk* angezeigt werden sollen.

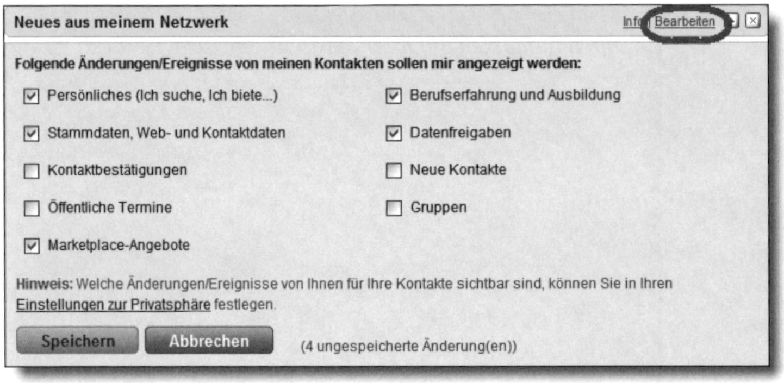

Gezielt Informationen über Veränderungen erhalten.

Gehen Sie dazu von Ihrer Startseite aus auf *Einstellungen/Meine Privatsphäre* und kreuzen Sie nur das an, was Sie möchten.

Sie bestimmen, was andere sehen sollen.

Folgende Informationen von Ihnen werden GRUNDSÄTZLICH NICHT angezeigt:

- XING-Nachrichten (gesendet und empfangen)
- unbestätigte Kontaktanfragen (gesendet und empfangen)
- gelöschte Kontakte und abgelehnte Kontaktanfragen
- nicht öffentliche Gruppen und neue Gruppenartikel
- nicht öffentliche Termine

Wenn Sie nun entdecken, dass sich bei einer Ihrer Kontaktpersonen etwas Interessantes ergeben hat, dann können Sie entsprechend reagieren.

Neuer Job? Es wirkt immer sympathisch, seinem Kontakt zum neuen Job zu gratulieren. Alexander Felsenberg, https://www.xing.com/profile/Alexander_Felsenberg, ist neuer Chef der Messe Online Marketing Düsseldorf (Igedo Company).

Veränderungen nicht verpassen

Die Funktion *Veränderungen in meinem Netzwerk* ist meiner Meinung nach eine der wichtigsten und interessantesten „Werkzeuge", die XING Ihnen bietet. Diese Funktion zeigt Ihnen, wie lebendig Ihr Netzwerk ist, und bietet Ihnen gute Gelegenheiten, Ihre Kontakte mal wieder anzuschreiben und sich in Erinnerung zu rufen. Gleichzeitig sorgt diese Funktion auch dafür, dass IHNEN wieder Menschen ins Auge fallen, an die Sie schon längst nicht mehr gedacht haben. Ich höre immer wieder von Leuten, denen ich die Chancen des Networkings erkläre, die Aussage „Ich wüsste gar nicht, was ich meinen Kontakten schreiben sollte oder worüber ich mit ihnen reden sollte." Gerade Menschen, die nicht so geübt in Kommunikation sind, finden in den Veränderungen des Netzwerks spielerisch Anhaltspunkte für eine Korrespondenz.

Als guter Netzwerker sollten Sie also mit dieser Funktion intensiv arbeiten.

Damit Ihnen keine Veränderung durchgeht bzw. damit Sie die Veränderungen systematischer beobachten und bearbeiten können, empfehle ich Ihnen, hier einen RSS-Feed einzurichten. Was das ist und wie das funktioniert, finden Sie auf Seite 232 ausführlich erklärt.

Klicken Sie dazu in der Infobox *Neues aus meinem Netzwerk* auf *mehr* oder gehen Sie über den Pfad *Mitglieder/Powersuche/Neues aus meinem Netzwerk*. Dann finden Sie rechts oben den Button, um den RSS-Feed zu abonnieren.

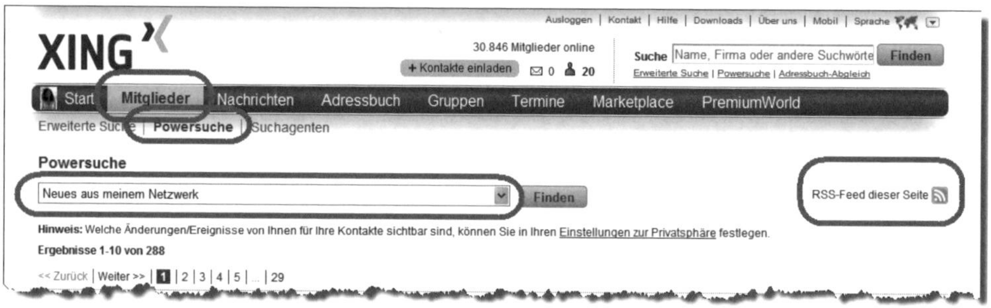

Abonnieren Sie die Veränderungen in Ihrem Netzwerk, damit Sie diese Funktion noch optimaler zum Netzwerken nutzen können.

9.8 Informieren Sie Ihre Kontakte

So simpel wie es klingt, ist es auch. Wenn Sie an einem Projekt arbeiten, bei dem Sie fachliche Unterstützung oder eine Meinung benötigen, wenn Ihnen Arbeitslosigkeit droht und Sie einen neuen Job suchen, wenn Sie Geschäftskontakte in Ihrer Stadt knüpfen wollen – fragen Sie einfach Ihre Kontakte.

Kommunizieren Sie mit Ihren Kontakten, als wenn es wirkliche Bekannte wären. Scheuen Sie sich nicht, Ihre Kontakte offen und ehrlich in Ihre Situation einzubeziehen. Fragen Sie Ihre Kontakte doch einmal mal um ihren Rat!

Sie werden viel positives Feedback und Unterstützung erhalten. Die meisten Menschen helfen gern und werden möglicherweise sogar ihr eigenes Netzwerk aktivieren.

9.9 Statusmitteilung – das machen Sie gerade

Die Statusmitteilung ist eine neue Funktion, die von XING im März 2008 gelauncht wurde. Während der Arbeiten an diesem Buch ist diese Funktion noch in der Beta-Version. Wundern Sie sich also bitte nicht, über das „Beta" in nachfolgendem Screenshot.

Mit der Statusmitteilung können Sie anderen XING-Mitgliedern mitteilen, was Sie gerade machen. Die Statusmitteilung befindet sich rechts in Ihrem Profil (Klick auf *Start/Mein Profil/Statusmeldung bearbeiten*) und kann von Ihnen einfach geändert werden. Als Standardangaben gibt es folgende Mitteilungen:

Lieschen Müller ... (hier steht selbstverständlich Ihr Name)

- ... ist auf einer Konferenz in ...
- ... ist gerade in ...
- ... ist im Urlaub bis ...
- ... freut sich über neue Projektanfragen.
- ... kann zur Zeit keine Aufträge annehmen.
- freier Text

Diese Statusmeldung wird angezeigt:

- in Ihrem Profil
- beim Übermitteln von privaten Nachrichten
- bei Änderung in *Änderungen in meinem Netzwerk* bei Ihren Kontakten

Soll diese Mitteilung nur Ihren direkten Kontakten zugänglich sein, dann machen Sie bitte ein entsprechendes Häkchen.

Teilen Sie anderen XING-Mitgliedern mit, was Sie gerade machen. Ich nutze diese Statusmeldung, um auf meine Beratungsdienstleistungen aufmerksam zu machen.

Ich halte diese Funktion für sehr nett, um anderen XING-Mitgliedern mitzuteilen, dass Sie gerade auf Geschäftsreise oder im Urlaub sind und möglicherweise erst wieder in ein paar Wochen antworten können. Die anderen Standardformulierungen halte ich aber für aussagelos und langweilig.

Glücklicherweise erlaubt das Statusfeld auch eine Freitexteingabe. Und damit können Sie „anders als andere" auftreten, überraschen, informieren, verblüffen. Sie können zum Beispiel das Statusfeld „verwenden" für

- saisonale Wünsche zu Ostern, Weihnachten, Halloween. Oder hinterlassen Sie doch einfach einen netten Wochenendgruß.
- Sprüche, Lebensweisheiten, Zitate, Gedichte.
- aktuelle News über Ihr Business. Die Statusmitteilung kann dann fast eine „Blogfunktion" haben.
- businessunabhänige Infos über aktuelle Themen rund rum Gesellschaft, Sport, Musik, Wetter, Politik.
- Termine für Seminare, Vorträge, Messeveranstaltungen, die Sie veranstalten oder an denen Sie teilnehmen.
- Informationen, Know-how, Tipps, die zu Ihrem Business passen, als „Experten-Tipp".

Mit der Statusmitteilung haben Sie also plötzlich ein ganz nützliches Instrument in der Hand. Die Statusmeldung fällt, aufgrund ihrer günstigen Positionierung, jedem ins Auge der Ihr Profil aufruft und Ihnen eine Nachricht schreibt. Außerdem wird eine Änderung bei Ihren Kontakten unter *Veränderungen in meinem Netzwerk* sichtbar.

Ich empfehle Ihnen deshalb, auszuprobieren, wie Sie die Statusmitteilung erfolgreich für sich einsetzen können. Ändern/aktualisieren Sie den Text regelmäßig und kontrollieren Sie, ob Sie mehr Klicks oder Kontaktaufnahmen dadurch verzeichnen.

Diese Funktion ist übrigens nur Premium-Mitgliedern freigeschaltet. Dadurch, dass diese Funktion nur bei ca. 15 Prozent aller XING-Mitglieder zu finden ist, fällt sie umso mehr auf und bringt Premium-Mitgliedern einen sinnvollen Vorteil.

Die Statusmeldung bleibt 30 Tage sichtbar.

Sollte es durch diese neue Funktion zu einer Informationsflut in *Veränderungen in meinem Netzwerk* kommen, kann auch diese Info selbstverständlich ausgeschaltet werden:

- Sie möchten die Statusmeldung anderer nicht in Ihren *Veränderungen Ihres Netzwerks sehen*: Klick auf *Start/Infobox „Neues in meinem Netzwerk" bearbeiten* und Häkchen entfernen.
- Andere sollen Ihre Statusmeldung nicht in deren *Veränderungen Ihres Netzwerks* angezeigt bekommen: Klick auf *Start/Einstellungen/Privatsphäre/Neues aus meinem Netzwerk* und Häkchen entfernen.

9.10 Sie fühlen sich ausgenutzt?

Es gibt Menschen, die sind „zu gut" für diese Welt und ziehen andere Menschen an, die sie selbst ausnutzen und aussaugen. Möglicherweise sind Sie auch in einer „begehrten" Abteilung (z. B. Personalabteilung) oder in einem renommierten Unternehmen. So etwas zieht andere Menschen an wie die Fliegen. Mitarbeiter von eBay haben mir erzählt, dass andere Menschen sehr merkwürdig reagieren, wenn sie von dem Job erfahren: *„Was, du bist bei eBay? Ich hab folgendes Problem ..."* oder: *„Mir ist da neulich folgende Geschichte passiert ..."* So etwas ist natürlich einfach nur nervig.

Wenn Sie merken, dass Sie von anderen Menschen oft nur benutzt werden, dann schieben Sie einen Riegel vor und sagen auch einmal Nein. Wenn Sie dies höflich formulieren, wird Ihnen niemand böse sein. Vielleicht können Sie Ihre Absage ja mit einem Tipp verbinden. Oder Sie drehen den Spieß einfach mal um und schreiben: *„Ich habe Ihnen gerne weitergeholfen. Was können Sie denn jetzt einmal für mich tun?"* So eine direkte Frage ist sehr ungewöhnlich und wird Ihren Korrespondenzpartner zumindest nachdenklich machen. Es ist durchaus möglich, dass Sie Monate später von dieser Stelle etwas Positives zurückerhalten.

Genauso klar könnten Sie auch in Ihrem Profil unter *Ich biete* formulieren: *„Anfragen nach Jobs sind zwecklos."*

Wenn Ihnen dies dennoch alles zu viel ist, dann empfehle ich Ihnen, Ihre Privatsphäre einzuschränken. In Abschnitt 4.4 finden Sie genaue Angaben darüber. Und werden Sie dann immer noch wirklich belästigt, dann melden Sie dies rigoros bei XING.

9.11 Kontakte aktiv halten – Wiedervorlage nutzen

Ich würde Ihnen jetzt gern eine Wiedervorlage-Funktion vorstellen, mit der Sie effektiv arbeiten und Ihre Kontakte verwalten können. Leider gibt es eine solche Möglichkeit noch nicht.

Ich empfehle Ihnen deshalb, eine externe Wiedervorlage (beispielsweise die *Aufgaben* bei Microsoft Outlook) zu nutzen, mit der Sie Ihre Kontakte regelmäßig aktivieren. Dies ist ganz wichtig, denn ansonsten schlafen Ihre Kontakte schnell ein und sind nur noch „Karteileichen". Achten Sie unbedingt darauf, dass Sie sich ein qualifiziertes Netzwerk schaffen und auch halten.

Als kleine Krücke gibt es jedoch eine Funktion, die Ihnen möglicherweise noch nicht aufgefallen ist. Im Bereich *Termine/Neuer Termin* können Sie eine Kalendernotiz anlegen. Dies ist eine Erinnerung an einen beliebigen Termin. Für eine größer angelegte Wiedervorlage eignet sich diese Funktion jedoch nicht.

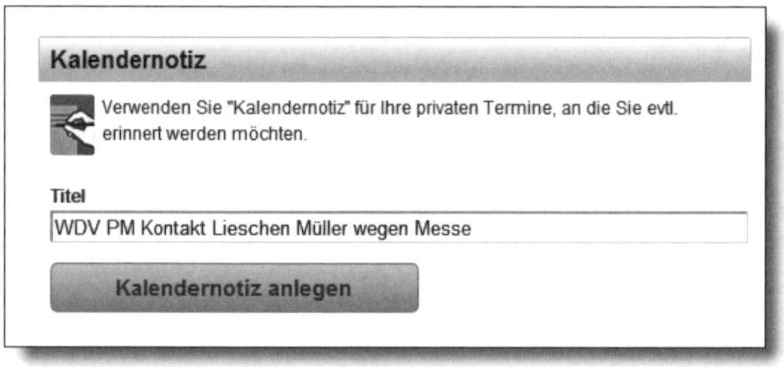

Leider keine vollwertige Wiedervorlagefunktion.

10

Aktives Networken – die XING-Gruppen

Eine Besonderheit bei XING sind die Gruppen. Es handelt sich um Vereinigungen von XING-Mitgliedern, die sich in Foren über die Themen dieser Welt austauschen. Die Beiträge in Gruppen sind öffentlich, d. h., zumindest jedes Gruppenmitglied (aber manchmal auch jeder Internet-Nutzer) kann mitlesen. Anders als bei der Kommunikation durch das Schreiben von Nachrichten gibt es in einer Gruppe also nicht nur zwei Teilnehmer, sondern viele.

Die Gruppen stellen also innerhalb des großen Netzwerks XING kleine Netzwerke oder Communitys dar.

Natürlich sind die Gruppen innerhalb von XING kostenlos. Auch Basis-Mitglieder können kostenlos daran teilnehmen. Lediglich einige Live-Veranstaltungen kosten Geld (Eintritt, Verzehr, Band, Vortrag, Führung etc.).

Die vielen XING-Gruppen machen XING lebendig. Durch die Gruppen sind feste Gemeinschaften entstanden, die eine Identität mit der Community schaffen. Wenn Sie neue XING-Mitglieder kennenlernen möchten, dann „gehen Sie vor die Tür" und besuchen Gruppen, die für Sie interessant sind. Lesen Sie nicht nur passiv mit, sondern diskutieren Sie mit, bringen Sie Ihr Wissen ein und Sie werden sich wundern, wie schnell Sie dabei sind.

Die meisten Gruppen sind von „Experten" des jeweiligen Themas ins Leben gerufen worden. Aber manchmal auch einfach, weil Leute ein Thema spaßig finden, an Austausch mit anderen XING-Mitgliedern interessiert sind oder gern Leute in ihrer Nähe kennenlernen möchten. Aber auch Firmen und Institutionen haben Gruppen initiiert, wie beispielsweise Hochschulen (Alumni-Gruppen), Verlage (z. B. brand eins) oder Verbände. XING bietet viele Vorteile und durch die hohe Mitgliederfrequenz viel Potenzial für Gruppen aller Art.

10.1 Was bringt die Teilnahme an einer Gruppe?

Die Teilnahme an Gruppen birgt viel Potenzial, um aktiv networken zu können.

- Sie lernen neue Menschen kennen.
- Man wird auf Sie aufmerksam.
- Sie können sich austauschen, bekommen Informationen und können sich weiterbilden.
- Sie können sich unterhalten und Ihre Hobbys pflegen.
- Sie können sich als Experte selbst profilieren.

Letztlich dienen also Gruppen der Gewinnung von Kontakten, dem Knüpfen von Geschäftsbeziehungen und dem Finden von Aufträgen oder Jobs.

10.2 So finden Sie die geeigneten Gruppen für sich

XING hat zurzeit sage und schreibe fast 10.000 Gruppen. In dieser Menge die richtige Gruppe zu finden ist gar nicht so einfach, denn die Größe sagt noch gar nichts über die Qualität der Gruppe und den Nutzen, den sie Ihnen bringt, aus.

Probieren Sie also aus, welche Gruppen zu Ihnen passen. Sie können sich jederzeit wieder an- und abmelden. Eine Übersicht über die Gruppen von XING finden Sie im Gruppenmenü unter *Alle Gruppen*.

Gruppen suchen unter Gruppen/Alle Gruppen.

Es gibt grundsätzlich drei verschiedene Arten von Gruppen:

1. Expertengruppen (meistens nur mit virtuellen Diskussionen bei XING)
2. Die Regionalgruppen (mit regelmäßigen Live-Treffen)
3. Freizeitgruppen (teilweise nur virtuell, teilweise auch mit Live-Treffen)

Alle drei Arten von Gruppen sind interessant, um Kontakte zu knüpfen.

Gruppen suchen nach Kategorien

Übersicht		
Kategorie		Gruppen-Anzahl
Alumni		1.584
Branchen		657
Events		73
Freizeit und Sport		467
Geographie und Umwelt		40
Gesellschaft und Soziales		438
Internet und Technologie		517
Jobs und Karriere		313
Kunst und Kultur		230
Regionales		770
Themen		387
Verbände und Organisationen		608
Wirtschaft und Märkte		581
Wissenschaft		162
XING		5
XING Ambassador-Gruppen	Über XING Ambassador-Gruppen	45

Die große Anzahl der XING-Gruppen, nach Kategorien unterteilt.

Die Gruppen bei XING sind thematisch untergliedert in folgende Kategorien:

Branchen

779 Branchengruppen gibt es derzeit bei XING. Hier finden sich XING-Mitglieder zum Meinungsaustausch zusammen. Zu fast jeder Branche finden Sie hier ein oder mehrere Gruppen: Fotografen, Künstler, Werbebranche, Coaching, Touristik, Logistik, Mode, Hotelerie. Tauschen Sie sich mit Gleichgesinnten aus, holen Sie sich Rat und Meinungen ein und informieren Sie sich, in welch interessanten Firmen Ihre Branchenkollegen untergekommen sind.

Events

Hier finden Sie 87 meist kleinere Gruppen, deren Schwerpunkt in der Veranstaltung von Live-Treffen liegt. Von der Gruppe Love-Parade bis zur XING Community Sylt sind hier viele Nischengruppen zu finden.

Firmen

Viele Firmen bzw. deren Mitarbeiter haben XING-Gruppen eingerichtet. Dort treffen sich aktuelle und ehemalige Mitglieder von Siemens, Daimler, Airbus oder der Deutschen Bank. For Members only.

Freizeit und Sport

Gemeinsame Freizeitthemen sind eine gute Basis für neue Geschäftskontakte. Nicht umsonst gehen Geschäftsleute miteinander Golfen und besprechen nachher in aller Ruhe die Details des nächsten Vertrags. Auch bei XING ist dies möglich, beispielsweise in der Gruppe After-Work-Golf.net mit zurzeit 15.807 Mitgliedern.

Aber nicht nur Golf verbindet. Auch Sportarten wie Fußball, Segeln, Motorrad fahren, Marathon, Skifahren, Rennrad fahren, Tauchen und Reiten bieten Möglichkeiten, Gleichgesinnte (nicht nur) zur gemeinsamen Freizeitgestaltung zu finden.

Wer es gern weniger sportlich mag, der findet hier Gruppen, die sich mit Themen wie Essen und Trinken, Pokern, Wellness, Tierhaltung, Pfadfinder oder Kabarett beschäftigen, und sogar Fans vom VfL Bochum 1848 und den drei Fragezeichen.

Neben dem virtuellen Austausch, werden in diesen Gruppen regelmäßig Live-Treffen veranstaltet.

Geographie und Umwelt

Hier können Sie sich über alternative Energien informieren, sich mit Klimaschutz und Ökotourismus auseinandersetzen oder mehr über den Umweltschutz in China als Chance für deutsche Unternehmen erfahren. Da diese Gruppen sehr speziell sind, handelt es sich um kleinere Mitgliederzahlen.

Gesellschaft und Soziales

Eine wirklich große Gruppe mit 24.824 Mitgliedern ist in dieser Kategorie Das WortWerk (Spiel mit Worten und Begriffen), *https://www.xing.com/net/wortwerk/*. Die Idee von WortWerk ist der virtuose Umgang mit der Sprache. Hier finden Wort- und Zahlenspiele, Reime und Rätsel ihren Platz – und Sie können sehen, wie vielseitig XING sein kann.

Weiterhin finden Sie in dieser Kategorie diverse politische und philosophische Gruppen, aber auch Gruppen, die sich mit Stil und Etikette, Mitarbeiter-Motivation in Unternehmen, Karneval, Notfallmedizin, Schamanismus und Ahnenforschung beschäftigen. Eine bunte Mischung also. Vielleicht ist auch etwas Interessantes für Sie dabei?

Hochschulen

Hier finden Sie die ehemaligen und jetzigen Absolventen deutscher Hochschulen. Ganz besonders aktiv sind die Alumni der RWTH Aachen mit 7.400 Mitgliedern, dicht gefolgt von den Studenten der KölnAlumni mit 6.384 Mitgliedern. An diesen Mitgliederstärken sehen Sie, wie groß das Interesse ist, Kontakt mit ehemaligen Kommilitonen zu halten. Studenten-Netzwerke halten sowieso manchmal ein Leben lang und sind ein wichtiger Bestandteil des eigenen Netzwerks. Die enorme Zahl der 1.584 Alumni-Gruppen bei XING ist überhaupt die stärkste Gruppenkategorie.

XING ist damit eine ernst zu nehmende Alternative zu StudiVZ. Wer Kommilitonen und Business enger verbinden möchte, ist hier an der richtigen Stelle angelangt.

Internet und Technologie

517 Gruppen beschäftigen sich mit Internet und Technologie. Auch hier ist die Vielfalt groß. Dazu gehören Gruppen zu Themen wie SAP, Internet-Marketing, Java, IT-Sicherheit, Internet-Recht und vieles mehr.

Jobs und Karriere

Da viele Menschen bei XING sind, weil sie mit dem Gedanken spielen, sich selbstständig zu machen, den Arbeitsplatz zu wechseln oder an der Karriereleiter zu basteln, ist es nicht verwunderlich, dass hier Gruppen mit unglaublich starken Mitgliederzahlen zu finden sind. Schauen Sie selbst:

Gruppen in Ihrer Sprache in der Kategorie "Jobs und Karriere"

Gruppen 1-10 von 200
<< Zurück | Weiter >> | 1 | 2 | 3 | 4 | 5 | ... | 20

Sortieren nach: Mitglieder (absteigend)

Gruppe	Kategorie	Sprache	Mitglieder
Absolventen – Gesuche und Angebote - Praktika - Nebenjobs -	Jobs und Karriere	Deutsch	77.756
Freiberufler Projektmarkt / freelance projects exchange	Jobs und Karriere	Deutsch	54.592
Existenzgründer & Selbstständige / powered by	Jobs und Karriere	Deutsch	39.169
Job und Kooperations Marktplatz	Jobs und Karriere	Deutsch	26.459
Young Career – Berufseinsteiger	Jobs und Karriere	Deutsch	20.843
Bewerbung & Recruiting	Jobs und Karriere	Deutsch	19.013
CONNEXION FRANCE GERMANY BUSINESS NETWORK / www.connexion-	Jobs und Karriere	Deutsch	12.821
Human Resources	Jobs und Karriere	Deutsch	9.496
Students	Jobs und Karriere	Deutsch	8.063
CAREER-BROKERS.com	Jobs und Karriere	Deutsch	5.344

<< Zurück | Weiter >> | 1 | 2 | 3 | 4 | 5 | ... | 20

Wahnsinn, diese Mitgliederzahlen der größten Jobs- und Karrieregruppen.

Kunst und Kultur

Die Kategorie *Kunst und Kultur* ist für mich nicht ganz klar gegliedert. Denn hier finden sich auch Themen rund ums Kochen, eine Schokolade-Gruppe (mit sage und schreibe 1.373 Mitgliedern). Aber hauptsächlich finden Sie hier natürlich Themen wie Tanz, Musik, Schauspielerei, Malerei und vieles mehr.

Regionales

Hier finden Sie 770 Regionalgruppen, die auch größtenteils Live-Treffen veranstalten. Der Unterschied zur Kategorie *Events* ist mir allerdings nicht ganz klar.

Themen

Die Themengruppen sind ein Sammelsurium von Gruppen, die sonst nicht so recht einzuordnen sind. Sie finden hier Gruppen wie Simplify your business – Simplify your life oder ITIL in der Praxis, aber auch Themen rund um Vertrieb, Fernsehproduktion, Ideenmanagement, Arbeitsrecht, Sponsoring, Tattoo, Mind Mapping. Es lohnt sich, sich hier mal umzuschauen.

Verbände und Organisationen

Viele Verbände und Organisationen haben Ableger bei XING. Schon früh hat man entdeckt, dass die eigenen Verbandsforen manchmal nicht so stark frequentiert werden wie gewünscht. Da aber sowieso viele Verbandsmitglieder bei XING sind, hat man einfach kurzerhand hier eine Gruppe gegründet, und nun funktioniert die Kommunikation viel besser.

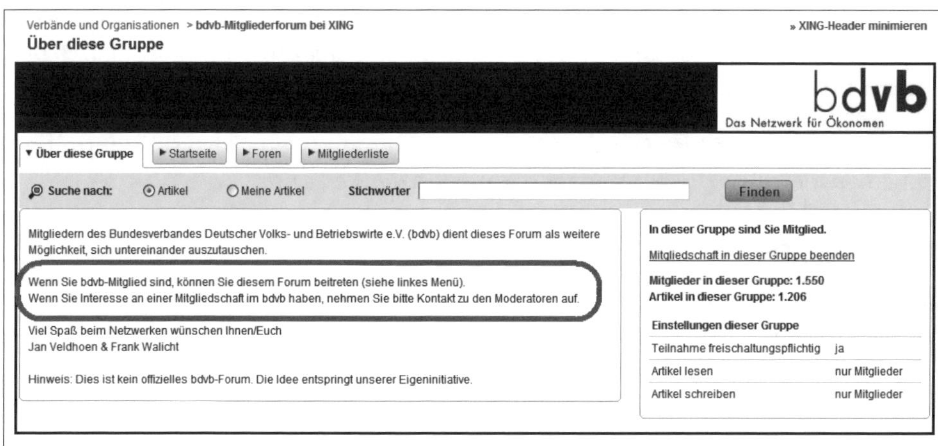

Die bdvb-Gruppe bei XING ist nur für Mitglieder des Verbandes zugänglich.

Sie finden hier beispielsweise die WJD – Wirtschaftsjunioren Deutschland, das bdvb-Mitgliederforum bei XING, die Deutsche Lebens-Rettungs-Gesellschaft – Wasserrettung oder den Sekretärinnen Verband.

In manchen dieser XING-Gruppen können Sie nur Mitglied werden, wenn Sie auch Mitglied in der entsprechenden Organisation sind. Ein Beispiel hierfür ist die bdvb-Gruppe, ein Ableger des Bundesverbandes der Volks- und Betriebswirte:

Wirtschaft und Märkte

Die 590 Gruppen in der Kategorie *Wirtschaft und Märkte* werden angeführt vom Banking-Club mit unglaublichen 33.465 Mitgliedern. Moderator ist Torsten Hahn, *https://www.xing.com/profile/Thorsten_Hahn*, der selbst 22.677 Kontakte hat.

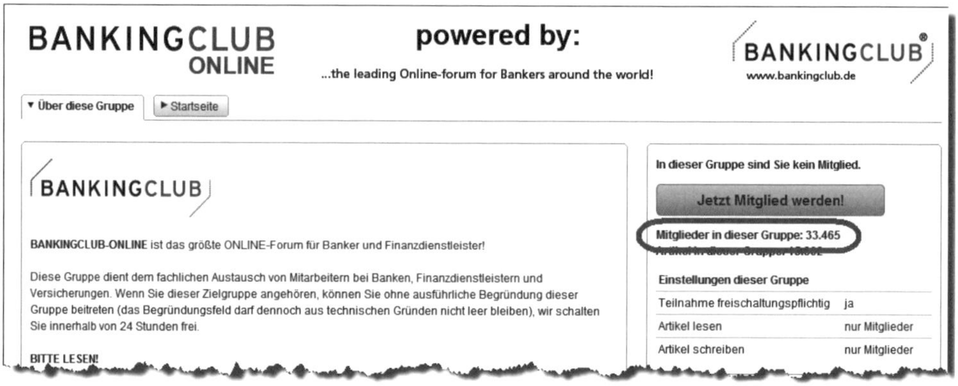

Die mitgliederstärkste Gruppe bei XING.

Unter „Wirtschaft und Märkte“ finden Sie aber gleich noch weitere mitgliederstarke Gruppen, wie brand eins Community, *https://www.xing.com/net/brandeins/* (die XING-Gruppe zum gleichnamigen Wirtschaftsmagazin), oder die Gruppe Akquisition & Neukundengewinnung, *https://www.xing.com/net/neukundenakquisition/*.

Weiterhin finden Sie hier Gruppen rund um Themen wie Franchise, Controlling, Finanzdienstleistung, Risikomanagement oder Hedge Fonds.

Wissenschaft

Diskutieren Sie hier mit XING-Mitgliedern über den Zeitgeist und die Zukunft, über Nano-Technologie und Promotion, über Astronomie und Archäologie.

XING

Hier finden Sie Gruppen, die XING selbst betreibt. Für „normale“ XING-Mitglieder offen und empfehlenswert ist die Gruppe XING, *https://www.xing.com/net/XING/*, in der Verbesserungsvorschläge und Neuerungen angeregt und diskutiert werden.

XING-Ambassador-Gruppen

XING-Ambassador-Gruppen sind qualifizierte Regionalgruppen, die das exklusive Recht haben, offizielle XING-Events zu veranstalten. Derzeit gibt es weltweit 48 Ambassador-Gruppen. Die Moderatoren dieser Gruppen (Ambassadore) sind besonders erfahrene Netzwerker. Seit Oktober 2007 bin ich (zusammen mit drei Kollegen) Ambassador der Gruppe Düsseldorf – RheinRuhr, *https://www.xing.com/net/duesseldorf*, mit über 9.000 Mitgliedern.

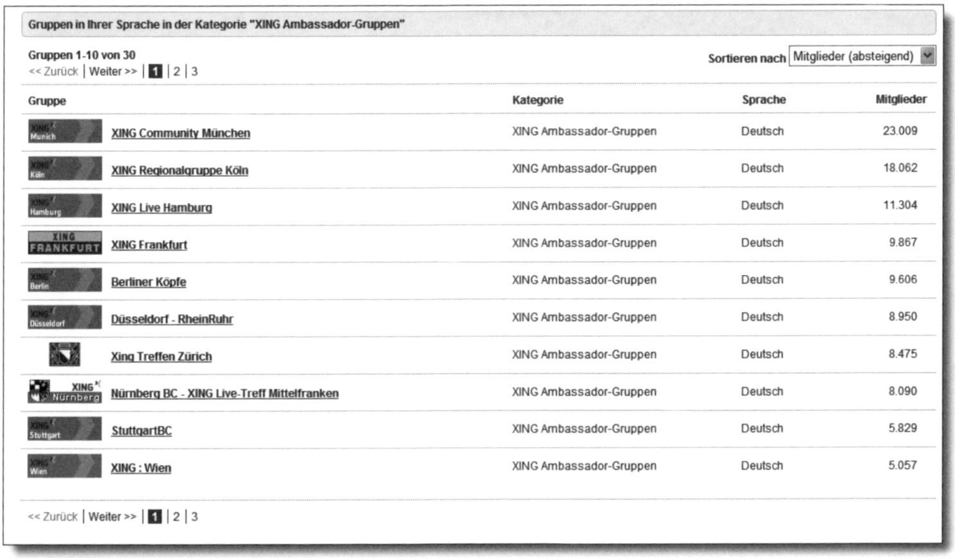

Gruppen in Ihrer Sprache in der Kategorie "XING Ambassador-Gruppen"

Gruppen 1-10 von 30
<< Zurück | Weiter >> | 1 | 2 | 3

Sortieren nach Mitglieder (absteigend)

Gruppe	Kategorie	Sprache	Mitglieder
XING Community München	XING Ambassador-Gruppen	Deutsch	23.009
XING Regionalgruppe Köln	XING Ambassador-Gruppen	Deutsch	18.062
XING Live Hamburg	XING Ambassador-Gruppen	Deutsch	11.304
XING Frankfurt	XING Ambassador-Gruppen	Deutsch	9.867
Berliner Köpfe	XING Ambassador-Gruppen	Deutsch	9.606
Düsseldorf - RheinRuhr	XING Ambassador-Gruppen	Deutsch	8.950
Xing Treffen Zürich	XING Ambassador-Gruppen	Deutsch	8.475
Nürnberg BC - XING Live-Treff Mittelfranken	XING Ambassador-Gruppen	Deutsch	8.090
StuttgartBC	XING Ambassador-Gruppen	Deutsch	5.829
XING : Wien	XING Ambassador-Gruppen	Deutsch	5.057

<< Zurück | Weiter >> | 1 | 2 | 3

Die größten deutschen Ambassador-Gruppen bei XING.

Was ist der Unterschied zwischen Ambassador-Gruppen und Regionalgruppen?

Bei der Genehmigung von Gruppen gibt es von XING keinen Gebietsschutz. Innerhalb einer Region werden von XING auch mehrere Regionalgruppen zugelassen. Manchmal gibt es auch einfach geographische Überschneidungen, wenn es beispielsweise eine Gruppe Ruhrgebiet gibt und eine Gruppe Essen.

Anders ist es bei den Ambassador-Gruppen. Diese haben Gebietsschutz, sodass Sie in einer Stadt/Region immer nur eine Ambassador-Gruppen finden.

Neben diesen Ambassador-Gruppen gibt es aber auch weiterhin die kleineren Regionalgruppen, die auch Veranstaltungen organisieren – nur dürfen diese halt keine offiziellen XING-Events veranstalten.

Wenn Sie Menschen in Ihrer Umgebung live treffen möchten, dann empfehle ich Ihnen den Besuch von Networking-Treffen der Ambassador-Gruppe in Ihrer Nähe. Vielfältige Veranstaltungen warten dort auf Sie.

Gruppen suchen nach Stichwörtern

Neben der Suche nach Kategorien können Sie auch über Stichwörter nach Gruppen suchen.

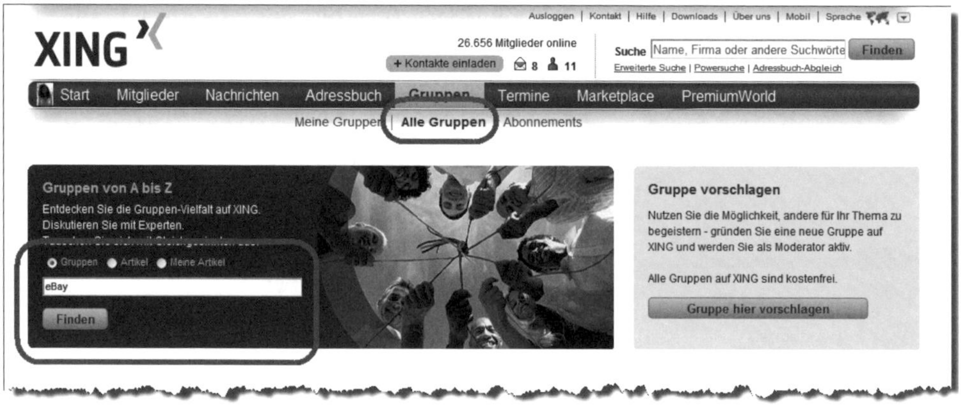

Stichwortsuche nach Gruppen und Beiträgen.

Die Stichwortsuche finden Sie unter *Gruppen/Alle Gruppen*. Der Suchbegriff „eBay" ergibt folgendes Ergebnis:

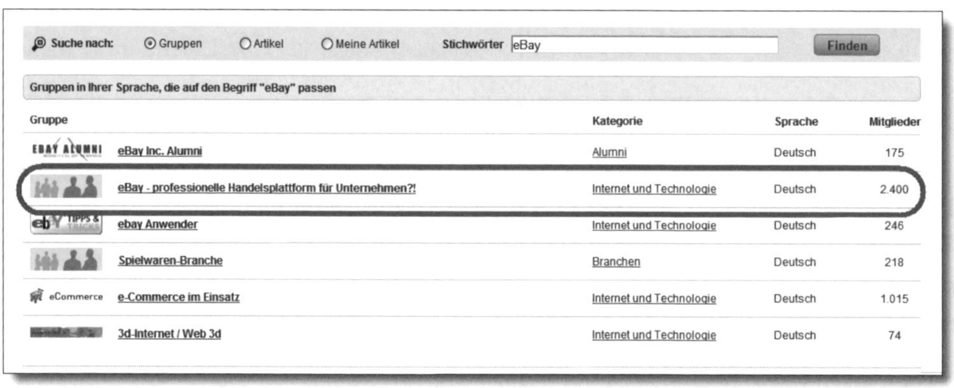

Suchergebnis nach dem Stichwort „eBay" und Gruppen. Die Gruppe eBay – professionelle Handelsplattform für Unternehmen?!, https://www.xing.com/net/ebay, wird von mir moderiert.

Als Ergebnis erscheinen als oberste Positionen drei eBay-Gruppen und in den Positionen 4. bis 6. drei Gruppen, in denen das Thema eBay auch intensiv diskutiert wird.

Da die Gruppenvielfalt bei XING so enorm ist, kann es immer sein, dass es für ein Thema bzw. ein Gebiet ein oder mehrere eigene Gruppen gibt oder dass dieses Thema in irgendwelchen nicht spezifischen Gruppen diskutiert wird.

Ganz anders sieht das Ergebnis aus, wenn Sie in der Suchfunktion nicht *Gruppen*, sondern *Artikel* ankreuzen:

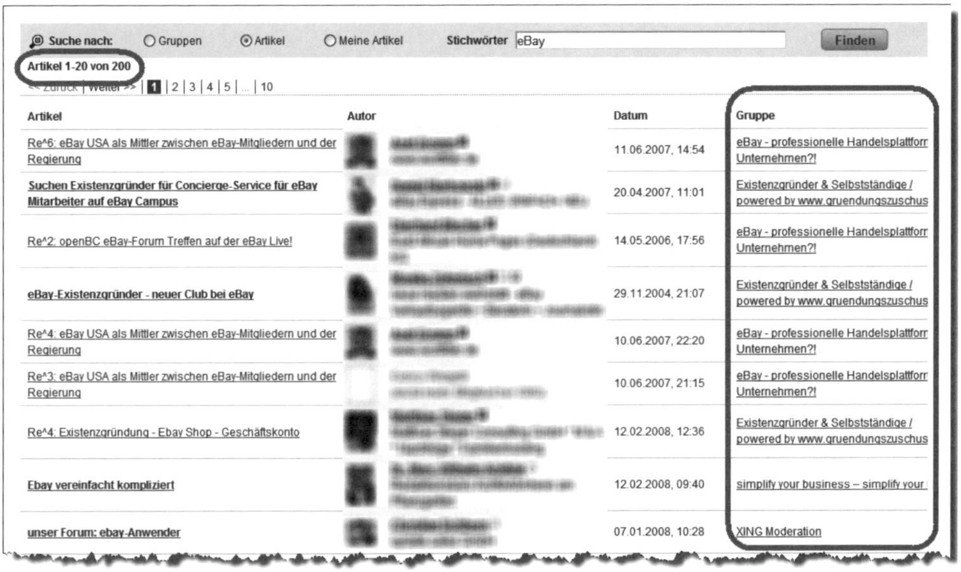

Das Suchergebnis „eBay" und Artikel in Gruppen.

In diesem Fall bekommen Sie nämlich alle Artikel (von XING auf 200 gekürzt, Reihenfolge der Anzeige scheint willkürlich zu sein), in denen das Thema eBay diskutiert wurde. In der rechten Spalte wird Ihnen angezeigt, in welcher Gruppe das Thema diskutiert wurde.

Sich von interessanten Gruppen inspirieren lassen

Bei so vielen Gruppen ist es kaum möglich, immer auf dem aktuellen Stand zu sein. Die besten Gruppen findet man oft zufällig. Seien Sie neugierig, wenn Ihnen eine interessante Gruppe begegnet, und lassen Sie sich inspirieren.

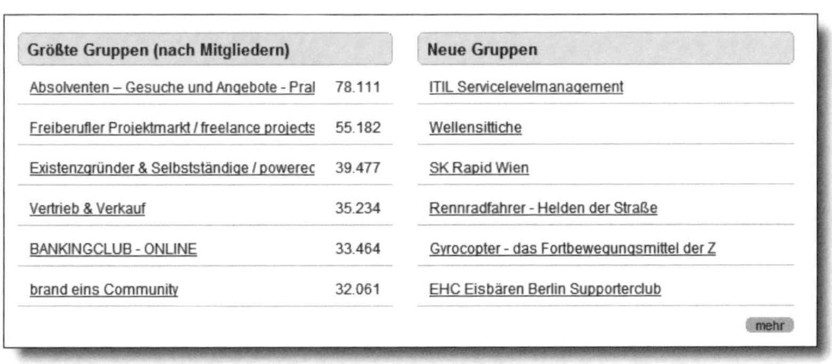

Die größten und die neuesten Gruppen bei XING.

Wenn Sie in *Alle Gruppen* ganz nach unten scrollen, entdecken Sie eine Liste der mitgliederstärksten Gruppen und der neuesten Gruppen. Wer hätte gedacht, dass es bei XING sogar eine Wellensittich-Gruppe gibt und dass sich die Rennfahrer – Helden der Straße nun auch in einer Gruppe zusammengefunden haben?

Aktivste Gruppen (nach Artikeln)	
Das WortWerk (Spiel mit Worten und Begriff	42.194
Politik	6.173
Tattoo	5.281
a music blog - episode 1.5	5.152
raucher-nichtraucher	4.346
Akquisition / Kundengewinnung	2.221

Die aktivsten Gruppen bei XING.

Auf der Seite *Gruppen/Meine Gruppen* finden Sie außer den größten und den neuesten Gruppen auch noch die in der Anzahl der Beiträge aktivsten Gruppen. Das Thema Raucher – Nichtraucher ist demnach bei XING auch in aller Munde.

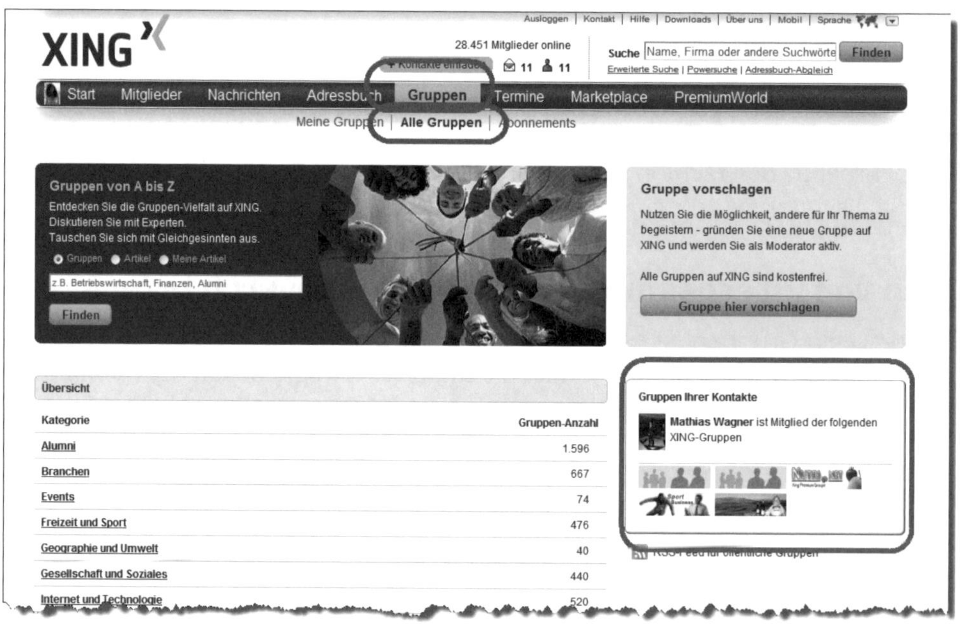

Neue Gruppen finden? Vielleicht sind Ihre Kontakte in interessanten Gruppen Mitglied? Hier werden nach dem Zufallsprinzip die Gruppen meines Kontakts Mathias Wagner, https://www.xing.com/profile/Mathias_Wagner3, angezeigt.

Schauen Sie doch auch einfach mal nach, in welchen Gruppen Ihre Kontakte Mitglied sind. Auf der Seite *Gruppen/Alle Gruppen*, bekommen Sie rechts – zufällig ausgewählt – die Gruppen eines Ihrer Kontakte angezeigt.

Aber auch auf der Profilseite jedes XING-Mitglieds und Ihrer Kontakte können Sie (wenn dies in den Einstellungen nicht unterbunden wurde) sehen, in welchen Gruppen der Eigentümer ist. Und bestimmt begegnen Ihnen zwischendurch immer mal wieder interessante Gruppen, die Sie neugierig machen und bei denen Sie Mitglied werden möchten.

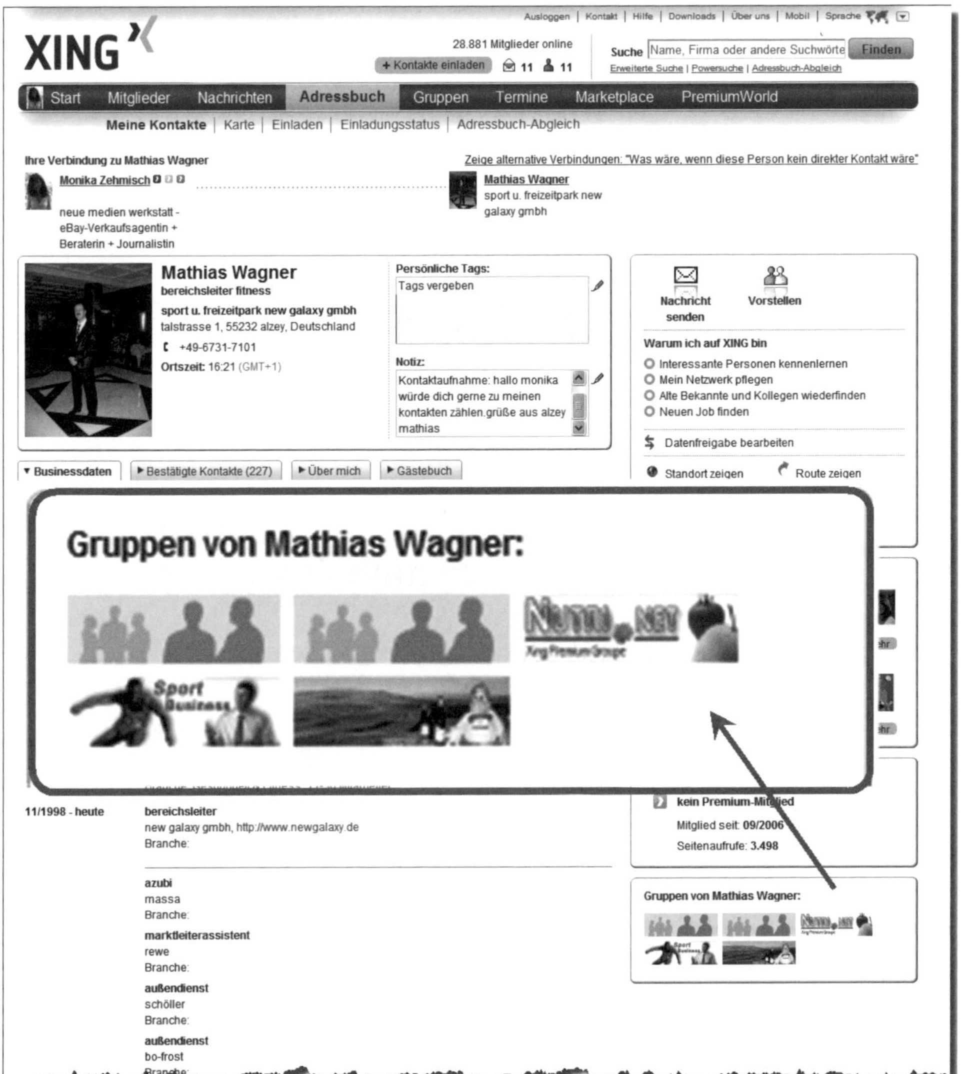

Die Gruppen von Mathias Wagner auf seiner Profilseite.

Schauen Sie doch mal nach, in welchen Gruppen Ihre Kontakte sind. So finden Sie schneller die richtigen Gruppen und können in den Forendiskussionen die Beziehung mit Ihren Kontakten vertiefen.

In welchen Gruppen sind Ihre Kontakte?

10.3 Ein paar Gruppenformalitäten

Bevor ich Sie in hitzige Diskussionen, anregende Plaudereien oder wissenschaftlichen Informationsaustausch entlasse, möchte ich Ihnen noch ein bisschen Handwerkszeug zu den Gruppen mit auf den Weg geben.

Gruppeninformationen ohne Mitgliedschaft

Es kann gute Gründe geben, sich für eine Gruppe zu interessieren, aber dennoch kein Mitglied werden zu wollen. Wenn Sie beispielsweise sowieso schon in zu vielen Gruppen Mitglied sind oder nur kurzzeitig an dem Thema interessiert sind, dann möchten Sie sich möglicherweise in dieser Gruppe gar nicht erst anmelden.

Ob Sie dennoch im Forum die Beiträge mitlesen oder sogar darauf antworten dürfen, das hängt von den jeweiligen Gruppeneinstellungen ab, die jeder Moderator für seine Gruppe einstellt.

Auch ohne Gruppenmitgliedschaft Artikel lesen und schreiben – hier geht's.

Hier habe ich eine Gruppe für Sie gefunden, bei der Sie ohne Gruppenmitgliedschaft sowohl Artikel lesen als auch schreiben dürfen. Zum Schreiben müssen Sie nur XING-Mitglied sein. Allerdings ist dies eher ungewöhnlich. Die meisten Moderatoren stellen ihre Gruppen so ein, dass nur Mitglieder auch Artikel schreiben dürfen. Immerhin ist ja jeder Moderator daran interessiert, möglichst viele neue Mitglieder zu gewinnen.

In einer Gruppe anmelden

Der Anmeldevorgang ist ganz einfach.

Klicken Sie auf der Gruppenstartseite einfach auf den grünen Button *Jetzt Mitglied werden!*, und schon sind Sie Mitglied in dieser Gruppe. Meistens erhalten Sie vom Moderator eine Begrüßungsmail mit entsprechenden Informationen.

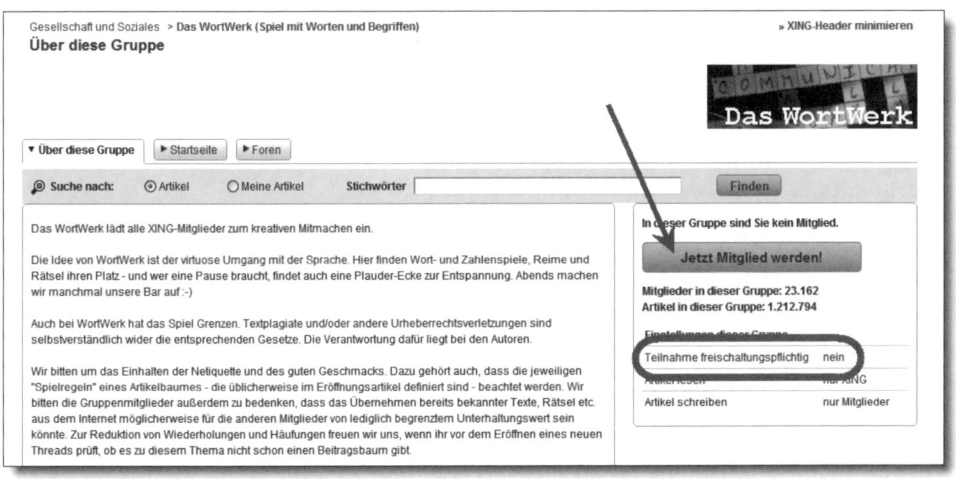

Mit einem Klick in einer Gruppe anmelden.

Wenn die Teilnahme einer Gruppe freischaltungspflichtig ist, dann müssen Sie eine Begründung für die Gruppenaufnahme angeben und auf die Freischaltung durch die Moderatoren warten. So wie hier in der Wellensittich-Gruppe, *https://www.xing.com/net/wellensittiche*:

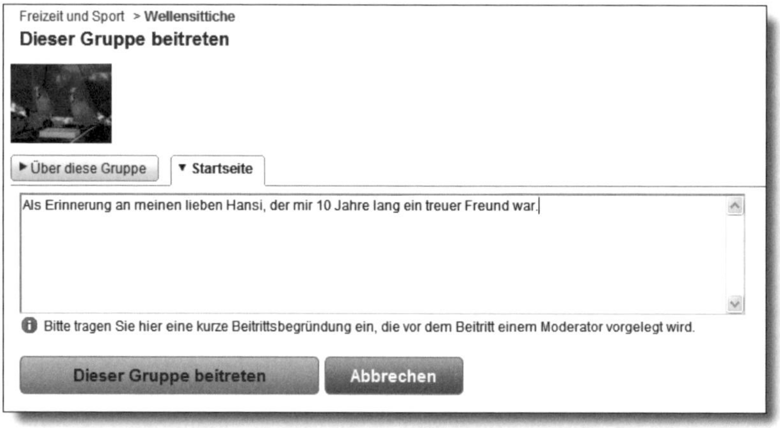

Manchmal müssen Sie die Aufnahme in eine Gruppe begründen.

Aber wenn die Moderatoren mit der Aufnahme einverstanden sind, dann erhalten Sie eine E-Mail, und Ihre Mitgliedschaft ist freigeschaltet.

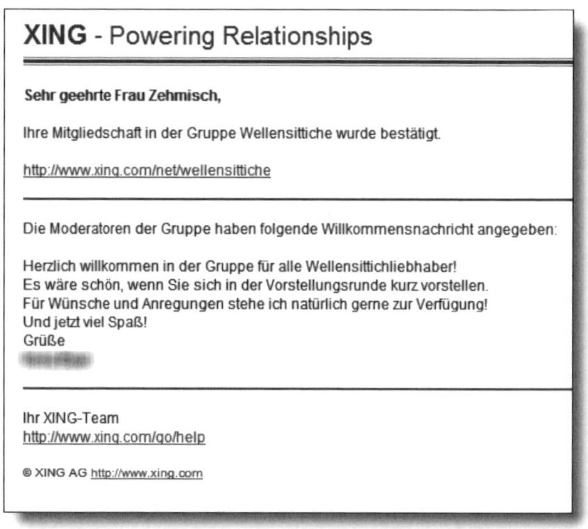

Jetzt ist die Mitgliedschaft freigeschaltet. Die Moderatorin hat mich als neues Mitglied begrüßt.

Die Aufnahme ist an eine Bedingung geknüpft

In manchen Gruppen können Sie nur aufgenommen werden, wenn Sie bestimmte Kriterien erfüllen, beispielsweise bei der zugehörigen Organisation Mitglied oder,ehemaliger Studienabsolvent einer Universität oder Angestellter eines Unternehmens sind. Auf der Startseite der Gruppe werden Sie über diese Bedingung informiert. Handelt es sich um eine Organisation, dann hat diese in der Regel eine eigene Website, auf der Sie sich detaillierter über eine (meist kostenpflichtige) Mitgliedschaft informieren können.

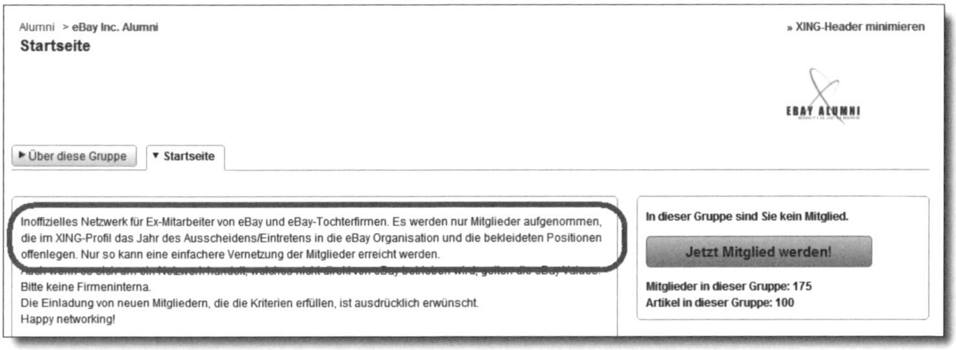

Die eBay-Alumni-Gruppe ist nur für ehemalige eBay-Mitglieder bzw. deren Tochterunternehmen zugänglich. Der Nachweis muss im Profil durch Eintrag des Ausscheidens/Eintretens in die eBay-Organisation und die bekleidete Position erbracht werden.

Jetzt sind Sie Mitglied

Gruppen, in denen Sie Mitglied sind, erscheinen bei Ihnen auf der Seite *Gruppen/Meine Gruppen*.

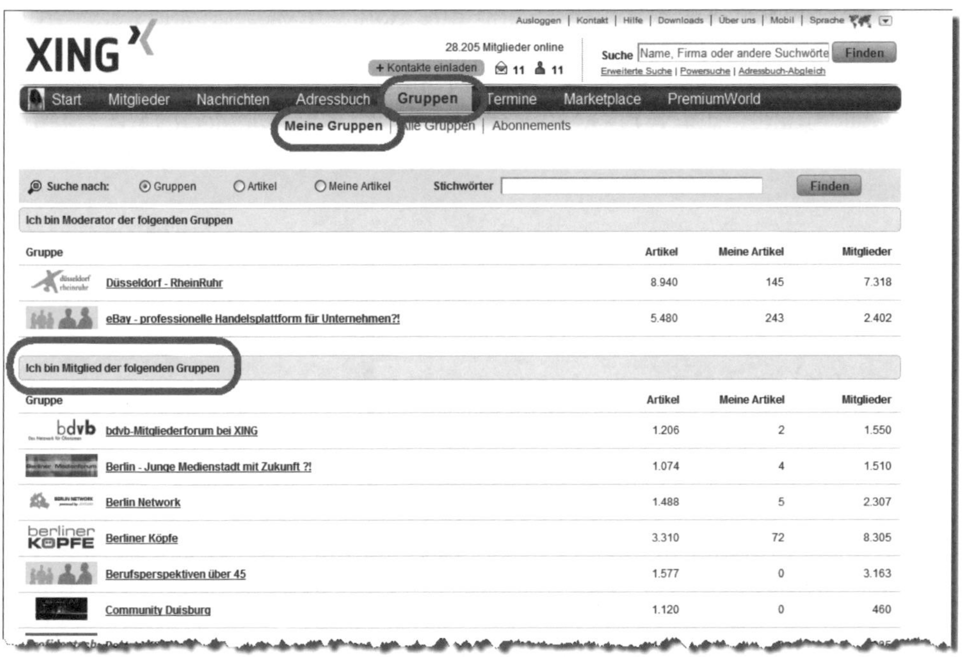

Gruppen, in denen Sie Mitglied sind.

Außerdem sind Ihre Gruppen in Ihrem Profil für andere sichtbar. Wenn Sie das nicht möchten, können Sie die Sichtbarkeit unterbinden.

Gehen Sie dazu auf Ihre Startseite und dann auf *Einstellungen/Profileinstellungen/Sichtbarkeit von Gruppen*. Sie können die Sichtbarkeit Ihrer Gruppen dort grundsätzlich unterbinden oder nur bestimmte Gruppen auf „unsichtbar" schalten.

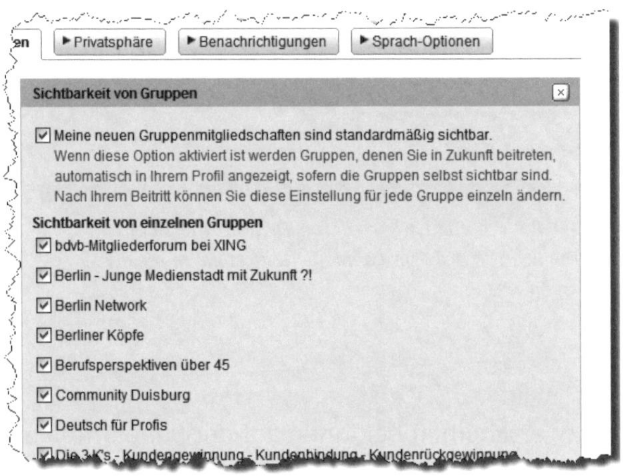

So schränken Sie die Sichtbarkeit Ihrer Gruppen ein.

Übrigens: Wundern Sie sich nicht, wenn Ihre Kontakte Sie auf eine neue Gruppenzugehörigkeit ansprechen. Diese Information wird Ihren Kontakten nämlich in der Rubrik *Neues aus meinem Netzwerk* mitgeteilt, es sei denn, dass Sie das nicht wollen und in Ihren Einstellungen unter *Start/Einstellungen/Privatsphäre/Neues aus meinem Netzwerk* beim Punkt *Neue Gruppenmitgliedschaften* das Häkchen entfernen.

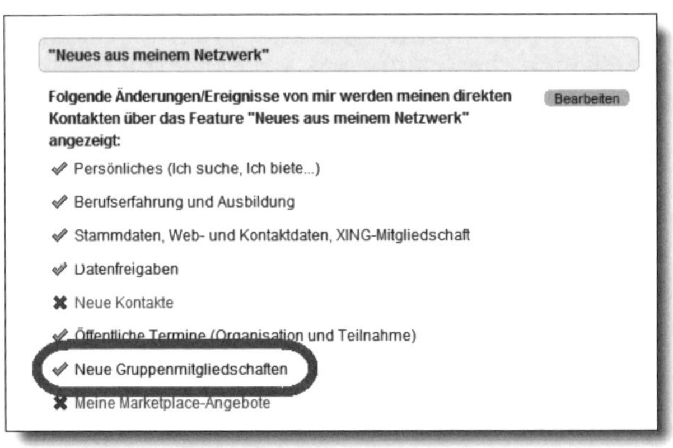

Häkchen weg, wenn Ihre Kontakte nichts von Ihren neuen Gruppen erfahren sollen.

Wann ist es sinnvoll, Gruppen auf unsichtbar zu stellen?

Grundsätzlich empfehle ich Ihnen, Ihre Gruppen sichtbar zu lassen. Sie gehören zu Ihnen und ergänzen Ihr Profil. Die Mitgliedschaften in Fachgruppen erhöhen Ihre Kompetenz. Ihre Teilnahme an Regionalgruppen zeigt, dass Sie auch persönlichen Treffen aufgeschlossen gegenüberstehen und ein kommunikativer Mensch sind, und eine Mitgliedschaft in Freizeitgruppen macht Sie als Mensch sympathisch.

Schränken Sie deshalb nur dann die Sichtbarkeit Ihrer Gruppen für Dritte ein, wenn Sie einen persönlichen Grund dafür haben oder glauben, dass es Ihnen in irgendeiner Form schaden könnte.

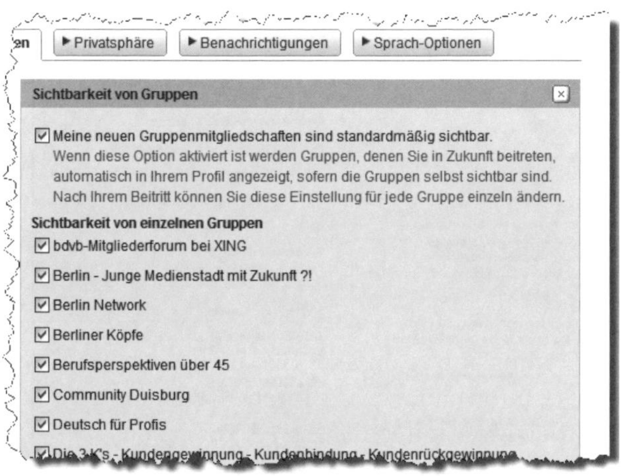

Hier können Sie die Sichtbarkeit Ihrer Gruppenmitgliedschaften einschränken.

Wer sind Ihre Moderatoren?

Eine Gruppe wird normalerweise von mindestens zwei Moderatoren geleitet. Das sind üblicherweise diejenigen, die auch die Gruppe ins Leben gerufen haben (kann aber später auch gewechselt und erweitert werden). Sie können deshalb davon ausgehen, dass die Moderatoren sich mit der Thematik besonders gut auskennen oder dass ihnen das Thema der Gruppe sehr am Herzen liegt. Moderatoren sind deshalb üblicherweise kompetente und/oder besonders engagierte Menschen auf ihrem Gebiet.

Die Gruppenmoderatoren erhalten kein Geld für ihre Tätigkeit, sondern führen sie aus Eigeninteresse durch. Die Aufgabe der Moderatoren ist es, die Gruppenstruktur einzurichten und sich um ihre Gruppe zu kümmern.

Mehr zum Thema Moderatoren finden Sie ab Seite 241.

Sind Sie an einem Fachgebiet interessiert, empfiehlt es sich, die Profile der Moderatoren anzuklicken und mit ihnen Kontakt aufzunehmen. Die Moderatoren stehen Ihnen außerdem für alle Fragen zur Gruppe oder bei Problemen zur Verfügung.

Auf der Gruppenstartseite können Sie sehen, wer die jeweiligen Moderatoren sind, und mit einem Klick deren Profil besuchen, hier die Ambassador-Gruppe Ruhrgebiet, https://www.xing.com/net/ruhrgebiet/.

Machen Sie sich mit Ihrer Gruppe vertraut

Nachdem Sie Mitglied in einer Gruppe geworden sind, stehen Ihnen vielfältige Möglichkeiten zur Verfügung. Es sind nun folgende Registerkarten für Sie freigeschaltet:

- Startseite
- Über diese Gruppe
- Foren
- Mitglieder

Wie ist ein Forum aufgebaut?

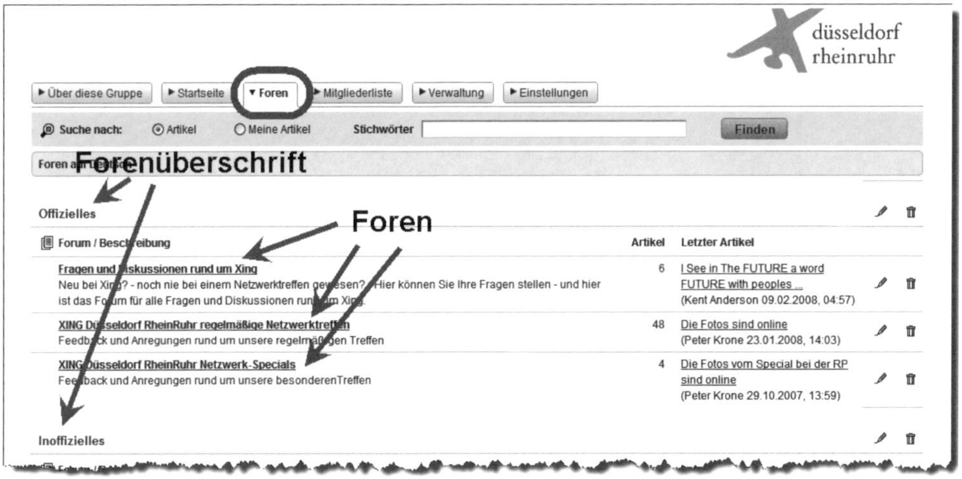

Die Aufteilung der Foren.

Innerhalb einer Gruppe gibt es die Diskussionsforen. Diese sind mit Überschriften logisch untergliedert. Innerhalb der Foren gibt es Artikelbäume mit den Diskussions-Threads. Jeder Moderator ist für die Aufteilung seiner Foren selbst zuständig.

Die Artikelbäume innerhalb der Foren.

Welche Rechte habe ich als Gruppenmitglied?

Als Gruppenmitglied dürfen Sie Artikel im Gruppenforum lesen und schreiben. Auf bestehende Beiträge können Sie antworten.

Sie können auch neue Beiträge beginnen:

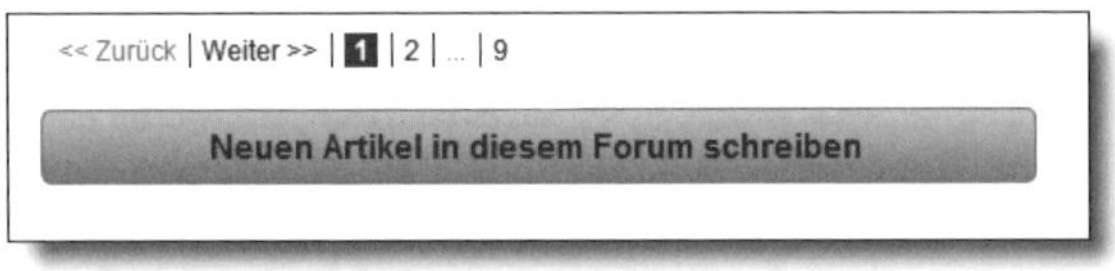

Was Sie als normales Gruppenmitglied nicht dürfen:

- Einstellungen für die Gruppe ändern
- Termine für die Gruppe organisieren
- Newsletter schreiben

Diese Features sind den Moderatoren vorbehalten.

Außerdem gibt es Foren, in denen Mitglieder nur lesen und nicht schreiben dürfen, wenn die Moderatoren dies so eingestellt haben.

So halten Sie sich über Diskussionsbeiträge auf dem Laufenden

Wenn Sie eine Diskussion verfolgen bzw. aktiv mitdiskutieren, ist es viel zu mühevoll, ständig bei XING in die Gruppe reinzugucken, ob zu diesem Thema etwas Neues geschrieben wurde.

Lassen Sie sich einfach von XING automatisch informieren, indem Sie einen Beitrag oder ein Forum abonnieren.

Damit Sie mit den Begrifflichkeiten, die von XING leider recht unspezifisch gewählt wurden, nicht durcheinanderkommen, möchte ich Ihnen dies anhand einiger Abbildungen erläutern.

In der Gruppe Kundengewinnung – Kundenbindung, Kundenrückgewinnung, *https://www.xing.com/net/kkk*, läuft eine Diskussion über eBay. Der Moderator Dominic Wolf, *https://www.xing.com/profile/Dominic_Wolf2*, hatte mich darüber in Kenntnis gesetzt und in seine Gruppe eingeladen. Ich habe mich an der Diskussion beteiligt und möchte mich nun gern über weitere Beiträge informieren lassen.

Sie sehen hier zuerst den Forenbereich. Innerhalb der Foren gibt es das Forum *Kundengewinnung – innovative & erprobte Strategien bzw. Ideen* mit sieben verschiedenen Artikelbäumen (die wiederum mehrere Diskussionsbeiträge enthalten).

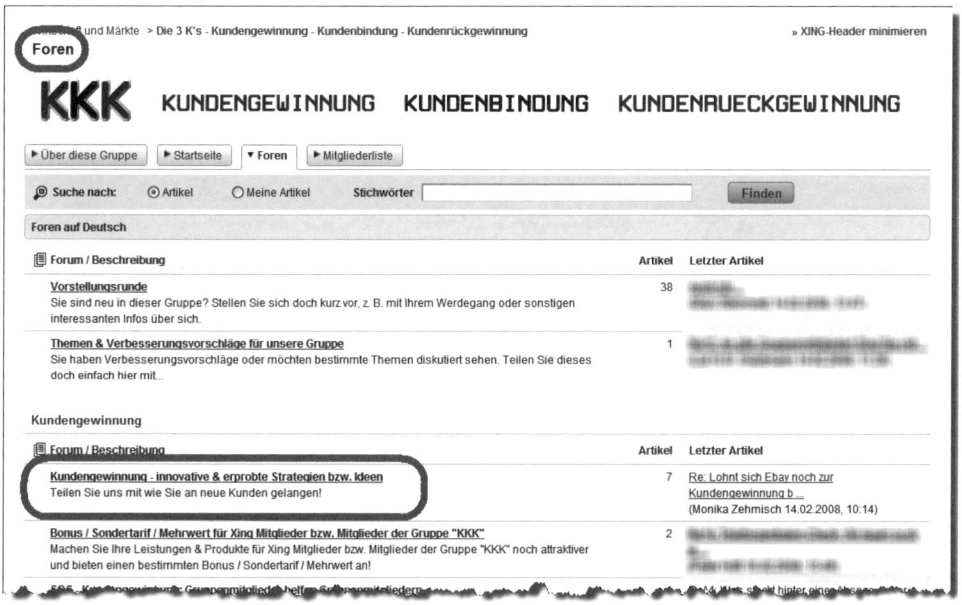

Beim Klick auf dieses Forum sehen Sie verschiedene Artikelbäume. Pro Artikelbäume sind dann wiederum mehrere Beiträge zu finden.

Es gibt nun die Möglichkeit, das ganze Forum zu abonnieren, sodass mich XING über jeden Beitrag und jeden Artikelbaum informieren würde. Auch wenn neue Artikelbäume angelegt werden würden, würde ich eine Informationsmail bekommen. Dann müsste an der Stelle *Artikel dieses Forums abonnieren* ein Haken gemacht werden.

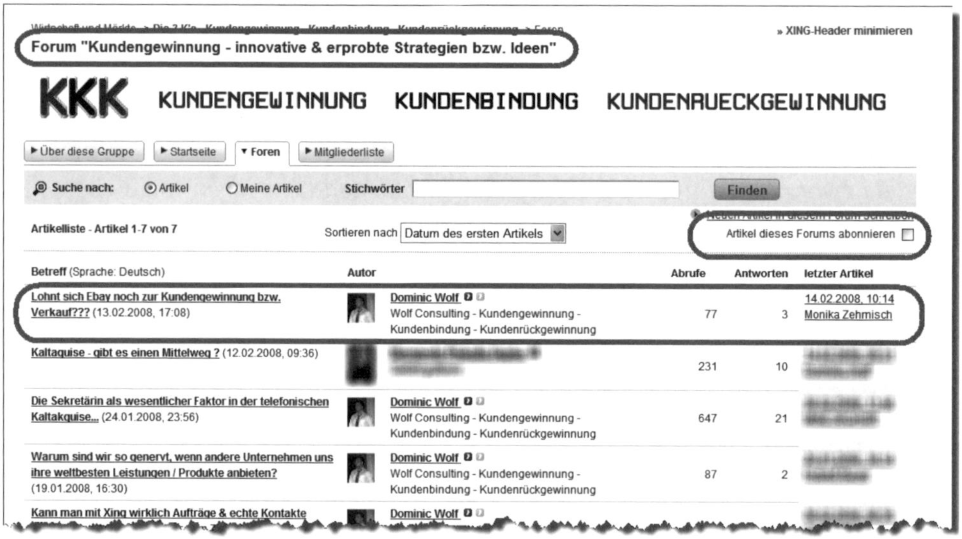

Wenn Sie ganze Foren abonnieren möchten, dann machen Sie an entsprechender Stelle einen Haken.

In diesem Fall interessiere ich mich aber nicht für die ganzen Artikelbäume, sondern nur für den Artikelbaum *Lohnt sich Ebay noch zur Kundengewinnung bzw. Verkauf???* Deshalb müssen wir noch eine Ebene tiefer gehen und klicken auf den Artikelbaum.

Hier bekommen wir nun alle vier Diskussionsbeiträge zu diesem Thema angezeigt. Ein Häkchen bei *Diesen Artikelbaum abonnieren* sorgt dafür, dass ich nun über jeden neuen Beitrag per Mail informiert werde.

Und hier können Sie nun einzelne Artikelbäume abonnieren.

Übersicht über Ihre Abonnements

Im Laufe der Zeit können sich in den verschiedenen Gruppen einige Abonnements ansammeln, insbesondere dann wenn Sie nicht nur Artikelbäume beobachten, die nach einigen Tagen oder Wochen meist einschlafen oder ausdiskutiert oder erledigt sind, sondern ganze Foren, in denen ja immer wieder neue Artikelbäume eingestellt werden.

Damit Sie nicht den Überblick verlieren, finden Sie unter *Gruppen/Abonnements* all Ihre Abonnements. Sie können entweder *alle* anzeigen lassen oder sich im Drop-down-Feld die Abonnements jeder einzelnen Gruppe anzeigen lassen, in der Sie Mitglied sind.

An dieser Stelle lassen sich die Abonnements übrigens auch löschen.

Die Übersicht über Ihre Abonnements.

Der Umgang mit Newslettern und Terminankündigungen

Wer in vielen Gruppen Mitglied ist, der wird auch eine entsprechende Anzahl an Newslettern und Terminmitteilungen bekommen, denn das schreiben die Moderatoren den Gruppen besonders gern. Über das Thema Termine werden wir uns noch ausführlich ab Seite 260 unterhalten. Leider kann der Posteingang dann auch schon mal so aussehen:

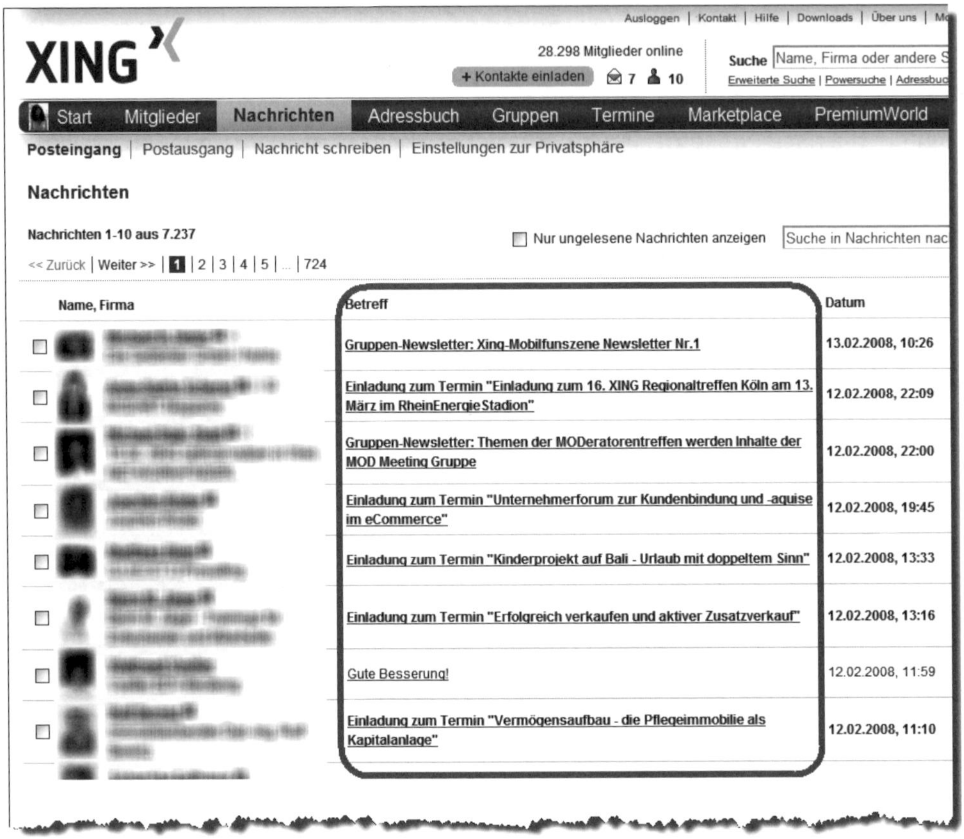

Der Posteingang voller Newsletter und Termin-Einladungen. Das kann nerven.

Sieben Newsletter und Terminankündigungen innerhalb von 24 Stunden. Nein, ich interessiere mich nicht für den Vermögensaufbau mit Pflegeimmobilien und ich möchte mich auch nicht an einem Kinderprojekt auf Bali engagieren. Damit Sie nicht mit unnötigen Informationen zugemüllt werden, haben Sie die Möglichkeit, Newsletter und Termin-Einladungen in Ihren Gruppen abzubestellen:

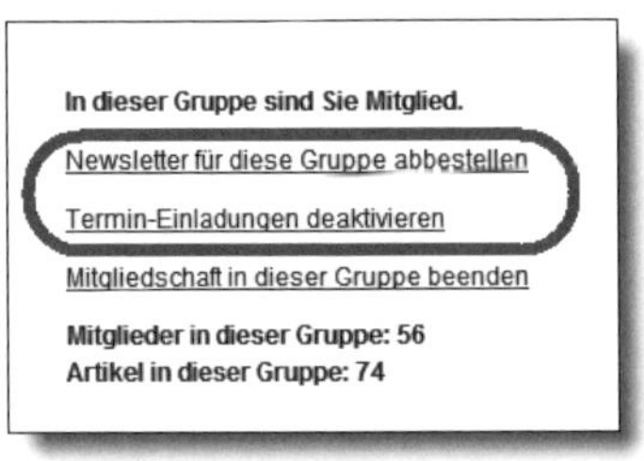

Zu jeder Gruppe können Sie Newsletter und Termin-Einladungen deaktivieren.

Diese Funktionen finden Sie auf der Startseite der jeweiligen Gruppe. Und dort kann die abgestellte Funktion auch wieder abonniert (= eingeschaltet) werden.

Damit Sie den Überblick über alle aktivierten und deaktivierten Gruppen-Newsletter behalten, können Sie sich auf der Seite *Start/Einstellungen/Benachrichtigungen* informieren. Mit einem Klick auf das Feld *Bearbeiten* lassen sich diese Einstellungen auch hier für jede Ihrer Gruppen einzeln einstellen.

Newsletter-Benachrichtigungen aktivieren oder deaktivieren.

Eine Abbestellung der Gruppen-Newsletter und Termin-Einladungen ist allerdings in den meisten Fällen nicht sinnvoll. Immerhin geben Ihnen die Moderatoren der Gruppen mit diesen Instrumenten wichtige Informationen an die Hand, die Sie sonst versäumen würden.

Wer ist alles in Ihren Gruppen?

Nicht nur die diskutierten Themen in den Foren sind wichtig für Ihre Mitgliedschaft in einer Gruppe, sondern auch die Menschen, die dort zu finden sind. Bei Regionalgruppen können dies Leute aus den unterschiedlichsten Berufsgruppen sein, die in Ihrer Nähe wohnen, in Fachforen werden es eher Menschen sein, die deutschlandweit, europaweit oder weltweit in derselben Branche arbeiten wie Sie oder mit ähnlichen Fachgebieten beschäftigen, bei Freizeitgruppen sind es einfach Menschen mit ähnlichen Interessen.

Es ist natürlich hochinteressant, zu recherchieren, wer denn diese Menschen so sind, Ihre Profile zu besuchen oder nachzuschauen, ob in Ihrer Gruppe auch direkte Kontakte von Ihnen zu finden sind. Der übliche Weg erfolgt über spannende Diskussionen. Wenn da jemand einen besonders kompetenten Beitrag abgibt oder einer nur dummes Zeug labert, dann ist es normal und auch im Sinne des Networkings absolut richtig, auf das jeweilige Profil zu klicken. Ist die Person interessant und bieten sich Anknüpfungspunkte, dann kann man auch außerhalb der Gruppe Kontakt aufnehmen und eine persönliche Nachricht schreiben.

Wenn Sie aber gezielt nach Mitgliedern einer Gruppe suchen möchten, bieten sich Ihnen mehrere Alternativen.

Einmal finden Sie auf den Startseiten Ihrer Gruppen einen Kasten mit einer Suchfunktion. Der ist für eine Schnellsuche gedacht und sieht folgendermaßen aus:

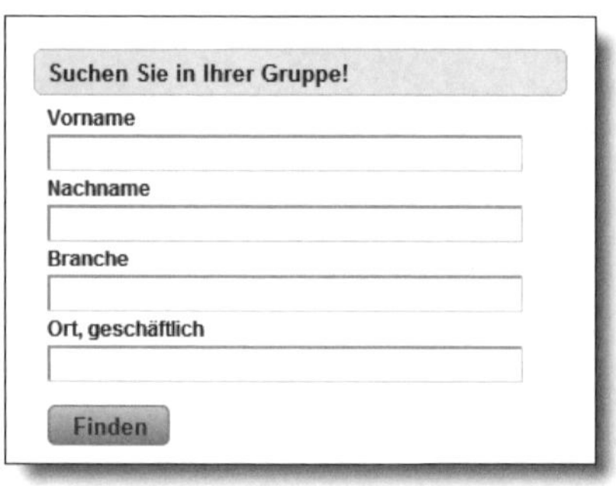

Die Schnellsuche in Ihrer Gruppe.

Wesentlich detaillierter ist aber die Suche in der Mitgliederliste Ihrer Gruppe. Dort haben Sie nicht nur mehr Suchbegriffe, sondern auch noch die Möglichkeit, speziell nach Ihren Kontakten zu suchen. Die Mitgliederliste können Sie sich auch komplett anzeigen lassen – entweder mit der Sortierung jüngstes oder ältestes Beitrittsdatum oben.

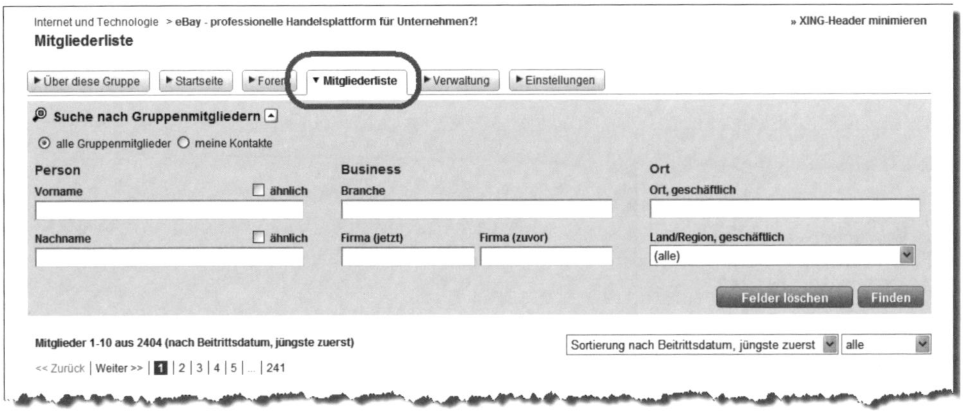

Die Mitgliederliste Ihrer Gruppe mit umfangreichen Suchmöglichkeiten.

Zur Gruppensuche können Sie auch die erweiterte Suche verwenden. Dort können Sie noch detaillierter suchen und haben die Möglichkeit herauszufinden, ob sich Mitglieder mit den gewünschten Kriterien in Ihren Gruppen befinden.

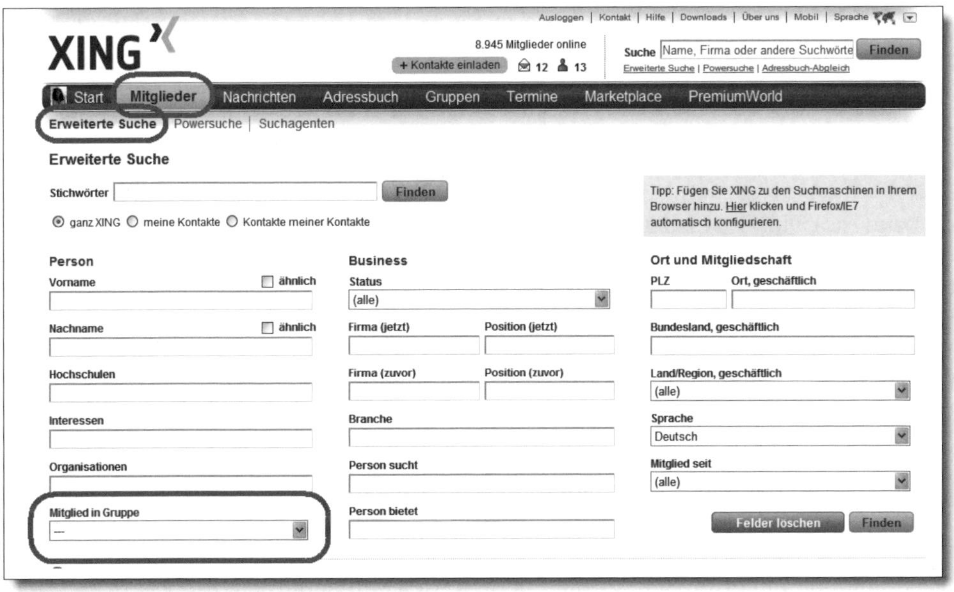

In der erweiterten Suche nach Gruppenmitgliedern suchen.

Was sind RSS-Feeds für Gruppen?

Auf der Starseite mancher Gruppen finden Sie folgende Information:

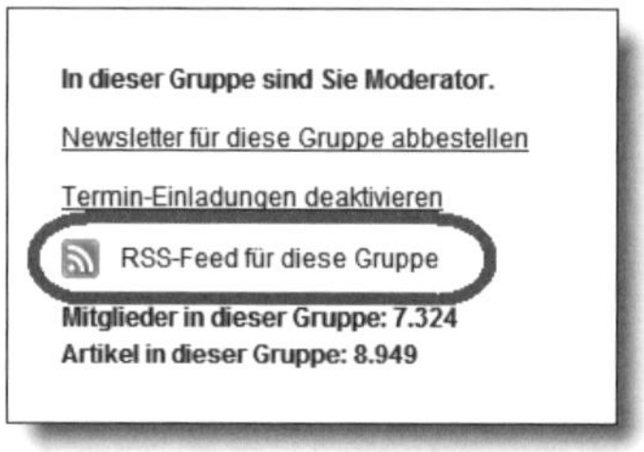

Gehören Sie auch zu denjenigen, die sich gefragt haben, was dies zu bedeuten hat?

RSS-Feeds sind häufig aktualisierte Inhalte, die auf einer Website veröffentlicht werden. Es kann sich um Nachrichten, News, Foren- oder Blogbeiträge handeln. Aber auch andere digitale Inhalte wie Bilder, Audio- und Videodateien können per Feed verteilt werden. Audioinhalte haben hier eine besondere Funktion, denn sie können beispielsweise im MP3-Format bereitgestellt werden, um auf MP3-Playern abgespielt zu werden. Dies wird als Podcasting bezeichnet. Der Begriff RSS steht für **R**eally **S**imple **S**yndication.

Wenn eine Website Feeds beinhaltet, können Sie dies meist anhand eines Links oder Banners erkennen – wie auch in den XING-Gruppen. Um die Inhalte dieser Website AUTOMATISCH zu erhalten, müssen Sie den Feed abonnieren.

Damit Sie RSS-Feeds einer Gruppe nutzen können, müssen zwei Bedingungen erfüllt sein.

1. **Die RSS-Feeds müssen für die Gruppe aktiviert sein.**
   Dafür sind die Moderatoren der Gruppe zuständig, die diese Funktion in den Einstellungen der Gruppe ein- oder ausschalten können. Ist die Funktion eingeschaltet, dann erscheint auf der Gruppenstartseite – wie in der Abbildung oben sichtbar – der Hinweis *RSS-Feed für diese Gruppe*. Der Hinweis ist gleichzeitig ein Link.
2. **Die RSS-Feeds müssen vom Autor eines Artikels in den Einstellungen freigegeben sein.**
   Neben der grundsätzlichen Aktivierung der Feeds für eine Gruppe kann nämlich jedes XING-Mitglied seine RSS-Feeds ein- und ausschalten. Dies geschieht in *Start/Einstellungen/Privatsphäre/Optionen*. Machen Sie ein Häkchen in der Zeile *Meine Artikel und Kommentare in den Gruppen können über Suchmaschinen und RSS abgerufen werden*. Oder entfernen Sie das Häkchen.

RSS-Feeds für eigene Artikel aktivieren oder deaktivieren.

Beachten Sie bitte, dass eine Sichtbarkeit in Suchmaschinen erst Wochen oder Monate später in Suchmaschinen wirksam werden kann. XING hat darauf keinen Einfluss.

Denken Sie auch daran, dass Sie in Antworten auf Ihre Gruppenbeiträge nicht mehr zitiert werden können, wenn Sie diese Funktion hier ausschalten.

So abonnieren Sie einen RSS-Feed

Klicken Sie dazu auf den Link *RSS-Feed für diese Gruppe*. Es erscheint eine Seite mit den aktuellsten Feeds und der Möglichkeit, diese Feeds zu abonnieren.

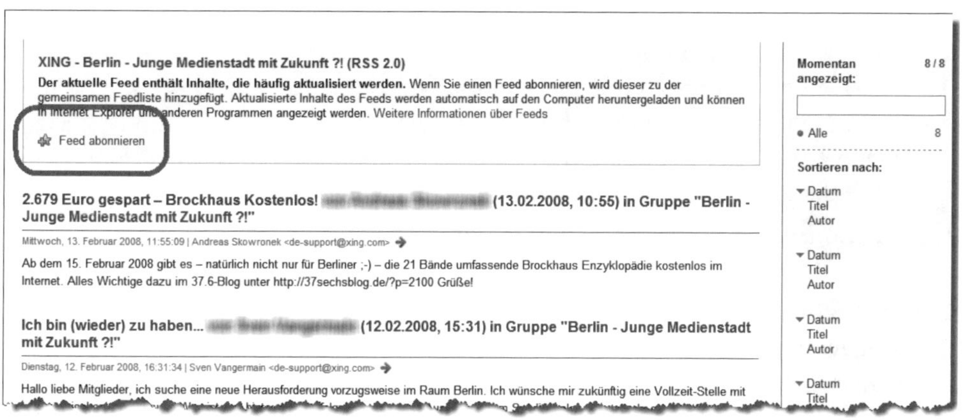

Um die Inhalte einer Website automatisch angezeigt zu bekommen, müssen Sie den Feed abonnieren.

Klicken Sie nun auf *Feed abonnieren*. So wie beim Speichern von Favoriten möchte nun der Internet Explorer von Ihnen wissen, welchen Namen Ihr Abonnement haben soll. Außerdem bekommen Sie den Ordner *Feeds* vorgeschlagen.

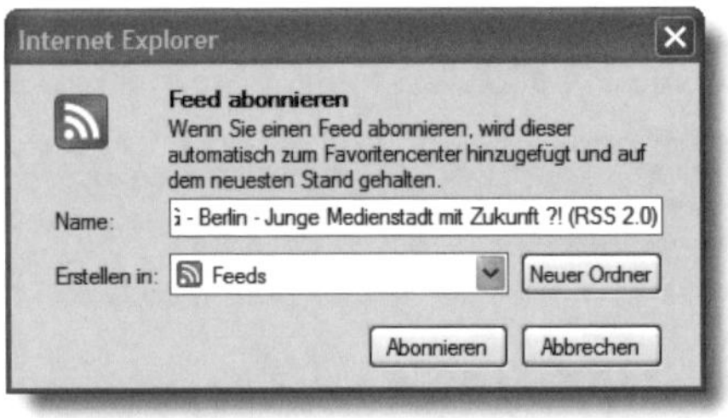

Die Einstellungen im Internet Explorer für das Speichern von Feeds.

Sie haben die Möglichkeit, unter *Feedeigenschaften* das Intervall anzugeben, in dem der Feed abonniert werden soll, und außerdem festzulegen, wann die Nachrichten des Feeds archiviert werden sollen. Standardmäßig aktualisiert der Internet Explorer die Nachrichten einmal täglich.

Wie oft sollen Ihre Feeds aktualisiert werden?

Nun ist die Installation abgeschlossen. Ihre abonnierten RSS-Feeds können Sie sich im Favoritencenter Ihres Internet Explorer anzeigen lassen. Diese können Sie mit *Ansicht/Explorer-Leiste* aktivieren. Neben den Ihnen möglicherweise bekannten Registerkarten *Favoriten* und *Verlauf* gibt es als dritte Komponente nun die *Feeds*. Gibt es zu einem Thema neue Feeds, wird diese Zeile fett dargestellt. Ein Klick auf den Feed ruft die Feeds auf.

Abruf der aktuellen Neuigkeiten von einem abonnierten RSS-Feed.

10.4 Steigen Sie in Diskussionen ein

Sie haben es sich wahrscheinlich schon gedacht: Von nichts kommt nichts. In Gruppen ist nicht nur passives Mitlesen, sondern aktive Teilnahme gefordert. Gönnen Sie sich jeden Tag ein Viertelstündchen morgens oder abends und zappen Sie durch interessante Beiträge. Wenn Sie ein Thema gefunden haben, das Sie interessiert, zu dem Sie Informationen benötigen oder etwas zu sagen haben, dann steigen Sie selbst aktiv in die Diskussion mit ein.

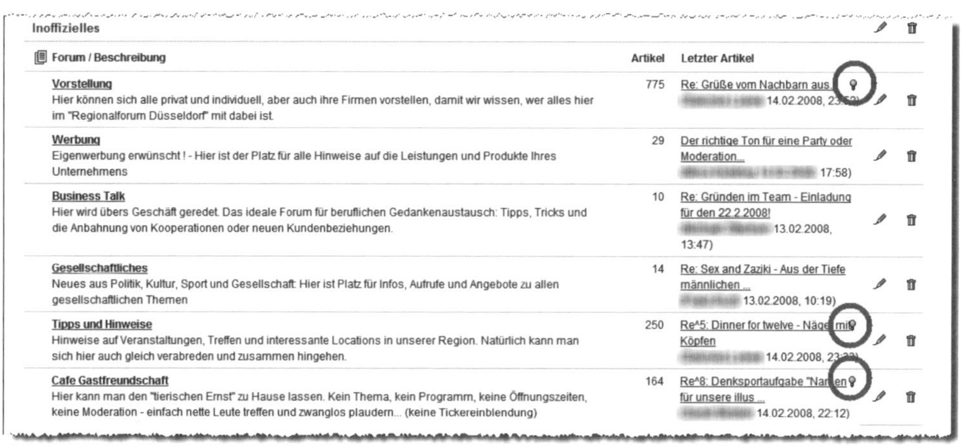

Neue Themen erkennen Sie anhand der „Glühbirne" in den jeweiligen Artikelbäumen.

Als neues Mitglied einer Gruppe starten

Wenn Sie neu als Mitglied einer Gruppe sind, dann sollten Sie sich erst einmal orientieren. Machen Sie sich in der Mitgliederliste mit den andern Mitgliedern vertraut. Das soll nun nicht heißen, dass Sie tausende Profile ansehen sollen. Nein, klicken Sie einfach ein paar Seiten durch, und wenn Ihnen jemand mit einem interessanten Beruf oder einer bekannten Firma ins Auge springt, dann klicken Sie das Profil an.

Üblich ist es auch, dass man sich als neues Mitglied in einer Gruppe vorstellt. Fast jede Gruppe hat einen Artikelbaum, in dem Sie sich vorstellen können.

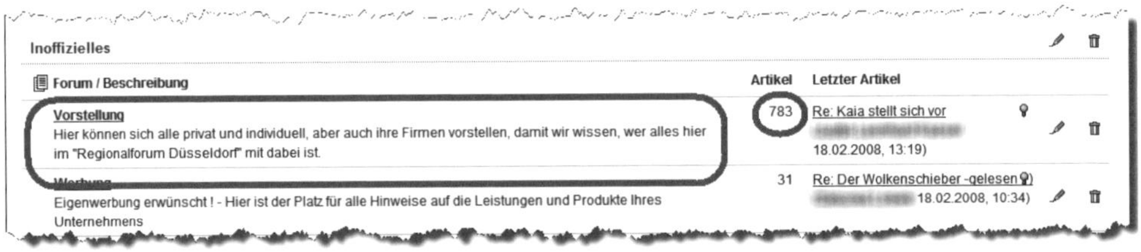

Die Vorstellungsrunde in einer Gruppe gehört zum guten Ton bei neuen Gruppenmitgliedern.

Neben dem Aspekt der Höflichkeit wollen Sie ja mit der Mitgliedschaft in einer Gruppe auch etwas erreichen, nämlich neue Kontakte zu gewinnen oder dass man auf Sie aufmerksam wird und sich für Ihr Profil interessiert. Deshalb ist die Vorstellung die erste Möglichkeit, in die Öffentlichkeit einer Gruppe zu treten. Nicht nur im Artikelbaum der Vorstellung kann man sehen, dass Sie einen neuen Beitrag verfasst haben, sondern auch auf der Startseite der Gruppe werden die letzten Artikel angezeigt. So werden Gruppenmitglieder auf neue Diskussionen aufmerksam.

Aber nicht nur dort, sondern auch auf der eigenen Startseite können Gruppenartikel angezeigt werden. Dazu stehen Ihnen drei verschiedene Arten von Boxen zur Verfügung:

- Neue Artikel in meinen Gruppen
- Neue Artikel in allen Gruppen
- Meine letzten Gruppen-Artikel

Mit dem Button *Startseite anpassen* können Sie diese Boxen aktivieren oder deaktivieren. Anschließend können Sie sie an eine Stelle verschieben, die Ihnen am besten gefällt. Einfach anklicken, angeklickt halten und auf der Startseite verschieben.

Dadurch, dass Gruppenartikel von Gruppen, die Sie nicht abonniert haben, unter *Neue Artikel in allen Gruppen* angezeigt werden, werden auch Nicht-Mitglieder aufmerksam.

Auf Diskussionen antworten

Was gerade aktuell in Ihrer Gruppe diskutiert wird, finden Sie am einfachsten auf der Startseite Ihrer Gruppe im Kasten *Letzte Artikel aus allen Foren.*

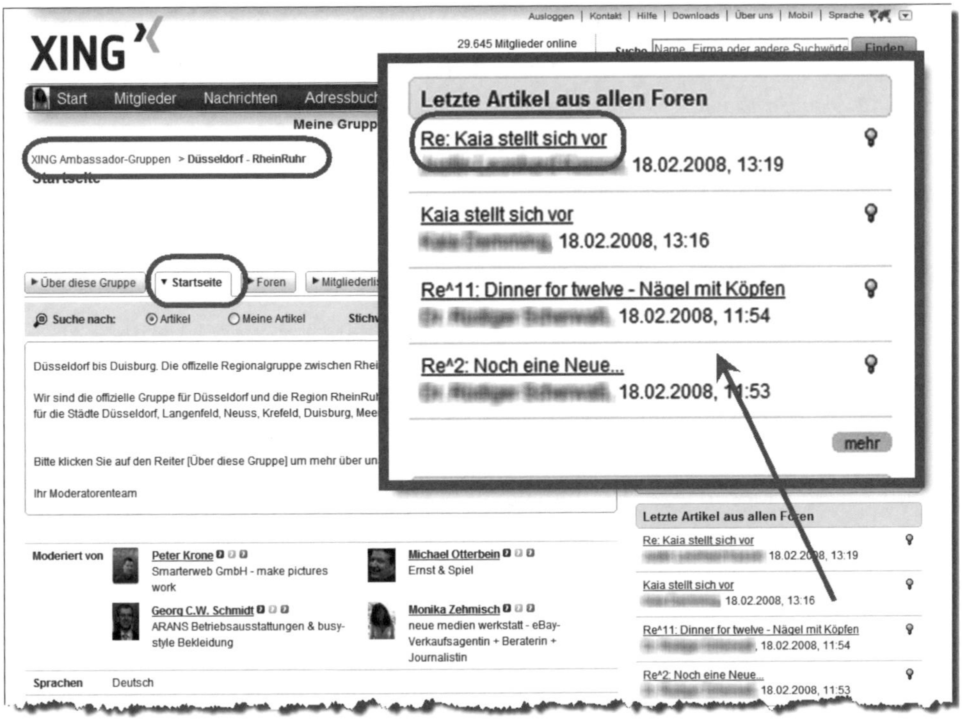

Neue Artikel erscheinen auf der Gruppenstartseite.

Aber auch ein Klick auf die Registerkarte *Foren* informiert Sie darüber, welche Themenbereiche gerade aktuell sind, zeigt das Thema der Diskussion und gibt die Information, zu welchem Forum es gehört.

Zu jedem Beitrag finden Sie folgende Informationen:

- alle Antworten übersichtlich auf einer oder mehreren Seite dargestellt
- die Namen der Verfasser der einzelnen Beiträge, natürlich mit der Möglichkeit direkt auf deren Profile klicken zu können
- den Namen des Initiator des Artikelbaums
- die Anzahl der Abrufe (Mitleser)
- die Anzahl der Beiträge in diesem Artikelbaum

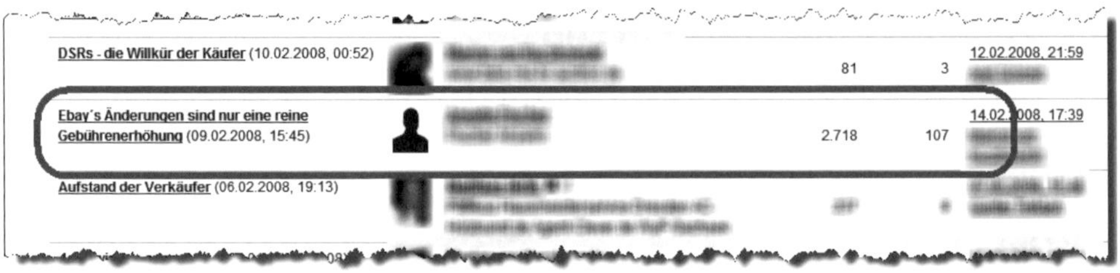

Dieser Artikelbaum entstand in meiner eBay-Gruppe aufgrund der großen eBay-Reform, die im Februar 2008 bekannt gegeben wurde. Bereits 2.718 Menschen haben bei diesem Thema mitgelesen (hierunter aufgrund der Gruppeneinstellungen auch Nicht-Gruppenmitglieder und sogar Nicht-XING-Mitglieder, und es gibt 107 Beiträge zu diesem Thema.

Zitieren von Beiträgen

Bei langen Diskussionen ist es manchmal nicht einfach, den Überblick zu behalten. Verschiedene Diskussionsteilnehmer, neue Aspekte, Antworte auf Meinungen, Antworten auf Antworten reihen sich aneinander.

Erleichtern Sie deshalb den Fluss einer Diskussion, indem Sie den Teil, auf den Sie antworten, zitieren (= ausschnittsweise wiederholen).

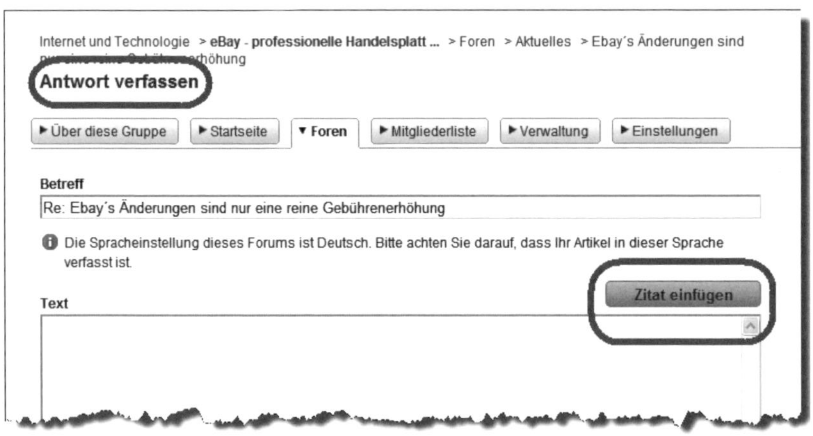

Klicken Sie dazu auf den Button *Zitat einfügen*. Es wird Ihnen nun der gesamte Text angezeigt, auf den Sie antworten. Bitte löschen Sie den Text bis auf den Abschnitt oder die Abschnitte, die Sie in Ihrer Antwort angezeigt lassen möchten. Wenn Sie versuchen, das komplette Zitat zu verwenden, erscheint von XING folgende Fehlermeldung: *„Das in Ihrem Text enthaltene Vollzitat des Ursprungsartikels haben wir aus Ihrem Kommentar entfernt. Bitte zitieren Sie in Zukunft nur die Teile des ursprünglichen Artikels, auf die Sie sich direkt beziehen.“*.

So können Sie ein Teilzitat in Ihre Antwort mit einbeziehen und damit den Diskussionsablauf transparenter halten.

Wann Zitieren nicht möglich ist

Manchmal suchen Sie den Button *Zitat einfügen* vergeblich. Jedes Mitglied kann seine persönliche Zitiermöglichkeit nämlich ausschalten.

Wenn Sie die Zitiermöglichkeit auch für sich ausschalten möchten, dann machen Sie das unter *Start/Einstellungen/Privatsphäre/Optionen* und entfernen den Haken unter *Meine Artikel und Kommentare in den Gruppen können über Suchmaschinen und RSS abgerufen werden*. Die Zitierfunktion hängt also mit der Wiederfindbarkeit Ihrer Artikel in Suchmaschinen und RSS-Feeds zusammen. Entscheiden Sie für sich, welche Vor- oder Nachteile Ihnen eine Sichtbarkeit bringen würde.

Neue Beiträge schreiben

Natürlich sollen Sie nicht nur auf Beiträge antworten. Viel wichtiger ist es, selbst die Initiative zu ergreifen und neue Diskussionen ins Leben zu rufen. Klicken Sie dazu auf den Button *Neuen Artikel in diesem Forum schreiben*.

Wählen Sie eine passende Überschrift

Geben Sie bei der Überschrift ein bisschen Mühe. Die Überschrift sollte prägnant, informativ und ansprechend sein. Hier ein paar gute und schlechte Beispiele, die ich wahllos aus meiner Gruppe Düsseldorf – RheinRuhr rausgegriffen habe.

Macht neugierig

- Der richtige Ton für eine Party oder Moderation ...
- Schreiben mit Licht
- tere, labas, sveiki - drei länder, drei sprachen, ein erlebnis – exklusive baltikum-rundreise
- Sex and Zaziki – Aus der Tiefe männlichen Gefühls

Ist mir zu reißerisch und aussagelos

- ... jetzt noch auf den Zug aufspringen! Eine einmalige Chance (versprochen!)

Langweilig

- IT und EDV-Support für Unternehmen und Privatpersonen
- In meinem Büro-Service
- Da war die Zeile wohl zu kurz
- Wenn Sie meinen Roman lesen, tun Sie

Informativ/sachlich

- Rutschsicherheit im Hotelbereich
- TV-TIPP „WEMA-Flüssigtapete im TV"
- Messe Euroshop vom 23.-27.02. in Düsseldorf/Einladung zur Präsentation „Profiling-Film"
- Arbeitszeitregelung am Rosenmontag in Düsseldorf
- Suche Steuerberater mit Ltd.-Erfahrung im westlichen Ruhrgebiet
- Bewerbung als Fachverkäufer/stellvertr. Filialleiter/Filialleiter und/oder Mediendesigner (Graphik & Design)
- Wann lohnt sich ein Firmenwagen?
- Eigenwerbung - Gruppe alumni FH Düsseldorf – Fachbereich Wirtschaft

Achtung, jeder kann mitlesen

Wenn Sie nun Ihren Artikel schreiben, achten Sie darauf, dass jedes Gruppenmitglied, je nach Gruppeneinstellung auch jedes XING-Mitglied oder sogar jeder Internet-Nutzer, Ihren Beitrag mitlesen oder (beispielsweise bei Google) einsehen kann. Auch wenn es manchmal leger zugeht, achten Sie darauf, dass Sie sich in einem Business-Netzwerk befinden.

Möchten Sie vermeiden, dass Ihre Beiträge auch bei Google gefunden werden können, dann können Sie die Funktion ausschalten unter *Start/Einstellungen/Privatsphäre/Optionen* und entfernen Sie den Haken unter *Meine Artikel und Kommentare in den Gruppen können über Suchmaschinen und RSS abgerufen werden.*

Präsentieren Sie sich als Experte

An anderer Stelle haben Sie erfahren, dass es beim Networking wichtig ist, erst zu geben, bevor man etwas zurückbekommt. Dies gilt auch für Ihre Beteiligung an Gruppen. Bringen Sie sich, Ihr Engagement und Ihr Know-how ein. Das bedeutet nicht, dass Sie kostenlos Beratungsdienstleistungen erbringen müssen und sich ausnutzen lassen müssen. Aber die ein oder andere Frage oder kompetente Antwort zu einem Fachthema sollte schon drin sein. Das kann beispielsweise ein kleiner Tipp sein, eine Adresse, eine Website, ein Gesetzestext oder eine anderswo veröffentlichte Nachricht. Verabschieden Sie sich von der Vorstellung, direkt etwas (in Form von Geld) zurückzubekommen.

Ihr Rat wir schnell geschätzt werden, und auf diese Weise werden Sie an anderer Stelle auch automatisch Anfragen hereinbekommen, die an Ihren Dienstleistungen oder Ihren Produkten interessiert sind.

10.5 Werden Sie Gruppenmoderator

Wenn Ihnen die Arbeit in den Gruppen besonders viel Spaß macht und Sie sehr aktiv und mit den bestehenden Moderatoren in engem Kontakt sind, dann werden Sie möglicherweise gefragt, ob Sie als Moderator mit einsteigen wollen.

Vielleicht ist aber auch Ihr Lieblingsthema bei XING noch nicht mit einer Gruppe abgedeckt, oder eine bestehende Gruppe kümmert sich, Ihrer Meinung nach, nicht genügend.

Da XING (mit Ausnahme der Ambassador-Gruppen) keinen „Gebietsschutz", nicht nur regional, sondern auch thematisch gesehen, erteilt, ist es durchaus möglich, mehrere Gruppen zu einem Thema ins Leben zu rufen. Geringfügige Variationen, um die eigene Gruppe abzugrenzen und zu positionieren, sind in der Regel einfach durchzuführen.

Bereits ca. 17.000 Moderatoren sind bei XING aktiv.

Es gibt viele Beispiele von Gruppen, die erst spät gegründet wurden, aber trotzdem sehr groß und erfolgreich wurden und sogar etablierte Gruppen zu einem ähnlichen Thema überholt haben. Aber auch wenn Ihre neue Gruppe ein Spezialthema betreffen soll, ist eine kleine, aber feine Gemeinschaft von 100 Gruppenmitgliedern interessant. Natürlich geht auch hier Qualität vor Quantität.

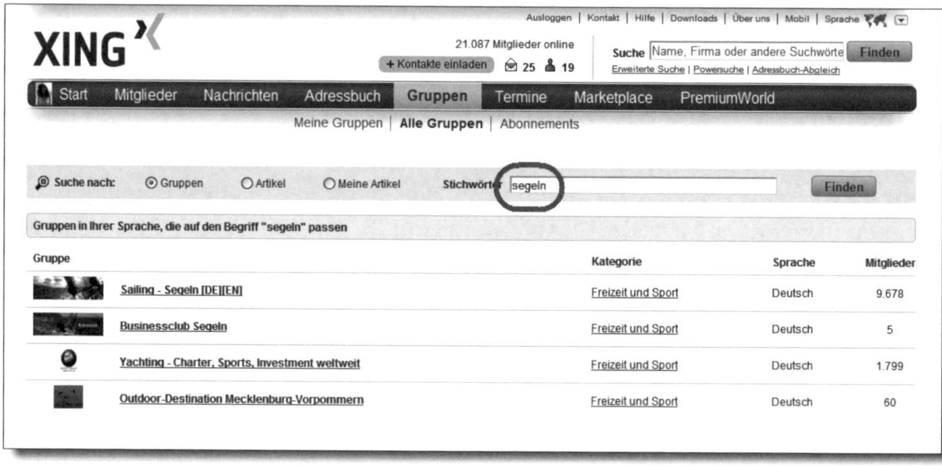

Vier Gruppen rund um das Thema Segeln.

Es gibt immer wieder neue Gruppenideen. Den Moderatoren gehen die Ideen nicht aus. Während ich diese Zeilen schreibe, sind gerade (als Anregung für Sie) folgende Gruppen neu eröffnet worden:

- **MIREM e.V. MBA Internationales Immobilienmanagement**
  https://www.xing.com/net/mba_mirem/
  Alumnivereinigung der Absolventen des Post-Graduierten Studiengangs MBA Internationales Immobilienmanagement Biberach/London/Zürich

- **Druck-& Medientechniker der Gutenbergschule Frankfurt/Main**
  https://www.xing.com/net/druckmedientechnikerffm/
  Diese Gruppe soll allen, die den Studiengang Druck-& Medientechnik an der Gutenbergschule in Frankfurt am Main besuchen oder besucht haben, eine Plattform zum Informations- und Erfahrungsaustausch bieten.

- **alumni FH Düsseldorf – Fachbereich Wirtschaft**
  https://www.xing.com/net/alumnifhd/
  Die Gruppe ist Treffpunkt und Networking-Hilfe für alle Alumni des Fachbereichs Wirtschaft an der Fachhochschule Düsseldorf. Dieses Forum soll dem persönlichen Erfahrungsaustausch der Absolventen dienen.

  (Zufälligerweise meine Fachhochschule und der Fachbereich, den ich studiert habe. Natürlich habe ich mich direkt angemeldet.)

- **Web2Print – die Zukunft der Printbranche und deren Kunden**
  https://www.xing.com/net/web-2-print/
  Die Zukunft der Printbranche liegt in der Verknüpfung von Internet-Technologien und modernen (digitalen oder digitalisierten) Druckmaschinen und der entsprechenden Vorstufen-Technologie.

- **Kirmes & Freizeitparks**
  https://www.xing.com/net/freizeitparkclub/
  Eine Gruppe für Fans von Achterbahnen, Freizeitparks und Kirmes.
  Zweck der Gruppe: Kontakte zu „Fans" weltweit, Infos über Aktuelles bzw. Neuheiten.

Bevor Sie eine neue Gruppe gründen, machen Sie sich bitte erst einmal klar, was dies für Sie bedeutet. Als Gruppenmoderator werden Sie sich viel für Ihre Gruppe engagieren müssen und viel Zeit einbringen müssen. Zeit, die von Ihrer Freizeit oder Ihrer beruflichen Zeit abgeht und die Ihnen niemand bezahlt, denn Ihre Arbeit als Gruppenmoderator ist ehrenamtlich. Sie werden außerdem kontinuierlich und langfristig mit diesem Thema beschäftigt sein. Machen Sie sich VORHER klar, ob Sie dies wirklich wollen. Vielleicht kann es für Sie einfacher und sinnvoller sein, als Moderator in eine bestehende Gruppe mit einzusteigen oder einfach als engagiertes Mitglied in einer Gruppe mitzudiskutieren. Es ist ohnehin so, dass XING sich von Ihnen wünscht, dass Sie die Gruppe nicht allein, sondern mit einem Co-Moderator zusammen betreiben, damit die Arbeit nicht allein auf einer Person lastet.

Sie wollen dennoch eine neue Gruppe gründen? Haben Spaß dabei, etwas Eigenes aufzubauen und sich mit Ihren Gruppenmitgliedern zu beschäftigen? Haben Sie genügend Zeit und Energie und Ideen im Kopf? Dann lesen Sie weiter.

So beantragen Sie eine neue Gruppe

Wenn Sie eine neue Gruppe ins Leben rufen möchten, dann klicken Sie auf den Button *Gruppe hier vorschlagen* im Menü *Gruppen/Alle Gruppen*.

Für die Gründung einer neuen Gruppe müssen folgende Voraussetzungen erfüllt sein:

1. Das Angebot richtet sich an engagierte Mitglieder, die den Austausch in ihrem Fachgebiet anregen und unterstützen wollen. Bitte beachten Sie, dass wir keine Gruppen zu politischen, religiösen oder pornografischen Themen oder zu Themen, die gegen geltendes Recht verstoßen, zulassen. Gruppenanträge, die der Verbreitung von MLM (Multilevel-Marketing) dienen, werden grundsätzlich abgelehnt.

2. Die vorgeschlagene Gruppe sollte ein Potenzial von mindestens 100 Mitgliedern aufweisen.
3. Angehende Moderatoren erklären sich bereit, den Code of Conduct für Moderatoren anzunehmen.

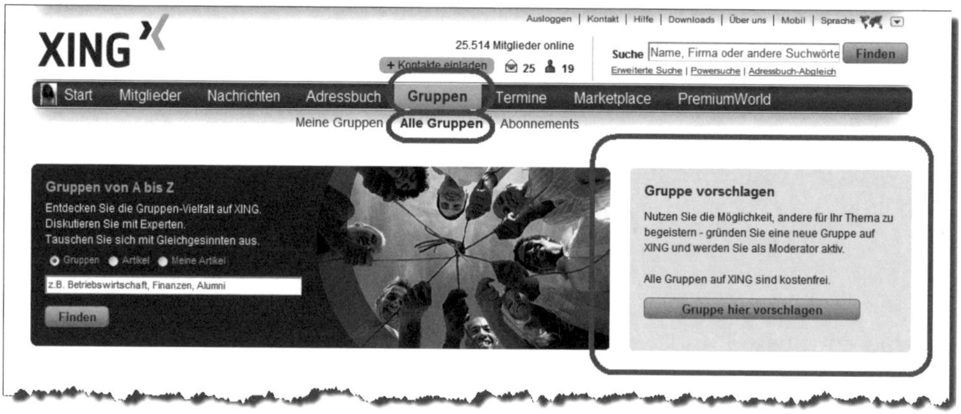

Gründen Sie selbst eine neue Gruppe.

Den Code of Conduct können Sie unter *https://www.xing.com/app/network?op=conduct* einsehen.

Als nächsten Schritt erwartet XING das Ausfüllen eines Onlineformulars. Auf der folgenden Seite sehen Sie eine Abbildung dieses Formulars, damit Sie sich schon im Vorfeld alle Details ansehen und sich darüber Gedanken machen können.

Bitte machen Sie sich schon vorher ausführlich Gedanken über Ihre Gruppe und schreiben Sie den Text erst einmal in eine Textdatei, damit Sie ihn vorab optimieren können – insbesondere bei den Punkten:

- Beschreiben Sie Ihre Gruppe.
- Wie wollen Sie die Aktivität und Qualität Ihrer Gruppe sicherstellen?

XING möchte natürlich auch von Ihnen wissen, welche Qualifikation Sie für die Leitung einer Gruppe haben, und ist auch daran interessiert, neue XING-Mitglieder zu gewinnen. Wenn Sie also außerhalb von XING ein gutes Netzwerk haben oder die Gruppe für eine Organisation angelegt werden soll, dann haben Sie gute Karten.

Sie müssen sich schon ein bisschen Mühe geben, um XING von Ihrer Gruppe zu überzeugen. Ihr Formular muss deshalb wie eine Bewerbung formuliert sein. Wenn Ihnen dies gelungen ist, bekommen Sie einige Tage oder Wochen später eine Rückmeldung, dass Ihre Gruppe entweder eingerichtet oder abgelehnt worden ist.

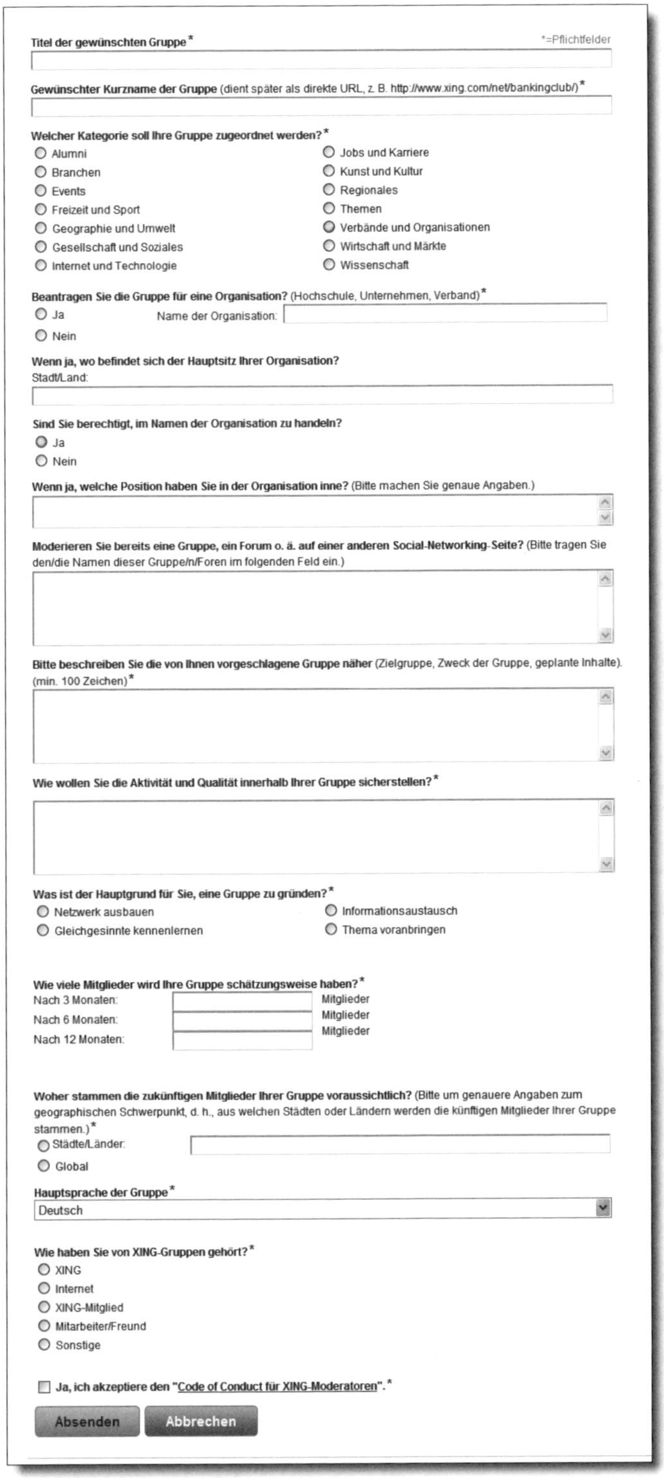

Titel der gewünschten Gruppe * *=Pflichtfelder

Gewünschter Kurzname der Gruppe (dient später als direkte URL, z. B. http://www.xing.com/net/bankingclub/) *

Welcher Kategorie soll Ihre Gruppe zugeordnet werden? *

- Alumni
- Branchen
- Events
- Freizeit und Sport
- Geographie und Umwelt
- Gesellschaft und Soziales
- Internet und Technologie
- Jobs und Karriere
- Kunst und Kultur
- Regionales
- Themen
- Verbände und Organisationen
- Wirtschaft und Märkte
- Wissenschaft

Beantragen Sie die Gruppe für eine Organisation? (Hochschule, Unternehmen, Verband) *

- Ja Name der Organisation:
- Nein

Wenn ja, wo befindet sich der Hauptsitz Ihrer Organisation?
Stadt/Land:

Sind Sie berechtigt, im Namen der Organisation zu handeln?

- Ja
- Nein

Wenn ja, welche Position haben Sie in der Organisation inne? (Bitte machen Sie genaue Angaben.)

Moderieren Sie bereits eine Gruppe, ein Forum o. ä. auf einer anderen Social-Networking-Seite? (Bitte tragen Sie den/die Namen dieser Gruppe/n/Foren im folgenden Feld ein.)

Bitte beschreiben Sie die von Ihnen vorgeschlagene Gruppe näher (Zielgruppe, Zweck der Gruppe, geplante Inhalte). (min. 100 Zeichen) *

Wie wollen Sie die Aktivität und Qualität innerhalb Ihrer Gruppe sicherstellen? *

Was ist der Hauptgrund für Sie, eine Gruppe zu gründen? *

- Netzwerk ausbauen
- Gleichgesinnte kennenlernen
- Informationsaustausch
- Thema voranbringen

Wie viele Mitglieder wird Ihre Gruppe schätzungsweise haben? *

Nach 3 Monaten: Mitglieder
Nach 6 Monaten: Mitglieder
Nach 12 Monaten: Mitglieder

Woher stammen die zukünftigen Mitglieder Ihrer Gruppe voraussichtlich? (Bitte um genauere Angaben zum geographischen Schwerpunkt, d. h., aus welchen Städten oder Ländern werden die künftigen Mitglieder Ihrer Gruppe stammen.) *

- Städte/Länder:
- Global

Hauptsprache der Gruppe *
Deutsch

Wie haben Sie von XING-Gruppen gehört? *

- XING
- Internet
- XING-Mitglied
- Mitarbeiter/Freund
- Sonstige

Ja, ich akzeptiere den "Code of Conduct für XING-Moderatoren". *

Absenden Abbrechen

Mit diesem Formular können Sie eine neue Gruppe beantragen.

Wichtig bei der Gründung Ihrer Gruppe ist auch sowohl ein prägnanter Name als auch ein Kurzname, der später als URL verwendet werden kann. XING-Gruppen haben schöne einfache URLs, die Sie auch gut nach außen weitergeben können. Die Struktur ist folgendermaßen: *http://www.xing.com/net/gruppenname*. Die beiden Gruppen, die ich moderiere, heißen:

- *https://www.xing.com/net/ebay*
- *https://www.xing.com/net/duesseldorf*

Nun sind Sie Moderator

Wird Ihre Gruppenidee von XING akzeptiert, dann erhalten Sie eine Zusage mit einigen Basisinformationen.

Die von Ihnen moderierte Gruppe wird Ihnen unter *Gruppen/Meine Gruppen* angezeigt.

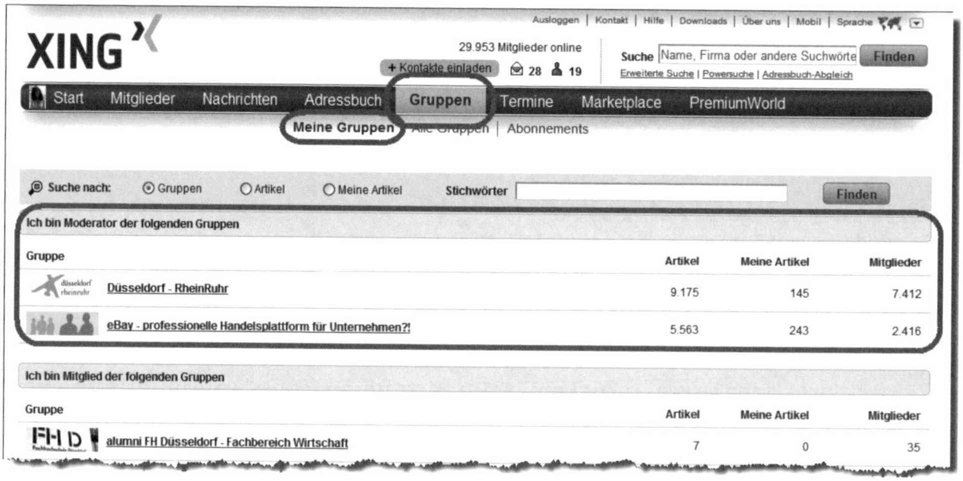

Hier sehen Sie die von Ihnen moderierten Gruppen.

Andere erkennen an Ihrem Profil, dass Sie Gruppenmoderator sind. Allein dadurch haben Sie übrigens schon einen besonderen Stellenwert innerhalb der XING-Gemeinschaft.

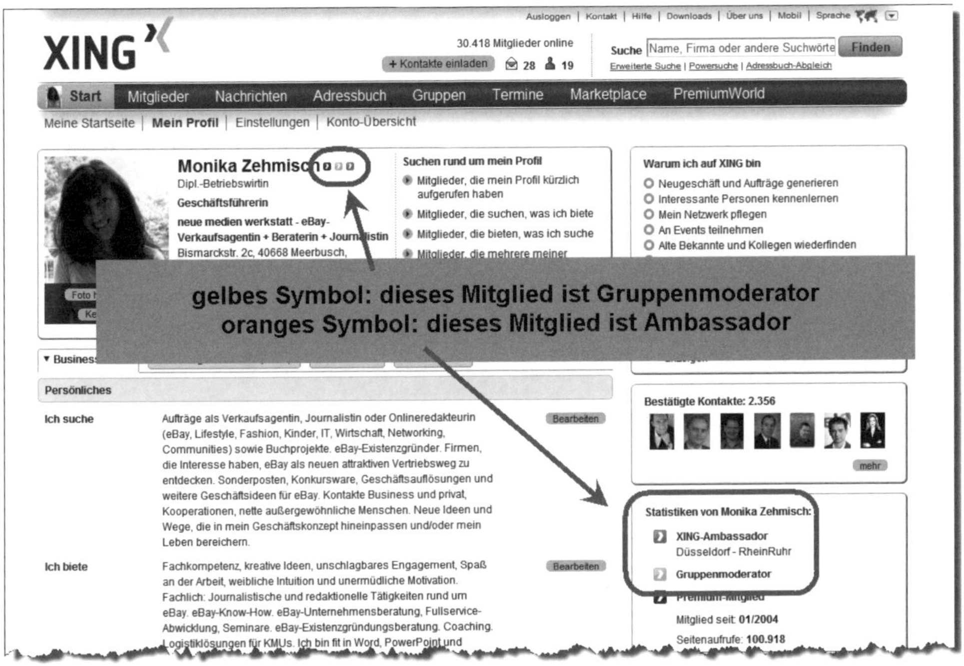

Sie sind Moderator – Ihr Profil verrät es.

Einen Co-Moderator bestimmen

Mit mehreren Moderatoren macht es mehr Spaß, eine Gruppe zu betreuen, und die anfallende Arbeit wird auf viele Schultern verteilt. Außerdem kann jeder Moderator, seinen Neigungen entsprechend, in der Gruppe tätig werden. Der eine ist gern in den Foren aktiv, der Nächste hat ein Händchen, um Live-Veranstaltungen zu organisieren, der Dritte ist für den „administrativen Kram" im Hintergrund verantwortlich.

Sie können sich deshalb Co-Moderatoren in Ihre Gruppe holen. Klicken Sie dazu auf die Registerkarte *Verwaltung/Mitglieder verwalten/Bestätigte Mitglieder*. Rechts finden Sie bei jedem Mitglied den Link *Als Co-Moderator einsetzen* – und schon ist es geschehen. Maximal können Sie sieben Co-Moderatoren mit dazuholen.

Das Einrichten der neuen Gruppe

Auf die Administration einer Gruppe möchte ich nur kurz und knapp eingehen, weil es den Großteil der Leser dieses Buches nicht betrifft. Als Moderator sind in Ihrer Gruppe zusätzliche Funktionen aktiv.

Das Einrichten der Foren

Dies ist sicherlich der wichtigste Punkt. Wie man ein Forum sinnvoll und strukturiert einrichtet, sollten Sie sich bei bereits bestehenden, erfolgreichen Gruppen abgucken. Schreiben Sie die gewünschte Struktur zuerst auf, bevor Sie sie bei XING eingeben.

Innerhalb der Registerkarte *Foren* können Sie dann die Struktur einrichten. Es stehen Ihnen zur Organisation *Foren* und *Forenüberschriften* zur Verfügung, deren Reihenfolge Sie bestimmen können.

Hier können Sie die Foren Ihrer Gruppe einrichten.

Für jedes Forum können Sie einen kleinen Text angeben, der in der Übersicht mit angezeigt wird. Für jedes Forum können Sie folgende Zusatzoptionen bestimmen:

- In diesem Forum können von Mitgliedern keine neuen Artikel geschrieben werden. Mitglieder können nur auf bestehende Artikel antworten.
- In diesem Forum dürfen nur Moderatoren schreiben.
- Dieses Forum wird nur Moderatoren angezeigt und ist auch nur für diese lesbar.
- Die Betreffzeilen der Artikel in diesem Forum können nur durch die Moderation geändert werden.
- Hinweise auf neue Artikel in diesem Forum erscheinen NICHT in den Infoboxen.
- Sprache des Forums

Foren können übrigens auch nachträglich verschoben werden. Es passiert nämlich in einer Gruppe ab und zu, dass die Struktur der Foren den tatsächlichen Gruppenbedingungen angepasst werden muss.

Zum Verschieben eines Artikelbaums klicken Sie auf *Foren* und dann auf den Stift neben jedem Forum.

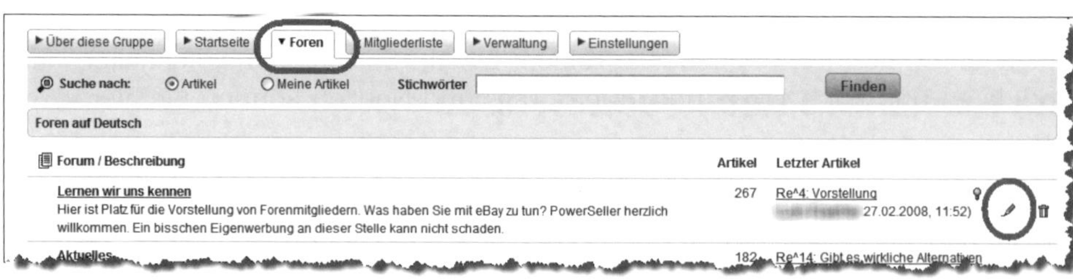

Hier können Sie Foren bearbeiten und verschieben.

Nun haben Sie die Möglichkeit,die Foreneinstellungen zu bearbeiten oder das Forum innerhalb des Drop-down-Menüs *Verschieben vor...* an eine andere Stelle zu verschieben.

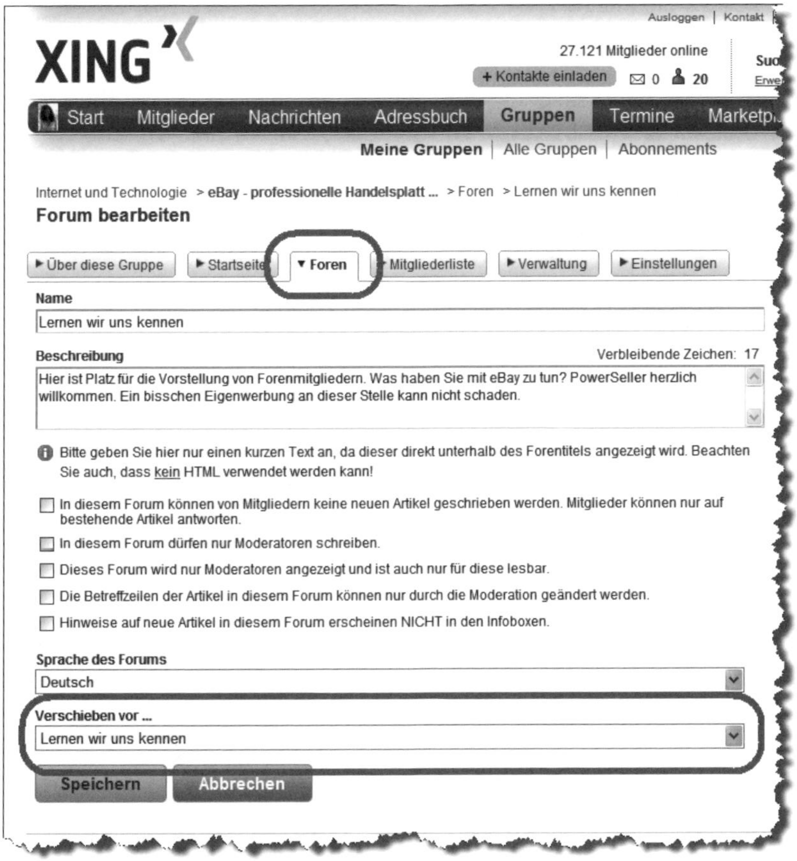

So verschieben Sie Foren.

Das Verschieben von einzelnen Artikeln ist leider nicht möglich.

Verwaltung

Mitgliederverwaltung

Hier können Sie Ihre Mitglieder anzeigen. Es gibt Selektionsmöglichkeiten nach Profildaten und nach Tags. Individuelle Tags und Notizen können Sie hier vergeben.

Außerdem können Sie ersehen, ob bzw. welche Mitglieder Sie für die Gruppe abgelehnt haben.

An dieser Stelle können Sie auch Co-Moderatoren einsetzen.

Newsletter erstellen

Für Ihre Gruppe können Sie Newsletter erstellen, die allen Gruppenmitgliedern (die diese Funktion nicht ausgestellt haben) über die privaten Nachrichten zugestellt werden.

Auch hier können Sie Tags definieren, die für die Zustellung des Newsletters zutreffen müssen. So haben Sie die automatisierte Möglichkeit, Newsletter nicht allen Gruppenmitgliedern, sondern nur einer bestimmten Zielgruppe zuzusenden.

Newsletter können einige Grund-HTML-Tags enthalten. Welche dies sind, werden auf der Newsletterseite angezeigt. So sind Sie in der Lage, optische Hervorhebungen wie Schriftgröße, Farbe, Fettsetzungen oder Auflistungspunkte zu definieren.

Newsbeiträge werden auf der Startseite angezeigt.

Es ist außerdem möglich, eine Vorlage für den Newsletter zu verwenden, sodass Sie Ihren Newsletter mit Logos und standardisierten Vorlagen versehen können.

Dateien verwalten

An dieser Stelle können Sie bis zu zehn Dateien hochladen, die auf Ihrer *Über diese Gruppe*-Seite angezeigt werden, sowie die Vorlagen für Ihre Newsletter. Insgesamt stehen Ihnen maximal 1 MByte zur Verfügung. Die Grafikdateien dürfen im Format GIF, JPEG und PNG vorliegen.

Newseintrag verfassen

Hier können Sie Mitteilungen verfassen, die auf der Startseite Ihrer Gruppe angezeigt werden. Die News können von den Gruppenmitgliedern kommentiert werden.

Einstellungen

Basis-Einstellungen ändern

An dieser Stelle können Sie den Text der Gruppen-Startseite erfassen.

Außerdem können Sie folgende Einstellungen vornehmen:

Optionen

- Mitglieder müssen von einem Moderator bestätigt werden.
- Moderatoren werden über neue Mitglieder benachrichtigt.

In dieser Gruppe darf Artikel und Antworten schreiben

- nur Moderatoren
- alle Gruppenmitglieder
- alle XING-Mitglieder

In dieser Gruppe darf Artikel und Antworten lesen

- alle Gruppenmitglieder
- alle XING-Mitglieder
- jeder

Diese Gruppe ist sichtbar für

- alle Gruppenmitglieder
- alle XING-Mitglieder
- jeden

Willkommensnachricht einrichten

Über jedes neue Gruppenmitglied werden Sie als Moderator per E-Mail informiert.

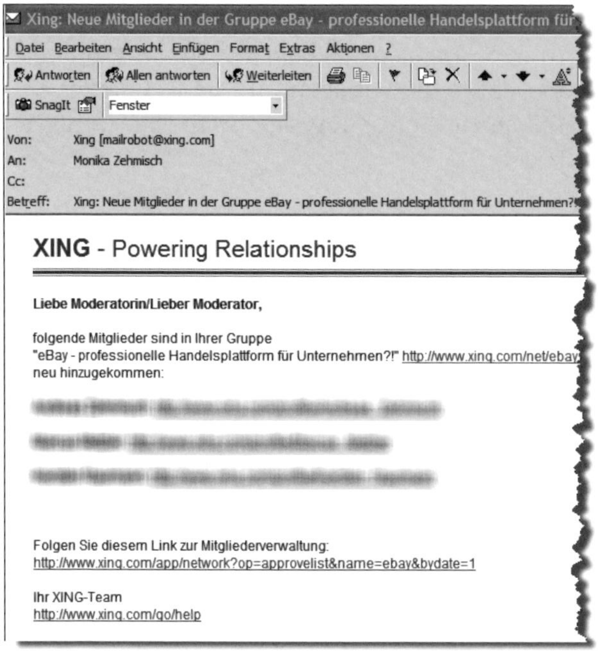

Automatische Info über neue Gruppenmitglieder, damit Sie als Moderator up to date sind.

Sie können jedes Gruppenmitglied einzeln begrüßen. Wenn dies nicht gewünscht oder möglich ist, insbesondere wenn Sie eine Gruppe betreuen, die einen hohen Mitgliederzuwachs hat, dann können Sie die Begrüßung automatisieren.

Den entsprechenden Text für die Begrüßung können Sie unter *Einstellungen/ Willkommensnachricht einrichten* ablegen. Sobald Sie diese Nachricht mit einem Häkchen aktivieren, erhält jedes neues Mitglied diese Begrüßung automatisch.

Dies sollte Sie aber nicht davon abhalten, Ihre Mitglieder persönlich zu begrüßen. Sie sind lediglich von der „Verpflichtung“ befreit, dies manuell und zeitnah bei jedem neuen Mitglied zu tun. Es ist sinnvoll, sich jedes neue Mitglied mit einem Klick auf das Profil anzuschauen. Sicherlich ist der eine oder andere interessante Mensch dabei, den Sie dann persönlich kontaktieren können. Hier liegt auch der Zusatznutzen für Sie als Moderator. Sie befinden sich in einer exponierten Stellung, und jedes Gruppenmitglied wird sich über eine Kommunikation mit dem Gruppenmoderator, der als Experte gilt, freuen.

Über diese Gruppe-Seite bearbeiten

Neben der Startseite gibt es eine *Über diese Gruppe*-Seite, (so wie auch in den Mitgliederprofilen die *Über mich*-Seite), auf der Sie detaillierte Informationen über Ihre Gruppe unterbringen können.

RSS-Import einrichten

Diese Funktion gibt Ihnen die Möglichkeit, thematisch interessante News von externen Websites auf der Startseite Ihrer Gruppe zu integrieren. Dazu müssen Sie die URL eines RSS-Feeds eintragen, beispielsweise *http://feeds.rp-online.de/rp-online/rss/topnews*. Damit können Sie Ihren Gruppenmitgliedern einen Mehrwert bieten.

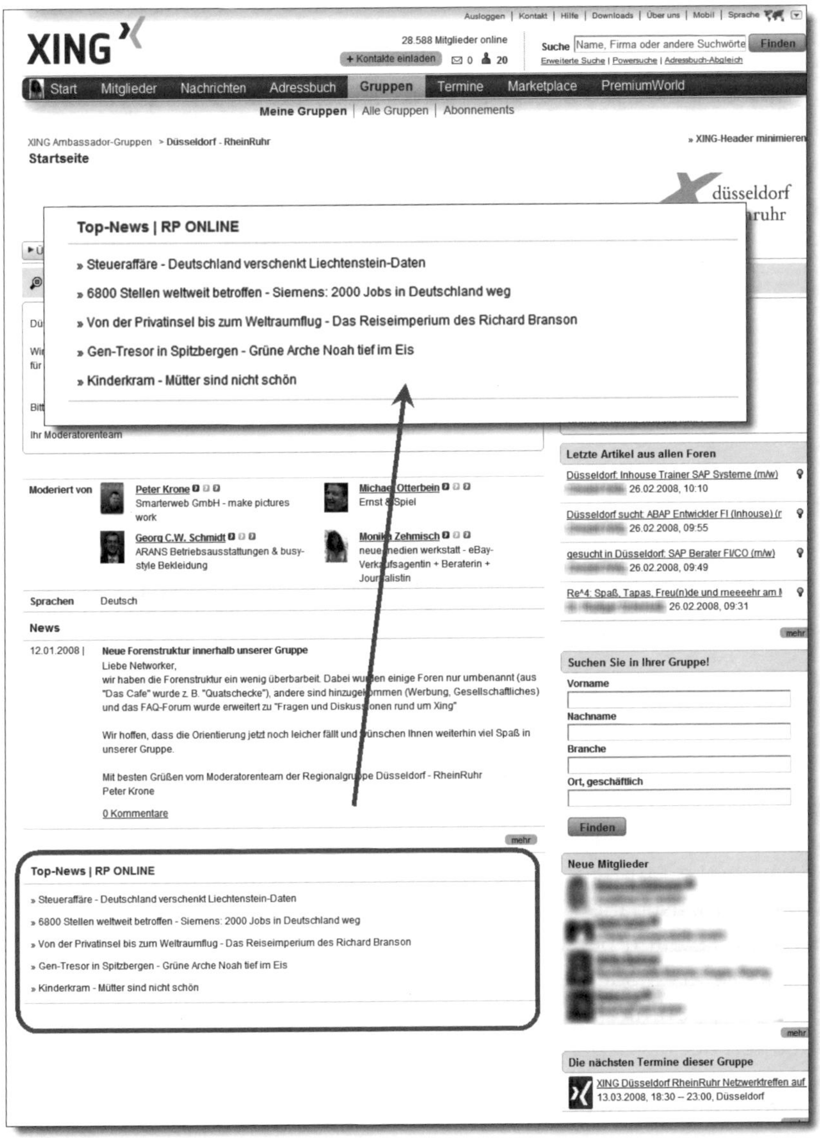

In der Ambassador-Gruppe Düsseldorf – RheinRuhr, https://www.xing.com/net/duesseldorf, haben wir auf der Startseite durch RSS-Import die Nachrichten von RP-Online integriert. So wissen unsere Gruppenmitglieder immer sofort, was aktuell in der Region Düsseldorf passiert ist.

Layout bearbeiten

Sie können Ihrer Gruppe verschiedene Logos zuweisen und das Layout der Gruppe geringfügig bearbeiten (farblichen Rahmen drum herum). Die Logos können unter *Layout bearbeiten* verwaltet werden.

In der Kopfzeile der Gruppe können bis zu drei Logos verwaltet werden. So ist es möglich, Partnerlogos oder Produktlogos anzeigen zu lassen.

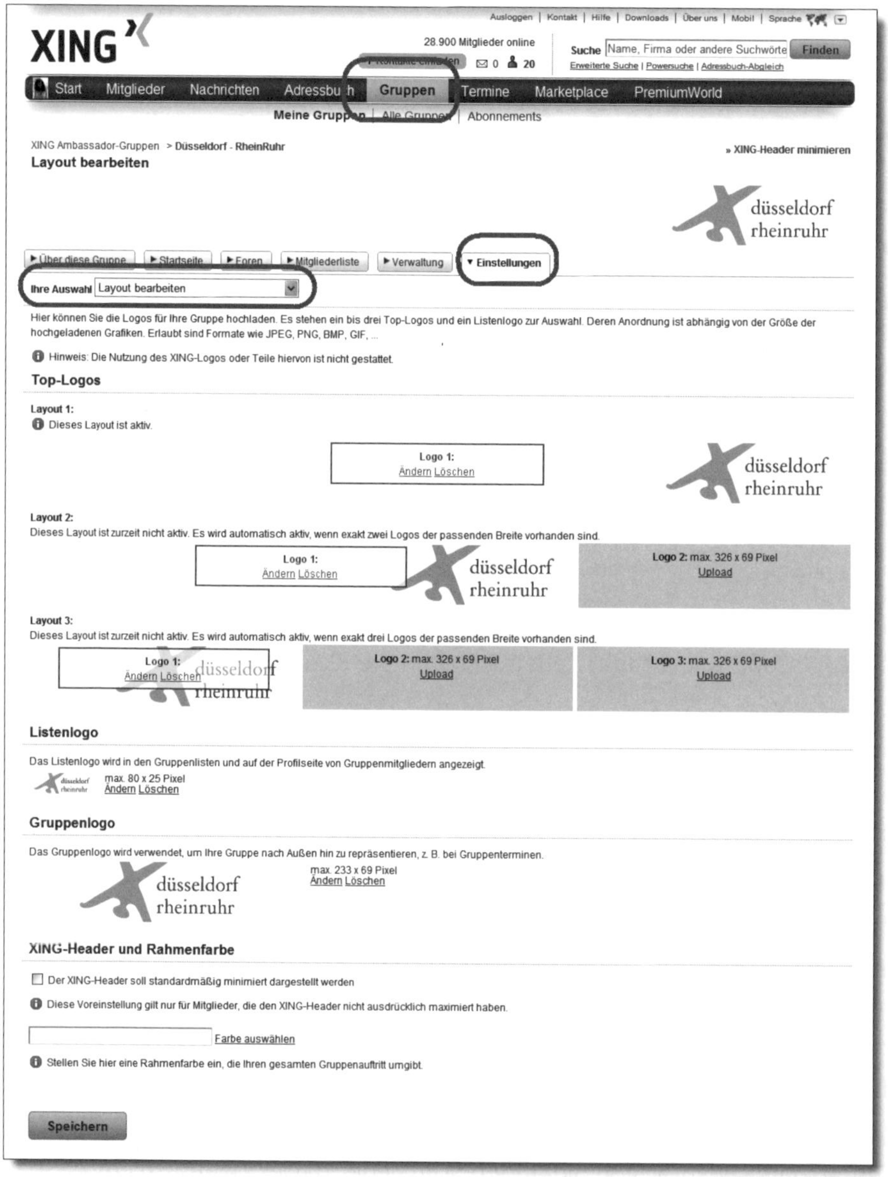

Die verschiedenen Möglichkeiten für Gruppenlogos.

Es ist sehr wichtig, dass Sie Ihrer Gruppe ein Logo zuordnen. Nur so bekommt Ihre Gruppe eine visuelle Identität, auf die man aufmerksam wird. Sehen Sie selbst den Unterschied:

Gruppen ohne Gruppenlogo erhalten ein graues Schattenbild und gehen inmitten der bunten und kreativen Logos anderer Gruppen unter.

Der Gruppenalltag

Am Anfang haben Moderatoren viel Power und viele Ziele. Neue Mitglieder werden eingeladen, Diskussionen werden angeregt. Auf die Dauer merken dann viele Moderatoren, dass sie dieses Pensum nicht durchhalten können, und sie merken auch, dass von allein keine Diskussionen entstehen oder mangels Beteiligung wieder einschlafen. Ein ganz typisches Problem. Nun gilt es, durchzuhalten und an Lösungen zu arbeiten.

Damit Ihre Gruppe wächst und gedeiht, sollten Sie also einige Spielregeln beachten:

- Begrüßen Sie – wenn möglich – Ihre neuen Gruppenmitglieder persönlich. Zumindest diejenigen, die für Sie interessant sind.
- Präsentieren Sie sich als Experte auf Ihrem Fachgebiet.
- Arbeiten Sie mit Ihren Moderationskollegen fair, offen und kollegial zusammen.
- Initiieren Sie Gruppendiskussionen, indem Sie den Anstoß durch einen neuen Gruppenbeitrag geben.
- Diskutieren Sie mit, zumindest wenn sich die Diskussion festgefahren hat oder einzuschlafen droht.
- Wenn Sie und Ihre Moderationskollegen im Forum nicht ständig aktiv sein können, dann beauftragen Sie andere Mitglieder damit, denen so etwas Spaß macht.

- Kontrollieren Sie regelmäßig die Gruppenbeiträge, damit Sie mitbekommen, wenn eine Diskussion aus dem Ruder läuft. Sie können sich jedes einzelne Forum abonnieren (nur bei kleineren Gruppen sinnvoll).
- Verschicken Sie regelmäßig Newsletter, um Ihre Mitglieder zu informieren. Geben Sie Ihren Mitgliedern die Möglichkeit, sich zu beteiligen, indem Sie auf Diskussionen, Probleme, Fragen oder Wünsche innerhalb der Gruppe aufmerksam machen. Sie können auch einzelnen Gruppenmitgliedern in dem Newsletter die Möglichkeit geben, sich vorzustellen.
- Veranstalten Sie möglichst auch Live-Treffen. Wenn eine Gruppe über ganz Deutschland oder international verstreut ist, bietet sich vielleicht eine Messe oder Konferenz für ein Treffen an, oder Sie veranstalten ein regionales Treffen.

T I P P

Im Interview: Martin Müller, XING-Ambassador einer der größten Regionalgruppen Deutschlands, und seine Erfolgsrezepte

Monika Zehmisch: Herr Müller, Sie sind seit vier Jahren Moderator der Köln-Regionalgruppe mit ca. 20.000 Mitgliedern. Welche Bedeutung haben die Regionalgruppen?

https://www.xing.com/profile/Martin_Mueller

Martin Müller: XING ist genial, um Kontakte zu knüpfen und super, um Kontakte zu pflegen. Um Beziehungen (geschäftliche wie private) aufzubauen, ist ein persönliches Kennenlernen unumgänglich. Dies kann durch die XING-Regionaltreffen gut dargestellt werden; sie fungieren sozusagen als Filter, wo man am Abend bis zu 30 erste Eindrücke von anderen Menschen sammeln kann. Anschließend kann man dann entscheiden, welche der Kontakte interessant sind, um sie weiterzuentwickeln. Die Regionalgruppen bilden die Einladungsverteiler und das Vor- und Nachbereiten der Regionaltreffen. Außerdem bieten sie Neulingen in einer Stadt schnell Anknüpfungspunkte und sie helfen, die verschiedensten Tipps über eine Region auszutauschen.

Monika Zehmisch: Wie sehen Sie Ihre Aufgabe als Moderator?

Martin Müller: Als Moderator muss ich dafür sorgen, dass eine Gruppe viele Neuzugänge generiert und dass die Diskussion und die Netiquette in der Gruppe gewahrt bleiben. Viele Mitglieder wünschen sich auch manchmal Anpassungen in den Foren – darüber müssen wir im Moderatorenteam dann entscheiden. Dazu sind nicht mal viele eigene öffentliche Beiträge nötig. Am liebsten halte ich mich mit öffentlichen Beiträgen gern zurück, wenn ich sehe, dass die Gruppe und die Diskussion funktionieren.

Monika Zehmisch: Was ist das Erfolgsrezept der Regionalgruppe Köln?

Martin Müller: Wir bringen die Business-Interessierten und die enger an persönlichen Beziehungen interessierten Menschen zusammen. Die einen möchten nur Business-Beiträge sehen, die anderen wünschen sich einen 24-Stunden-Chat. Wir haben einen Kompromiss organisiert, sodass sich alle wohlfühlen und Ihre Kommunikationsbedürfnisse erfüllen können.

Monika Zehmisch: Zu Ihrer letzten Veranstaltung kamen fast 1.000 Mitglieder. Eine solche Großveranstaltung zu organisieren kostet viel Zeit. Wie schaffen Sie es immer wieder, so viele Besucher zu den Treffen zu bewegen?

Martin Müller: Über die Treffen wird mittlerweile in Zeitungen, im Internet und im Fernsehen berichtet. Ein Treffen war immer besser als das davor. Daher gibt es eine so große PR, sodass jeder nun doch mal dabei sein möchte, und andere kommen gern wieder, weil es beim letzten Mal so schön war – und das führt zu immer steigenden Besucherzahlen.

Monika Zehmisch: Wie viel Zeit in der Woche investieren Sie in die Gruppenbetreuung und Organisation der Events?

Martin Müller: Die Gruppenbetreuung erfordert einen täglichen Blick in die Gruppe, das Überfliegen der Beiträge, sagen wir im Durchschnitt 30 Minuten am Tag. Um die Events zu organisieren, ist sicher auch eine Stunde pro Woche mit Sitzungen, Telefonaten und E-Mails durchschnittlich einzukalkulieren.

Monika Zehmisch: Welche Vorteile haben Sie beruflich durch Ihre Funktion als Moderator? Wie viel Aufträge haben Sie dadurch schon bekommen bzw. wie viel Prozent Ihrer Kunden gewinnen Sie durch XING?

Martin Müller: In den ersten jahen meiner XING-Mitgliedschaft habe ich keine direkten Kunden gewonnen, da ich im B2B-Bereich gearbeitet habe. Bei XING fand ich aber viele Multiplikatoren und Türöffner. Bei meiner jetzigen Tätigkeit als unabhängiger Finanzmakler seit Anfang 2007 hilft mir aber nun das Netzwerk mit Menschen, die ich in den letzten Jahren über XING kennengelernt habe und die mir nun vertrauen. Besonders für meine Firma Müller Consult, die Networking- und XING-Trainings anbietet, finde ich viele Kunden über XING, fast bis zu 100 Prozent. Hierzu hilft in erster Linie das Einstellen von öffentlichen Terminen in den Eventmanager.

11

Vom Virtuellen zur Realität

Das wirklich ganz Besondere an XING ist, dass es sich nicht nur um eine virtuelle Community handelt wie MySpace oder YouTube, sondern dass es die Mitglieder von XING geschafft haben, ihr Engagement und ihr Zusammengehörigkeitsgefühl in die reale Welt zu portieren. Damit meine ich nicht nur, dass sich zwei Geschäftspartner nach dem Austausch von E-Mails dann auch mal persönlich treffen, um ihr Geschäft abzuschließen, nein, mittlerweile finden weltweit riesige XING-Events statt, die teilweise tausende Besucher haben.

Diese Entwicklung ist übrigens ganz allein durch die Mitglieder entstanden. XING hat nicht vorausgesehen, dass sich dieser Trend abzeichnen würde, und wollte anfangs auch gar nichts damit zu tun haben, weil die Geschäftsleitung XING nur als Online-Community gesehen hat.

Doch die Mitglieder waren nicht aufzuhalten. Bereits kurz nach Gründung, im Jahr 2004, wurden die ersten Rufe laut *„Sollen wir uns nicht mal persönlich treffen?“*. Gerade in den Regionalgruppen, die sich ab 2004 langsam bildeten, war dies unaufhaltsam.

Auch XING hat mittlerweile erkannt, wie wichtig diese realen Treffen sind. Durch das 2007 ins Leben gerufene Ambassador-Programm will XING Maßstäbe und Qualitätsstandards setzen, um offizielle XING-Events zu veranstalten.

Ich kann Ihnen nur dringend empfehlen, diesem Trend zu folgen und XING-Mitglieder persönlich kennenzulernen. Denn auch wenn man im Internet noch so nett miteinander diskutiert, nichts ersetzt das persönliche Gespräch von Angesicht zu Angesicht. Wir sind alle immer noch Menschen, und tiefere Bindungen entstehen nur durch persönlichen Austausch.

Im folgenden Kapitel wollen wir uns damit beschäftigen, wie XING-Veranstaltungen ablaufen, wie Sie daran teilnehmen können und wie Sie selbst Veranstaltungen organisieren können. Bei XING finden Sie die Veranstaltungen unter der Registerkarte *Termine*. Doch zuvor lassen Sie uns erst einmal gucken, welche Art von Veranstaltungen es bei XING gibt:

1. **Termine, die von XING-Gruppen veranstaltet werden**
   Ganz besonders hervorzuheben sind hier die über 800 Regionalgruppen, die sich regelmäßig treffen. Eine Besonderheit stellen die großen Ambassador-Gruppen dar. Hier handelt es sich um besonders große Regionalgruppen, die das exklusive Recht haben, offizielle XING-Events zu veranstalten. Aber auch Fachgruppen treffen sich ab und zu zum Kennenlernen, Austausch und Fachsimpeln.

2. **Öffentliche Termine, die von einzelnen Personen veranstaltet werden**
   Hier finden Sie Vorträge, Seminare, Schulungen, Hinweise auf Veranstaltungen, Firmenpräsentationen, Stammtische, Lesungen, Vernissagen und vieles mehr, die von XING-Mitgliedern veranstaltet werden.

3. **Private Termine, die von einzelnen Personen veranstaltet werden**
   Wer in einer Gruppe unter sich sein möchte, der veranstaltet einen privaten Termin. Dieses Tool kann auch gut genutzt werden, um viele Menschen, die sich verabreden möchten, terminlich unter einen Hut zu bekommen. Nur wer eine Einladung bekommt, kann sehen, dass dieser private Termin existiert.

11.1 So werden Sie zu Terminen eingeladen

Am einfachsten ist es, wenn die interessanten Termine SIE finden. Wenn Sie in Gruppen, insbesondere in Regionalgruppen, Mitglied sind, werden Sie automatisch Einladungen zu Networking-Treffen erhalten. Diese Einladungen werden nämlich immer an alle Gruppenmitglieder verschickt, es sei denn, dass innerhalb einer Gruppe nur ein bestimmter Teil der Mitglieder (beispielsweise regional) eingeladen wird.

Einladungen werden Sie auch erhalten, wenn Sie viele Kontakte haben. Das liegt daran, dass jemand, der einen öffentlichen Termin einstellt, gern seine ganzen Kontakte ungefiltert einlädt. Bei mir führt das dazu, dass ich ständig Termin-Einladungen in meinem Posteingang habe, die mich überhaupt nicht interessieren: „Competence und Sales-Excellence. Überzeugen und verkaufen an Top-Entscheider“, „WEBCAST the future of NanoEnergy“, „Frauengeschichten aus verschiedenen Ländern - Literaturveranstaltung“ oder „Einladung: Kosmetikmesse Beauty-Düsseldorf 7.-9. März 2008“.

Wenn Sie mal wieder eine ungebetene Termin-Einladung bekommen, dann haben Sie die Möglichkeit, den Empfang von Nachrichten auszuschalten. Dummerweise erhalten Sie dann aber überhaupt gar keine Nachrichten von diesem Mitglied mehr, und dann macht ein Kontakt doch sowieso keinen Sinn. Besser: Schreiben Sie Ihrem Kontakt, dass Sie nicht an seinen Termin-Einladungen interessiert sind und dass er Sie aus seiner Verteilerliste herausnehmen soll.

Auf der Seite *Termine/Meine Termine* finden Sie die Termine, zu denen Sie eingeladen sind. Mit verschiedenen Suchmöglichkeiten nach Thema, Kategorie, Datum, Region, Ort und Sprache können Sie auch gezielt selektieren.

Und in der Liste können Sie natürlich direkt einen Termin anklicken und erfahren weitere Details über Ihren Termin.

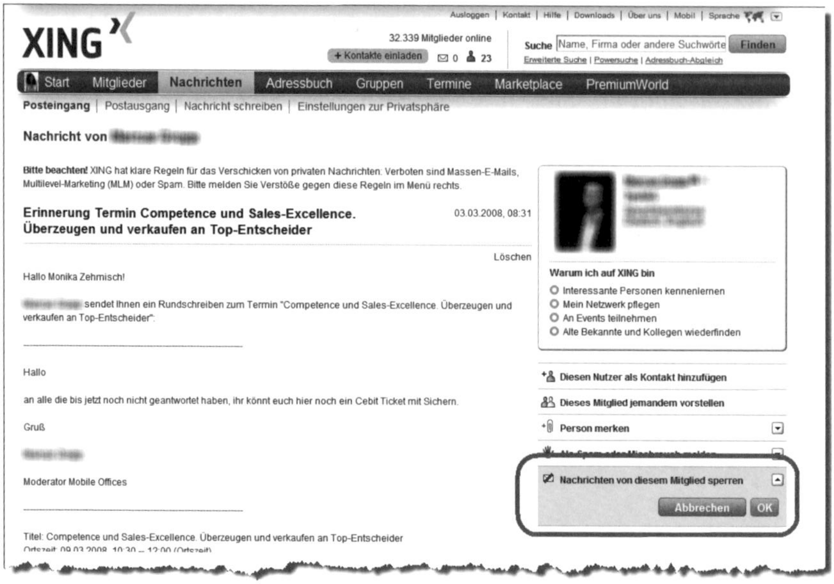

Wenn Termin-Einladungen nerven: Klicken Sie in der Termin-Einladung auf Nachrichten von diesem Mitglied sperren. Sie erhalten dann aber überhaupt keine Nachrichten mehr von diesem Mitglied.

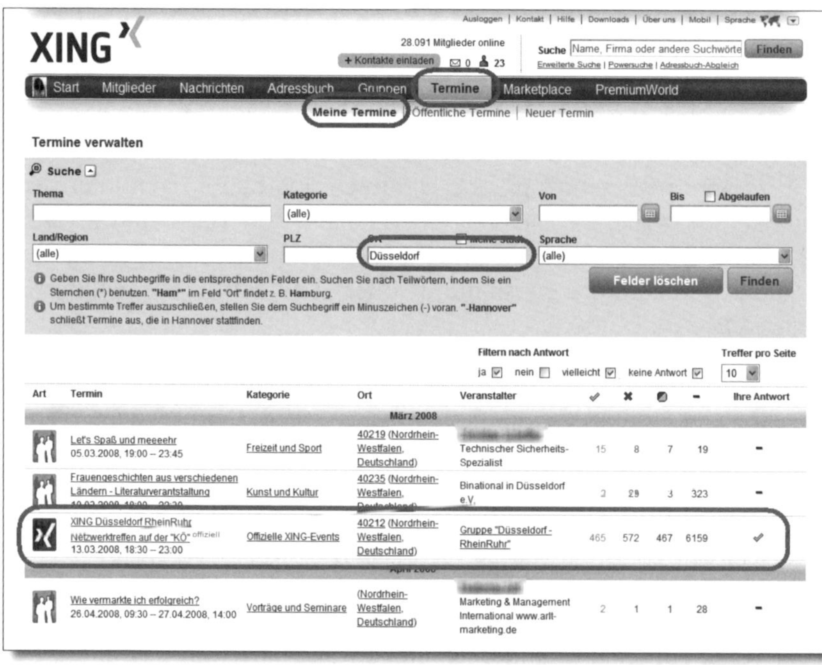

Veranstaltungen in Düsseldorf, zu denen ich eingeladen wurde. Ich habe mich angemeldet (siehe Häkchen) beim XING-Düsseldorf-RheinRuhr-Netzwerk-Treffen auf der Kö (klar, ich bin ja auch Organisator dieser Veranstaltung) und kann ersehen, dass sich schon 465 Leute mit ja und 575 Leute mit vielleicht angemeldet haben.

11.2 Interessante Termine suchen und finden

Neben den Terminen, zu denen Sie sowieso automatisch eingeladen werden, sind möglicherweise auch noch öffentliche Termine interessant, zu denen Sie noch nicht eingeladen wurden.

Die öffentlichen Termine finden Sie – wie der Name schon sagt – unter *Termine/ Öffentliche Termine*. Wie bei *Meine Termine* können Sie nun nach Thema, Kategorie, Datum, Region, Ort und Sprache suchen.

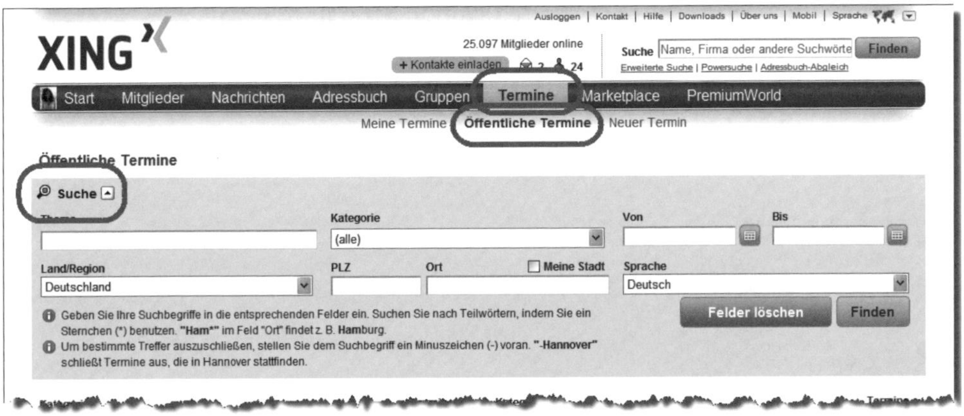

Die Suchfunktion für öffentliche Termine.

Alternativ können Sie auch nach Kategorien suchen. Den größten Anteil machen Vorträge und Seminare aus.

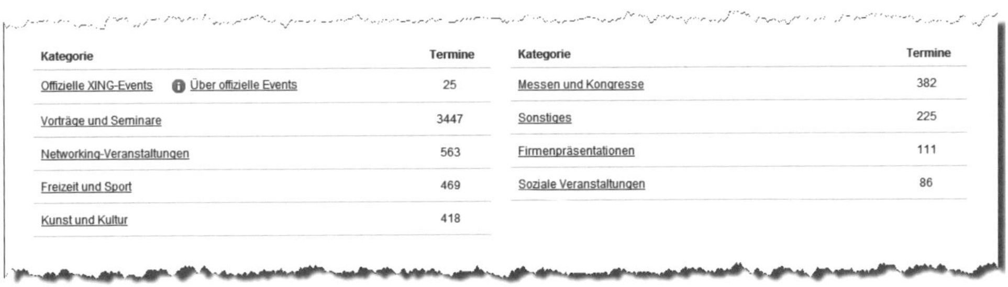

Kategorie	Termine	Kategorie	Termine
Offizielle XING-Events Über offizielle Events	25	Messen und Kongresse	382
Vorträge und Seminare	3447	Sonstiges	225
Networking-Veranstaltungen	563	Firmenpräsentationen	111
Freizeit und Sport	469	Soziale Veranstaltungen	86
Kunst und Kultur	418		

Unglaublich: Während ich diese Zeilen schreibe, werden 5.726 öffentliche Termine angeboten.

Und wenn Sie sich einfach nur inspirieren lassen möchten, dann scrollen Sie noch ein Stück weiter runter und finden einen Ausblick über Ihre Termine (Termine, zu denen Sie eingeladen sind), Termine in Ihrer Region und offizielle XING-Termine:

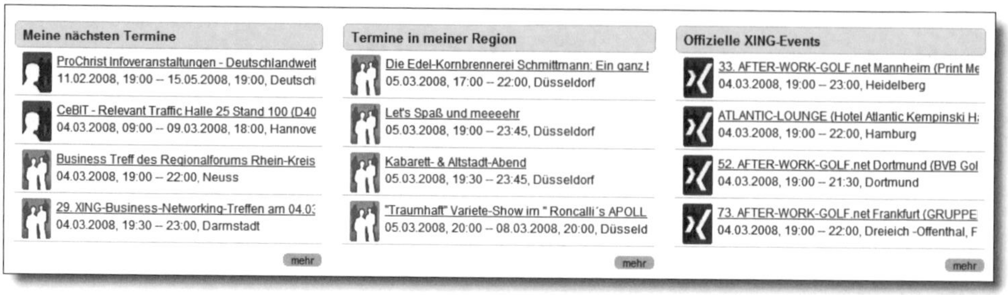

Einige Terminvorschläge für Sie.

Die Symbole vor den Terminen haben folgende Bedeutung:

	öffentlicher Termin
	offizielles XING-Event
	privater Termin
	Telefonkonferenz
	Kalendernotiz

11.3 So melden Sie sich zu einem Termin an

Haben Sie einen Termin gefunden, den Sie besuchen möchten, oder möchten Sie eine Termin-Einladung annehmen, dann klicken Sie bitte den Termin an bzw. folgen dem Link in Ihrer Termin-Einladung.

Wenn Sie eine Termin-Einladung erhalten haben, dann haben Sie folgende Optionen:

- Sie antworten.
- Sie ignorieren die Einladung.
- Sie löschen die Einladung.

Es dürfte klar sein, dass die beiden letzten Optionen nicht die feine Art sind. Im Zeitalter der Informationsflut und Zeitknappheit mag es aber zu entschuldigen sein. Doch bedenken Sie, dass es den Einlader auch Zeit und Mühe kostet, einen Termin zu organisieren. Es wäre deshalb freundlicher, wenn Sie einfach absagen.

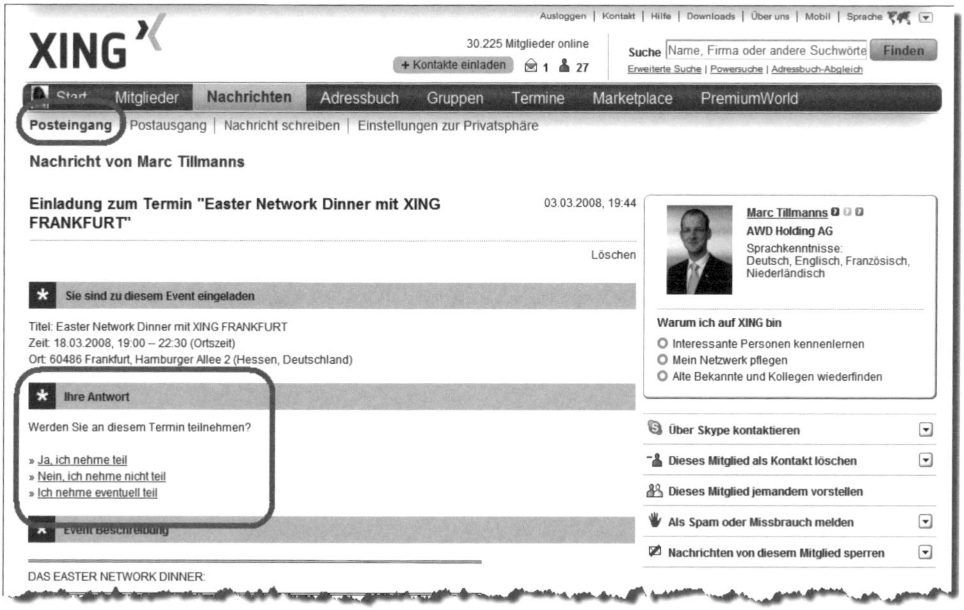

Eine Termin-Einladung zu einem Networking-Dinner. Der Clou: Nach jedem Gang wird der Tisch gewechselt, sodass man im Laufe des Abends bis zu 21 Menschen kennenlernen kann. Ein Erfolgsformat der Ambassador-Gruppen – hier veranstaltet von Marc Tillmanns, Ambassador von XING Frankfurt, https://www.xing.com/profile/Marc_Tillmanns.

Es ist auch ganz einfach, auf eine Einladung zu antworten. Unter *Werden Sie an diesem Termin teilnehmen?* klicken Sie einfach auf einen der Links:

- Ja, ich nehme teil
- Nein, ich nehme nicht teil
- Ich nehme eventuell teil

Sie landen nun auf dem Terminformular. Auch wenn Sie keine Einladung zu dem Termin erhalten haben, sondern an einem öffentlichen Termin teilnehmen möchten, gelangen Sie auf diesem Formular. Hier haben Sie folgende Möglichkeiten:

Sie können

- zusagen, absagen oder sich mit *vielleicht* anmelden.
- sich an den Termin erinnern lassen .
- einen Kommentar zu Ihrer Zusage oder Absage abgeben.
- (wenn es vom Veranstalter erlaubt und eingestellt ist) einen Gast mit anmelden.
- sich informieren über Zeit, Ort und Inhalt der Veranstaltung.
- sich informieren, ob die Veranstaltung kostenpflichtig ist.

- in der Kalenderübersicht sich den Tag genau ansehen.
- den Termin nach Outlook exportieren.
- sich über die Gästeliste informieren.

Ganz schön viele Möglichkeiten, nicht wahr? Aber all diese Informationen sind wichtig für eine gezielte Terminvorbereitung.

Im Moment sollen Sie jedoch erst einmal Ihre Zusage oder Ihre Absage bestätigen. Im Falle einer Zusage oder bei einem Vielleicht-Eintrag lassen Sie sich bitte mindestens einen Tag vorher an diesen Termin erinnern. Alles Weitere erfahren Sie in den nachfolgenden Kapiteln.

11.4 Was kostet die Teilnahme an Veranstaltungen?

Grundsätzlich sind Veranstaltungen bei XING kostenlos. Zumindest XING nimmt kein Geld dafür, und auch die Moderatoren, die für ihre Gruppen ehrenamtlich arbeiten, erhalten kein Geld für die Veranstaltung eines Events.

Dennoch kann es sein, dass ein Termin kostenpflichtig ist. Es werden beispielsweise Eintrittsgebühren erhoben oder Pauschalbeträge für Speisen und Getränke. Manche Vorträge oder Seminare kosten Geld. Und je größer ein Event ist, desto mehr Aufwand ist damit verbunden. Deshalb sind die großen Networking-Events, die beispielsweise von den Ambassador-Gruppen veranstaltet werden, manchmal kostenpflichtig.

Üblich ist es jedoch, dass der Gast auch auf der kostenlosen Veranstaltung seine Getränke und Speisen selbst bezahlen muss.

Ob eine Veranstaltung etwas kostet, können Sie aus der jeweiligen Terminbeschreibung ersehen. Demnächst wird es bei XING ein automatisches Zahlungsmodul geben, doch im Moment erfolgt die Bezahlung meist durch Vorabüberweisung an die jeweiligen Moderatoren oder den Veranstalter.

Bitte unterstützen Sie die Veranstalter oder Gruppenmoderatoren bei ihrer Arbeit, indem Sie möglichst zeitnah überweisen.

WICHTIG ANMELDUNG & BEZAHLUNG!!!

DIE ÜBERWEISUNG GILT ALS TEILNAHMEBESTÄTIGUNG
Der Preis für das 3-Gänge-Menü, den Begrüßungssekt, den drei Getränken zum Essen und der Organisation beträgt € 49,–.

Den Teilnahmebetrag von EURO 49,00 überweisen Sie bitte spätestens zum 11. März eintreffend direkt an:

Marc Tillmanns
[redacted]

Verwendungszweck: Name, Vorname, Easter Network Dinner
-> opt. für den vegetarischen Hauptgang den Zusatz: veg.

Erst mit Eingang des Geldes wird Ihre Anmeldung verbindlich. Eine erfolgreiche Anmeldung über die XING Gästeliste allein genügt nicht mehr!

(Überweisen Sie bitte zeitnah: Dies sichert die Teilnahmemöglichkeit (max. 120 Teilnehmer!!) und erleichtert uns die Organisation ungemein! Vielen herzlichen Dank!

ACHTUNG: Bitte haben Sie Verständnis, dass wir Ihre Teilnahmegebühr nicht erstatten können, wenn Sie überraschend nicht an der Veranstaltung werden teilnehmen können. Falls Sie nicht kommen können, bliebe Ihnen lediglich die Möglichkeit, selber für Ersatz zu sorgen. Ihre Teilnahme ist übertragbar. Bitte teilen Sie uns nur rechtzeitig mit, wer an Ihrer stelle kommt.

Damit wollen wir kurzfristige Absagen vermeiden. Dieser Event funktioniert nämlich nur, wenn wir mit verbindlichen Zusagen rechnen können. Jeder Gast der nicht kommt, bedeutet eine Lücke, was für alle anwesenden Gäste und XING Mitglieder, die sich nicht mehr anmelden konnten, sehr ärgerlich ist.

Eine Rechnung erhaltet Ihr vor Ort. Alle Getränke, die nach Ende des Dinners bestellt werden, sowie zusätzliche Getränke, die über die 3 bereits im Preis enthaltenen hinausgehen, müssen extra bezahlt werden.

Das bereits erwähnte Networking-Dinner von XING Frankfurt kostet 49 Euro pro Teilnehmer. Was in dieser Pauschale enthalten ist, beschreibt der Moderator Marc Tillmanns in seiner Einladung. Das Geld ist auf sein Konto vorab zu überweisen, und nur der Geldeingang gilt als verbindliche Anmeldung. Hier wird deshalb an die Eigendisziplin der 120 möglichen Teilnehmer appelliert, das Geld kurzfristig zu überweisen und dann auch verbindlich zu kommen.

Je größer XING und je professioneller XING-Veranstaltungen werden, desto öfter werden Ihnen kostenpflichtige Veranstaltungen begegnen. Ab einer bestimmten Größenordnung ist das gar nicht mehr anders machbar. Sowohl Veranstalter als auch der Gastronom müssen eine Planungssicherheit haben. Möglicherweise entstehen Basiskosten für eine Saalmiete oder die Reservierung eines ganzen Restaurants. Will man Ihnen einen guten Service bieten mit einem Drink vorab und einem Buffet oder Finger Food, dann sind solche Kosten in einer Abendpauschale unterzubringen. Bietet der Abend Unterhaltung in Form von Künstlern oder einer Band, dann fallen ebenfalls Kosten an. Und letztlich kostet auch die professionelle Organisation einer Großveranstaltung Geld – und seien es auch nur der Ausdruck und die Bereitstellung von personalisierten Visitenkartenschildern. Lehnen Sie deshalb kostenpflichtige Networking-Veranstaltungen nicht pauschal ab, sondern honorieren Sie den Aufwand der Organisatoren und ehrenamtlichen Gruppenmoderatoren durch Ihr verbindliches Erscheinen.

11.5 Sie können noch nicht verbindlich zusagen

Bei offenen Networking-Veranstaltungen, die nicht kostenpflichtig sind, möchte es sich der eine oder andere offenhalten, ob er an dem Abend kommt oder nicht. Klar, wir alle haben viel um die Ohren, wissen vielleicht nicht, ob wir es terminlich schaffen, uns aufraffen können, Lust haben oder ob zu Hause wichtigere Dinge anliegen.

In diesem Fall antwortet man gern mit „vielleicht", nicht wissend, was man den Organisatoren damit „antut".

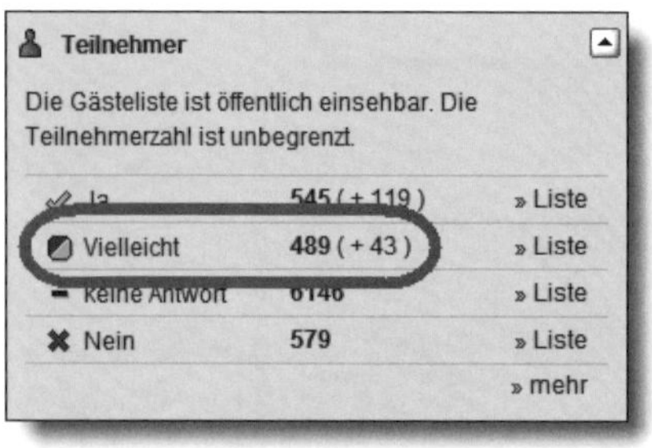

Was soll der Organisator mit 489 Vielleicht-Stimmen plus 43 Vielleicht-Gästen anfangen? So bequem diese unverbindliche Art der Anmeldung auch ist, so „unfair" ist sie dem Veranstalter gegenüber. In dieser Größenordnung benötigt er zuverlässigere Zahlen, um besser planen zu können.

Ich möchte deshalb an jeden Leser appellieren: Sobald Sie wissen, ob Sie definitiv kommen oder nicht, wandeln Sie Ihr Vielleicht bitte umgehend in ein Ja oder Nein um.

11.6 Dürfen Gäste mitgebracht werden?

Bei manchen Terminen hat der Moderator bzw. Veranstalter vorgegeben, dass Sie Gäste mitbringen dürfen. Diese Gäste müssen nicht unbedingt bei XING Mitglied sein und brauchen sich dann nicht selbst anzumelden.

Das macht es Ihnen sehr einfach, einen Freund, Arbeitskollegen oder Geschäftspartner zu einem XING-Event mitzunehmen. So können Sie diese Person von den Vorzügen des Networkings und Networking-Veranstaltungen direkt persönlich überzeugen, anstatt immer nur davon zu schwärmen. Und seien wir doch ehrlich – es ist für einen selbst auch sehr angenehm, nicht mutterseelenallein zu einer Veranstaltung zu gehen, bei der man niemanden kennt.

Gerade schüchterne Menschen oder solche, die noch nicht mit XING-Veranstaltungen und Networking vertraut sind, tun sich schwer, allein eine Veranstaltung zu besuchen. Deshalb empfehle ich immer: Schnappen Sie sich eine vertraute Person und kommen Sie gemeinsam. Ich erlebe es immer wieder, dass Frauen besonders gern mit einer Freundin oder Arbeitskollegin im Schlepptau auf unseren Veranstaltungen erscheinen. Sie fühlen sich damit einfach sicherer.

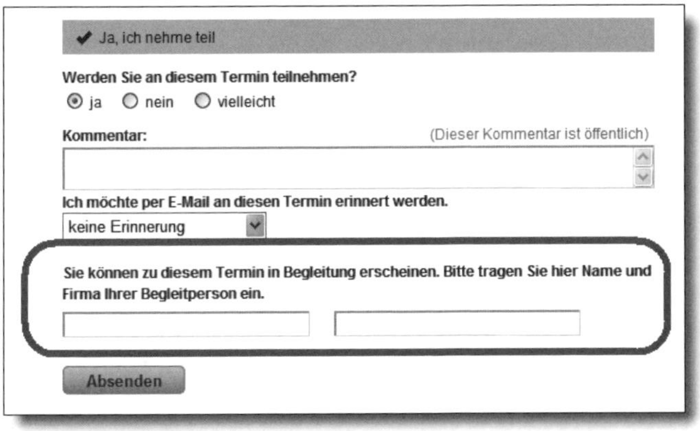

Wenn Sie einen Gast mitbringen dürfen, dann erscheinen entsprechende Felder auf Ihrem Anmeldeformular. Wenn Sie den Namen der Begleitperson noch nicht genau wissen, lassen Sie das Feld einfach leer.

Wichtig: Wenn Sie in Begleitung kommen, dann verabreden Sie vorher, dass jeder auf der Veranstaltung eigene Wege gehen darf. Nichts ist schlimmer, als wenn man sich nur im Zweierpack bewegt und ein Event nur nutzt, um mit der besten Freundin in gemütlichem Zweierplausch einen netten Abend zu verleben. Es ist bei XING-Veranstaltungen nicht erwünscht, dass man andere mit so einem Verhalten ausgrenzt oder verschreckt. Außerdem schaden Sie sich selbst, weil Sie dann weniger Gelegenheit haben, neue Menschen kennenzulernen.

Wenn der Organisator bzw. Gruppenmoderator keine Gäste zulässt, hat dies durchaus seinen Sinn. Es kann beispielsweise sein, dass die Teilnehmerzahl mengenmäßig begrenzt ist und nur XING-Mitgliedern vorbehalten sein soll. Es kann sein, dass die Veranstaltung kostenpflichtig ist und die Bezahlung des Geldes sonst nicht so einfach zu überwachen ist. Es kann auch sein, dass der Organisator unbedingt die Namen und Informationen seiner Gäste benötigt, um spezielle Formate (wie beispielsweise das schon erwähnte Networking-Dinner mit wechselnder Tischbesetzung) durchführen zu können.

Wie viele Gäste zu einer Veranstaltung kommen, sehen Sie an der Zahl in Klammern bei den Ja- und Vielleicht-Stimmen. Begleitpersonen werden in der Regel in Gästelisten, die bei der Veranstaltung ausliegen, nicht erwähnt.

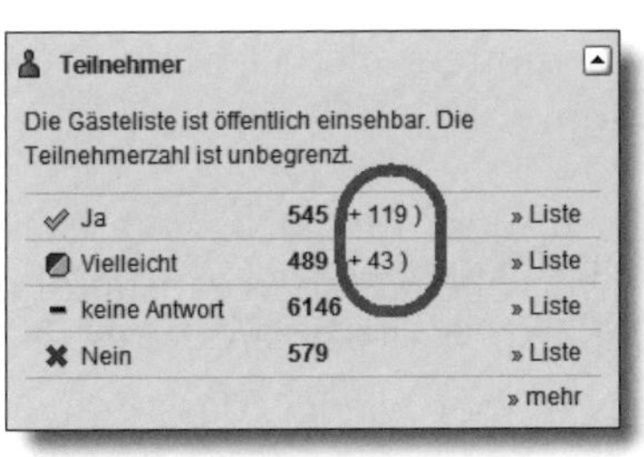

119 Gäste, die sicher kommen, und 43 Gäste, die vielleicht kommen.

11.7 So bereiten Sie sich auf Ihr XING-Event vor

Wenn Sie zu einem Vortrag oder Seminar gehen, dann müssen Sie sich natürlich auf die Veranstaltung als solche nicht besonders vorbereiten. Das Kapitel richtet sich deshalb eher an Leute, die Networking-Veranstaltungen besuchen.

Den Termin nicht vergessen

In unserem stressigen Leben ist Zeit kostbar. Nehmen Sie sich gezielt Zeit für mindestens eine Networking-Veranstaltung pro Monat in Ihrer Nähe. Am effizientesten sind dafür die großen Networking-Events der Ambassador-Gruppen in den Großstädten oder eine Networking-Veranstaltung von einer Regionalgruppe ganz in Ihrer Nähe.

Damit Sie den Termin nicht vergessen, stehen Ihnen folgende Möglichkeiten zur Verfügung:

Lassen Sie sich von XING an den Termin erinnern

- eine halbe Stunde vorher
- eine Stunde vorher
- einen Tag vorher
- eine Woche vorher
- anderer Wert (x Minuten vor Beginn)

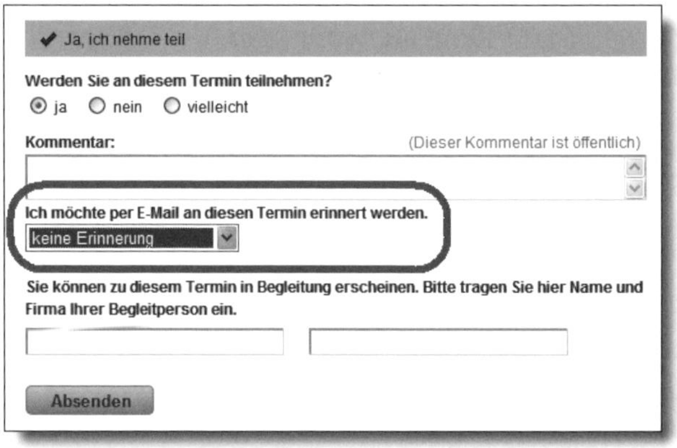

Automatische Terminerinnerung durch XING.

Klicken Sie dazu in Ihrer Terminanmeldung das Drop-down-Menü *Ich möchte per E-Mail an diesen Termin erinnert werden* auf und wählen Sie einen der angegebenen Zeiträume aus.

Terminexport nach Outlook

In Ihrem Terminformular finden Sie rechts einen Link zur Übertragung dieses Termins in Ihr Outlook.

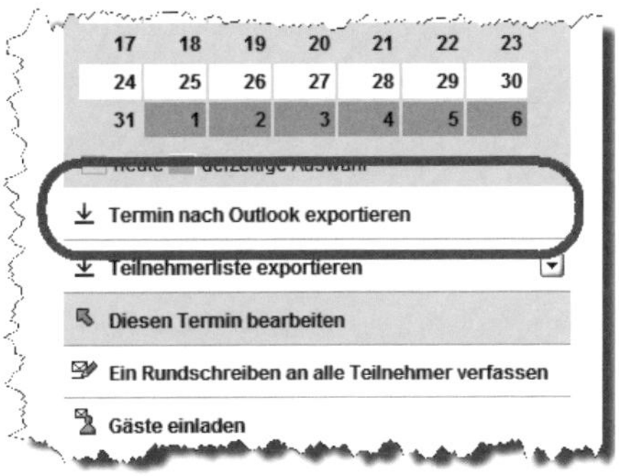

Den Termin zu Outlook übertragen.

In Outlook haben Sie dann noch die Möglichkeit, Änderungen vorzunehmen. Dann einfach abspeichern und der Termin steht im Outlook-Kalender.

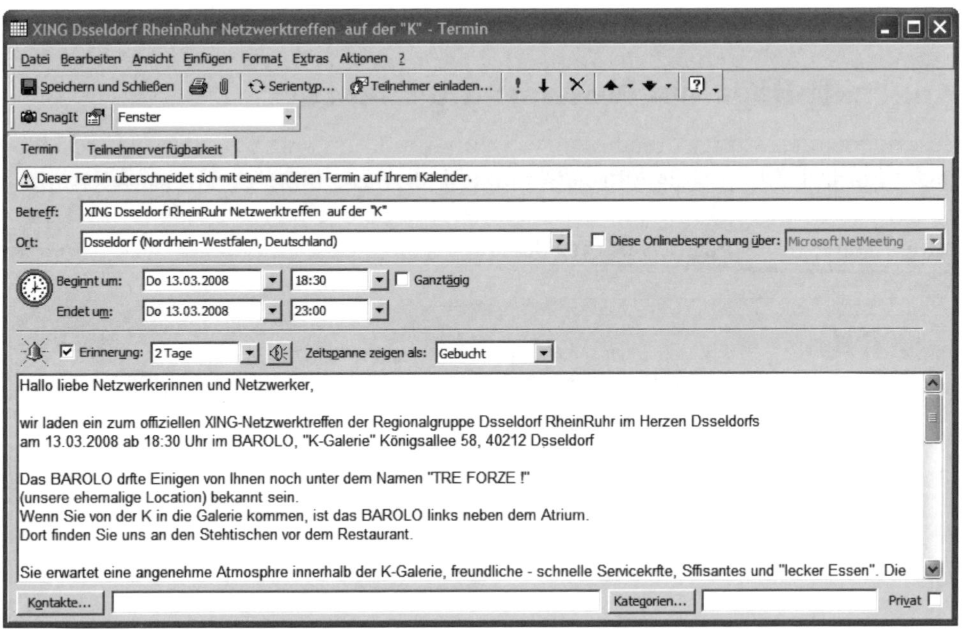

Alle Informationen zum Termin sind auch vorhanden.

Von vielleicht zu ja wechseln

Sollten Sie sich mit *vielleicht* angemeldet haben, dann vergessen Sie nicht, sich rechtzeitig mit *ja* umzumelden.

Wer kommt noch?

Wer gern Überraschungen mag, der kann natürlich gänzlich unvorbereitet zu einer Networking-Veranstaltung erscheinen. Wer aber zielorientiert networken möchte, der sollte sich vorher die Gästeliste anschauen.

Beschäftigen Sie sich mit den Menschen, klicken Sie auf deren Profile, prägen Sie sich die Gesichter und Namen ein, und wenn Ihnen jemand interessant erscheint, dann schreiben Sie ihm einfach eine persönliche Mitteilung. Sie werden erstaunt sein, wie viele spannende Menschen Ihnen auf dieser Reise begegnen werden.

Böse Zungen behaupten, dass nur diejenigen Menschen zu einem Networking-Event erscheinen, die Aufträge suchen, und nicht solche, die welche anzubieten haben. Das kann ich so nicht bestätigen. Die Gruppe der Gäste ist so heterogen in puncto Bedürfnisse, Branchen, Erwartungen und Zielsetzungen, dass es für viele Töpfchen das passende Deckelchen gibt (auf geschäftlicher Ebene, versteht sich). Und es gibt auch eine Menge Menschen in sicherer Position, die einfach nur kommen, weil sie einen netten Abend verleben und neue Menschen kennenlernen möchten.

Kontaktpflege auf Networking-Events

Besonders interessant ist die Frage, wer von Ihren Kontakten zu dem Networking-Event kommt. Denn einige Ihrer Kontakte haben Sie möglicherweise noch nicht persönlich kennengelernt oder Sie möchten die Gelegenheit ergreifen, Ihre Beziehung in einem Gespräch zu intensivieren.

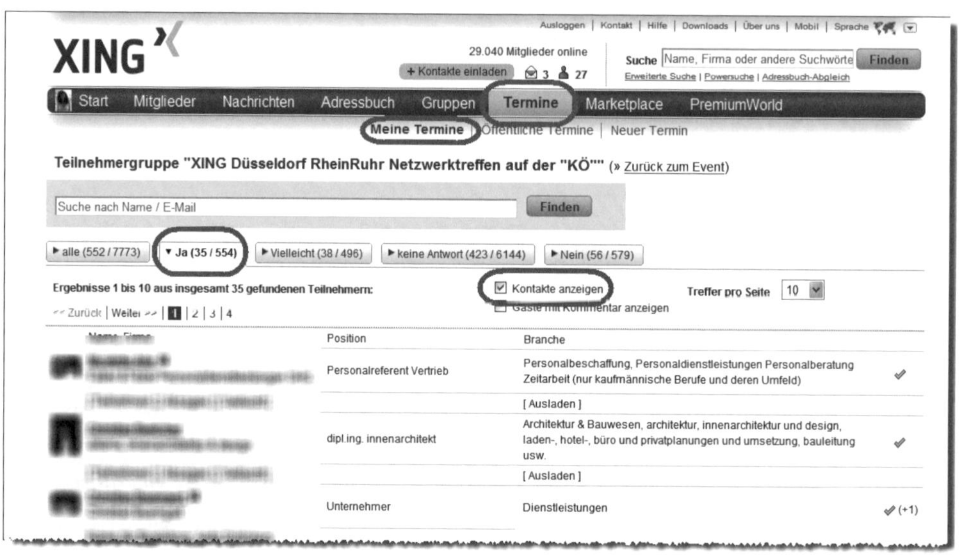

Von 554 Gästen sind 35 Mitglieder meine eigenen Kontakte.

Diese Frage beantwortet Ihnen XING auf Knopfdruck. Klicken Sie in der Gästeliste auf die mit *ja* angemeldeten Gäste. Machen Sie nun ein Häkchen bei *Kontakte anzeigen*. Siehe da, nun erhalten Sie eine Liste, wer von Ihren Kontakten auch zum Termin angemeldet ist.

Ergreifen Sie nun die Initiative und schreiben Sie diese Kontakte an. Teilen Sie ihnen mit, dass Sie sich freuen, sie wiederzusehen, und sorgen Sie dafür, dass Sie wieder in das Gedächtnis Ihrer Kontakte geraten.

Verabreden Sie sich gezielt

Finden Sie in der Gästeliste interessante Personen – egal, ob eigener Kontakt oder gänzlich unbekannt – dann schreiben Sie diesen Personen schon vorher eine persönliche Mitteilung. Tauschen Sie sich mit diesen Personen aus und suchen Sie nach Berührungspunkten.

Ich empfehle Ihnen, sich konkret mit dieser Person auf dem Event zu verabreden. Machen Sie eine Uhrzeit aus und einen Ort (beispielsweise am Empfangstresen), damit Sie eine Chance haben, sich zu finden.

Zeit sparen durch Networking-Events

Wenn man sich mit all den interessanten Menschen bei XING persönlich treffen würde, dann würde man gar nicht mehr zum Arbeiten kommen.

Ich bekomme oft Anfragen nach einem persönlichen Treffen – „Synergieeffekte ausloten“ heißt das oft. Es gibt eine Menge Menschen, die haben gar keine Lust auf die Schreiberei bei XING und wollen direkt „zur Sache“ kommen. Wenn ich nicht direkt einen Sinn für mich darin sehe, dann ist mir meine Zeit zu schade. Aber ich möchte den anderen durch eine Absage auch nicht beleidigen. Außerdem weiß man nie, was einem ein solches Gespräch bringen könnte.

Deshalb verweise ich solche Anfragen immer auf ein Networking-Treffen in der Region, etwa mit den Worten: *„Sehr geehrter Herr xyz, vielen Dank für Ihre Anfrage nach einem persönlichen Treffen. Leider bin ich im Moment in einem wichtigen Projekt bis über beide Ohren beschäftigt, sodass ich Ihnen kurzfristig keinen Termin nennen kann. Ich mache Ihnen aber einen Vorschlag: Am 13.3. findet in Düsseldorf in der Kö-Galerie das nächste Networking-Treffen meiner Gruppe Düsseldorf – RheinRuhr, http://www.xing.com/net/duesseldorf, statt. Hier ist der Link zu dieser Veranstaltung: https://www.xing.com/app/events?op=detail;id=179464. Ich würde mich freuen, wenn Sie auch zu dieser Veranstaltung kommen. Dann haben wir die Gelegenheit zu einem persönlichen Gespräch, und außerdem können Sie noch viele andere interessante Menschen aus Ihrer Region kennenlernen. Darf ich mit Ihnen rechnen? Mit freundlichen Grüßen, Monika Zehmisch“.*

Ich nutze diese Methode seit Jahren sehr erfolgreich. Zum einen spare ich so Zeit, zum anderen biete ich mit diesem Angebot meinem Gesprächspartner noch einen Zusatznutzen. Und wenn sich unser Gespräch uninteressant entwickelt, kann jeder seines Weges gehen, oder man entzerrt die Situation durch ein lockeres Gespräch in größerer Runde und klinkt sich dann bei Gelegenheit aus. Außerdem habe ich möglicherweise ein neues Mitglied für meine Gruppe gewonnen.

11.8 Hilfe, das erste Mal auf einer Networking-Veranstaltung

Viele der besprochenen Punkte sollten besonders Neulinge beherzigen. Das sind vor allem:

- Melden Sie sich mit *ja* an, damit Sie auf der Teilnehmerliste des Abends stehen und damit gegebenenfalls ein Visitenkartenschild für Sie vorbereitet ist.
- Schauen Sie sich die Gästeliste vorher an und überlegen Sie, wer für ein Gespräch interessant sein könnte.
- Nehmen Sie mit interessanten Personen bereits über XING Kontakt auf und verabreden Sie sich gezielt.
- Bringen Sie ggf. einen Gast mit, sodass Sie nicht ganz allein kommen müssen.

Nun ist der große Abend gekommen, und Sie sind gespannt, was Sie erwartet.

Jeder Organisator oder Gruppenmoderator bis zum XING-Ambassador organisiert seine Veranstaltung individuell. Sie sollten sich deshalb mit den Gepflogenheiten vertraut machen. Ihre ersten beiden Maßnahmen am Ort des Geschehens sollten also sein:

- Informieren Sie sich am Empfang über den Ablauf und die Organisation des Abends.
- Lassen Sie sich den Organisator bzw. den oder die Moderator(en) zeigen und begrüßen Sie diese. In vielen Gruppen, so auch in unserer Düsseldorf – Rhein-Ruhr-Gruppe, werden Sie direkt von den Moderatoren begrüßt.

Damit der Abend kommunikativ in Ihrem Sinne verlaufen kann, beachten Sie bitte einige Networking-Regeln:

- Kommen Sie, insbesondere als Neuling, möglichst frühzeitig. Sie werden es einfacher haben, ins Gespräch mit anderen Leuten zu kommen, bevor sich Grüppchen gebildet haben oder die Masse der unbekannten Menschen für Sie „bedrohlich" wirken kann.

- Bringen Sie ausreichend Visitenkarten mit, damit Sie mit Ihren Gesprächspartnern Kontaktdaten austauschen können.
- Stecken Sie sich ein Namensschild an, damit Sie Ihrem Gegenüber die Kontaktaufnahme und die Kommunikation erleichtern. Diese Visitenkartenhalter bekommen Sie meist vom Veranstalter fertig vorbereitet. Auch wenn es Ihnen zuwider ist, sich „so ein Ding" anzustecken, gilt es doch als Gesetz der Höflichkeit den anderen Networking-Teilnehmern gegenüber. Ist für Sie kein Visitenkartenschild vorbereitet, dann sollten Sie sich selbst einen Visitenkartenhalter von zu Hause mitbringen. Legen Sie Ihre Visitenkarte ein oder – wenn Ihr Name zu klein zum Erkennen aus 50 cm Entfernung ist – schreiben Sie einfach handschriftlich in Druckschrift Ihren Namen mit Edding auf ein passendes Papier zum Einlegen.

So weit, so gut. Und was machen Sie nun, außer dumm rumzustehen? Ganz einfach: mit anderen Menschen reden. Wie man das am besten hinkriegt, lesen Sie in den nachfolgenden Kapiteln. Trauen Sie sich einfach!

Wenn Sie sich unsicher fühlen, dann sollen Sie die Hilfe der Organisatoren/Moderatoren in Anspruch nehmen. Wenn Sie Glück haben, dann weisen die Organisatoren Sie in die Gepflogenheiten des Networkings ein, stellen Ihnen andere Gäste vor oder sorgen dafür, dass Sie nicht allein herumstehen.

Im Übrigen gilt beim Networking derselbe Spruch wie für viele andere Dinge im Leben: Übung macht den Meister.

Neu in der Stadt?

Wer schon einmal den Sprung ins kalte Wasser gewagt hat und für den Job in eine andere Stadt gezogen ist, der weiß, wie einsam man sein kann.

Seit XING gibt es einen Weg, schnell aus dieser Anonymität herauszukommen. Über die Suchfunktion der öffentlichen Termine in seiner neuen Stadt oder Umgebung bekommt man täglich viele unterschiedliche Termine angeboten. Nutzen Sie Ihre Freizeit und seien Sie aktiv.

Besonders auf den Veranstaltungen der Regionalgruppen oder großen Ambassador-Gruppen findet sich ein großes Potenzial Menschen in einer ähnlichen Situation.

Ein persönliches Gespräch klärt schnell, ob man sich sympathisch ist. Und wenn ja, haben Sie vielleicht schon bald ein paar Menschen, mit denen man sich zur gemeinsamen Freizeitgestaltung ab und zu mal treffen kann.

Melden Sie sich vorher in Ihrer Regionalgruppe an und kommunizieren Sie im Forum, dass Sie neu in der Stadt sind und Kontakte suchen. Wenn Sie Glück haben, erhalten Sie Antworten von Menschen, denen es ähnlich geht, oder von netten Menschen, die Sie in ihren Kreis aufnehmen wollen. Etwa: *„Wir gehen jeden Monat zusammen Bowling spielen. Kommen Sie doch einfach mit."* Auch wenn dieses Angebot möglicherweise ins Private abdriftet, bieten sich für Sie hervorragende Möglichkeiten, in den Kreis aufgenommen zu werden und Fuß zu fassen. Networking ist halt nicht nur geschäftlich, sondern ganzheitlich zu sehen.

11.9 So kommen Sie mit anderen ins Gespräch

Die Kontaktaufnahme, also der Beginn eines Gesprächs, ist am schwierigsten. Das geht nicht nur Ihnen so, sondern fast allen Menschen. Sich zu Leuten dazuzugesellen, die in ein Gespräch vertieft sind, ist nicht einfach und oftmals gar nicht erwünscht.

Als Faustregel gilt: Plaudern zwei Menschen intensiv, dann wollen sie dabei in der Regel nicht gestört werden, es sei denn, sie signalisieren durch Blickkontakt, dass sie an Kommunikation interessiert sind.

Einfacher ist es, sich zu einer Gruppe dazuzustellen. In eine bestehende Diskussion mit mehreren Personen können Sie sich leichter einklinken. Oder Sie sprechen einzelne Personen an. Denen geht es bestimmt genauso wie Ihnen und sie sind dankbar für einen Gesprächspartner.

Und wenn auch das Ihnen schwerfällt, dann holen Sie sich erst einmal etwas zu trinken, stellen sich allein hin und warten darauf, dass Sie angesprochen werden. Damit sich andere dies trauen, sollten Sie aber darauf achten, dass Sie mit Körperhaltung und Gesichtsausdruck ihre Kommunikationsbereitschaft signalisieren.

Schauen Sie sich die Person oder die Personen, mit denen Sie gern reden würden, erst einmal an, bringen Sie sich in „Networking-Stimmung" und beobachten Sie, was die anderen machen (aber immer auf die positive Körperhaltung achten).

Die richtigen Small-Talk-Themen

Eine Kontaktaufnahme beginnt mit Small Talk. Sie müssen ja nicht im ersten Satz „schönes Wetter draußen" sagen, aber – so banal es auch ist – das Wetter birgt immer Möglichkeiten für ein Gespräch. Zwei Beispiele:

„Mir ist den ganzen Tag heute so uselig, weil es ja nur noch regnet und grau ist. Da habe ich mich den ganzen Tag auf einen geselligen Networking-Abend gefreut. Waren Sie schon öfters dabei?"

„Heute ist so ein toller Tag. Ich habe die Sonne heute so sehr genossen. Und ich freue mich, den Abend mit so netten Menschen in geselliger Networking-Runde ausklingen lassen zu können. Hatten Sie denn heute auch schon Gelegenheit, das schöne Wetter zu genießen?"

Beim Small Talk geht es darum, den anderen erst einmal zu beschnuppern. Es geht darum, ein Gespräch in Gang zu bekommen und sich angenehm zu unterhalten.

- Small Talk kann nicht in zwei Sätzen abgehandelt werden, um dann direkt zum Geschäftlichen umzuschwenken – in der Erwartungshaltung, direkt einen Auftrag zu generieren. Small Talk ist kein „Vorspiel", sondern eine Form der Kommunikation, die für sich allein bereits Sinn macht.
- Diskussionen sind erlaubt, aber nicht über tiefgründige philosophische oder positionierende politische Themen. Beim Small Talk geht es nicht darum, den anderen von seiner festgefahrenen Meinung zu überzeugen.
- Small Talk ist ein Geben und Neben. Labern Sie den Gesprächspartner nicht voll. Machen Sie Gesprächspausen. Geben Sie dem anderen Gelegenheit, zu antworten und selbst Themen einzubringen.
- Lernen Sie, aktiv zuzuhören. Aktiv zuhören heißt nicht, dass Sie einen Redeschwall auf sich einplätschern lassen, sondern dass Sie mit Fragen und Kommentaren Interesse an Ihrem Gesprächspartner und seinen Worten signalisieren und auch Ihre Körpersprache (Blickkontakt, Körperhaltung) positiv einsetzen.
- Zwingen Sie dem anderen kein Gespräch auf. Wenn Sie merken, dass Ihr Gesprächspartner nicht interessiert ist oder dass die Kommunikation nicht gut läuft, dann beenden Sie das Gespräch sachte.
- Seien Sie amüsant, unterhaltsam, sympathisch. Stockfische, die außer Ja oder Nein kein Wort zu viel sagen, sind für den Gesprächspartner eine Zumutung.

Wichtig ist, beim Small Talk in angenehmer Erinnerung zu bleiben – und zwar so, dass der Gesprächspartner auch am nächsten Morgen noch Ihren Namen und Ihren Beruf kennt.

Folgende Themen sind geeignet für einen Small Talk:

- das Wetter
- die Location
- Networking-Veranstaltungen
- die Anfahrt (Staus, Verkehrsunfall, „Wo haben Sie geparkt")
- der aktuelle Tag

- aktuelle Themen aus den Nachrichten
- Freizeitthemen (Sport, Musik)
- Reisen, Urlaub

Tabu sind bei unbekannten Personen zu private Themen wie Kinder und Partner, religiöse Themen, parteipolitische Themen oder alle Themen, die zu extrem sind. Wenn Sie Ihrem Gesprächspartner stolz erzählen, dass Sie nie Fernsehen gucken und Ihnen ein Fernseher gar nicht ins Haus käme, dann brüskieren Sie ihn damit, denn er hat ja keine Möglichkeit, Sie vom Gegenteil zu überzeugen. Er kann Ihnen nun nicht mehr erzählen, welche Entspannung es für ihn bedeutet, bei einem Gläschen Wein mit der Frau auf der Couch „Wer wird Millionär" und Stefan Raab zu gucken.

Das gilt auch für Themen wie vegetarisches Essen, Nichtraucher/Raucher oder „Ich finde Fußball total bekloppt."

Small Talk muss aber deshalb nicht oberflächlich sein. Geben Sie Ihrem Gesprächspartner das Gefühl, dass ein Gespräch mit ihm wichtig für Sie ist, und lassen Sie sich voll und ganz drauf ein.

Vom Small Talk zum Business

Wie aber funktioniert der Schwenk vom Small Talk zu geschäftlichen Themen?

Das ergibt sich bei XING-Treffen meistens von selbst. Es ist durchaus erlaubt und auch erwünscht, den Gesprächspartner ganz konkret darauf anzusprechen:

„Mich würde interessieren, in welcher Branche Sie tätig sind."

„Sie haben mir eben erzählt, dass dies Ihr viertes Netzwerk-Treffen hier ist. Dann scheint es ja erfolgreich für Sie zu sein. Erzählen Sie mir doch mal, was Sie beruflich so machen."

Bitte drehen Sie den Spieß nicht um und sagen plump: *„Jetzt haben wir lange genug Small Talk gemacht. Wir sind ja eigentlich hier, um Geschäftskontakte zu knüpfen. Ich möchte Ihnen gerne erzählen, welche interessanten Produkte ich anbiete."*

Machen Sie lieber Ihren Gesprächspartner neugierig und geben Sie ihm die Gelegenheit nachzufragen: *„Ich war mir nicht sicher, ob ich es heute Abend schaffen würde herzukommen. Ich war die ganze Woche geschäftlich in Rom, und heute bei meiner Rückkehr war der Schreibtisch so voll, wie das immer so ist, wenn man mal ne Woche unterwegs war."* Ihr Gesprächspartner wird nun garantiert anbeißen und den Aufhänger nutzen: *„Darf ich fragen, was Sie in Rom gemacht haben? Ist bestimm angenehm dort zu dieser Jahreszeit."* Und schon ist ein Gespräch über geschäftliche Themen im Gang.

Wie geht man mit Redefaulen um?

Als kommunikativer Mensch werden Sie von Zeit zu Zeit auf Menschen treffen, die offensichtlich nicht viel zu sagen haben. Wenn auf die Frage „Waren Sie schon öfters hier?" nur die Antwort „Nein" kommt, dann muss das nicht unbedingt eine Unhöflichkeit bedeuten.

Manche Menschen sind einfach nicht so geübt im *Small Talk*, in der Kommunikation mit fremden Menschen oder sind wirklich einfach redefaul. Sie können nicht anders, weil sie sich nicht überwinden können oder weil sie es nie gelernt haben. Ein Gespräch mit solchen Menschen zu führen ist nicht einfach.

Dennoch lohnt es sich manchmal, denn Sie werden vielleicht eine interessante Person entdecken.

Machen Sie es solchen Personen leicht und stellen Sie – wie es auch jeder Vertriebler gelernt hat – W-Fragen. W-Fragen sind Fragen, die mit Wie, Wann, Warum, Wer, Was beginnen. Es handelt sich dabei um offene Fragen, die man mit einem ganzen Satz beantworten muss.

Geschlossene Fragen dagegen, kann man mit Ja oder Nein beantworten, und dann kann das Gespräch, wie im obigen Fall, auch damit bereits beendet sein.

Wenn Sie also den Gesprächspartner fragen: *„Wann waren Sie denn das letzte Mal auf einer Networking-Veranstaltung hier?"*, dann muss er zwangsläufig antworten. *„Ich war überhaupt noch nicht auf eine Networking-Veranstaltung"*, oder der Redefaule sagt: *„Noch nie."* Sie haben dann aber die Möglichkeit, auf diese Antwort wiederum einzugehen und dem Gespräch einen Schubs zu geben.

Der richtige Austausch von Visitenkarten

Networking-Veranstaltungen sind keine Visitenkartenpartys (es sei denn, sie sind extra als Visitenkartenparty ausgeschrieben). Es geht nicht darum, in möglichst kurzer Zeit möglichst viele Visitenkarten zu sammeln. Es geht auch nicht darum, „hardcore" nur fünf Minuten mit einem Gesprächspartner Fakten auszutauschen, sich dann gegenseitig die Visitenkarten zuzustecken und zum nächsten Gespräch zu eilen.

Sehr angenehm ist es, wenn Sie Ihrem Gegenüber Ihre Visitenkarte nicht aufdrängen, sondern wenn er Sie selbst darauf anspricht: *„Ich möchte gern unser nettes Gespräch im Gedächtnis behalten. Haben Sie eine Visitenkarte für mich, damit ich Sie in den nächsten Tagen anrufen kann?"*

Manche Gesprächspartner beginnen ein Gespräch mit dem gegenseitigen Austausch von Visitenkarten. Vorteilhaft dabei ist, dass Sie direkt Namen, Firma und

Funktion vor Augen haben. Ich persönlich finde diese Vorgehensweise manchmal zu plump.

Was sehr hilfreich sein kann: Notieren Sie ein paar Stichpunkte über den Gesprächspartner auf der Rückseite der Visitenkarte. Das können Sie ruhig in seinem Beisein tun. So vergessen Sie nicht den Inhalt des Gesprächs oder welche weitere Vorgehensweise Sie vereinbart haben, und dem Gesprächspartner signalisieren Sie Interesse an seiner Person.

Ein Gespräch beenden

Wenn Sie einen Gesprächspartner interessant finden und ihn gern näher kennenlernen möchten oder wenn Sie sich von diesem Kontakt etwas versprechen, dann sollten Sie eine Möglichkeit suchen, konkret an das Gespräch anzuknüpfen, beispielsweise:

„Ich sende Ihnen direkt morgen den Link über diese Website, über die wir eben gesprochen haben, an Ihre E-Mail-Adresse. Ihre Visitenkarte habe ich ja."

„Ich schaue mir Ihre Website an und bin gespannt, was ich darauf noch alles entdecke. Danach melde ich mich wieder bei Ihnen."

„Sobald ich von meiner Geschäftsreise zurück bin, das ist nächste Woche Mittwoch, rufe ich Sie an, damit wir unser Gespräch an einem ruhigen Ort etwas intensiver fortsetzen können."

Es ist nämlich jetzt sehr wichtig, dass Sie nicht eines von vielen Gesprächen sind, sondern dass Ihr Gesprächspartner sich nachhaltig an Sie erinnert, „solange das Eisen heiß ist". Also: Bleiben Sie am Ball.

Es ist manchmal nicht ganz einfach, ein Gespräch zu beenden, vor allem wenn es nur zu zweit geführt wird. Das bedeutet nämlich, dass Sie dem anderen signalisieren: „Ich habe nun genug von Ihnen" und ihn allein stehen lassen müssen. Eine unglückliche Situation, bei der Geschick und Diplomatie gefordert ist.

In einem solchen Fall ist es sympathisch, Ihrem Gesprächspartner einen neuen Ersatzgesprächspartner zu beschaffen. Wenn also gerade jemand an Ihnen vorbeigeht, dann nehmen Sie Blickkontakt auf. Wenn es sich ergibt, dann laden Sie diesen Menschen zu sich in die Runde ein: *„Sie dürfen sich ruhig zu uns gesellen"* oder *„Kommen Sie ruhig näher, wir beißen nicht."*.

Alternativ sagen Sie Ihrem Gesprächspartner offen: *„Lieber Herr XYZ, das Gespräch mit Ihnen war höchst interessant, und ich freue mich, dass ich so viel über Sie erfahren habe. Wir müssen das unbedingt beim nächsten Mal vertiefen. Was halten Sie davon, wenn wir uns jetzt mal zu der Gruppe da vorne gesellen. Da ist eine Dame,* *mit der ich unbedingt noch sprechen muss./Da steht ein Stuhl - mir tun die Füße weh und ich muss mich mal eben setzen."*

Entweder ergibt sich jetzt ein neues, spannendes Gespräch, oder Sie bleiben anstandshalber noch ein paar Minuten dabei. Sich aus einer Gruppe zu verabschieden ist dann viel einfacher.

„So, ich muss mich jetzt leider ausklinken und auf den Weg nach Hause machen. Ich habe es ja noch weit/Ich muss morgen früh raus/Ich muss noch den Termin für Morgen vorbereiten."

„Hier ist schon seit einer Viertelstunde kein Kellner vorbeigekommen. Ich mache mich jetzt mal selbst auf die Suche nach einem Getränk und komme vielleicht später noch mal vorbei."

„Ich habe noch eine Verabredung mit Herrn xyz und muss mich jetzt mal leider auf die Suche nach ihm machen, bevor er wieder weg ist, ohne dass wir uns getroffen haben." (Kann auch als Notlüge verwendet werden, wenn es gar keine Verabredung gibt. Dann aber trotzdem „suchend" durch den Raum gehen.).

Wenn Sie einen Gesprächspartner haben, der ununterbrochen mit einem Schwall auf Sie einredet und zu ignorant oder unsensibel ist, um zu bemerken, dass Sie das alles überhaupt gar nicht interessiert, dann müssen Sie ein bisschen „härter" vorgehen. Manchmal hilft ein kleiner Trick. Nachdem Sie schon dreimal versucht haben, etwas zu sagen, rufen Sie *„Moment!"* oder *„Stop!"* (Ihr Gesprächspartner wird auf solche Signalwörter in der Regel reagieren, wenn Sie sie überzeugend genug gesagt haben). Und dann fügen Sie schnell hinzu: *„Habe ich richtig verstanden, dass ..."* und dann geben Sie eine kurze Zusammenfassung der letzten Aussage Ihres Gesprächspartners (Vorsicht, jetzt nicht unterbrechen lassen, denn der will schon wieder einen Kommentar loswerden, aber jetzt sind SIE am Ball). Und dann sind SIE mal ein bisschen härter und ergänzen nahtlos: *„Das finde ich sehr interessant. Seien Sie mir nicht böse, aber ich muss unser Gespräch jetzt leider beenden. Ich habe mir noch ein paar andere Gespräche vorgenommen. Ich habe ja Ihre Kontaktdaten, und beim nächsten Mal sehen wir uns sicher wieder."* Nun gilt es aber auch, zügig den Rückzug anzutreten, bevor Ihr unsensibles Gegenüber Sie freundlich anlächelt und sagt: *„Kein Problem, aber was ich Ihnen eben noch erzählen wollte ..."*

Beliebt und menschlich ist auch der Toilettentrick. Wenn Sie zurückkommen und Ihr Gesprächspartner steht tatsächlich noch allein und auf Sie wartend da und Sie haben keine Chance, auf dem Weg zu ihm von jemand anderem „abgefangen" zu werden, dann bleibt Ihnen nicht anderes übrig, als die Initiative zu ergreifen und zu sagen: *„So, ich würde sagen, wir gesellen uns jetzt mal unter die Leute. Wir haben jetzt schon so lange geredet und viel erfahren, aber wir beide wollen ja noch* *die anderen Leute alle kennenlernen.*" Ihr Gesprächspartner wird nun hinter Ihnen hertrotteln oder hektisch auf die Uhr gucken und sagen: *„Oh Schreck, schon so spät, habe ich gar nicht gemerkt. Nein, ich komme nicht mehr mit, ich werde mich jetzt auf den Heimweg machen.*" Wenn Sie ihn nicht so leicht loswerden, dann steuern Sie einfach auf eine größere Gruppe zu und fragen mit einem entwaffnenden Lächeln: *„Dürfen wir uns hier zu Ihnen dazustellen?*" In der Regel wird sich Ihr Gesprächspartner dann innerhalb der Gruppe ein anderes Opfer ausgucken.

Genug genetworkt

Wie lange so ein Networking-Abend dauert, hängt von den Menschen, der Stimmung, vom Umfeld und natürlich von Ihnen ab. 2½ bis 3 Stunden reichen, um sich mit mehreren Leuten intensiv zu unterhalten. Es gibt Menschen, die setzen sich eine zeitliche Grenze und gehen dann kompromisslos.

Ich selbst bin eher ein Nachtmensch, und oft wird es zu fortgeschrittener Stunde so richtig interessant. Nämlich dann, wenn nur noch der harte Kern übrig ist. Ich habe auf XING-Networking-Veranstaltungen schon sehr oft nach Mitternacht in angeregter kleiner Runde die interessantesten und kurzweiligsten Gespräche geführt. Zugegeben: Das ist nichts für jedermann, und wer seinen Schönheitsschlaf braucht und morgens früh aus den Federn muss, für den ist schon 22 Uhr mit anschließender Heimfahrt spät genug.

11.10 Auf die richtige Körpersprache kommt es an

Die Körpersprache sagt viel über Ihre Stimmung und auch über Ihren Charakter aus. Wer nicht bewusst auf seine Körpersprache achtet, der könnte Signale aussenden, die beim anderen negativ ankommen.

Setzen Sie deshalb Ihre Körpersprache aktiv ein, und es wird Ihnen viel leichter fallen, mit anderen ins Gespräch zu kommen.

Es gibt da ein paar ganz einfache Regeln:

Nehmen Sie Blickkontakt auf

Möchten Sie eine Person auf sich aufmerksam machen, dann nehmen Sie Blickkontakt auf.

Dies gilt auch für ein Zweiergespräch. Konzentrieren Sie sich auf Ihren Gesprächspartner durch Blickkontakt. Die Augen in die Gegend abschweifen zu lassen wirkt gelangweilt und unhöflich. Die Augen immer nach unten gerichtet wirkt unterwürfig oder schüchtern.

Bestimmt haben Sie schon einmal Menschen erlebt, die einem nicht in die Augen sehen können, sondern immer so einen unsteten Blick haben. Das macht einen ganz nervös.

Vergessen Sie nicht das Lächeln im Gesicht

Das bedeutet nicht, dass Sie den ganzen Abend mit einem eingefrorenen und gekünstelten Grinsen im Gesicht rumlaufen sollen. Grinser wirken absolut suspekt und unglaubwürdig.

Es bedeutet nur, dass Sie einen offenen, positiven Gesichtsausdruck haben sollen. Setzen Sie im Gespräch Ihre Mimik ein, und zwischendurch wirkt ein Lächeln und auch ein Lachen menschlich und sympathisch.

Bitte setzen Sie keine mürrische und verschlossene Mine auf, nach dem Motto: Warum spricht mich jetzt keiner an. Es wird garantiert niemand tun, wenn Sie so grimmig aus der Wäsche gucken.

Kontrollieren Sie Ihre Wirkung zu Hause vor dem Spiegel oder im Gespräch mit vertrauten Menschen. Viele Menschen wissen nämlich gar nicht, dass sie immer schlecht gelaunt, traurig, gestresst oder abgearbeitet aussehen.

Üben Sie eine offene Körperhaltung

Überschlagene Beine, verschränkte Arme signalisieren: Lass mich in Ruhe.

Das Gegenteil erreichen Sie mit einer offenen Körperhaltung. Das bedeutet nicht, dass Sie im Gespräch nie die Beine überschlagen dürfen. Sie sollten es jedoch in Richtung des Gesprächspartners tun und mit Ihrer übrigen Körperhaltung Gesprächsbereitschaft signalisieren.

Übrigens: Die meisten Menschen setzen ihre Körpersprache viel zu unauffällig ein. Gerade mit Händen und Armen kann man seine gesprochenen Worte sehr nachhaltig durch Gesten untermauern und seine Sprache lebendig gestalten: Aber Vorsicht, das kann leicht zu überschwänglich und übertrieben wirken. Also vorher üben.

Selbstbewusst auftreten – interessant wirken

Besonders wichtig für ein selbstbewusstes Auftreten ist eine gerade Körperhaltung. So zeigen Sie Wirkung, auch wenn Sie in Wirklichkeit ein schüchternes Mäuschen sind. Der Trick Brust raus, Schultern zurück, Bauch rein funktioniert wirklich. Und wenn man das nicht gekünstelt einsetzt, dann kann eine solche Haltung ganz selbstverständlich rüberkommen.

Egal, wie groß oder klein, wie dick oder dünn Sie sind, mit einer guten Körperhaltung zeigen Sie immer Größe und Ausstrahlung. Außerdem ist es gut für Ihren Rücken, der durch krumme Haltung am Arbeitsplatz und zu wenig Sport bestimmt sowieso schon genug mitmacht.

Vermeiden Sie unbedachte Gesten

In einem Gespräch kann man mit kleinen Gesten dem Gegenüber sehr schnell Langeweile, Missachtung oder Überheblichkeit signalisieren. Kleine Gesten haben dann eine große Wirkung, die der Verursacher möglicherweise gar nicht wahrnimmt oder so gemeint hat. Dazu gehören beispielsweise: wegwerfende Handbewegungen, Fingerschnippen, hochgezogene Augenbrauen oder verbale Unmutsäußerungen.

Auch wenn der Gesprächspartner es Ihnen vielleicht nicht so direkt zeigt, können Sie ihn mit solch unbedacht oder unbewusst eingesetzten Gesten verärgern oder verschrecken. Zollen Sie Ihrem Gesprächspartner Respekt.

11.11 Was ziehe ich an?

Kleiden Sie sich so, dass Sie sich wohlfühlen. Es gibt bei den meisten Veranstaltungen keine Kleiderordnung, also auch keine Anzug- oder Krawattenpflicht (es sei denn, in der Termin-Einladung ist auf einen Dresscode hingewiesen). Da es sich um Business-Events handelt, sollte natürlich auch ein gewisses Kleidungsniveau beachtet werden. Das heißt allerdings nicht unbedingt, dass die Jeans zu Hause bleiben muss. Eine Jeans, kombiniert mit Hemd/Bluse oder Jackett, ist heutzutage durchaus salonfähig.

Wenn man allerdings bedenkt, dass die meisten Gäste innerhalb der Woche direkt von der Arbeit kommen, dann ist klar, dass der Großteil der Herren businessmäßig in dunklem Anzug gekleidet ist. Für Banker, Juristen und ähnliche Berufe ist der Geschäftsanzug möglicherweise selbstverständlicher als für den freiberuflichen Webdesigner oder den Künstler.

Farblich sind Sie mit gedeckten und eher dunkleren Farbtönen immer gut beraten. Aber bunt ist fröhlich, also warum nicht? Die Damen sollten sich allerdings mit kitschigen Farbtönen, wie etwa einem grellen Pink etwas zurückhalten, weil sie ansonsten im Business-Umfeld nicht ernst genommen werden.

Allerdings haben wir Frauen es kleidungsmäßig auch auf Networking-Veranstaltungen einfacher als die Männer: Wer schick und adrett gekleidet ist (egal, ob in C & A, H & M, Betty Barkley, Esprit oder Armani), fällt positiv auf, allein schon deshalb, weil der Frauenanteil in der Regel kleiner ist als der Männeranteil. Ich schätze den Frauenanteil auf unseren Networking-Veranstaltungen der Ambassador-Gruppe Düsseldorf – Rhein-Ruhr auf nicht mehr als 40 Prozent.

11.12 The day after

Am Tag nach der Veranstaltung sollten Sie sich noch mal die am Abend zuvor erhaltenen Visitenkarten an Ihren PC holen und die Profile dieser Leute bei XING nachlesen. So prägen Sie sich zu den Namen die Gesichter und die zugehörigen „Storys" besser ein. Machen Sie sich ruhig auf der Rückseite der Visitenkarte Notizen und legen Sie diese alphabetisch geordnet ab.

Nutzen Sie die Gelegenheit, den interessanten Gesprächspartnern des Abends eine kurze Nachricht zu schreiben. Bedanken Sie sich für das Gespräch und kommen Sie noch einmal konkret auf Schnittmengen zurück, die Sie am Abend zuvor entdeckt haben.

Nutzen Sie die Notizfunktion bei XING im Profil Ihres Gesprächspartners, um Informationen zu hinterlegen, z. B. das, was Sie auf der Rückseite der Visitenkarte notiert haben.

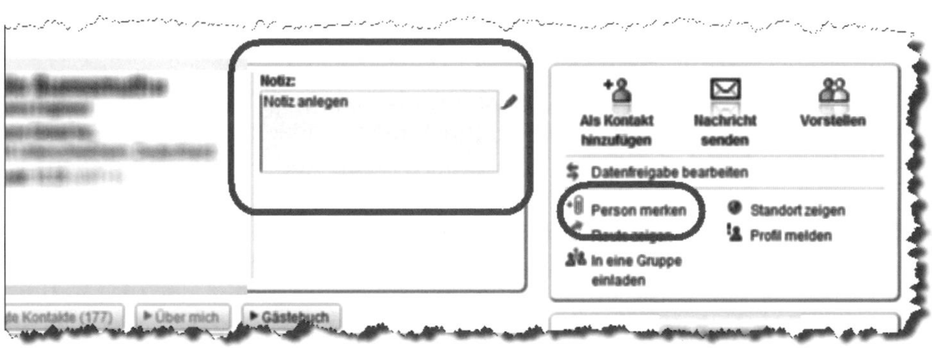

Die Nachbearbeitung eines Gesprächs: Notizen einfügen und Person merken. Vielleicht sogar den Gesprächspartner als Kontakt hinzufügen.

Außerdem können Sie den Gesprächspartner unter *gemerkte Personen* hinzufügen – eine hilfreiche Funktion für Leute, mit denen man sich nicht direkt verkontakten möchte, die immer ein bisschen untergeht.

Wenn Sie möchten, können Sie diesen Leuten auch eine Kontaktanfrage schreiben. Legen Sie dann die nicht ganz so interessanten Gesprächspartner in Ihrem Gedächtnis ab und konzentrieren Sie sich auf die wirklich Wichtigen.

Ideal ist es, wenn Sie direkt einen Anhaltspunkt haben, sich mit Ihrem Gesprächspartner noch einmal ganz in Ruhe zu einem Gespräch zu zweit zu treffen. Laden Sie ihn in Ihre Firma ein, damit er Sie in Ihrem Geschäftsumfeld erlebt, und dann können Sie ihn auch viel besser mit Ihren Produkten oder Dienstleistungen überzeugen. Dies wird natürlich nur dann möglich sein, wenn es konkrete Ansatzpunkte für eine Zusammenarbeit gibt. Aber erwarten Sie nach einem ersten Networking-Abend nicht zu viel. Manche Verbindungen müssen wachsen.

Sehr sympathisch ist es auch, wenn Sie in Ihre Gruppe einen Kommentar über den netten Abend schreiben. So bringen Sie sich bei den anderen Gästen zu Bewusstsein, und die Moderatoren werden sich auch darüber freuen.

Leider bietet XING noch keine Möglichkeit, eine Veranstaltung nachzubereiten. Es existiert derzeit bei XING noch keine Liste der tatsächlich anwesenden Gäste.

11.13 Organisieren Sie selbst Veranstaltungen

Bei XING können Sie kostenlos und unkompliziert Ihre Veranstaltungen selbst einstellen.

- Basis-Mitglieder können eine Veranstaltung mit bis zu zehn Teilnehmern veranstalten.
- Premium-Miglieder können bis zu zehn Veranstaltungen mit unbeschränkter Teilnehmerzahl organisieren.

So organisieren Sie eine öffentliche Veranstaltung

XING bietet gute Möglichkeiten, Veranstaltungen auf einem ganz neuen Weg publik zu machen. Erwarten Sie aber bitte nicht zu viel. Die Flut an Terminen bei XING ist so groß, dass viele Mitglieder ständige Termin-Einladungen als lästig empfinden und schon gar nicht mehr lesen. Gehen Sie also behutsam mit Ihrem Werkzeug um.

Mit wenigen Klicks auf Ihre Veranstaltung aufmerksam machen.

Wie man einen neuen öffentlichen Termin anlegt, demonstriere ich Ihnen an einem realen Beispiel, indem ich zu einem XING-Onlineseminar bei *www.workshopwelt.de* einlade, das ich demnächst halten werde. Die Bekanntmachung des Termins bei XING könnte mir zusätzliche Kursteilnehmer bringen und ist eine Marketingmöglichkeit.

Klicken Sie dazu unter *Termine* auf *Neuer Termin* und dann auf *Öffentliche Veranstaltung organisieren.*

Nun gelangen Sie auf eine Seite, auf der Sie die Daten Ihrer Veranstaltung eintragen müssen:

- Titel
- Kategorie
  - Offizielle XING-Events
  - Firmenpräsentationen
  - Messen und Kongresse
  - Vorträge und Seminare
  - Kunst und Kultur
  - Freizeit und Sport
  - Networking-Veranstaltungen
  - Soziale Veranstaltungen
  - Sonstiges
- Beschreibung
- Terminbeginn
- Terminende (Achtung, darf bei öffentlichen Terminen nur drei Tage vom Startdatum entfernt sein)
- Ortsangaben

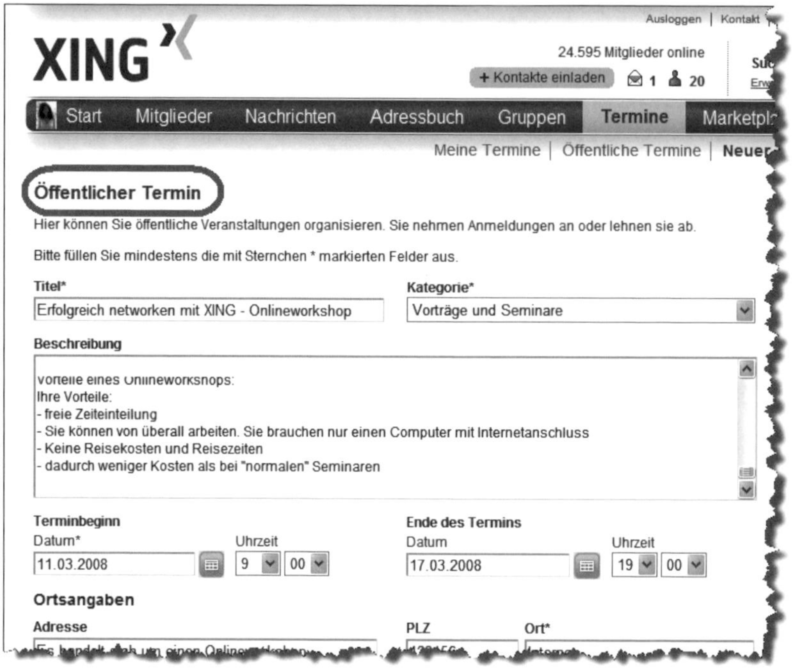

Auf dieser Seite legen Sie Ihren öffentlichen Termin an.

Nun gelangen Sie auf eine zweite Seite. Dort geben Sie bitte ein, ob Ihr Termin einer Gruppe zugeordnet werden soll. Dies ist ein Spezialfall und nur dann überhaupt möglich, wenn Sie Gruppenmoderator sind. Die Zuordnung einer Gruppe bewirkt, dass dieser Termin auf der Gruppenstartseite angezeigt wird. Dies sieht dann so aus wie in der Abbildung auf der nächsten Seite.

Weiterhin können Sie einen abweichenden Veranstalternamen und einen Anmeldeschluss und eine maximale Teilnehmerzahl eintragen. Wenn es Ihnen recht ist, dass der Teilnehmer einen Gast mitbringt, dann können Sie ein Häkchen machen. Die Begleitung wird dann namentlich nicht erfasst, aber alle Begleitungen werden gezählt.

Tragen Sie nun ein, wer die Teilnehmerliste sehen darf:

- alle (XING-Mitglieder und unregistrierte Benutzer)
- nur XING-Mitglieder
- nur eingeladene Personen
- nur ich selbst

Möchten Sie eine große Veranstaltung organisieren, die möglichst jeder mitbekommen soll, dann sollten Sie die Mitgliederliste für alle öffnen. Es ist nämlich von wichtiger Bedeutung zu sehen, wer zu der Veranstaltung noch alles kommt, um sich gezielt zu verabreden.

Gruppentermine werden auf der Startseite der jeweiligen Gruppe angezeigt.

Als Nächstes können Sie angeben, für welchen Sprachraum die Veranstaltung gelten soll, ob Sie selbst daran teilnehmen und ob Sie an den Termin per E-Mail erinnert werden wollen (und wie lange vorher).

Auf der dritten und letzten Seite schließlich können Sie Ihre Gästeliste zusammenstellen. Wenn der Termin einer Gruppe zugeordnet ist, dann erscheinen die Namen aller Gruppenmitglieder auf der rechten Seite in der Gästeliste. Sie können einzelne Namen rausstreichen.

Gleichzeitig bekommen Sie auf der linken Seite Ihre Kontakte angezeigt und können all Ihre Kontakte oder einzelne Kontakte der Mitgliederliste per Handarbeit hinzufügen.

Haben Sie vorher Ihre Kontakte mit Tags versehen, dann können Sie diese Mitglieder nun gezielt herausfiltern und einladen.

Externe Kontakte von Ihnen, die nicht bei XING sind, können Sie per E-Mail einladen und zu guter Letzt haben Sie noch die Möglichkeit, Ihrem Termin eine Nachricht hinzuzufügen.

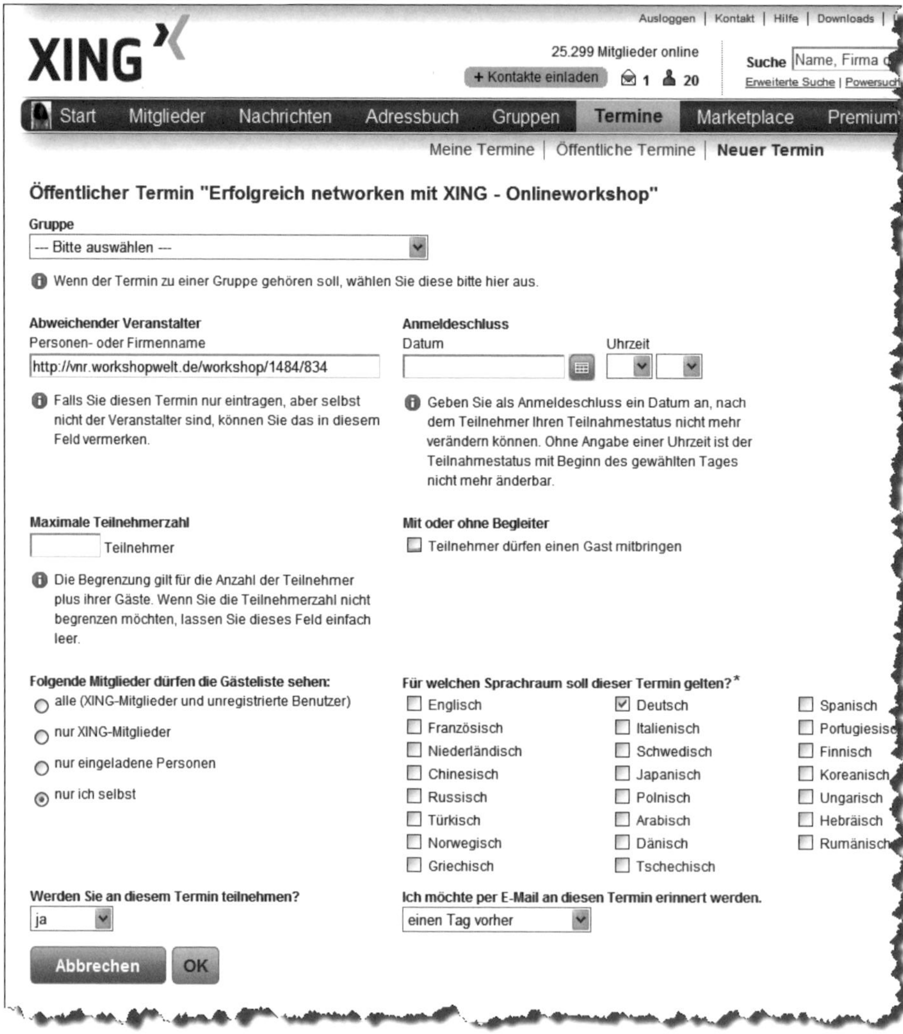

Auf Seite 2 des Terminformulars können Sie weitere Details erfassen.

Bitte machen Sie sich die Mühe und laden nicht all Ihre Kontakte wahllos zu Ihren Terminen ein. Ein Geschäftspartner in Dubai interessiert sich nicht für Ihren Chill out-Termin in Wanne-Eickel. Mullen Sie Ihre Kontakte nicht mit unpassenden Termin-Einladungen zu.

Nun ist Ihre Veranstaltung fertig und erscheint in der XING-Suche.

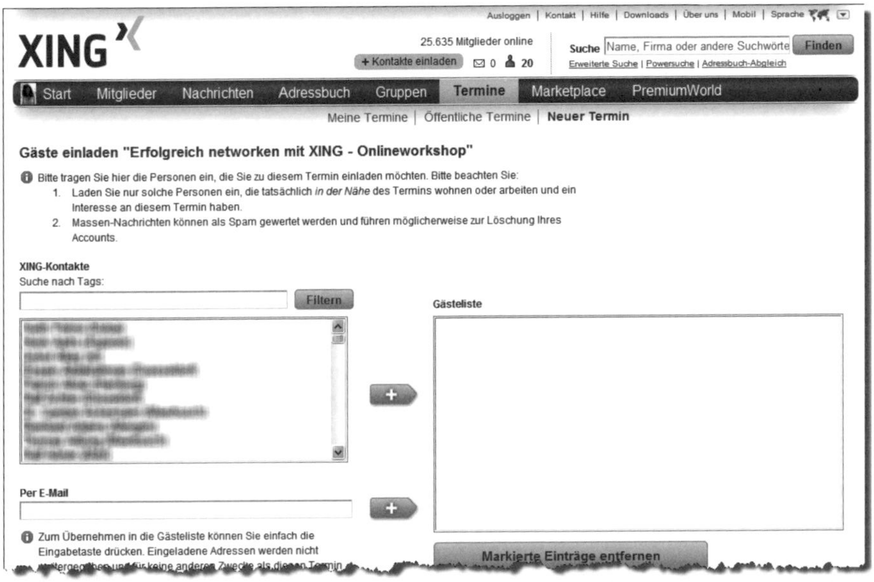

Auf Seite 3 bearbeiten Sie die Teilnehmerliste.

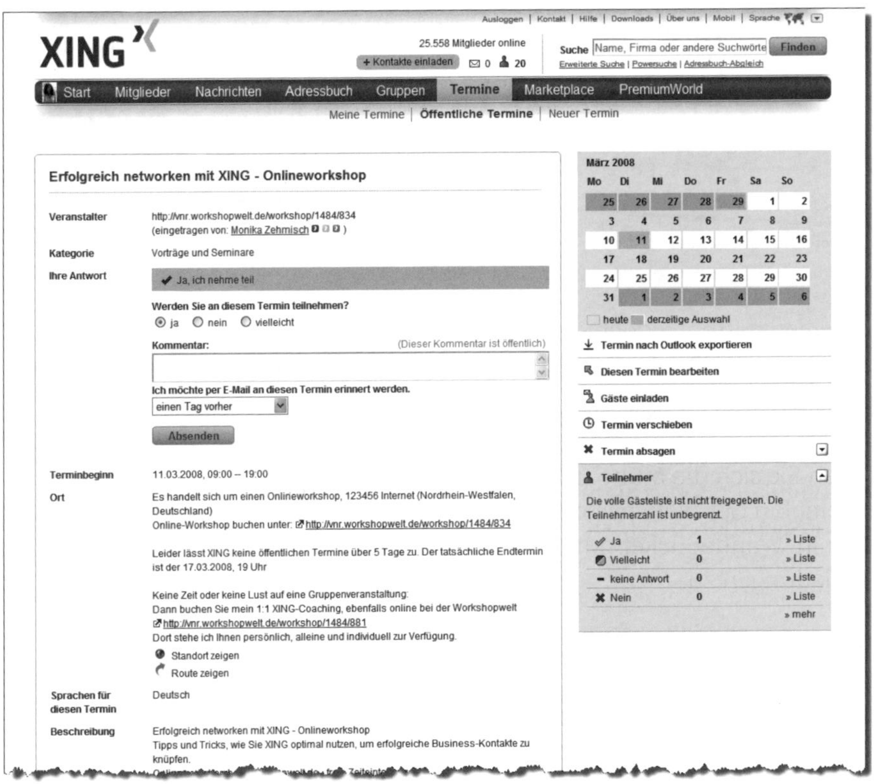

So sieht die fertige Veranstaltung aus.

Sie haben nun noch folgende Möglichkeiten:

- Veranstaltung ändern
- Gästeliste bearbeiten
- Termin verschieben
- Termin absagen

11.14 So stellen Sie einen privaten Termin ein

Die Organisation eines privaten Termins unterscheidet sich im Ablauf nicht wesentlich vom Einstellen eines öffentlichen Termins. Bitte lesen Sie die Details im letzten Kapitel nach.

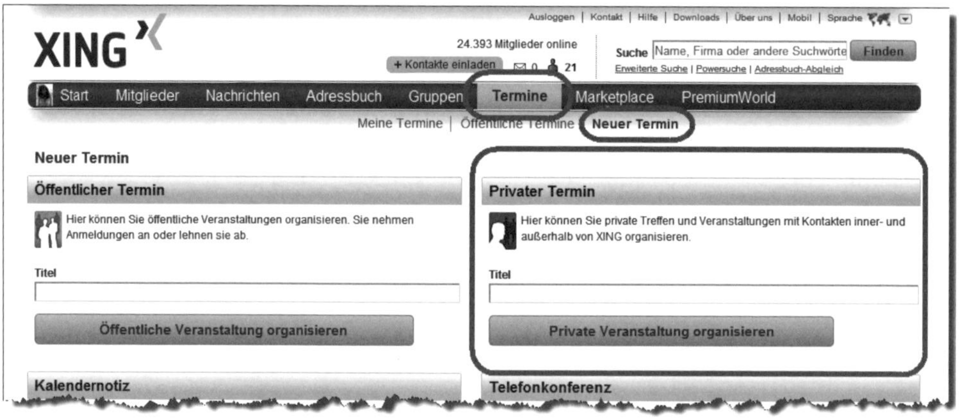

Die Organisation eines privaten Termins.

Der Unterschied besteht jedoch darin, dass der Termin für die Allgemeinheit nicht zu sehen und nicht zu suchen ist. Nur Personen, die Sie explizit eingeladen haben, haben Zugang zu dem Termin.

Wie bei einem öffentlichen Termin, können Sie auch hier Ihre XING-Kontakte zum Termin einladen oder auch Leute, die nicht in XING sind (einzige Voraussetzung: Sie müssen deren E-Mail-Adresse kennen). Veranstalten Sie den privaten Termin fur eine Gruppe, können Sie auch alle Gruppenmitglieder oder einen Teil davon einladen. Dies geht besonders einfach, wenn Sie diese Personen vorher mit Tags versehen haben, die Sie nun auswählen können.

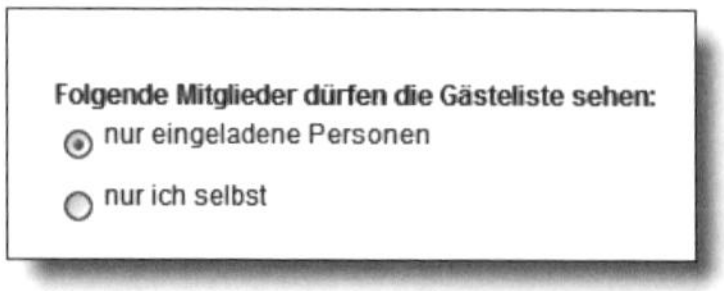

Auch die Gästeliste kann nicht jeder sehen.

Außerdem können Sie entscheiden, ob die Teilnehmerliste nur für Sie sichtbar sein soll oder auch für die eingeladenen Personen.

Achtung, nutzen Sie eine private Termin-Einladung nicht als Newsletter

Vielleicht ist es Ihnen schon aufgefallen: Als XING-Mitglied können Sie keinen Newsletter oder Rundschreiben an andere XING-Mitglieder verschicken (es sei denn, Sie sind Gruppenmoderator). Ich bin darüber sehr froh, denn sonst würde es noch mehr Spam-Mails geben, denn die Menschen sind da gnadenlos. Weil XING-Mitglieder aber erfinderisch sind, missbrauchen sie private Termin-Einladungen als Newsletter. Das ist ja auch so einfach möglich: einfach einen Termin anlegen, ein erfundenes Datum und Ort eintragen und per Knopfdruck an alle Kontakte schicken. Diese Funktion wird missbraucht für Weihnachtsgrüße, Mitteilungen, dass man von XING nun die Nase voll hat, Verabschiedungen und Begrüßungen aller Art (Jobwechsel, Umzug), bei der Jobsuche oder sonstigen Dingen, an die man normalerweise gar nicht denkt.

Ich gebe Ihnen den guten Rat: Missbrauchen Sie die Terminfunktion nicht als Newsletter. Abgesehen davon, dass Sie eine Abmahnung von XING riskieren, ist das Ihren Kontakten gegenüber unhöflich und nutzlos, denn Sie werden keine positive Aufmerksamkeit damit erregen, sondern sich nur Ärger und Unmut einhandeln.

So veranstalten Sie eine Telefonkonferenz

Bei einer Telefonkonferenz lernen Sie zwar XING-Mitglieder nicht persönlich kennen, aber dennoch verlassen Sie den virtuellen Raum.

Akquise fand früher größtenteils auf dem schriftlichen Weg und per Telefon statt. Es ist immer noch etwas ganz anderes, mit jemanden zu telefonieren, seine Stimmfarbe und seinen Stimmklang zu hören, seine Ausdrucksweise, die natürlich viel emotionaler ist als nur Worte per Internet. Ich empfehle Ihnen deshalb: Greifen Sie auch im Internet-Zeitalter viel öfter wieder mal zum Telefonhörer und verschaffen Sie sich einen persönlicheren Eindruck von Ihrem E-Mail-Partner.

Wir leben alle in einer hektischen Zeit und unter Stress. Möchten Sie etwas mit mehreren Personen besprechen, ist es manchmal einfacher, eine Telefonkonferenz durchzuführen, als ein persönliches Treffen zu arrangieren. XING bietet Ihnen auch hierfür Unterstützung. Telefonkonferenzen finden Sie unter *Termine/ Neuer Termine/Telefonkonferenz veranstalten*.

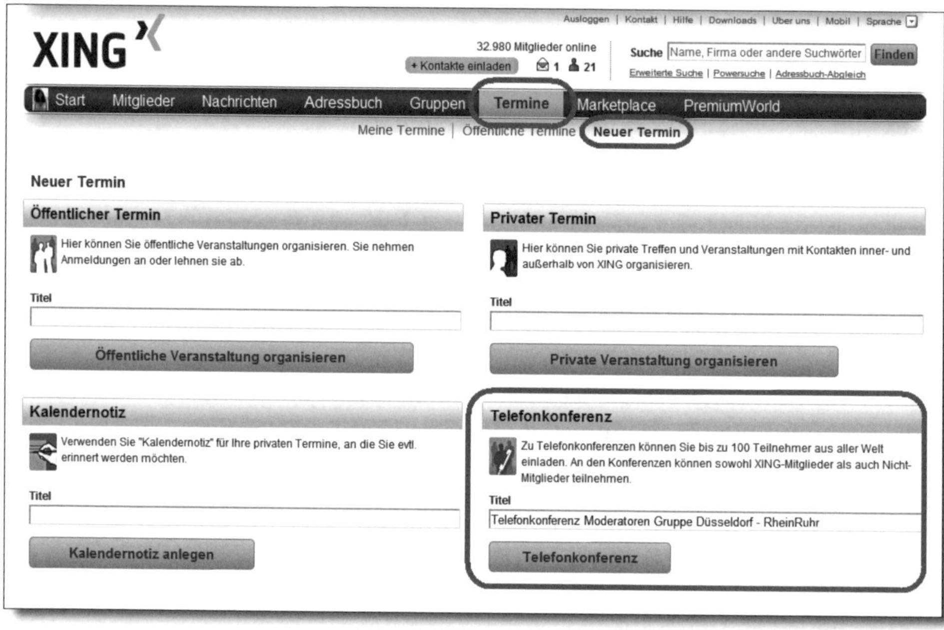

Mit XING Telefonkonferenzen veranstalten.

Wie beim Erfassen eines öffentlichen Termins werden Sie nun durch mehrere Seiten geführt. Auf der ersten Seite können Sie Titel und Beschreibung sowie das Datum eintragen.

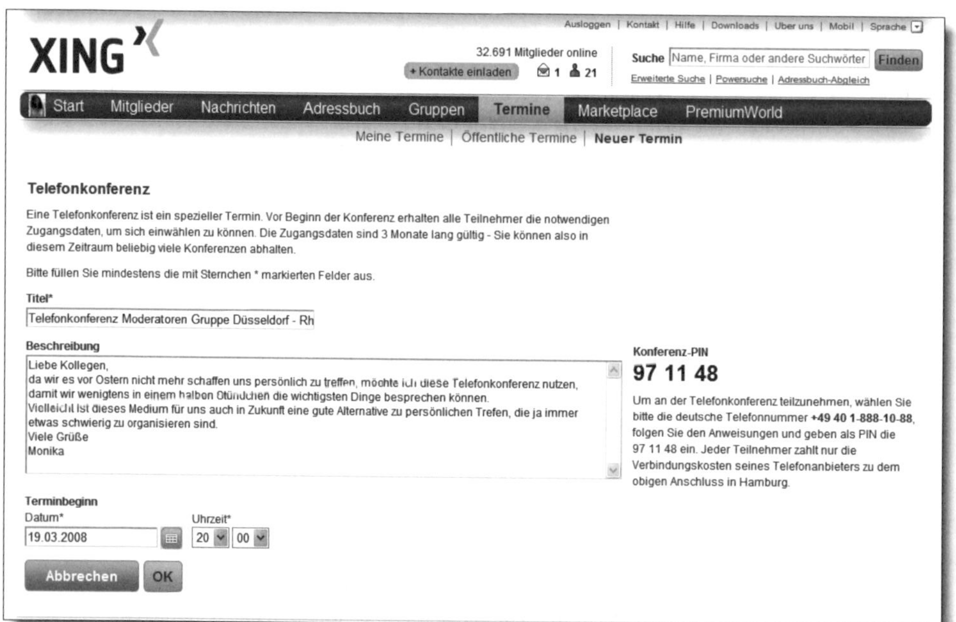

Seite 1 des Erfassungsformulars für Telefonkonferenzen.

Auf Seite 2 finden Sie Angaben zu einem eventuell abweichenden Veranstalter, können eingeben, ob nur Sie oder auch der eingeladene Kreis die Gästeliste einsehen können. Ebenso können Sie eintragen, ob Sie selbst an der Telefonkonferenz teilnehmen werden und ob bzw. wann Sie daran erinnert werden möchten.

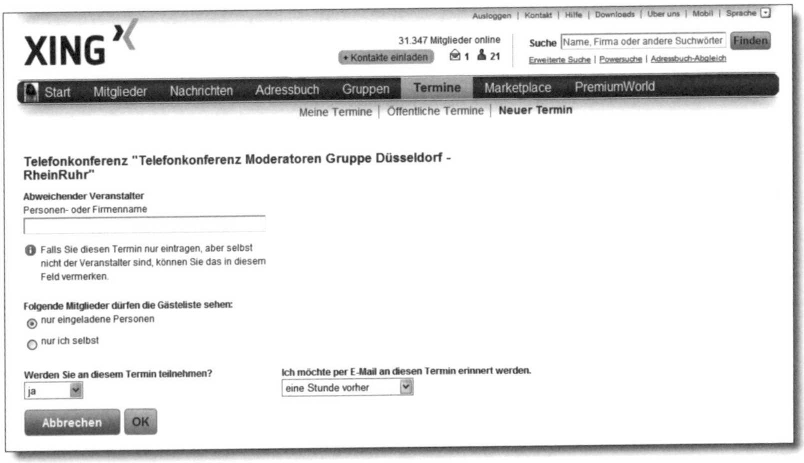

Seite 2 des Erfassungsformulars für Telefonkonferenzen.

Und auf Seite 3 haben Sie die Möglichkeit, Ihre Kontakte oder Nicht-Kontakte sowie Nicht-XING-Mitglieder (durch Angabe der E-Mail-Adresse) zu der Telefonkonferenz einzuladen. Bereits vorher eingetragene Tags erleichtern die Suche und Auswahl.

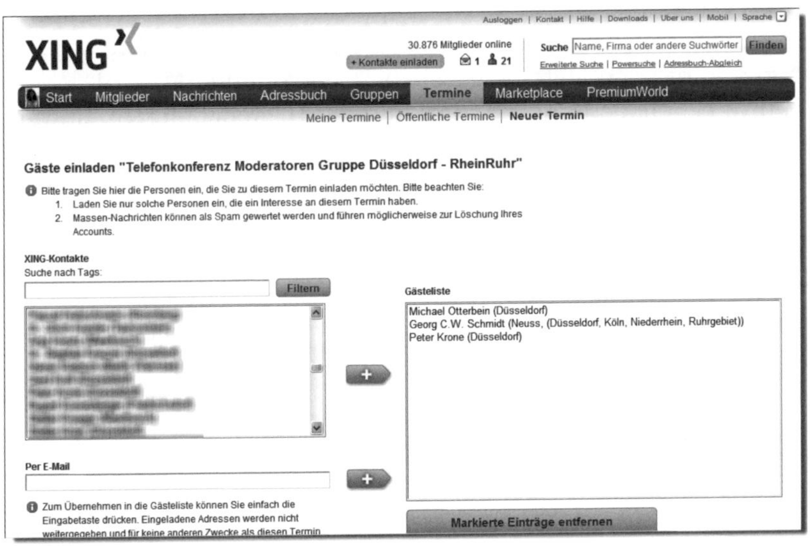

Kontakte, Nicht-Kontakte und sogar Nicht-XING-Mitglieder können an Ihrer Telefonkonferenz teilnehmen.

Die Telefonkonferenz wir nun genau so wie ein privater Termin behandelt und erscheint bei den eingeladenen Teilnehmern unter *Meine Termine*. Nicht eingeladene Teilnehmer bekommen keine Kenntnis von dem Telefontermin. Die Telefonkonferenz ist mit einem eigenen Symbol gekennzeichnet (siehe nachfolgende Abbildung) und selbstverständlich erhält jeder eingeladene Teilnehmer eine E-Mail mit der Einladung. XING-Mitglieder haben die Einladung außerdem in ihrem XING-Posteingang.

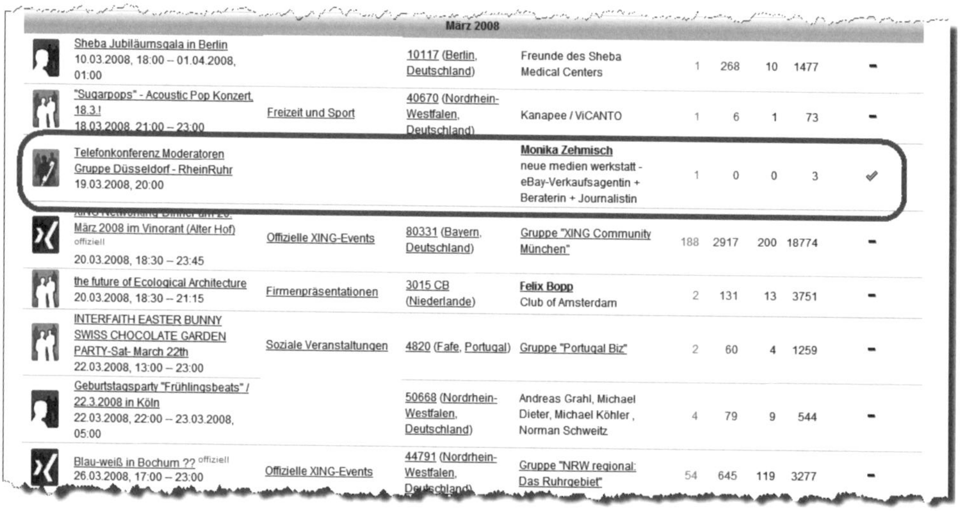

Telefonkonferenzen sind, mit einem besonderen Symbol gekennzeichnet, unter Private Termine zu finden.

In der Einladung finden sich dann auch die Details zu der Telefonkonferenz. Jeder Teilnehmer kann sich bei einer extra angegebenen Telefonnummer in Hamburg und mit einer entsprechenden Konferenz-PIN in seine Telefonkonferenz einwählen. Es entstehen Verbindungskosten des Telefonanbieters zu dem Anschluss in Hamburg, zuzüglich 12 Cent pro Minute.

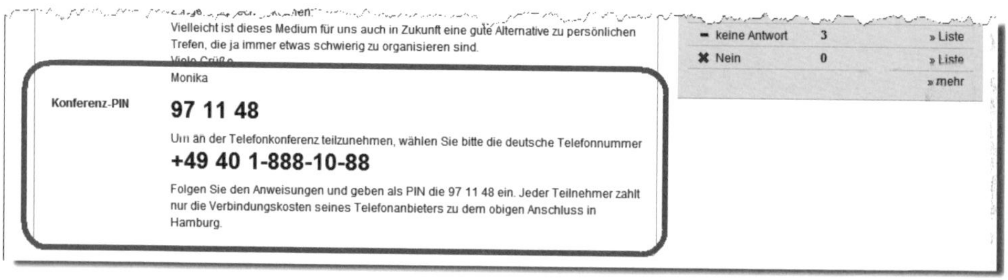

Mit einer Telefonnummer in Hamburg und einer PIN-Nummer wählen sich die Teilnehmer in den Telefonkonferenzraum ein.

11.15 Geschäftliche Treffen zu zweit

Auf den vorigen Seiten haben Sie viel über XING-Veranstaltungen erfahren. Bitte vergessen Sie nicht bei all den Vorzügen, die Ihnen die virtuelle Welt mit XING bietet, dass Telefonate und persönliche Treffen mit Geschäftskontakten immer besser sind als ein Austausch per E-Mail und sogar als ein Live-XING-Event in Ihrer Stadt.

An dieser Regel hat sich auch mit XING nichts geändert. Deshalb versuchen Sie unbedingt, wichtige und interessante Kontakte aus Ihrem Netzwerk persönlich zu treffen. Das Internet ist immer nur eine Krücke, um Kontakte zu knüpfen, zu pflegen und um weite Entfernungen zu überbrücken.

Gehen Sie nicht allein essen, sondern verabreden Sie sich mit Ihren Kontakten.

Wenn Sie auf der Durchreise sind (und Zeit haben), planen Sie ein paar Stunden Zeit ein, um Ihre Kontakte zu besuchen.

Wenn Sie geschäftlich unterwegs sind, dann versuchen Sie am Zielort – außer Ihrem eigentlichen Besuchstermin – auch Treffen mit Ihren Kontakten zu vereinbaren.

Besuchen Sie Fachmessen und nutzen Sie die Gelegenheit, Ihre Kontakte dort persönlich kennenzulernen.

TIPP

So finden Sie den Weg zu Ihren Kontakten

Klicken Sie im Profil des XING-Mitglieds auf *Standort zeigen* oder *Route zeigen*, um den Weg mit Google Maps angezeigt zu bekommen.

12

Innovative Ideen mit XING

In den vorangegangenen Kapiteln haben Sie viel über Networking gelernt und darüber, wie Sie Networking zielgerichtet für sich einsetzen können. Sie haben gelesen, dass XING mehr ist als eine Adressdatenbank für Geschäftskontakte. Sie haben hoffentlich an der einen oder anderen Stelle gemerkt, dass XING ein mächtiges Tool ist, eine lebendige Community, in der viele Chancen für Sie stecken, und Sie haben vielleicht den Geist von XING ein bisschen herüberwehen gespürt.

Die Macher von XING haben dies auch gemerkt und haben sich viele interessante Features einfallen lassen, die XING noch interessanter und effizienter machen. Und es sind viele Ideen in Planung oder bereits in Umsetzung, von denen ich als Ambassador weiß, die ich Ihnen aber noch nicht verraten darf. Verraten darf ich Ihnen aber bereits: Die Möglichkeiten von XING sind noch lange nicht erschöpft, und wir können uns gemeinsam auf viele Neurungen freuen, die Ihnen gefallen werden.

Viele Aktivitäten als Arbeitnehmer oder Arbeitgeber lassen sich auch bei XING abbilden. Holen Sie sich auf den nächsten Seiten ein paar Anregungen.

12.1 Mit XING auf Jobsuche

Haben Sie früher auch verzweifelt die Stellenangebote der regionalen oder überregionalen Zeitungen durchforstet? Haben Sie zig oder sogar hunderte von Bewerbungen geschrieben, die alle mit einer Absage endeten, und sich gefragt: Was habe ich falsch gemacht? Es ist nicht einfacher geworden, auf dem Arbeitsmarkt einen Job zu finden, aber für Sie als XING-Mitglied eröffnen sich ganz neue Möglichkeiten:

XING kann für Sie eine gute Ausgangsplattform sein, denn Sie haben als Bewerber viele Möglichkeiten, interessante Firmen aufzuspüren und von Personaldienstleistern gefunden zu werden. Egal, ob Sie Student, arbeitslos oder bereit sind, auf der Karriereleiter eine Stufe höher zu klettern – XING kann effizienter bei der Jobsuche sein als so manches Jobportal oder die Tageszeitung. Denn auch hier gilt: Bewerbungen, die über XING eingefädelt werden, haben zumindest schon mal ein paar Bonuspunkte und sind schon ein bisschen lauwarm. Also nutzen Sie alles aus.

Ich möchte sogar noch einen Schritt weitergehen. Es ist bekannt, dass Headhunter, Personaldienstleister und Mitarbeiter in Personalabteilungen größerer Unternehmen bei XING die Kandidaten überprüfen:

- Stimmt das XING-Profil mit dem Lebenslauf überein?
- Präsentiert sich der Bewerber auch bei XING professionell?

- Erscheint der Mitarbeiter kontaktfreudig, kommunikativ und aktiv auch bei XING?
- Wie viel Kontakte hat der Bewerber und was sind das für Menschen?
- In welchen Gruppen ist der Bewerber aktiv und was schreibt er in den Gruppenforen?

Sie können also mit einer guten, gepflegten XING-Präsenz auch in Sachen Jobsuche punkten oder aber an Glaubwürdigkeit verlieren. Ein gutes Netzwerk erhöht Ihre Chancen, den begehrten Posten zu bekommen.

Es ist selbstverständlich, dass Ihr Profil inhaltlich gut formuliert sein muss, keinerlei Schreibfehler beinhalten darf und strukturiert aufgebaut sein muss. Die Rubriken *Ich suche* und *Ich biete* sind von besonderer Bedeutung. Wichtig ist auch, dass Ihr Profil vollständig ist. Fehler in dieser Richtung können als „faul“, oberflächlich“ oder „unmotiviert“ interpretiert werden. Ganz wichtig ist auch, dass Ihr Profil ein professionelles Foto beinhalten muss.

Ihr Profil wird abgerundet durch vollständige Angaben in den Bereichen *Organisationen*, *Berufserfahrung*, *Ausbildung*.

TIPP

Nutzen Sie die Über mich-Seite für Ihre Jobsuche

Auf dieser Seite können Sie Ihre Initiativbewerbung ausformulieren, Projekte beschreiben, Arbeitsproben veröffentlichen und Referenzen nennen.

Vorsicht, Chef liest mit

Wenn Sie noch in einem Arbeitsverhältnis sind, wäre es dumm, unter *Ich suche* den Wunsch nach einem neuen Job eindeutig zu kommunizieren. Ihr jetziger Arbeitgeber, der ja auch mal bei XING reingucken könnte, wäre nicht sehr erfreut, und Ihre Tage bei diesem Unternehmen sind möglicherweise gezählt.

Auch die übliche Verklausulierung „Ich suche neue Herausforderungen“ würde ich als Ihr Chef schon als sehr grenzwertig empfinden.

Im Grunde genommen, ist jede offenkundige Formulierung ein gefährliches Spiel mit dem Feuer. XING hat dieses Problem erkannt und eine Lösung geschaffen:

Klicken Sie auf Ihrer Startseite auf *Mein Profil* und rechts auf *Beweggründe bearbeiten* und machen Sie einen Haken unter *Neuen Job finden* und gleichzeitig unter *Nur Recruiter können sehen, dass ich auf Jobsuche bin. Meine privaten Daten sind nicht sichtbar*.

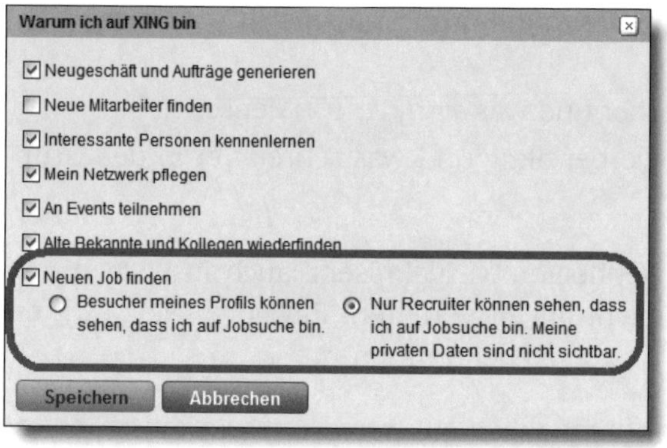

So werden Sie von Headhuntern besser gefunden.

Dieser Eintrag ist nur für Personaldienstleister, die sich XING gegenüber als solche ausgewiesen haben, zugänglich.

Dritte können Ihre Jobsuche nicht sehen. Für Dritte, die keine Jobrecruiter sind, erscheint Ihr Profil folgendermaßen:

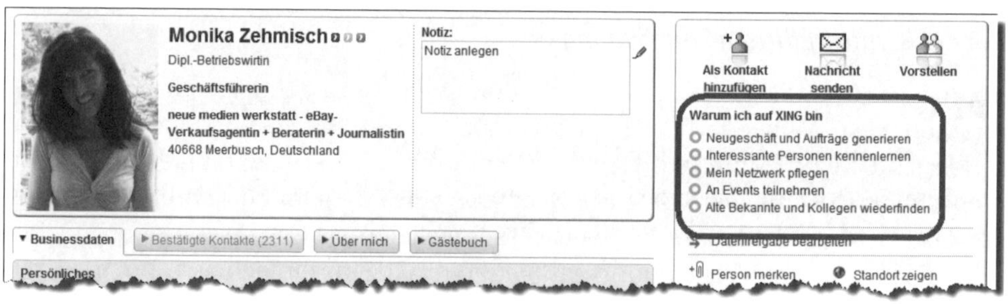

Niemand, den es nichts angeht, sieht, dass Sie auf Jobsuche sind.

Sehen Sie: Für „normale" Dritte ist nicht ersichtlich, das Sie einen neuen Job suchen und dies in Ihrem Profil angekreuzt haben. So können Sie auch sicher sein, dass diese Information nicht ungewollt in die Augen Ihres Chefs springt.

Interessante Firmen aufspüren

Es ist immer gut, wenn man nicht unter Druck steht und sich Zeit nimmt, einen Jobwechsel vorzubereiten. Dann können Sie sich nämlich in Ruhe darüber informieren, welches Unternehmen für Sie infrage käme.

Suchen Sie in der erweiterten Suche nach Schlagwörtern unter *Ich suche* und *Ich biete*, die Sie interessieren oder mit Ihrer Qualifikation übereinstimmen. Sehen Sie sich die Profile der Mitarbeiter an und sammeln Sie Informationen über die Unternehmen, bei denen die Mitarbeiter beschäftigt sind. Meist ist in den Profilen eine Webadresse angesehen, dann können Sie sich auch den Internet-Auftritt der

Unternehmen ansehen. Nehmen Sie Kontakt zu den Mitarbeitern auf und bekunden Sie Interesse an den Tätigkeiten.

Empfehlenswert ist auch bei der Jobsuche die aktive Beteiligung in Fachgruppen. Über Diskussionen lernen Sie interessante Leute kennen und „kommen ihnen näher". Auch so können Sie neue Kontakte in Ihrer Branche aufbauen, die Ihnen später einmal nützlich sein können.

Niemals einfach so direkt nach einem Job fragen. Schreiben Sie also nicht: *„Hallo, das Unternehmen, bei dem Sie arbeiten, gefällt mir. Wissen Sie, ob in Ihrer Abteilung noch ein Job frei ist?"*

Versuchen Sie lieber, über die fachliche und persönliche Ebene eine Beziehung aufzubauen. Dies alles benötigt natürlich Zeit und Pflege. Deshalb empfehle ich Ihnen, bei dem Wunsch nach einem Jobwechsel frühzeitig ein Netzwerk aufzubauen. Und dann, wenn Sie es wirklich benötigen, wenn Sie sich konkret mit einem Jobwechsel beschäftigen oder wenn Ihr jetziger Arbeitsplatz gefährdet ist, dann können Sie die Saat ernten, die Sie vorher gesät haben. Dann ist die Zeit gekommen, Ihre Kontaktpersonen um Hilfe zu bitten oder um Rat zu fragen.

Ich möchte aber an dieser Stelle noch einmal ganz dringend betonen: Geben Sie anderen XING-Mitgliedern nicht das Gefühl, ausgenutzt zu werden. Diese Menschen sind nicht „Mittel zum Zweck". Nur wenn Sie sich darauf einlassen, die Menschen selbst als wertvoll zu betrachten, werden Sie auch Achtung und Interesse zurückbekommen, und – wer weiß – vielleicht ist das ersehnte Jobangebot oder die gewünschte Vermittlung dann auf einmal ganz einfach.

Kontakte helfen bei der Jobsuche

Im Laufe der Zeit haben Sie sich ein qualifiziertes Netzwerk aufgebaut. Wenn Sie von Anfang an strategisch gearbeitet haben, dann sind Sie – hoffentlich – auf die Idee gekommen, Kontakte, die besonders nützlich bei der Jobsuche sein könnten, mit einem Tag zu versehen. Sie können beispielsweise all diese Kontakte mit dem Tag „Job" belegen und dann wissen Sie, dass Sie dort noch mal näher hinsehen sollten, wenn es bei der Jobsuche ernst wird.

Lassen Sie auch die Kontakte Ihrer Kontakte nicht aus den Augen. Es könnte ja sein, dass ein „Kollege" aus einer anderen Firma hervorragende Kontakte zu Zulieferern hat oder interessante Kunden betreut. Möglicherweise sind das Kontakte, die Sie persönlich nicht haben.

Scheuen Sie sich nicht, Ihren Kontakte mitzuteilen, dass Sie konkret auf Jobsuche sind, und um Mithilfe zu bitten, Sie zu empfehlen.

Wenn Sie eine gute Beziehung zu Ihren Kontakten haben, dann wird man Ihnen diese Bitte nicht abschlagen. Im Gegenteil, dann wird Ihr Kontakt bemüht sein, Ihnen zu helfen, und vielleicht sogar selbst darüber nachdenken, wie er Ihnen sonst noch weiterhelfen kann. Er wird Augen und Ohren offen halten. Er weiß ja dann, dass Sie den Arbeitsplatz wechseln wollen, und wenn er in seinem eigenen Unternehmen mitbekommt, dass ein neuer Mitarbeiter gesucht wird, wird er direkt an Sie denken.

Nutzen Sie Weiterbildungsveranstaltungen und knüpfen Sie reale Kontakte

XING-Mitglieder veranstalten eine Unmenge von Vorträgen, Seminaren und Networking-Veranstaltungen. Sie haben ja bereits erfahren, wie man Termine sucht und findet oder sogar selbst veranstaltet. Vielleicht haben Sie aber noch nicht erkannt, dass sich in diesen Terminen auch großes Potenzial für Sie befindet, wenn Sie auf Jobsuche sind:

- Weiterbildungsveranstaltungen (fachlich oder persönlich)
- Netzwerk-Treffen, um Kontakte zu Menschen zu knüpfen, die für Ihre Karriere wichtig sein könnten

Orientieren Sie sich dazu am besten an Terminen, die in Ihrer Stadt oder Ihrer Nähe veranstaltet werden. Täglich werden Sie in Ihrer Umgebung viele Veranstaltungen finden. Wenn Sie auf Jobsuche sind, dann nehmen Sie sich vor, einmal in der Woche eine XING-Veranstaltung zu besuchen.

Veranstaltungen in Ihrer Nähe finden Sie unter *Termine/Öffentliche Termine*. Geben Sie den gewünschten Ort und das Datum ein, und schon werden die infrage kommenden öffentlichen Termine nach Datum sortiert angezeigt. Viele der Veranstaltungen sind kostenlos.

Damit Sie die aktuellen Termin immer im Griff haben, können Sie diese auch automatisch auf Ihrer Startseite anzeigen lassen. Dies geschieht mit einem Haken in *Startseite anpassen*. Anschließend können Sie die Infobox auf Ihrer Startseite an die Position schieben, wo sie am besten hinpasst.

XING-Marketplace – Ihre Jobbörse

XING ist seit einiger Zeit auch Jobbörse. Mit dem XING-Marketplace bietet XING Ihnen Jobangebote, die von XING-Mitgliedern eingestellt wurden.

Die Jobangebote finden Sie auf dem XING-Marketplace unter *Home*. Wenn Sie genau hinsehen, dann erkennen Sie, dass an dieser Stelle zukünftig auch die Bereiche *Dienstleistungen* und *Immobilien* zu finden sind. Im Moment gibt es allerdings „nur" die Jobbörse.

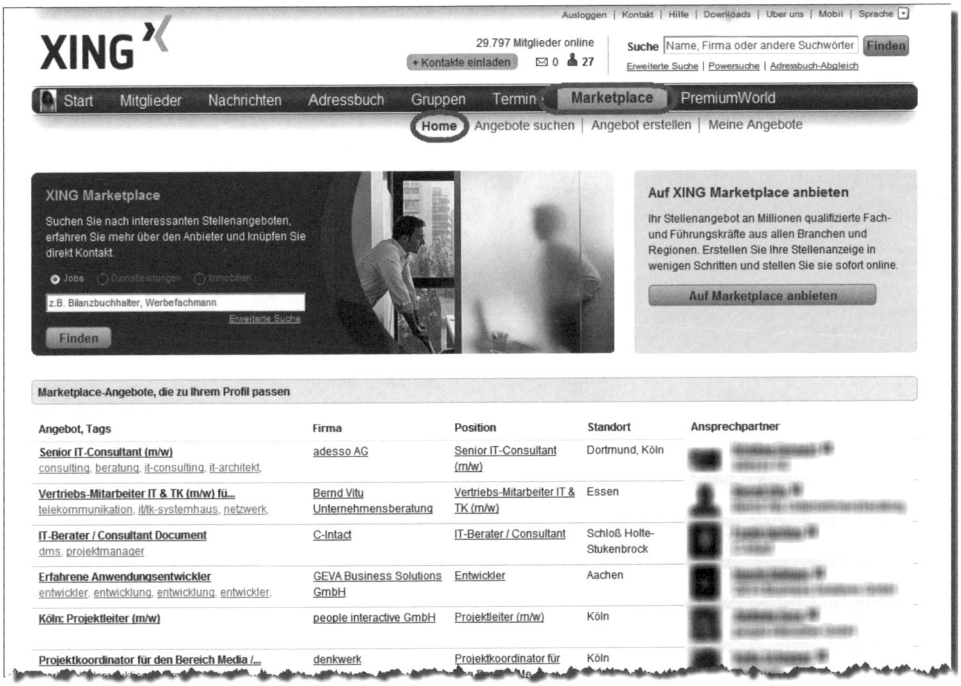

XING Marketplace – Ihre Jobbörse im Internet.

Hier werden automatisch Jobs angezeigt, die zu Ihrem Profil passen.

Tags, die zu Ihrem Profil passen.

Bitte wundern Sie sich nicht, wenn einige der Begriffe in Ihrem Profil gar nicht auftauchen. Wenn Sie die Begriffe anklicken, gelangen Sie zu Jobangeboten, die dann wieder zu Ihren Tätigkeiten passen. Diese Tag-Wolke ist für mich etwas undurchschaubar programmiert worden.

Wenn Sie in dieser Übersicht nicht fündig werden, dann gehen Sie selbst aktiv auf Jobsuche. Unter *Marketplace/Angebote suchen* finden Sie umfangreiche Suchmöglichkeiten.

Haben Sie eine interessant klingende Headline gefunden, dann klicken Sie auf den Job und bekommen weitere Details angezeigt.

Im rechten Bereich finden Sie eine Statistik, die Ihnen anzeigt, wie oft diese Stellenanzeige schon aufgerufen wurde und Ihnen mit Klick auf den Button *Jetzt bewerben* Ihren E-Mail-Client öffnet.

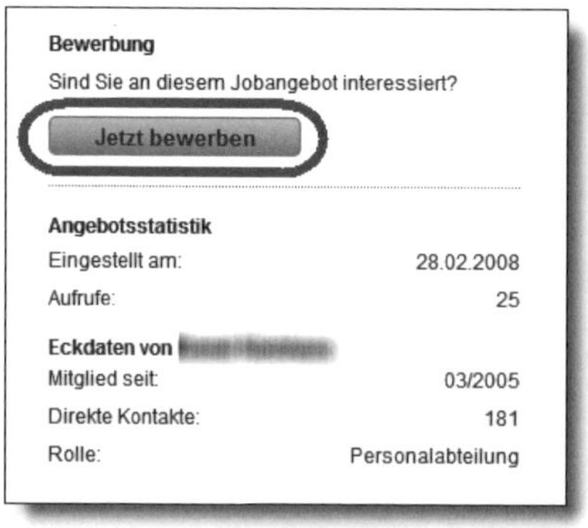

Übrigens: Jobs bei XING finden Sie nicht nur im Bereich *Marketplace*, sondern auch in der Gruppe Job und Kooperations Marktplatz, *https://www.xing.com/net/jobmarktplatz*. Jobs für Freiberufler finden Sie in der Gruppe Freiberufler Projektmarkt, *https://www.xing.com/net/freiberufler*.

12.2 Neue Mitarbeiter finden mit XING

Nun betrachten wir die Jobangelegenheit einmal andersherum, denn bei XING gibt es ja nicht nur viele Jobsuchende, sondern auch viele Menschen, die Arbeitsplätze anzubieten haben.

Dazu stehen Ihnen, wie zwei Abschnitte zuvor erwähnt, diverse Gruppen zur Verfügung, in denen Sie Ihr Jobangebot veröffentlichen können. Außerdem können Sie Jobangebote in Ihrer Regionalgruppe veröffentlichen.

Aber mit dem XING-Marketplace haben Sie als Arbeitgeber natürlich ein noch professionelleres Tool, um Ihre Jobangebote zu präsentieren. Und das Beste: Sie zahlen nur, wenn sich jemand für Ihre Jobs interessiert, und deshalb ist dieses Tool auch interessant, wenn man nicht in finanzielle Vorleistung gehen möchte.

Besonders interessant ist die Zielgruppe bei XING, denn hier finden Sie hoch qualifizierte Fachleute und Experten, insbesondere auch solche Menschen, die sich üblicherweise nicht auf Jobbörsen tummeln. XING-Mitglieder müssen nicht nur aktiv den Marketplace besuchen, sondern bekommen auch passiv auf ihrer Startseite zu ihrem Profil passende Stellenangebote präsentiert.

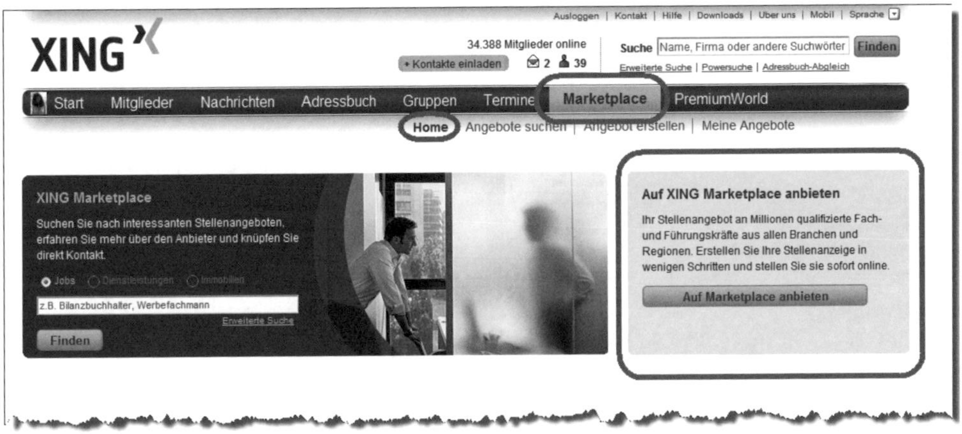

Bieten Sie auf dem Marketplace selbst Jobs an.

So legen Sie ein Stellenangebot an

Wenn Sie ein Jobangebot einstellen möchten, dann klicken Sie im Bereich *Marketplace/Home* auf den grünen Button *Auf Marketplace anbieten* oder gehen Sie direkt zum Menüpunkt *Marketplace/Angebot erstellen*.

Sie gelangen dann zu einem Erfassungsformular (siehe Abbildung nächste Seite)

Eigentlich ist das Formular selbsterklärend. Dennoch lassen Sie uns einige wichtige Positionen durchgehen:

- **Kurzbeschreibung**
  Wählen Sie kurz und prägnant eine aussagefähige und attraktive Headline.
- **Ungefähres Jahresgehalt**
  Ist ein Pflichtfeld. Wird dem Bewerber aber nur angezeigt, wenn Sie den Haken aktivieren.
- **Job-Referenznummer**
  Können Sie ausfüllen, wenn Sie mehrere Jobs anbieten, damit Sie die Jobs besser unterscheiden können. Bei größeren Firmen ist eine Job-Referenznummer sowieso selbstverständlich.

Das Erfassungsformular für Jobangebote.

- **Antwortoptionen**

  Es gibt folgende Alternativen:

  - Sie möchten eine Antwort nur über eine persönliche Nachricht innerhalb von XING erhalten.
  - Sie geben eine E-Mail-Adresse an, unter der Ihnen der Bewerber formlos seine Bewerbung zusenden kann.
  - Sie haben ein Onlineerfassungsformular erstellt, auf das Sie per Link verweisen möchten.

- **Neues aus meinem Netzwerk**

  Das Angebot wird Ihren Kontakten über das Feature *Neues aus meinem Netzwerk* nach der ersten Aktivierung einmalig angezeigt.

- **Öffentliches Angebot**
  Bestimmen Sie durch das Setzen eines Hakens, ob Ihr Jobangebot auch von Nicht-Mitgliedern und Suchmaschinen gefunden werden soll.
- **Klicklimit setzen**
  Hier können Sie sich entscheiden, ob Sie zur Kostenbegrenzung ein Klicklimit setzen wollen. Nach Erreichen des Klicklimits wird Ihr Angebot automatisch deaktiviert. XING empfiehlt kleineren und weniger bekannten Unternehmen ein Klicklimit von 200-500 Klicks. Für größere und bekanntere Unternehmen sind 1.000 Klicks empfehlenswert. Achtung: Klicks sind kostenpflichtig.
- **Tags**
  Tags sind Stichworte, die Jobsuchenden helfen, auf Ihr Jobangebot aufmerksam zu werden. Trennen Sie einzelne Tags mit einem Komma. Wählen Sie bekannte Begriffe, die weder zu allgemein noch zu speziell sind.
- **Detaillierte Beschreibung**
  Hier können Sie den Job ausführlich beschreiben.

Anschließend können Sie sich eine Vorschau Ihres Angebots anzeigen lassen und dies speichern.

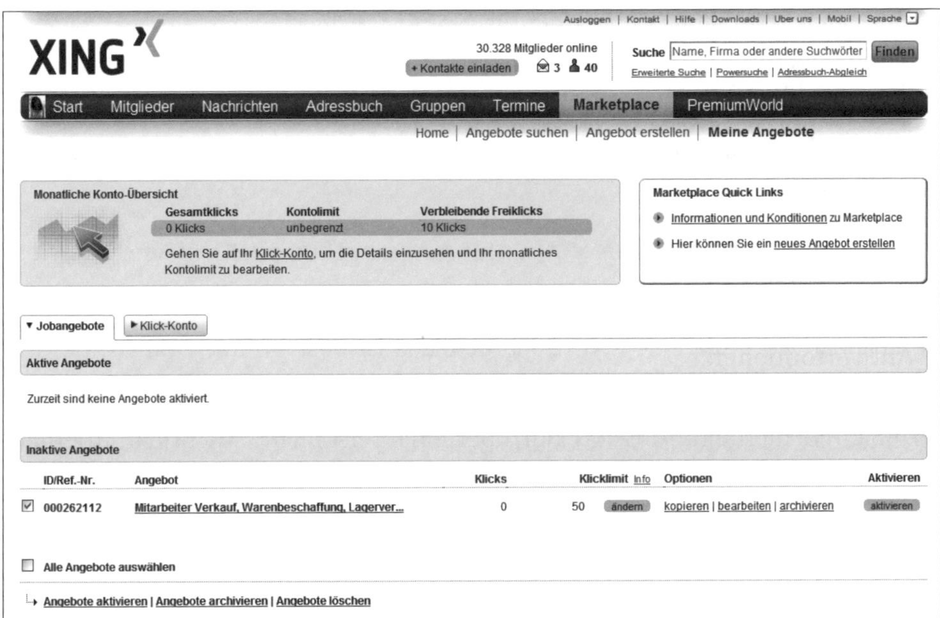

Ihr fertiges Stellenangebot im Marketplace von XING.

Handelt es sich um Ihr erstes Stellenangebot, dann müssen Sie zuerst Ihr Konto für Marketplace-Angebote freischalten. Sie werden per Link an die richtige Stelle geführt. Hier ist der direkte Link: *Start/Kontoübersicht/Marketplace-Konto*.

Und zu guter Letzt müssen Sie Ihre Stellenanzeige noch aktivieren.

Das faire „Pay-per-Click"-Modell

Anders als bei einer Stellenanzeige in einer Tageszeitung oder bei der Nutzung einer Onlinejobbörse müssen Sie nicht in Vorleistung gehen. Sie zahlen weder eine Grundgebühr noch einen Mindestumsatz: Sie zahlen nur, wenn jemand Ihre Stellenanzeige aufruft.

Kosten pro Klick: 0,49 Euro

(Mehrfachklicks innerhalb einer bestimmten Zeitspanne werden dabei nicht gezählt. Auch Ihre eigenen Aufrufe der Stellenanzeige werden nicht gezählt.)

Sie haben bei XING die volle Kostenkontrolle, denn

- Sie können die Anzahl der Klicks bei der Anlage des Stellenangebots begrenzen und damit flexibel an Ihr Budget anpassen.
- Sie haben stets eine transparente Kostenkontrolle denn im Bereich *Marketplace/Meine Angebote/Klick-Konto* können Sie genau nachverfolgen, wie oft Ihre Anzeige aufgerufen wurde.

Ihr Jobangebot bleibt 90 Tage bestehen, kann aber von Ihnen auch zwischendurch deaktiviert werden.

Übrigens: Im Moment gibt es ein Einführungsangebot. XING bietet Ihnen ein Freikontingent von zehn Klicks pro Monat.

Ein Stellenangebot über den XING-Marketplace ist deshalb auch für kleine und mittelständische Unternehmen interessant und bezahlbar.

Im Übrigen ist es auch ein prima Marketingeffekt, denn viele Menschen gelangen auf Ihr Profil oder schauen sich den Hintergrund Ihres Unternehmens genauer an.

12.3 XING als Marketinginstrument

Da Unternehmensaktivitäten, die auf gegenwärtige und zukünftige Absatzmärkte ausgerichtet sind, als Marketing bezeichnet werden, stellt also Networking einen Teil des Marketings dar. Genauer gesagt: Networking ist Bestandteil der Kommunikationspolitik eines Unternehmens und damit Bestandteil des Marketingmix.

Insofern machen Sie also mit Ihrer bloßen Teilnahme in der Business-Community XING Marketing für sich selbst und für das Unternehmen, dem Sie angehören, egal, ob als Angestellter, Manager oder Eigentümer.

In diesem Kapitel möchte ich gezielt auf Ihre Chancen und Möglichkeiten aufmerksam machen, XING als Marketingtool zu nutzen.

Ihre Unternehmensstrategie bei XING abbilden

Jedes XING-Mitglied hat seine eigene Vorgehensweise, seine eigene Networking-Strategie. Mit diesem Buch habe ich Ihnen Handwerkzeug gegeben, damit Sie eine eigene Strategie für sich entwickeln können. Es gibt nicht den einen möglichen Weg, sondern eine Vielzahl von Ideen und Vorgehensweisen. Jeder Mensch, jede Situation ist anders. Wichtig ist es, dass Sie einen Weg finden, der zu Ihnen passt, der authentisch ist und den Sie allein gehen können.

Bei den Recherchen zu diesem Buch bin ich auf Herrn Thorsten Lugner gestoßen, *https://www.xing.com/profile/Thorsten_Lugner*. Herr Lugner ist seit Anfang 2007 Mitglied bei XING. Besonders fasziniert hat mich seine stringente Vorgehensweise.

Thorsten Lugner, https://www.xing.com/profile/Thorsten_Lugner, hat mit XING bereits einige Aufträge gewinnen können.

Der Erfolg spricht für sich: Herr Lugner hat durch seine Aktivitäten bei XING bereits einige Projekte gewinnen können. Und deshalb möchte ich Ihnen die XING-Networking-Strategie von Herrn Lugner vorstellen.

Seine Arbeit mit XING gliedert sich in folgende Bereiche:

Optimierung seines XING-Profils

Herr Lugner überprüfte folgende Fragestellungen:

1. Können mich Personen finden, die mich persönlich (also meinen Namen) suchen?
2. Finden mich Personen, die suchen, was ich biete?
3. Was konkret schreibe ich über mich und meine Kunden?

Um Punkt 2 definieren zu können, befragte Herr Lugner Personen, die ihn gesucht haben, welche Begriffe sie eingegeben haben, und befragte Personen, die er bereits kennt, nach welchen Begriffen sie gesucht haben.

Mit diesem Wissen konnte er sein Profil optimieren.

Die XING-Suche

Zuerst definierte Herr Lugner eine Zielgruppe, die er erreichen wollte. Dazu suchte er nach Menschen, die er aus früheren Tätigkeiten kannte, und selektierte innerhalb dieser Personen nach Führungskräften. Danach erfolgte der Abgleich mit seiner Zielgruppe: Maschinenbau, Verkauf, Vertrieb, Führungskraft.

Erste Ergebnisse

Somit war es relativ einfach, wieder in Kontakt mit den ihm bekannten Personen zu kommen. Innerhalb kurzer Zeit hatte er Termine bei drei Firmen: bei einem Kunden, einem seiner früheren Arbeitgeber, bekam er direkt Aufträge. Mit einem ehemaligen Kollegen wird er im April 2008 ein Seminar durchführen. Ein dritter Kunde hat mit ihm einen Vertrag über eine längerfristige Zusammenarbeit geschlossen.

Kontakte pflegen

Besonders viele Gedanken machte sich Herr Lugner darüber, wie er seine Kontakte „bei der Stange" halten kann. Daraufhin gründete er eine eigene Gruppe: Führungskräfte im Vertrieb/Maschinenbau, *https://www.xing.com/net/fuehrungskraefteimvertrieb*. Dort sind zwei seiner drei Kunden bereits Mitglieder. Somit kann er – über die Gruppe und über Termine – seine Kunden ständig informieren und bekommt Änderungen innerhalb der Firmen mit.

Sind seine Kunden wenig aktiv, verwendet er Zeit für die Datenpflege. Bei aktiven Kunden ergibt sich bei XING quasi alles von selbst.

Zum guten Ton gehört es sich für Herrn Lugner, seinen Kontakten zum Geburtstag zu gratulieren.

Innerhalb seiner Kontakte sieht Herr Lugner Potenzial, um in den nächsten zwölf Monaten weitere Aufträge gewinnen zu können.

Neue Kontakte finden

Herr Lugner scheut sich vor plumper Kontaktanbahnung. Als bessere Methode hat sich eine aktive Arbeit in verschiedenen Gruppen erwiesen. Er folgt dabei einem einfachen Gesetz: „Ich muss geben, dann bekomme ich, ich muss mich aktiv zeigen ,dann kümmert man sich um mich."

In seine eigene Gruppe, in der er Moderator ist, lädt er gezielt Leute ein. Die hat er nach Interessen herausgesucht und lässt sich mit Suchagenten automatisch darauf aufmerksam machen. Er sucht folgende Zielgruppe:

1. Welche Personen sind Führungskräfte?
2. Welche Personen sind im Vertrieb tätig?
3. Welche Interessen haben diese Personen (zum Beispiel: Kochen, Golf)

Die selektierten Personen hat er angeschrieben und als Kontakt hinzugefügt. Ganz offen hat er direkt in seine Gruppe eingeladen. Bei einem Großteil der angeschriebenen XING-Mitglieder hat dieser Weg funktioniert.

Interessante Personen beobachtet er erst einige Zeit. Damit dies einfach möglich ist, hat er sie unter *Gemerkte Personen* hinzugefügt. Wenn er das Gefühl hat, dass er etwas bietet, was diese Personen suchen und, wenn diese Personen aktiv sind, schreibt er sie an. Dabei sucht er sich nur Personen mit Foto aus.

Sein Tipp: „Wenn man sich hier nicht um seine Kontakte ‚kümmert', dann ‚verkümmern' sie."

Versuchen auch Sie, Ihre Unternehmensstrategie mit XING umzusetzen.

Bieten Sie Benefits

Die XING-Mitglieder sind eine große Gemeinschaft. Jeder hilft jedem, und untereinander bietet man sich Möglichkeiten, die ohne XING nicht vorhanden wären. Besonders interessant wird XING, wenn man durch die Mitgliedschaft (die ja in der Premium-Version Geld kostet) geldwerte Vorteile durch Benefits hat. An einer solchen Konstellation haben sogar drei Parteien Vorteile: Das XING-Mitglied hat einen geldwerten Vorteil, der Benefitgeber macht gleichzeitig Werbung für sein Unternehmen und gewinnt Kunden oder Aufträge, und XING hat einen Imagevorteil.

Die XING-BestOffers

Aus diesem Grund hat XING den Bereich „BestOffers" geschaffen. Hier präsentieren ausgewählte Unternehmen Vorteile in den Bereichen Autovermietung, Blumenversand, Versicherungen. Es gibt Vorteile durch Rabatte, Ermäßigungen oder Startguthaben. Basis-Mitglieder, können nur ausgewählte Angebote aus BestOffers nutzen.

Möchten auch Sie im Bereich BestOffers kostenpflichtig Ihre Vorteile anderen XING-Mitgliedern anbieten, dann klicken Sie auf den Button *Jetzt BestOffers Partner werden*.

Benefits auf lokaler Ebene

Wer nicht als offizieller XING-Partner im Bereich „BestOffers" infrage kommt oder ein kleineres Werbebudget hat, der kann seine Benefits trotzdem bei XING anbieten. Viele Regional- oder Ambassador-Gruppen freuen sich über Angebote in ihrem Mitgliederbereich. Wenn der Moderator Ihrer Ambassador-Gruppe kein eigenes Brett dafür vorgesehen hat, dann schreiben Sie ihn einfach an.

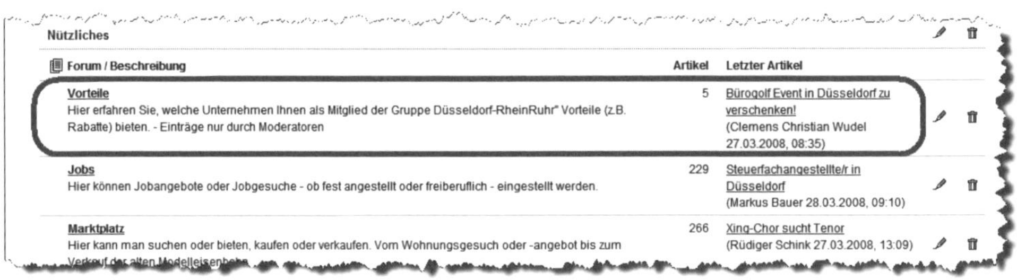

Benefits auf lokaler Gruppe in der Ambassador-Gruppe Düsseldorf - RheinRuhr, https://www.xing.com/net/duesseldorf, für Mitglieder dieser Gruppe.

Treten Sie als Sponsor auf

Gruppenmoderatoren, die größere Live-Events veranstalten, sind dankbar, wenn ein Sponsor einen Teil der Kosten übernimmt oder dadurch ein Zusatznutzen möglich ist. Wenn es Ihr Image fördert und zur Sache passt, dann können Sie gern als Sponsor auftreten. Bestehen Sie aber darauf, dass Ihr Name offiziell genannt wird.

Sponsoring ist sowohl in Form von Geldspenden als auch von Sachspenden möglich. Das müssen alles keine großen Dinge sein. In unserer Gruppe freuen wir uns schon, wenn wir mal 1.000 Visitenkartenhalter gesponsert bekommen.

Nutzen Sie Viral-Marketing

Nutzen Sie XING gezielt als Marketinginstrument. Durch persönliche Kontakte und in Gruppendiskussionen können Sie Produkt- und Geschäftsideen verbreiten.

Doch probieren Sie doch mal etwas Neues: In einem Marketingprojekt im Sommer 2007 habe ich für eine Eventagentur eine Promotion-Tour für T-Mobile und Blackberry mit unterstützt. T-Mobile schickte einen umgebauten Frachtkahn als Beachclub quer durch Deutschland, um den neuen Blackberry Curve und Pearl bekannt zu machen. Für diese Deutschland-Tour veranstalteten wir in den Regionalgruppen der Zielorte ein Quiz, bei dem ein Begriff aus dem Blackberry-Umfeld erraten werden musste. Die Gewinne erhielten VIP-Tickets und einen Blackberry. Die Aktion war ein Riesenerfolg, und die Beteiligung an dem Quiz war enorm.

13

Überblick über die XING-Menüfunktionen

Die Business-Community XING besteht aus mehreren Hauptbausteinen:

- Ihrem Profil mit Kontaktdaten
- einem Nachrichtenbereich, über den Sie Nachrichten senden und empfangen können
- den tausenden XING-Experten- und -Regionalgruppen
- dem Terminmanager

XING ist zwar einfach und intuitiv zu bedienen. Da die Community aber mittlerweile sehr komplex geworden ist, gebe ich Ihnen hier einen Überblick über die Menüfunktionen. Wie man mit diesem Menüfunktionen umgeht und inwieweit die Einstellungen Ihre Erfolge beim Networken betreffen, wurde schon in den vorangegangenen Kapiteln vertieft.

13.1 Menüpunkt Start

Unter diesem Menüpunkt sind die beiden wichtigsten Funktionen versteckt, nämlich Ihre Startseite und Ihr XING-Profil.

Meine Startseite

Ihre Startseite bei XING ist der Ausgangspunkt für alles, was Sie bei XING machen und finden.

Ihre Startseite ist individuell anpassbar. Sie selbst können entscheiden, was Sie angezeigt bekommen wollen und wo es positioniert werden soll.

Hier können Sie Ihre Startseite anpassen.

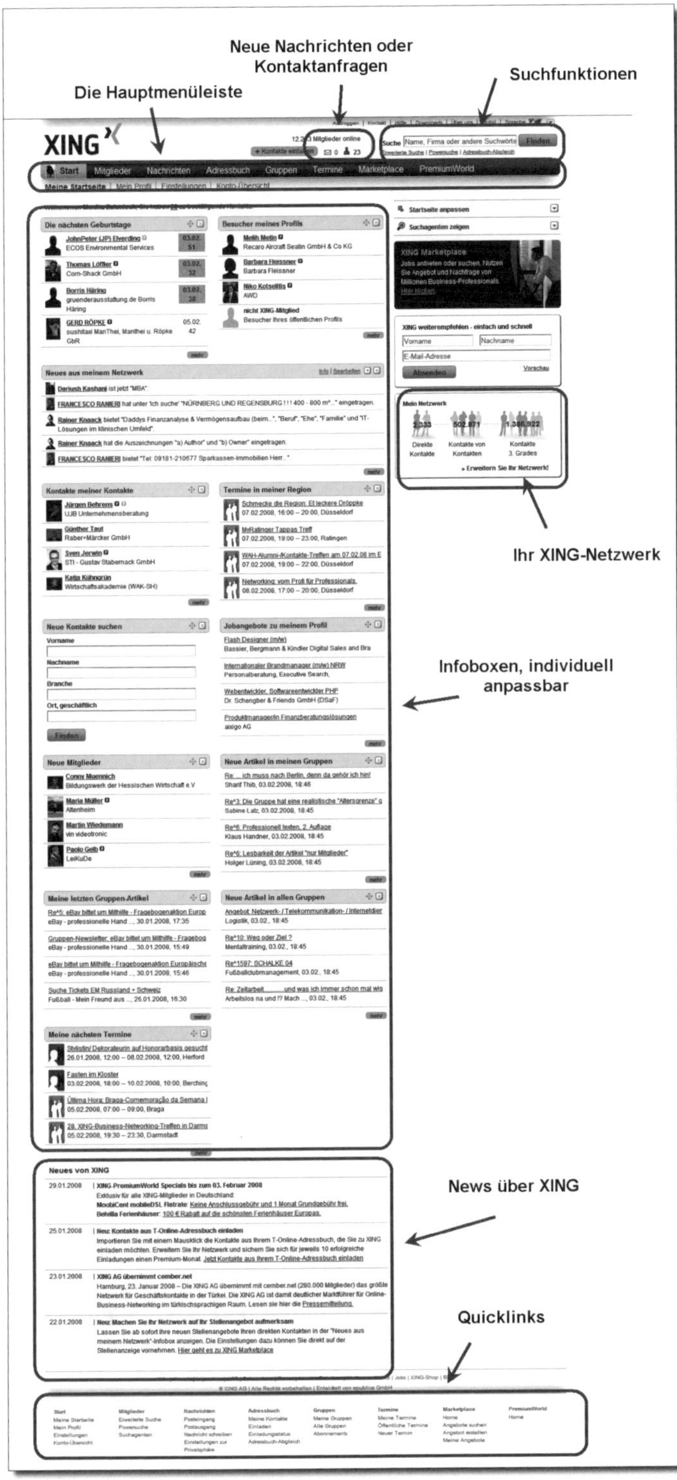

Ihre individuelle XING-Startseite.

Wählen Sie aus zwölf Infoboxen, welche Sie auf der Startseite angezeigt bekommen möchten (Haken machen).

- Neues aus meinem Netzwerk
- Neue XING-Mitglieder
- Besucher meines Profils
- Kontakte meiner Kontakte
- Die nächsten Geburtstage meiner Kontakte
- Neue Kontakte suchen
- Neue Artikel in meinen Gruppen
- Neue Artikel in allen Gruppen
- Meine letzten Gruppen-Artikel
- Meine nächsten Termine
- Öffentliche Termine in meiner Region
- Marketplace-Angebote, die zu meinem Profil passen

Nach Auswahl der Boxen können Sie diese noch an die gewünschte Position auf der Startseite ziehen. Klicken Sie in die Titelzeile der Boxen und verschieben Sie sie an die gewünschte Stelle.

Welche der Boxen oben stehen sollen, damit Sie sie ohne Scrollen immer im Blick haben, müssen Sie für sich persönlich entscheiden. Ich habe die Geburtstage meiner Kontakte ganz oben positioniert ①, weil ich weiß, dass ich sie sonst vergesse. Außerdem möchte ich wissen, wer mein Profil besucht hat ② und welche Veränderungen sich bei meinen Kontakten ergeben haben ③. Für alle anderen Informationen muss ich scrollen.

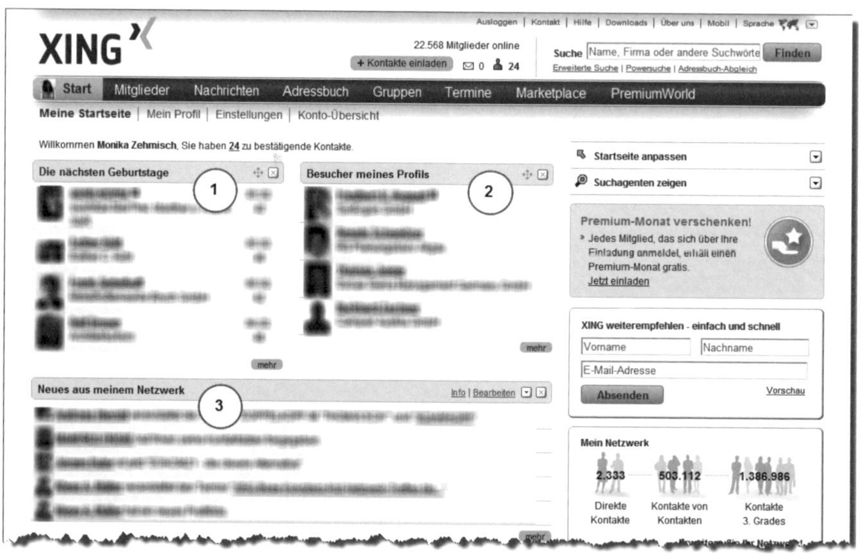

Mein Profil

Ihr Profil ist Ihre Visitenkarte bei XING. Dort können Sie Ihren beruflichen Lebenslauf hinterlegen und andere Besucher darüber informieren, was Sie bei XING bieten oder suchen. Weil dieses Thema so wichtig ist, finden Sie ab Seite 56 mit Kapitel 4, „Der Aufbau Ihres persönlichen Profils“, ein eigenes Kapitel darüber.

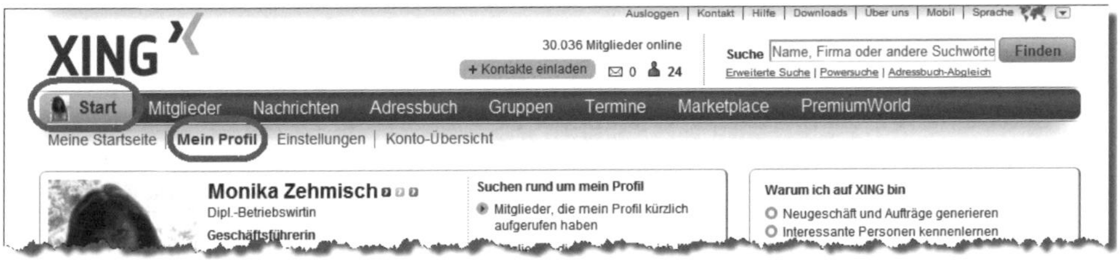

Einstellungen

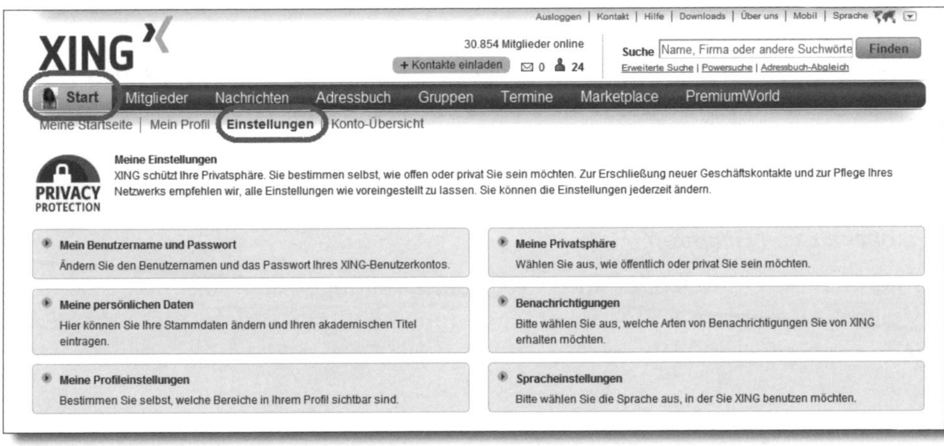

Unter diesem Menüpunkt finden Sie Einstellungen zur Privatsphäre und zu XING-Funktionen:

Mein Benutzername und Passwort

Hier können Sie den Benutzernamen und das Passwort Ihres XING-Benutzerkontos ändern.

Meine persönlichen Daten

Hier können Sie Ihren Namen und Ihren akademischen Titel eintragen.

Meine Profileinstellungen

Hier können Sie bestimmen, welche Bereiche in Ihrem Profil sichtbar sind.

Warum ich auf XING bin

- Neugeschäft und Aufträge generieren
- Neue Mitarbeiter finden
- Interessante Personen kennenlernen
- Mein Netzwerk pflegen
- An Events teilnehmen
- Alte Bekannte und Kollegen wiederfinden
- Neuen Job finden (Nur Recruiter können sehen, dass ich auf Jobsuche bin. Meine privaten Daten sind nicht sichtbar.)

Welche Bedeutung diese Auswahl hat, können Sie in Abschnitt 12.1 ab Seite 300 nachlesen.

Optionen

- Ich möchte ein Gästebuch in meinem Profil (mehr Infos auf Seite 81).
- Mein Aktivitäts-Index darf in meinem Profil angezeigt werden.
- Mein Skype-Online-Status soll in meinem Profil Mitgliedern, denen ich meinen Skype-Namen freigegeben habe, angezeigt werden. Dafür muss Skype installiert sein.
- Zeige den Standort und Routenlink auf meiner Profilseite an.

Sichtbarkeit von Gruppen

Hier können Sie eintragen, ob Ihre Gruppenmitteilungen standardmäßig sichtbar sein sollen. Nach Ihrem Beitritt zu einer Gruppe können Sie diese Basiseinstellung für jede Gruppen einzeln ändern.

Meine Privatsphäre

Wählen Sie aus, wie öffentlich oder privat Sie sein möchten.

Optionen

- Mein Profil darf auch für Nicht-Mitglieder abrufbar sein.
- Mein Profil darf in Suchmaschinen auffindbar sein.
- Meine Artikel und Kommentare in den Gruppen können über Suchmaschinen und RSS abgerufen werden.
- Ich möchte im wöchentlichen Newsletter als möglicher Kontakt vorgeschlagen werden.

Neues aus meinem Netzwerk

Die ausgewählten Änderungen/Ereignisse von Ihnen werden Ihren direkten Kontakten über das Feature *Neues aus meinem Netzwerk* angezeigt:

- Persönliches (*Ich suche, Ich biete* ...)
- Berufserfahrung und Ausbildung
- Stammdaten
- Web- und Kontaktdaten
- XING-Mitgliedschaft
- Datenfreigaben
- Neue Kontakte
- Öffentliche Termine (Organisation und Teilnahme)
- Neue Gruppenmitgliedschaften
- Meine Marketplace-Angebote

Lesen Sie bitte mehr zu diesem Thema ab Seite 76 und 133.

Kontaktliste ist sichtbar für

- niemand
- nur meine direkten Kontakte
- die Kontakte meiner Kontakte
- Mitglieder bis zum 3. Bekanntheitsgrad
- Mitglieder bis zum 4. Bekanntheitsgrad
- alle Mitglieder

Diese Einstellung bezieht sich auf die Auflistung Ihrer Kontakte auf Ihren Profilseiten. In den Kontaktpfaden sind Ihre Kontakte weiterhin sichtbar.

Private Nachrichten und Gästebucheinträge schreiben dürfen

- nur meine direkten Kontakte
- die Kontakte meiner Kontakte
- Mitglieder bis zum 3. Bekanntheitsgrad
- Mitglieder bis zum 4. Bekanntheitsgrad
- alle Mitglieder

Benachrichtigungen

Bitte wählen Sie aus, welche Arten von Benachrichtigungen Sie von XING erhalten möchten.

E-Mail-Einstellungen

- Ich möchte E-Mails im HTML-Format erhalten.
- Ich möchte E-Mails im Text-Format erhalten.

E-Mail-Benachrichtigungen

- Sobald mir jemand eine private Nachricht schreibt, möchte ich per E-Mail benachrichtigt werden.
- Sobald jemand in mein Gästebuch schreibt, möchte ich per E-Mail benachrichtigt werden.
- Sobald mich jemand als Kontakt einträgt, möchte ich per E-Mail benachrichtigt werden.
- Sobald sich jemand registriert, den ich eingeladen habe, möchte ich per E-Mail benachrichtigt werden.
- Ich möchte E-Mails zu meinem Marketplace-Konto und zu meinen aktiven Angeboten erhalten.

XING-Newsletter und E-Mail-Tipps

- Ich möchte wöchentlich einen Newsletter mit meinen persönlichen Statistiken erhalten (empfohlen).
- Ich möchte in unregelmäßigen Abständen per E-Mail über XING Sonderaktionen und interessante Produktfeatures informiert werden.

Gruppen-Newsletter

Tragen Sie ein, von welchen der Gruppen, in denen Sie Mitglied sind, Sie Newsletter erhalten wollten.

Spracheinstellungen

Bitte wählen Sie die Sprache aus, in der Sie XING benutzen möchten.

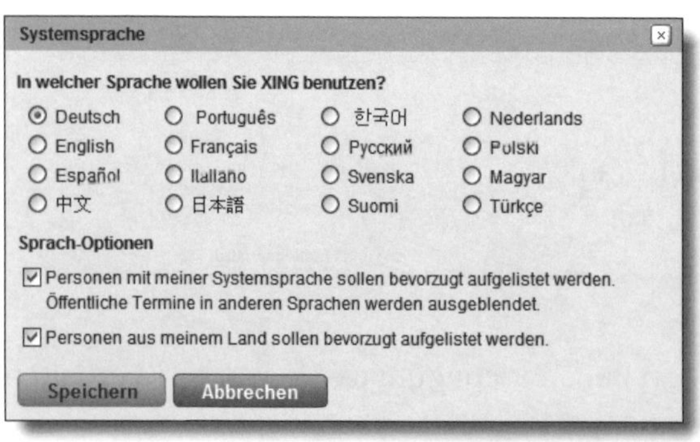

Internationale Kontakte mit XING. Hier können Sie die Basiseinstellungen dafür vornehmen

Kontoübersicht

Sehen Sie hier den aktuellen Stand Ihrer Mitgliedschaft ein und bearbeiten Sie Zahlungsart und Rechnungsadresse.

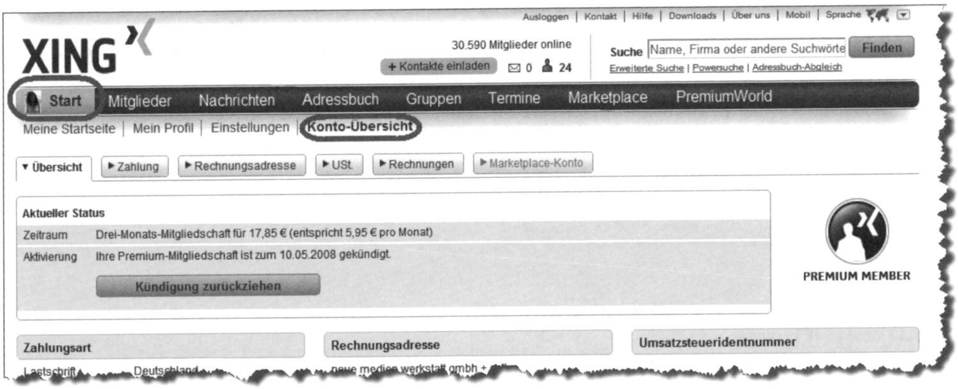

13.2 Menüpunkt Mitglieder

Unter diesem Menüpunkt verbergen sich die Suchfunktionen von XING.

Dieses Thema wird ausführlich ab Seite 120 behandelt.

Erweiterte Suche

Mit unzähligen Suchbegriffen und Kombinationsmöglichkeiten wird Ihnen hier ein mächtiges Suchtool an die Hand gegeben.

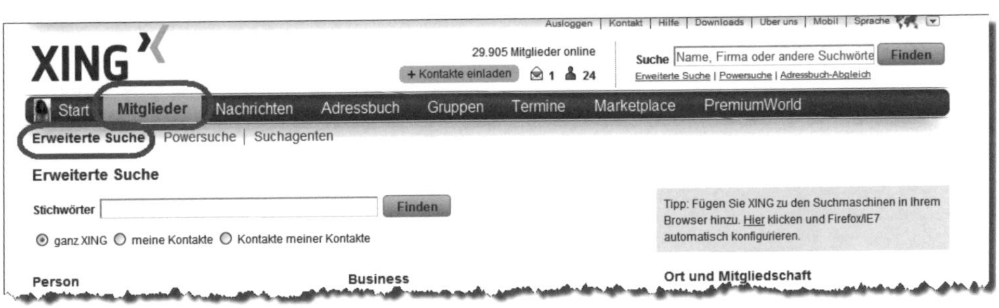

Powersuche

Von XING vorgefertigte Suchlisten bieten Ihnen interessante und überraschende Suchergebnisse.

Suchagenten

Mit selbst definierten Suchagenten werden Sie über neue Suchergebnisse informiert.

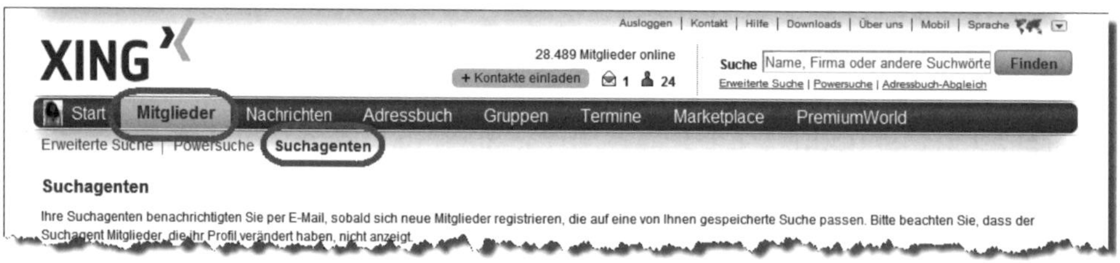

13.3 Menüpunkt Nachrichten

Mit XING können Sie mit fremden Personen oder Ihren Kontakten Nachrichten schreiben und erhalten und diese im Posteingang und Postausgang verwalten.

Der Posteingang

Im Posteingang landen alle Nachrichten, die Ihnen geschrieben wurden.

Der Postausgang

Jede Nachricht, die Sie versendet haben, landet unter *Nachrichten/Postausgang*.

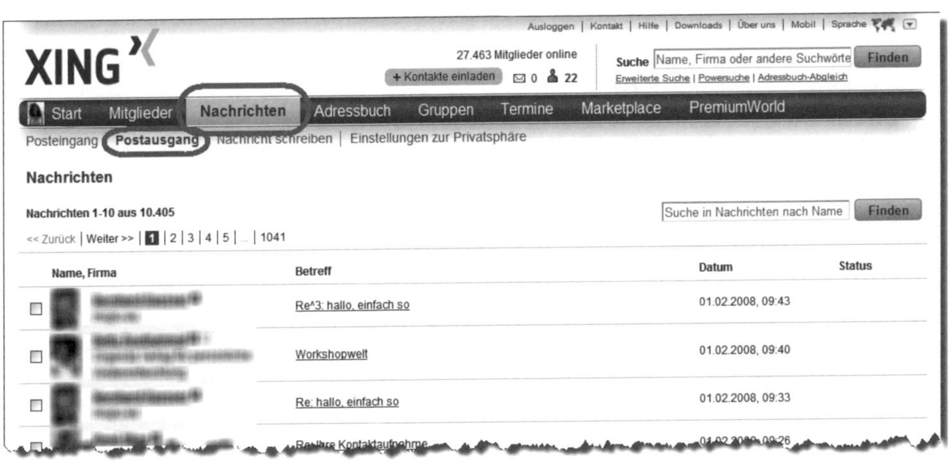

Nachrichten schreiben

Klicken Sie auf *Nachrichten/Nachrichten schreiben*, um eine interne XING-Mail zu verfassen.

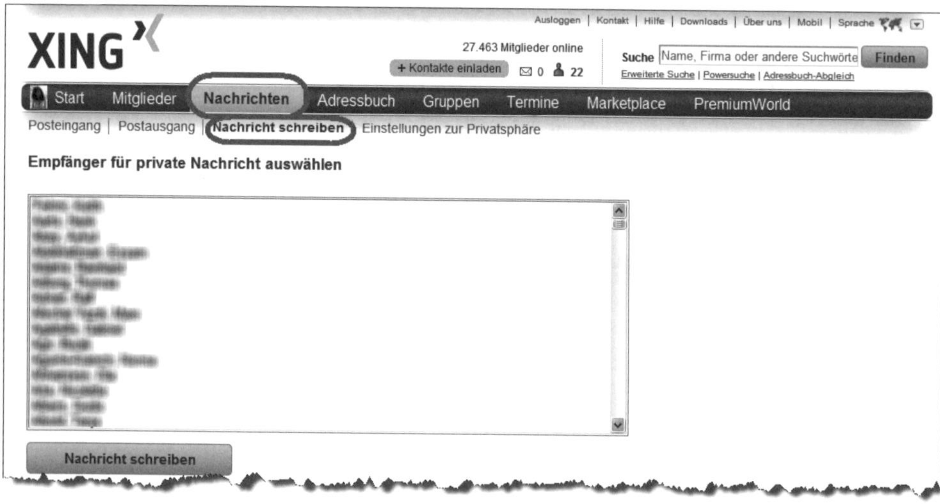

Einstellungen zur Privatsphäre

In den *Einstellungen zur Privatsphäre* können Sie folgende Einschränkungen vornehmen:

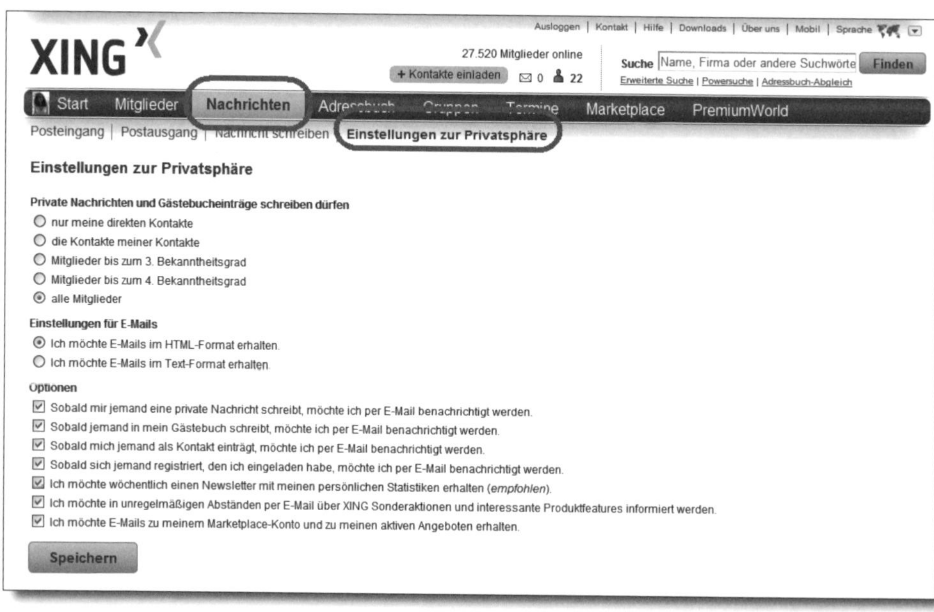

Private Nachrichten und Gästebucheinträge schreiben dürfen

- nur meine direkten Kontakte
- die Kontakte meine Kontakte
- Mitglieder bis zum 3. Bekanntheitsgrad
- Mitglieder bis zum 4. Bekanntheitsgrad
- alle Mitglieder

Einstellungen für E-Mails

- Ich möchte E-Mails im HTML-Format erhalten.
- Ich möchte E-Mails im Text-Format erhalten.

Optionen

- Sobald mir jemand eine private Nachricht schreibt, möchte ich per E-Mail benachrichtigt werden.
- Sobald jemand in mein Gästebuch schreibt, möchte ich per E-Mail benachrichtigt werden.
- Sobald mich jemand als Kontakt einträgt, möchte ich per E-Mail benachrichtigt werden.
- Sobald sich jemand registriert, den ich eingeladen habe, möchte ich per E-Mail benachrichtigt werden.
- Ich möchte wöchentlich einen Newsletter mit meinen persönlichen Statistiken erhalten (empfohlen).
- Ich möchte in unregelmäßigen Abständen per E-Mail über XING Sonderaktionen und interessante Produktfeatures informiert werden.
- Ich möchte E-Mails zu meinem Marketplace-Konto und zu meinen aktiven Angeboten erhalten.

13.4 Menüpunkt Adressbuch

Im XING-Adressbuch können Sie Ihre Kontakte verwalten und neue Kontakte hinzugewinnen.

Meine Kontakte

Hier finden Sie

- Ihre bestätigten Kontakte.
- Ihre unbestätigten Kontakte (noch unbestätigte Kontaktanfragen von Ihnen an Dritte oder von Dritten gelöschte Kontakte mit Ihnen).
- Ihre gemerkten Personen.
- zu bestätigende Kontakte (Kontaktanfragen von Dritten an Sie, die Sie noch bestätigen müssen).

Einladen

Laden Sie Leute aus anderen Netzwerken oder Adressbüchern zu XING ein.

Einladungsstatus

Hier können Sie sehen, wer auf Ihre Einladung reagiert hat.

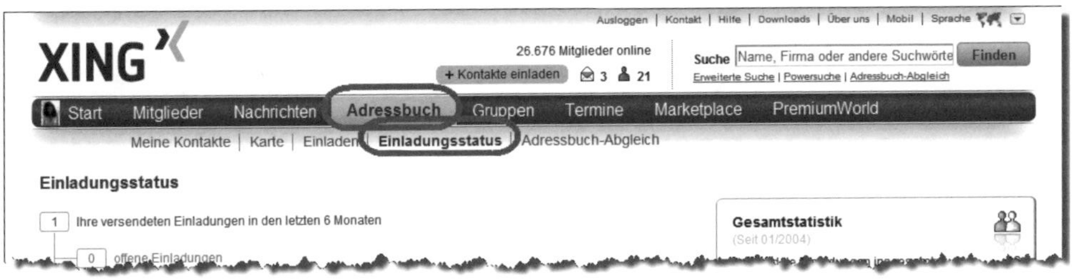

Adressbuch-Abgleich

Finden Sie heraus, wer von Ihren Kontakten außerhalb von XING bereits bei XING angemeldet ist.

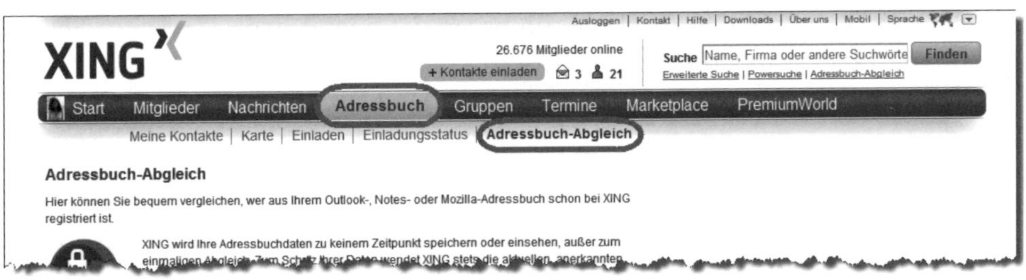

13.5 Menüpunkt Gruppen

Unter dem Menüpunkt *Gruppen* finden einen weiteren wichtigen Baustein von XING. In den XING-Gruppen finden sich Menschen zusammen, um sich auszutauschen, zu informieren oder um als Gemeinschaft zueinanderzufinden.

Meine Gruppen

Unter *Meine Gruppen* finden Sie die Gruppen aufgelistet, in denen Sie Mitglied sind oder bei denen Sie Moderator sind.

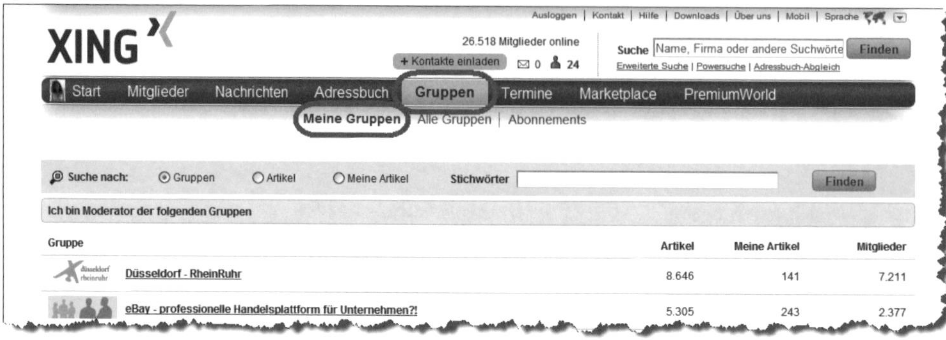

Zur zusätzlichen Information finden Sie rechts Angaben, wie viele Mitglieder diese jeweiligen Gruppen haben, wie viele Artikel in den Gruppen geschrieben wurden und wie viele Artikel von Ihnen selbst stammen.

Alle Gruppen

Eine Übersicht über alle bei XING verfügbaren Gruppen finden Sie unter diesem Menüpunkt. Die Gruppen sind thematisch gegliedert, sodass Sie auch in der großen Menge die geeigneten Gruppen für sich finden können.

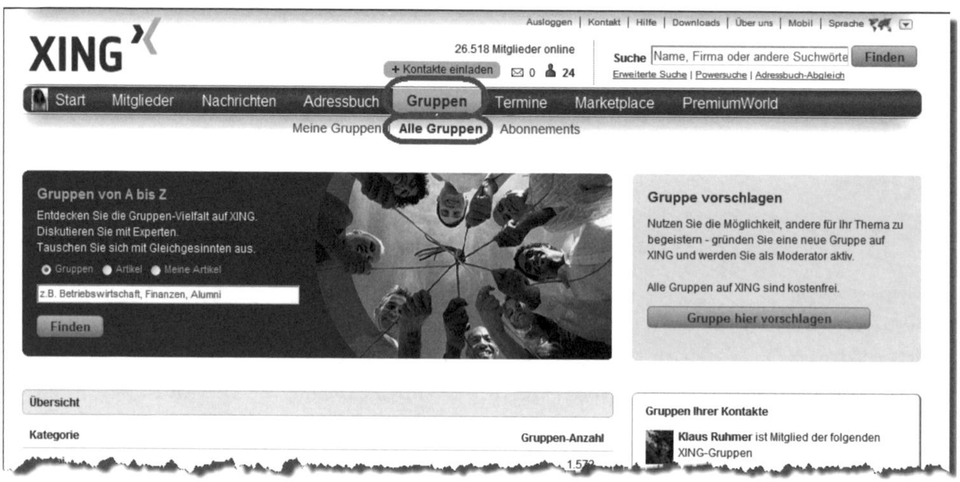

Abonnements

Wenn Sie in Gruppen Mitglied sind, dann können Sie in diesen Gruppen Beitragsbäume abonnieren, sodass Sie immer automatisch per E-Mail informiert werden, wenn neue Beiträge geschrieben werden.

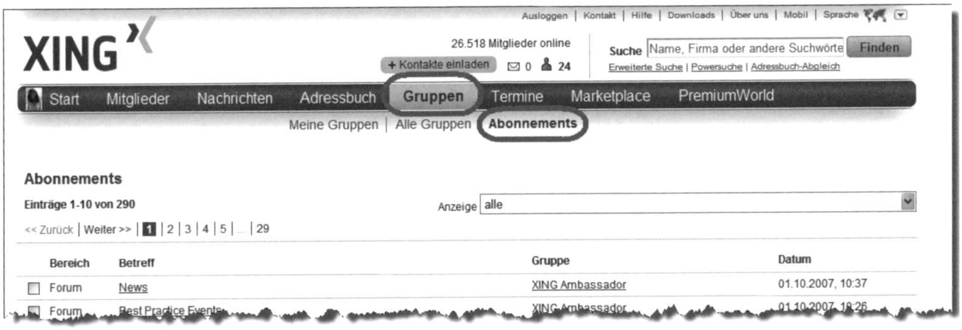

Einen Überblick über diese Abonnements finden Sie unter diesem Menüpunkt und haben die Möglichkeit zum Löschen.

13.6 Menüpunkt Termine

Mit XING können Sie selbst Termine organisieren oder an Terminen anderer Mitglieder teilnehmen.

Meine Termine

Hier finden Sie eine Übersicht über alle Termine, zu denen Sie eingeladen worden sind.

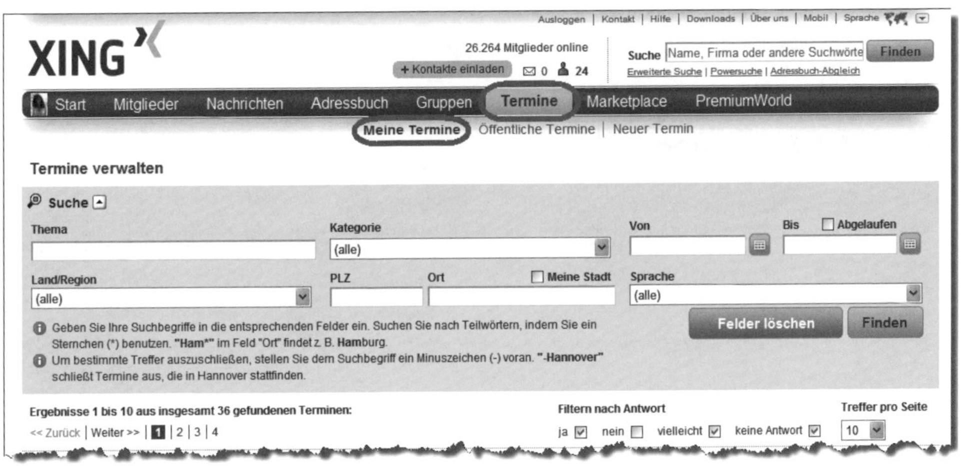

Unter diesem Menüpunkt verstecken sich alle öffentlichen Termine. Vielleicht ist was für Sie dabei? Dann können Sie sich anmelden, auch wenn Sie keine Einladung erhalten haben.

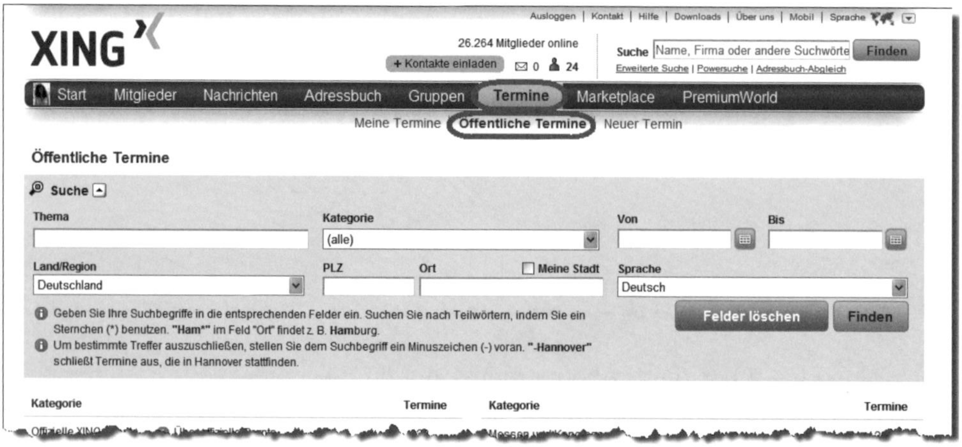

Neuer Termin

Hier können Sie selbst öffentliche oder private Termine einstellen, Notizen hinterlegen oder Telefonkonferenzen organisieren.

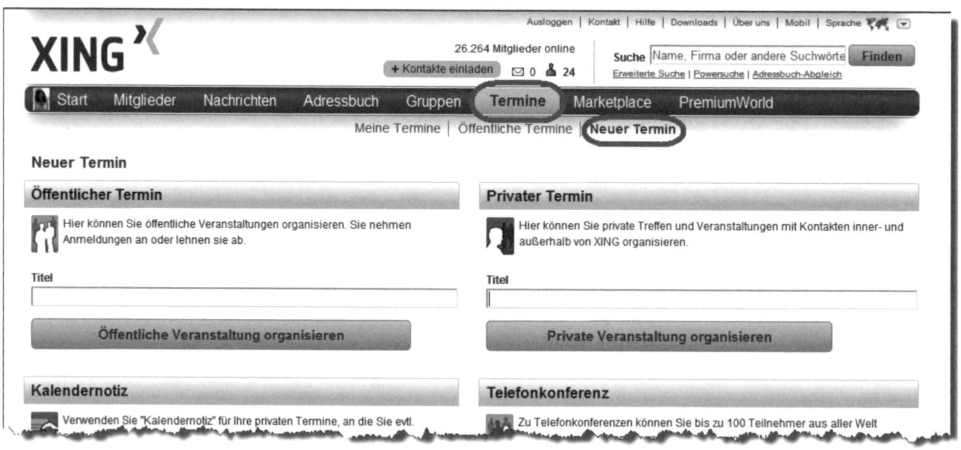

13.7 Menüpunkt Marketplace

Auf dem XING Marketplace finden Sie derzeit Jobs und demnächst auch Dienstleistungen und Immobilien.

Home

Hier bekommen Sie Jobs angezeigt, die zu Ihrem Profil passen.

Angebote suchen

Wenn Sie unter den Vorschlägen unter *Home* nicht fündig werden, können Sie hier selbst nach Jobangeboten suchen.

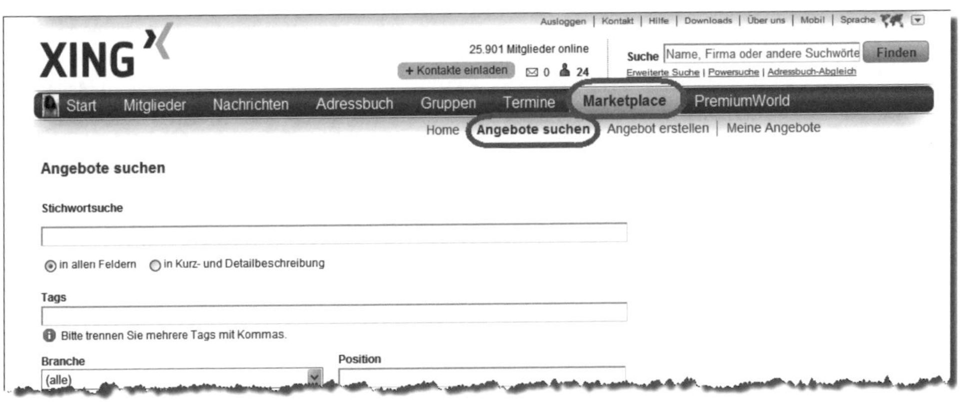

Angebote erstellen

Wenn Sie selbst Jobs zu vergeben haben, können diese hier erfasst werden.

Meine Angebote

Unter diesem Menüpunkt erhalten Sie Auswertungen Ihrer eingestellten Jobangebote.

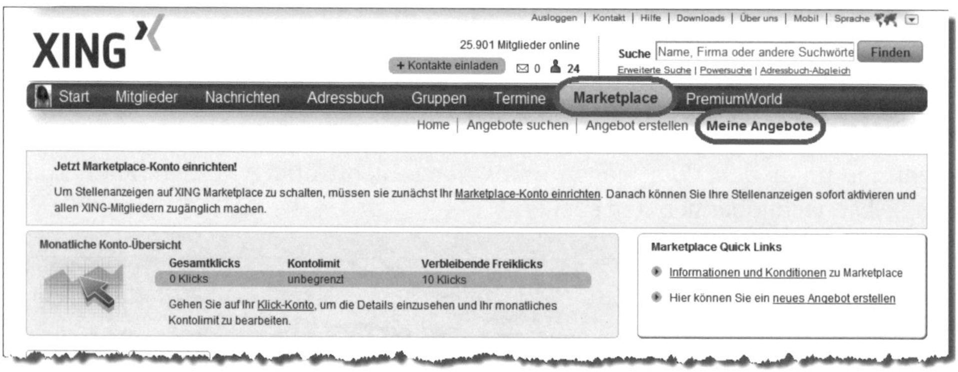

13.8 Menüpunkt BestOffers

XING-Mitglieder haben Vorteile. Nicht nur beim Kontakteknüpfen, sondern auch geldwerte Vorteile, die von Unternehmen angeboten werden. Welche Vorteile dies sind, sehen Sie in den XING-BestOffers.

Linkliste: Sonstige Business-Netzwerke

- *www.linkedin.com*
- *www.successity.de*
- *www.lynto.com/*
- *www.ecademy.com,*
- *www.viadeo.com*
- *www.decayenne.com/*
- *www.about-drinks.com*
- *www.network2connect.com*
- *www.asmallworld.net*
- *www.konnects.com*
- *www.doostang.com*
- *www.networking-wiki.de*

Die Autorin

Monika Zehmisch, Bankkauffrau und Diplom-Betriebswirtin, ist seit 25 Jahren im Bereich EDV, Marketing und Vertrieb tätig und gilt als Internet-Spezialistin.

Seit 2001 ist sie Inhaberin und Geschäftsführerin der neue medien werkstatt gmbh + co kg in Meerbusch bei Düsseldorf. Dort ist Sie als Beraterin und Coach für innovatives Marketing tätig. In diesem Zusammenhang berät sie beispielsweise Unternehmen, die eBay als Vertriebs- und Marketingkanal nutzen wollen, und Menschen, die wissen wollen, wie man mit Networking seinen geschäftlichen Erfolg verbessert.

Schon bald entdeckte Monika Zehmisch ihre Leidenschaft fürs Schreiben. EDV-Dokumentationen und Softwarehandbücher sowie die Gestaltung einer Vereinszeitschrift waren ihre ersten Lehrstücke. Heute ist Monika Zehmisch erfolgreiche Sachbuchautorin und Fachjournalistin. Dabei kommt ihr ihre eigene Erfahrung als Unternehmerin zugute, sodass ihre Veröffentlichungen stets einen lebendigen und praxisorientierten Charakter haben.

Seit Anfang 2004 nutzt Monika Zehmisch die Business-Community XING intensiv zur Gewinnung und Pflege von Kontakten. Sie betreut dort die eBay-Gruppe, *https://www.xing.com/net/ebay*, und die Regionalgruppe Düsseldorf – Rhein-Ruhr, *https://www.xing.com/net/duesseldorf*. Seit 2007 ist Monika Zehmisch von XING ernannte Ambassadorin und darf für die Region Düsseldorf – RheinRuhr offizielle XING-Events veranstalten. Gemeinsam mit ihren Kollegen organisiert sie regelmäßig Networking-Treffen, bei denen XING-Mitglieder die Möglichkeit haben, sich persönlich kennenzulernen. Sie hat selbst tausende Kontakte bei XING und schon vielen Leuten geholfen – im Sinne des Networkings –, zueinanderzufinden.

Weitere Bücher von Monika Zehmisch aus dem Hause DATA BECKER:

- Einfach selbstständig machen mit eBay
- Das große Handbuch für erfolgreiche eBay-Verkäufer
- Erfolgreich selbstständig machen mit dem Internet
- Businessplan (PDF-Buch als Beigabe zur gleichnamigen Software)

Benötigen auch Sie Unterstützung bei der Optimierung Ihres Networkings? Bei Monika Zehmisch erhalten Sie Tipps in Workshops, Onlineseminaren oder Einzelcoachings.

Kontakt: *info@nmwagentur.de*
Profil bei XING: *https://www.xing.com/profile/Monika_Zehmisch/*
Internet: *www.nmwagentur.de*

Stichwortverzeichnis

T

U

V

W

X

Y

Z